JOHANN LEGNER

# Joachim Gauck

## Träume vom Paradies

JOHANN LEGNER

# Joachim Gauck

## Träume vom Paradies

Biografie

C. Bertelsmann

MIX
Papier aus verantwortungsvollen Quellen
FSC® C014496

Verlagsgruppe Random House FSC® N001967
Das für dieses Buch verwendete FSC®-zertifizierte Papier
*Munken Premium Cream* liefert Arctic Paper Munkedals AB, Schweden.

1. Auflage

Umschlaggestaltung: buxdesign, München
Satz: Uhl + Massopust, Aalen
Druck und Bindung: GGP Media GmbH, Pößneck
Printed in Germany
ISBN 978-3-570-10162-9

www.cbertelsmann.de

# Inhalt


Einleitung 9

Teil I
ROSTOCK UND MECKLENBURG

1 Wer, wenn nicht ich – wo, wenn nicht hier? 17
2 Erbschaften – Mecklenburg, die Gaucks und die Warremanns 27
3 Kindheitsidylle im Weltenbrand 36
4 Das Unglück kommt nach dem Krieg 49
5 Eine unerklärliche Welt – Wenn Falsche das Richtige sagen 59
6 Das sperrige Vorbild – Onkel Gerhard 69
7 Neue Wege, ein neuer Mentor – Heinrich Rathke 82
8 Der Einzelgänger – Gescheitert und verloren 95
9 Eine *bella figura* macht sich auf den Weg 103

Teil II
NACH BERLIN

10 Einen Winter lang – »Wir sind das Volk« 111
11 Gewählt werden und wählen – Vom Abgeordneten zum Beauftragten 137
12 Neuanfang mit Helga Hirsch 161
13 In Amt und Würden 177
14 Bruder Stolpe – und das Ende der Deutungshoheit 196
15 Tragik und Macht – Fuchs und Kohl 219

16 Prediger im Kirchenschiff der Nation 235
17 Bilanz einer Dienstreise 247

## TEIL III
## SCHLOSS BELLEVUE

18 Auf der Suche nach dem späten Glück 261
19 Erinnerung – und Angela lässt grüßen 275
20 Götterdämmerung im heißen Sommer 2010 283
21 Eine Kampagne 293
22 Zwischenzeit und wieder Neubeginn 306
23 Endlich ganz in Amt und Würden 317
24 Leben im Schloss 328

Ausblick 339

Dank und ein persönlicher Hinweis 350
Anmerkungen 353
Ausgewählte Literatur 375
Personenregister 378

Für

Bela Marion Berenz

Julius Wassermann

Bella Weil

# Einleitung

»Sie hatten vom Paradies geträumt und wachten auf in Nordrhein-Westfalen« – dieser Satz von Joachim Gauck in seiner Rede zum zehnjährigen Jahrestag des Mauerfalls am 9. November 1999 klang noch lange nach und blieb vielen in Erinnerung. Mit ihm wollte der Redner das auf den Punkt bringen, was sich an »Bitterkeit auch aus neu erfahrener Hilflosigkeit und Enttäuschung« erklären ließe bei früheren DDR-Bewohnern und vielen seiner einstigen Weggefährten. Wiederholten er oder andere zuweilen diesen prägnanten Satz, wurde aus dem »Sie« aus gutem Grund schon mal ein »Wir«. Gauck selbst teilte sehr wohl die Gefühle seiner ostdeutschen Landsleute bei dem Versuch, einen Platz zu finden in der neuen, größeren Bundesrepublik. Doch die Ernüchterung, die er einst im Reichstag andeutete, hat sich für ihn mit seiner Wahl zum Bundespräsidenten am 18. März 2012 in Momente des Glücks aufgelöst. Ihm war an diesem Tag so ziemlich alles zuteilgeworden, wovon er einmal geträumt hatte. Joachim Gauck ist jetzt nicht nur im Berliner Schloss Bellevue Hausherr, sondern auch in der hochherrschaftlichen Villa Hammerschmidt in Bonn[1] – und Bonn liegt bekanntlich in Nordrhein-Westfalen. Das ist ein Zuhause mit allerbester Aussicht – unter ihm zieht der Rhein vorbei –, fast schon paradiesische Zustände.

In Bonn wie im Schloss Bellevue in Berlin will er mit seinem Leben und seinen Botschaften aber nicht nur von seinem, sondern vom Glück der Deutschen künden. »Das Beste« sei unser Land heute im Vergleich zu all den Zeiten davor, sagt er wieder und wieder. Daraus zieht er politische Forderungen, damit mischt er sich ein in die Debatten um den weiteren Weg der Nation. Uns allen will er nahelegen, dass wir vielleicht nicht in paradiesischen, aber doch in guten Zuständen aufwachen. Dafür müssten wir dankbar sein. Dankbarkeit verlange uns aber auch etwas ab. Und so ist er ein Bundespräsident, der nicht müde wird, an die Pflichten und die Verantwortung der Bürger zu erinnern. »Leviten-Leser«[2] wurde er deswegen genannt, nach jenem der jüdischen Stämme, der auf die Einhaltung der Gebote zu achten hatte. Wir Deutschen sollten uns in solch glücklichen Zeiten engagieren. Diese zentrale Botschaft anhand seines Lebens zu erläutern und bewertbar zu machen, ist Zweck des vorliegenden Buchs. Denn sie kommt aus den Lehren, die er aus seinem ganzen Leben gezogen hat.

Inzwischen gibt es drei umfängliche Publikationen zum Leben des Bundespräsidenten – darunter eine, die er selbst geschrieben hat. Seine Autobiografie sowieso, aber auch die beiden anderen Werke, an denen er mitgewirkt hat, reflektieren vor allem seine Sicht auf die Dinge. Dass dabei so manches wegfällt, ist naheliegend. Ganz gleich, ob man selbst erzählt oder erzählen lässt, immer bleibt ein Rest, der als peinlich, unpassend oder schambesetzt empfunden wird. Die ganze Geschichte des Joachim Gauck ist also noch nicht erzählt worden. Wertvoll könnte dieses Buch dann sein, wenn es hilft, Gauck noch ein wenig besser einzuordnen, als er es selbst und seine bisherigen Biografen vermochten.

Und erfahren können wir beim Nachdenken über Gauck tatsächlich einiges über uns selbst und über die Seelenlage unseres Landes. Denn wie noch keiner seiner Vorgänger wurde er von einer großen Anzahl der Bürger in sein Amt gewünscht. Dass er der Präsident der Herzen ist, war keinesfalls nur Propaganda. Dahinter verbarg sich ein bunter Strauß an Wünschen für ein gutes Deutschland. Was aber genau die Menschen der Bundesrepublik mit ihrem Präsidenten in so besonderem Maße verbindet und was sie an ihm über sich selbst lernen können, ist sogar den größten Anhängern Gaucks zumeist ein Geheimnis. Der Mann an der

Spitze des Staates, dieser zwar ergraute, aber doch sehr lebendige Traum vom Paradies, wird allzu oft nur in Bruchstücken erkennbar. Uns geht es mit ihm zuweilen so, wie wir ansonsten mit Träumen umgehen: Sie zu beschreiben fällt eher schwer, sie zu deuten ist ein großes Wagnis.

Gauck ist nicht nur der erste Mann im Staat, er ist auch der Älteste unter den aktiven Politikern. Er spricht mit dieser doppelten Autorität, dem Amt wie dem Alter, und das ist insbesondere in einer Zeit von Bedeutung, in der mit einer Fülle von Gedenktagen die Erinnerung an das Vergangene besondere Aufmerksamkeit gewinnt. Die Verwobenheit seiner persönlichen, schon so lange währenden Lebensgeschichte mit dem Schicksal der Nation aufzuspüren, ist damit zugleich ein zeitgeschichtlicher Rückblick.

Gaucks Eltern und Großeltern sind wie so viele der Versuchung des Nationalsozialismus erlegen. So haben wir ein Staatsoberhaupt, das als unschuldiges Kind Hakenkreuzfahne und Panzer zum Spielen erhält und später mit den Erinnerungen daran ein Leben lang zu kämpfen hat. Es kommt aus einer Familie, die unversehrt und ungeschoren die braune Diktatur und den Krieg erlebt und überlebt. Es wächst in glücklicher Unschuld auf, in einer Zeit, die ansonsten von großem Leid, vom Tod geprägt ist. Aber dann, als die Russen da sind und die Kommunisten regieren, nähert sich auch in seinem Leben das Unheil, das die Nation schon die Jahre zuvor geprägt hat. In dieser atypischen Folge der Ereignisse ist Gauck ein Außenseiter – und wird es lange bleiben. Er wird dann Jahrzehnte in einem Staat sein Dasein fristen, den er zutiefst ablehnt und doch nicht verlässt. Gesellschaftlich obdachlos, wird er geprägt von der unerfüllten Sehnsucht nach einem lebenswerten Leben.

Sein Werdegang klingt in manchem wie die Geschichte unseres Landes, das ebenfalls ein Außenseiter unter den Völkern geworden war – verführt, verirrt, gerettet, bestraft und fremdbestimmt und ohne einen festen Platz in der Weltgemeinschaft. Dann aber ändert sich urplötzlich alles, zeigt sich ein Weg ins Glück. Endlich scheinen Gauck wie Deutschland Herren ihres Schicksals zu sein. Und weil nach der Befreiung von den Lasten der Vergangenheit keiner so gut wie er die Botschaft verkünden kann, dass die Deutschen jetzt alle im Glück angekommen sind, wird er folgerichtig ihr Präsident. Das klingt nach einem Märchen vom Paradies. Und Gauck erzählt es auch gern so. Aber leben wir Deutschen wirklich in einem Märchenland?

Der Weg zum Staatsoberhaupt wird für Joachim Gauck frei, nachdem zwei Männer mit einem völlig anderen lebensgeschichtlichen Hintergrund vorzeitig zurücktreten. Ausgerechnet der ältere Herr Gauck verkörpert einen Neuanfang nach dem Scheitern der Jüngeren. Ist er auch darin die Verkörperung unseres Landes? Eines Landes, das das Scheitern braucht, um den richtigen Weg zu finden? Speist sich letztlich sogar daraus das Füllhorn an Erwartungen, das mit seinem Amtsantritt verbunden ist? Das Buch sucht nach Antworten auf diese Fragen im bisherigen Leben von Joachim Gauck. Über sieben Jahrzehnte währt es – das ist genug Zeit für ein vorläufiges Urteil.

Wer zu diesen gut sieben Jahrzehnten Informationen sammelt, Gespräche führt und Dokumente studiert, stößt beim Ordnen des Gefundenen zwangsläufig auf ein Problem, das bei Joachim Gauck so wenig wie bei anderen Altersgenossen zu lösen ist. Es gibt bei solch einer Lebensspanne, zumal in unserem von Gewaltherrschaft, Krieg, Teilung und Neubeginn bestimmten Land, keine rote Linie, die sich durchzieht und alles begreiflich macht. Es gibt für nichts einfache Erklärungen, weil solch ein Dreivierteljahrhundert Leben vielschichtig und reich an unterschiedlichsten und widersprüchlichen Facetten ist. In besonderem Maße tritt das bei einem Menschen zutage, der überhaupt erst mit zweiundsiebzig das erlebt, was man den Gipfelpunkt seines Aufstiegs nennen könnte.

Wollte man diese Vielfältigkeit vollständig wiedergeben, so würde daraus ein nur schwer zu konsumierendes Mammutwerk werden. So muss so manches wegfallen, was durchaus von Interesse sein könnte. Das allerdings kann hingenommen werden. Gauck, der Außenseiter, hat zwar gern sein Bild einer unabhängigen Person gepflegt. Tatsächlich aber ist er wie wir alle ein Kind seiner Zeit. Wenn er jedoch weit mehr, als er vorgibt, bestimmt ist und weit weniger selbstbestimmt, braucht es nicht unbedingt für alles eine auf seine Person bezogene Begründung. Deswegen nimmt die Schilderung dessen, was ihn umgab, einigen Raum ein. Deswegen ist dieses Buch jedoch auch eine schwierige Herausforderung. Die Zeitspanne, über die es sich erstreckt, kann nur unzureichend abgebildet werden, und den meisten Zeitgenossen ist sie schon wegen ihres Alters nicht selbst erinnerlich.

Bei diesem Streifzug durch die deutsche Nachkriegsgeschichte habe ich mich auf die Aspekte konzentriert, die aus meiner Sicht von Bedeutung sind für das Wirken unseres Bundespräsidenten. Verkörpert werden diese Aspekte zumeist von Personen, die für Joachim Gauck entscheidend wurden. Sie nehmen in meiner Schilderung deswegen einen breiten Raum ein. Ich habe die Hoffnung, dass dort, wo Irritationen, auch Widersprüche auftauchen, die Leser aus eigener Initiative das Bild ergänzen – am besten durch das Gespräch mit anderen, zumal den Älteren. Die vornehmste Pflicht unseres Staatsoberhaupts ist ja, dass es einen Beitrag leistet zur Selbstfindung der Nation. Wenn also ein Buch über ihn anregt zu einem Dialog darüber, dann wäre nicht nur der Autor, dann müsste auch Joachim Gauck ein wenig glücklicher sein.

# Teil I

# ROSTOCK UND MECKLENBURG

# 1

## Wer, wenn nicht ich – wo, wenn nicht hier?

Der Bundesbeauftragte für die Stasi-Unterlagen lässt sich gern ohne Mitreisende in seinem Dienst-Mercedes durch die Lande fahren. Joachim Gauck liebt diese einsamen Momente, in denen er ungestört liest oder sich ein Nickerchen gönnt. Mal kurz für eine halbe Stunde vollkommen abschalten – das kann er auf solchen Reisen ganz ausgezeichnet. Da tankt er wieder auf und gewinnt Kraft für den nächsten Auftritt. Und wenn es die Zeit zulässt, bittet er den Fahrer auch um einen kleinen Ausflug auf Landstraßen – dort rüttelt es so schön und döst es sich noch etwas besser. Wenn aber so einer wie beispielsweise der bekannte britische Historiker Timothy Garton Ash anfragt, ob er mitreisen kann, wird eine Ausnahme gemacht. So einer wie Ash darf mit. Und so fahren die beiden im Frühling 1999 ein gutes Jahr vor dem Ende der Amtszeit des Bundesbeauftragten gemeinsam nach Rostock.

Ash hat sich zu dieser Zeit bereits als vorausschauender Beobachter der Entwicklungen in Mittel- und Osteuropa einen Namen gemacht. Er verknüpft vorzugsweise persönliche Erlebnisse und den großen Gang der Weltgeschichte miteinander. So kann er aus eigener Erfahrung mitreden, wenn es um die Aktivitäten der kommunistischen Geheimpolizei geht. Ashs Schilderungen der ostdeutschen Staatssicherheit speisen sich aus dem Studium der Stasi-Akten, die einst über ihn angelegt wurden. Das hat er zu einem Buch verarbeitet – *Die Akte Romeo*.[1] Gauck überreicht er ein Exemplar samt Widmung.

Als Student konnte Ash, wie so mancher junge Brite, zu Beginn der Achtzigerjahre einige Monate in der DDR verbringen und wurde, wie alle westlichen Gäste dort, sehr genau von der Staatssicherheit beobachtet. Dem zukünftigen Historiker Ash begegnete die Geheimpolizei der DDR von Anfang an mit tiefem Misstrauen und vermutete in ihm zunächst einen Agenten Ihrer Britischen Majestät. Auch deswegen kümmerte sich die Stasi-Hauptabteilung II, die Spionageabwehr, um ihn. »Romeo«, der von der Stasi für Ash gewählte Deckname, hat aber nichts mit den von ihm andeutungsweise geschilderten amourösen Abenteuern in der DDR zu tun. Der Name auf seinen Überwachungsakten bezieht sich auf ein neu erworbenes Automobil der Marke Alfa Romeo, das der Brite nach Berlin mitgebracht hatte.

Dieses Mal, 1999 mit Gauck, ist Ash allerdings tatsächlich mit einem Auftrag aus London unterwegs. Zum 10. Jahrestag des Falls der Berliner Mauer wird er für die BBC eine Filmreihe produzieren, die überall auf dem Globus die Menschen noch einmal an die Ereignisse erinnern soll. Joachim Gauck hat er darin eine herausragende Rolle zugedacht.

Gauck und Ash verbindet auf der Fahrt von Berlin nach Rostock eine eigenartige Komplizenschaft. Sie wollen der Welt etwas beweisen, was in jenen Tagen nicht jedem einleuchten mag. Ash wird als Zeugen und Akteure jenes Wendepunkts der Weltgeschichte drei Persönlichkeiten porträtieren. Dass er Gauck in dieses Trio einordnet, ist keinesfalls eine selbstverständliche Sache, und Gauck wie Ash wissen das nur zu gut. Die beiden anderen Protagonisten sind der Pole Lech Wałęsa und der Tscheche Václav Havel. Gauck schmeichelt dieses Vorhaben, es macht ihn aber auch verlegen. Es steht ja die Frage im Raum, ob sich die zwei Reisenden nach Rostock mit diesem Trio – Havel, Wałęsa, Gauck – nicht etwas anmaßen.

Wałęsa und Havel kennt jeder politisch interessierte Mensch in ganz Europa und weit darüber hinaus. Havel wie Wałęsa stiegen nach 1989 von einst Verfolgten zu den Staatsoberhäuptern ihrer Vaterländer auf. In ihren Taten sahen sich ihre Nationen verkörpert. Sie sind mit Ehrungen überschüttet worden – Wałęsa hat sogar den Friedensnobelpreis überreicht bekommen.

Es ist das beredte Schweigen über die Personenwahl des britischen Wissenschaftlers, das die Fahrt nach Rostock bestimmt, im gemeinsamen Wissen darum, dass hier eine fragliche Verbindung zwischen zwei herausragenden Symbolfiguren des europäischen Umbruchs einerseits und Joachim Gauck andererseits hergestellt wird. Denn wer ist dieser Joachim Gauck des Jahres 1999 schon? Was ist er mehr als ein in Deutschland viel beachteter, aber über die Landesgrenzen hinaus weitgehend unbekannter Behördenleiter? Er mag in seiner Heimatstadt Rostock einen Beitrag zum Ende des Kommunismus in Mitteleuropa geleistet haben. Aber sein Wirken dort und später in Berlin lässt sich keinesfalls vergleichen mit jenen Anstrengungen und Gefahren für Leib und Leben, denen sich Havel und Wałęsa aussetzten. Der Pole war 1981/1982 für elf Monate inhaftiert, der Tscheche verbrachte insgesamt fünf Jahre im Gefängnis. Gauck dagegen hat nicht eine Stunde in einem Kerker der Kommunisten gesessen.

Doch wenn andere das kritisieren mögen – Gauck ist mit sich im Reinen, als er von Ash zur Symbolfigur des Umbruchs in Deutschland auserkoren wird. Stellte man ihn dafür zur Rede, so würde die Antwort jener gleichen, die er zuvor schon und danach wieder und wieder gegeben hat, wenn ihm Selbstüberschätzung und Legendenbildung vorgeworfen wurde. Er stehe stellvertretend für einen großartigen Moment der deutschen Geschichte. Es gehe ja im Grunde gar nicht um ihn. Es gehe um die friedliche Revolution von Hunderttausenden seiner Landsleute. Die Revolution, die im Herbst 1989 den Sturz der diktatorisch regierenden SED herbeiführt habe. Es müsse ja jemanden geben, der glaubwürdig die Botschaft von der Selbstbefreiung der Ostdeutschen vertreten kann. Wer, wenn nicht er, könne dies denn insbesondere im Ausland wirklich besser? Ash habe also einen Platz für ihn gefunden, der ihm nicht zustehen mag, den aber einer auszufüllen hat und den er gut auszufüllen weiß.

Gauck hatte zunächst etwas gezögert, als Ash ihn bat mitzumachen, sich auch umgesehen unter seinen Mitstreitern des Jahres 1989. Aber es zeigte sich, dass nirgendwo nur eine oder einer von damals bereit war, eine herausragende Rolle im wiedervereinigten Deutschland zu beanspruchen. Von den Aktivisten des Umbruchs ist er im Jahr 1999 tatsächlich der Profilierteste in der Bundesrepublik. Angela Merkel, die zu diesem Zeitpunkt gerade in den engen Führungskreis der CDU vorgedrungen ist, taugt dafür nicht. Sie war nicht dabei – genauso wie der Sozialdemokrat Wolfgang Thierse, der inzwischen Bundestagspräsident geworden ist. Im Vergleich insbesondere mit der zur Parteivorsitzenden und dann zur Bundeskanzlerin aufsteigenden Angela Merkel ist Gauck allemal so etwas wie ein Revolutionär. Zwar wird ihm zuweilen der Vorwurf gemacht, dass er auch erst spät dazugekommen und gar kein wirklicher »Bürgerrechtler« sei. Unzweifelhaft aber stand er nicht ohne Grund über Jahre hinweg unter strenger Beobachtung der Staatssicherheit, und völlig unumstritten ist, dass er ab Oktober 1989 entscheidend mithalf, die Bevölkerung von Rostock zu mobilisieren.

Und so mag Gauck 1999 nicht zu Unrecht denken, dass es nicht nur beim Blick zurück, sondern ebenso in der Zukunft noch eine besondere Rolle geben müsste für ihn – selbst wenn zu diesem Zeitpunkt unklar ist, wie die wohl aussehen könnte. Jedenfalls hat er sich endgültig entschieden, nicht ein weiteres Mal als Bundesbeauftragter für die Stasi-Unterlagen zu kandidieren. Denkbar wäre das bei einer wohlwollenden Auslegung des Gesetzes, das nur eine Wiederwahl in dieses Amt vorsieht. Denn tatsächlich gewählt worden ist er bislang nur ein einziges Mal vom Bundestag – davor nur von der Volkskammer als Sonderbeauftragter bestimmt worden. Aber solch eine spitzfindige Interpretation des Verbots einer zweiten Wiederwahl will er sich nicht zumuten.[2]

Es hat in dieser Zeit das eine oder andere Geraune und Gerede um die weitere Rolle von Joachim Gauck in der deutschen Politik gegeben, aber Konkretes ist daraus nichts geworden. Die

FDP hatte den Bundestagsabgeordneten Hermann Otto Solms geschickt, mit der Idee, ob Gauck sich vorstellen könne, für den Bundestag zu kandidieren oder ein Amt in einer Landesregierung für die Partei zu übernehmen. Aber weiterverfolgt wurde dieser Vorschlag nur halbherzig. Die Liberalen waren wie so oft vor allem mit sich selbst beschäftigt und hatten in der Folgezeit das Werben um Gauck schlichtweg vergessen. Und der hatte seinerseits erhebliche Zweifel daran, ob ihm eine solche politische Karriere angemessen wäre.

Auch bei der Union war der Gedanke aufgekommen, Gauck nach dem Ausscheiden aus dem Amt des Bundesbeauftragten einen Neuanfang anzubieten. Insbesondere einige sächsische und thüringische Abgeordnete, aber ebenso namhafte Vertreter der bayerischen CSU dachten daran, dass Gauck ein guter Vertreter ihrer Interessen wäre. Sie wollten mit ihm hoch hinaus. Sollte es im vereinten Deutschland nicht an höchster Stelle einen Vertreter des Ostens geben? Gauck als Präsident, auf den Spuren von Havel und Wałęsa, das könnte doch 1999 Geschichte schreiben.

Aber dann gewinnen die Sozialdemokraten 1998 nicht nur die Bundestagswahl, auch in der Bundesversammlung, die den Präsidenten wählt, verschieben sich die Gewichte gewaltig. SPD und Grünen fehlen nur sieben Stimmen zu einer absoluten Mehrheit. Das sollte ausreichen, um 1999 ihrem früheren Spitzenkandidaten und langjährigem Ministerpräsidenten von Nordrhein-Westfalen, Johannes Rau, einen Herzenswunsch zu erfüllen und den Einzug in das Schloss Bellevue zu ermöglichen. Die von der CDU nominierte Gegenkandidatin, die damals noch parteilose Dagmar Schipanski, eine Frau der Wissenschaft und aus dem Osten[3], wies zwar von ihrem Werdegang und Profil her durchaus Ähnlichkeiten mit Gauck auf – aber es war 1999 völlig klar, dass sie eine Zählkandidatin bleiben würde. Rau machte im Mai 1999 das Rennen.

Ein paar Monate später, als Gauck bei der Gedenkveranstaltung des Bundestags zum zehnjährigen Mauerfall-Jubiläum am 9. November redet, sagt er jenen einen, danach viel zitierten Satz: »Wir träumten vom Paradies und wachten auf in Nordrhein-Westfalen.« So mancher hat sich darüber gewundert, dass er ausgerechnet dieses Bundesland nannte. Aber man kann hinter der Bemerkung von Gauck auch eine zumindest unbewusste Anspielung auf sein eigenes Schicksal sehen: Die Träume vom höchsten Staatsamt waren wegen des Mannes aus Nordrhein-Westfalen zunächst ausgeträumt.

Solch ein Prophet ist selbst Timothy Garton Ash in jenen Tagen des Jahres 1998 nicht, dass er wissen kann, wie es weitergeht mit Gauck, und dass dieser – nach Havel und Wałęsa – eben doch noch Staatspräsident seines Landes werden wird. Erst gut ein Jahrzehnt später entpuppt sich sein BBC-Beitrag als eine geglückte Vorausschau in die Zukunft. Zunächst aber erscheint das Filmprojekt wie eine verwegene Wette – wobei allen Beteiligten klar war, dass Gauck bereits damals mit dem Gedanken kokettierte, Staatsoberhaupt zu werden. Er hatte als Bundesbeauftragter ein Amt inne, das so neu wie einzigartig war. Er würde, wenn überhaupt, wohl wieder von sich reden machen können als singuläre Gestalt in der politischen Landschaft. Manche hofften dies, andere warnten davor. Der Schriftsteller Jürgen Fuchs, in der DDR eingesperrt und später mit Joachim Gauck in tief sitzender Abneigung verbunden, war damals einer der Wenigen, der ganz offen die Ambitionen des Rostockers auf das höchste Staatsamt ansprach. Und er zitierte Gauck auch mit jenem typischen Satz aus dieser Zeit: »Ich kenne meine Grenzen.«[4]

Bei aller vagen Hoffnung, die da unbesprochen im Auto mitfährt – Gauck wie Ash sind jedenfalls bestens geübt in gefälliger Selbstdarstellung, und so sind sie zuversichtlich, der Öffentlichkeit für die geplante Geschichte genau die richtigen Bilder liefern zu können. Die finden sich schnell und wie von selbst. Gauck geht zusammen mit Ash durch das Plattenbauviertel von Rostock-

Evershagen, einer immer noch unwirtlichen Großsiedlung, in der Gauck eine Pfarrgemeinde aufbaute. Da eilt plötzlich eine Friseuse aus ihrem Laden auf den Bundesbeauftragten zu und schüttelt ihm die Hand. »Herr Pastor, dass Sie mal wieder vorbeikommen«, sagt sie tief bewegt. Und dann gesellt sich schnell ein halbes Dutzend anderer Bewohner dazu. Viele der Rostocker haben ihn in allerbester Erinnerung behalten. Sie begegnen ihm mit einer eigenwilligen Mischung aus Respekt und Zuneigung. Kaum ein anderer deutscher Politiker würde solche Gefühle mobilisieren können. Etwas an diesem Joachim Gauck, an seiner Befähigung, auf Menschen zuzugehen, scheint einzigartig zu sein. Gauck – da hat der britische Wissenschaftler eine gute Witterung – symbolisiert deutsche Geschichte auf solch eine Art und Weise, dass die Menschen sich darin wiederfinden können. Die deutsche Nachkriegsgeschichte kennt keine Heldengestalten, deswegen fallen sie auch als denkbare Staatschefs aus. Was die Deutschen wohl eher brauchen, sind Seelsorger. Gauck ist zwar schon lange nicht mehr Pastor, aber ihm würden viele gern die Sorgen um die Seele des Landes anvertrauen. So offenbart die Fahrt in seine Geburtsstadt eines der wesentlichen Geheimnisse seiner Popularität.

Und Gauck selbst ist sich des Anklangs, den er bei seinen Landsleuten findet, wohl bewusst. Er weiß, woher diese Mischung aus Respekt und Zuneigung kommt.

Laut beginnt er über sein Rostock nachzudenken, ganz emotional, ganz persönlich. Er redet dabei so, wie ältere Herrschaften über eine wunderbare Jugendliebe schwärmen. Seine Geburtsstadt ist dann nicht etwa eine unansehnliche Hafen- und Industriestadt der DDR und ebenso wenig die Stadt, in der 1989 zwar etwas zögerlich, dann aber doch mit Konsequenz die Herrschaft der kommunistischen SED beendet wurde. Nein, Gauck beschreibt vielmehr eine verlorene, in mancherlei Hinsicht auch für ihn nur imaginäre, eine vielleicht irgendwann einmal wirkliche, aber längst untergegangene Stätte – eine Traumstadt. Sein Rostock, sein Mecklenburg, sein Deutschland ist vor allem eine

Annäherung an das Wünschenswerte. Und etwas, was Fremde immer wieder aufs Neue überrascht, aber für Deutsche unverzichtbar scheint – Rostock ist Heimat. Etwas, in dem die ganze Sehnsucht eines Lebens steckt und das viel mehr mit der Vergangenheit als mit der Zukunft verbunden wird.

Gauck erzählt mit Hingabe. Er spricht von den vier großen Kirchen, die einst mit ihren weithin erkennbaren Türmen den Horizont beherrscht haben sollen. Immerhin, drei davon sind inzwischen wieder sichtbar, aber Gauck weist ganz besonders auf die im Bombenhagel gänzlich verschwundene Jakobikirche hin, deren Ruine von der DDR abgetragen worden war. Er redet von etwas, was man heute noch sehen könnte, wenn die Zeiten gnädiger gewesen wären.

In diesem nostalgischen Verweis spielt die tradierte Sicht seiner Vorfahren eine wichtige Rolle. Die einst stolze Hansestadt Rostock wird zum Schauplatz für den Blick zurück in die bessere Zeit – vordergründig die Epoche vor jenen verheerenden britischen Bombenangriffen in den Nächten des Aprils 1942, die in einer einzigen Nacht aus der Hafenstadt ein Trümmermeer werden ließ.[5] Doch diese Bombennächte erwähnt Gauck eher beiläufig. Die Zerstörung seiner Traumstadt scheint für ihn vielmehr ein langer, sich über Jahrzehnte hinziehender Prozess zu sein, der erst jetzt, mit dem allmählichen Wiederaufbau der Stadt, gestoppt worden sein könnte. Erst seit dem Ende der DDR hat Rostock für Gauck endlich wieder auf den Weg zurück zur Heimat gefunden.

Wenn Gauck in seine Heimat einlädt, steht nach Möglichkeit immer ein Abstecher in den nahe gelegenen Küstenort Wustrow auf dem Programm. Denn dort ist die Rückkehr in die heile Welt vor dem Zweiten Weltkrieg tatsächlich schon wieder vollständig vollzogen. Dort stehen ihm die Türen jenes Hauses, das einst die Großmutter errichtete, wieder weit offen. In Wustrow, direkt am Ostseestrand, hat Gauck einige seiner ersten Lebensjahre verbracht. Dort siedelt er seine ersten Erinnerungen an. Und dorthin wird er auch später mit Familienmitgliedern, mit Freunden, mit

Gästen stets zurückkehren – als größerer Junge, als Erwachsener, schließlich als Staatsoberhaupt.

Wustrow ist »frühes Glück«[6], wie er sagt, und bleibt der »Zufluchtsort«, obwohl die Familie nach Kriegsende nach Rostock zieht. Wustrow ist das Bindeglied zwischen dem Guten der Kindheit und des Alters – ein beständiger Quell ursprünglicher Freude. In seiner Autobiografie *Winter im Sommer – Frühling im Herbst* widmet Gauck keinem anderen Erdflecken so viel Zuwendung wie dieser auf der Halbinsel Fischland gelegenen Siedlung mit ihren gut tausend Einwohnern. Das Haus der Großmutter bildet dabei einen ganz besonderen Fluchtpunkt. Es ist Symbol für familiären Aufstieg, Fall und Wiederaufstieg. In seinem Schicksal spiegelt sich das des Bundesbeauftragten. Zunächst, in den Jahren der Kindheit, ist das Haus der Großmutter das Schloss, das für Geborgenheit wie Sehnsucht gleichermaßen steht. Dann geht es scheinbar unwiederbringlich verloren, um schließlich nach dem Ende der faktischen Zwangsenteignung durch die Kommunisten gegen alle Erwartungen wieder an die Familie zurückzufallen.[7]

Das Rostock der Vorkriegszeit und mehr noch das wiedergefundene, wiedererlangte Wustrow der Großmutter stehen gleichermaßen für die Verortung einer besseren Welt. Sie liefern für den BBC-Beitrag die Bilder, die der Bundesbeauftragte schätzt. Gauck lässt beim Strandspaziergang die Kiesel in der Brandung der Ostsee hüpfen.[8] Er steht ehrfürchtig in der wuchtigen Rostocker Marienkirche, in der seine Predigten im Oktober 1989 die Menschen bewegten. Mit dem Leben des Joachim Gauck haben diese Orte zumeist nur am Rande zu tun – selbst die Kinderjahre in Wustrow waren unterbrochen durch viele Kriegsmonate, in denen die Familie am Stationierungsort des Vaters im besetzten Polen lebte. Aber die Momentaufnahmen einer guten alten Zeit sind das, was Gauck vorzeigen will, wenn er anderen sein Leben nahebringen will. Sie sind immer auch Hinweise auf die Suche nach dem verlorenen Glück, die Gaucks Leben bestimmt hat und bis heute bestimmt. Seine Landsleute lieben solche Aufnahmen – sie sind so etwas wie Orte der Vergewisserung der deutschen Seele. In dieser Suche ist er ganz und gar einer von ihnen – der Mann der deutschen Sehnsucht nach dem hoffentlich endlich wiedergefundenen Glück.

1999, vierzehn Jahre vor der Wahl zum deutschen Staatsoberhaupt, ist all das, was Joachim Gauck dann zum scheinbar selbstverständlichen Kandidaten und unvermeidbaren Wahlsieger machen wird, bereits zu erkennen: sein eigener unbändiger Wille, sich nicht abzufinden mit einer zu kurz bemessenen und beschränkten Rolle im öffentlichen Leben, wie auch die Empfänglichkeit seiner Landsleute für einen, der ihnen näher zu sein scheint als die in langen Anläufen allmählich nach oben gerückten Berufspolitiker.

## 2

# Erbschaften – Mecklenburg, die Gaucks und die Warremanns

Woher kommt er aber tatsächlich, dieser so heimatverbundene Mann? Manchmal tut er sich doch schwer damit, das klar zu benennen. Wenige Tage nach seiner Wahl zum Bundespräsidenten beginnt er die Reihe seiner Antrittsbesuche in den Bundesländern in Stuttgart. Dort jährt sich der 60. Jahrestag des Zusammenschlusses von Baden und Württemberg. Vor allem Baden und ein wenig auch Württemberg sind ja so etwas wie die Brutkästen der deutschen Demokratie. Da kann Gauck gar nicht anders, als die Unterschiede in der Geschichte der deutschen Regionen anzusprechen. »Ich selbst komme – wie Sie ja wissen – aus dem Nordosten des wiedervereinigten Deutschland«, sagt er.[9] Aus einer Himmelsrichtung kommt er – der Name Mecklenburg fällt nicht. Er kennt nur zu gut die Schattenseiten dieser Region entlang der Ostsee, ihre Rückständigkeit. Er konterkariert diese dann durch eine liebevolle Beschreibung der angeblich mit ihr verbundenen Tugenden ihrer Bewohner – Verlässlichkeit und Beharrlichkeit – und der landschaftlichen Schönheit insbesondere der Küsten. Gauck ist stolz auf seine Beherrschung des Dialekts, des Plattdeutschen. Wenn er sich verstanden fühlt, spricht er auch darin – etwa beim Antrittsbesuch in Kiel. Er ist stolz auf seine Kenntnisse der heimatlichen Dichtung, insbesondere der des in Mecklenburg hochgeschätzten Mundartpoeten Fritz Reuter.[10]

Der Lübecker Björn Engholm, ein Nachbar also, einst Vorsitzender der SPD, hat Mecklenburgs Bewohner so beschrieben: »... eher wortkarg und zurückhaltend, ein wenig rau und äußerlich anscheinend kühl, gelegentlich dickschädlig und widerborstig, aber immer zuverlässig, ein einmal gegebenes Wort haltend, den Begriffen Anstand und Treue auf eine sehr natürliche Art verbunden, heimatbewusst und sesshaft«.[11] Das klingt gut und lenkt doch ab.

Tatsächlich hat Mecklenburg in der deutschen Geschichte bis weit ins 20. Jahrhundert hinein nur eine traurige Nebenrolle gespielt. Das Land an der Ostsee – aufgeteilt in zwei dynastisch miteinander verbundene Herzogtümer – bringt es bis zum Ende des Ersten Weltkriegs zu keiner Verfassung. Mit der Weimarer Republik springt Mecklenburg von einem ständisch geprägten, mittelalterlichen Feudalismus übergangslos in die Demokratie. Unbedeutend sind seine Beiträge zur Geschichte Deutschlands – in Mecklenburg fand nichts statt, worüber es zu berichten gab. Während in Süddeutschland, aber ebenso in Preußen oder Sachsen und erst recht in Stadtstaaten wie Hamburg oder Bremen Ansätze einer Beteiligung des Bürgertums an der Landesherrschaft erkennbar wurden, blieb Mecklenburg verhaftet in einer ständischen Gesellschaftsordnung, die die Einwohnerschaft vom politischen Geschehen ausschloss. War in Deutschland der Ruf nach Freiheit verbunden mit der Notwenigkeit radikaler Veränderung, dann in Gaucks mecklenburgischer Heimat.[12] So wenig Freiheit wie dort gab es nirgendwo sonst.

In den vierzehn Jahren der krisengeschüttelten Weimarer Republik freunden sich die Mecklenburger so gar nicht mit dem politischen Leben einer Demokratie an. Nachdem sie unmittelbar nach dem Kriegsende 1918 zeitweilig auch linke und liberale Parteien gewählt hatten, schwenkte die Mehrheit der Stimmberechtigten ab 1929 ins rechtsradikale Lager, und die Nationalsozialisten gewannen direkten Einfluss auf die Landespolitik. Im Frühjahr 1932 übernahmen sie dann vollständig die Macht – sie konnten fast genau die Hälfte der Wähler für sich mobilisieren. Aus dem rückständigen Land im Norden Deutschlands war einer der Vorreiter eines radikalen Systemwechsels geworden – eines Wechsels zur Diktatur.[13] Wenn Gauck die zwölf braunen und die vierundvierzig roten Jahre zusammenzählt, bleibt unerwähnt, dass in Mecklenburg die Nazis mit Zustimmung der Bevölkerung an die Macht gelangten.

Gaucks Vorfahren, auch seine Eltern, wuchsen also in einer vergleichsweise archaischen Welt auf. Bürgerliche Rechte hatten sie nur über den 1870 erfolgten Beitritt zum Kaiserreich und nur in den wenigen Bereichen, in denen das Recht des Reiches das des lokalen Adels brach. Noch zu Beginn des 20. Jahrhunderts kontrollierten die etwa 650 Mitglieder der Ritterschaft knapp die Hälfte des Territoriums Mecklenburgs und bestimmten im Wesentlichen den politischen Kurs der beiden Herzogtümer. Ihre Rechte leiteten sie von einer im Jahr 1755 geschlossenen Vereinbarung mit den Landesfürsten ab. Die große Mehrheit der Mecklenburger besaß kein Wahlrecht zum sogenannten Landtag.

Antonie Gauck, die Oma väterlicherseits, kam 1880 zur Welt. »Tochter eines Ackerbürgers mit kleinem Viehhandel in der mecklenburgischen Kleinstadt Penzlin«[14] – so beschreibt der Enkel sie. Die Gaucks sind als Viehhändler und Metzger im Ort Penzlin bis ins 18. Jahrhundert nachweisbar. Es muss ein großer Familienverbund gewesen sein, in Penzlin war der Name Gauck weit verbreitet, wobei der Viehhandel gute Erträge abwarf. Penzlin zählte zu den Besitztümern der Maltzahns, eines der ältesten Adelsgeschlechter Mecklenburgs. Bis 1918 waren sie verantwortlich für das Polizei- und das Schulwesen der Stadt, die Maltzahns galten als relativ aufgeklärte Herrscher, die ihren Untertanen einige Freiheiten mehr gewährten als andere Angehörige des Ritterstands.

Als Penzlin 1885 an das Eisenbahnnetz angeschlossen wurde, öffnete sich das Tor zu einer großen und weiten Welt. Wilhelm Gauck, der Großonkel, nutzte die Anbindung und studierte um die Jahrhundertwende Rechtswissenschaften an der Universität Rostock. Er war einer der Ersten aus der Familie Gauck, von dem dokumentiert ist, dass er der Enge der Provinz vollständig zu entfliehen vermochte.[15] Andere schafften, vor allem zu Beginn des 20. Jahrhunderts, den Sprung über den Ozean ins ferne Amerika – später sollten sie als Helfer in Notzeiten einspringen.

Mecklenburg wurde zu einem Land mit einer hohen Auswanderungsrate – ähnlich wie Irland und Galizien und andere Armenhäuser des Kontinents. Dabei spielte das bis 1860 gültige Niederlassungsrecht eine große Rolle – auch nach Aufhebung der Leibeigenschaft bannte es Mecklenburgs Einwohner an bestimmte Orte. Familiengründungen waren dadurch nicht ohne Weiteres möglich, und vielen jungen Paaren blieb kaum eine andere Wahl als die Auswanderung.[16] Aus der Generation der Großeltern Gaucks verließ etwa jeder Dritte das Land – nicht nur, um in Übersee eine neue Heimat zu finden, oft zog es sie in andere Gegenden Deutschlands. Altona, bis 1937 holsteinische Großstadt an der Grenze zu Hamburg, war beispielsweise ein bevorzugtes Ziel der mecklenburgischen Auswanderer.

Gaucks Großmutter folgte dem mecklenburgischen Trend der Landflucht. Er führte sie allerdings zuerst nicht weiter als bis nach Rostock. Antonie Gauck, die als Zwanzigjährige erstmals in den Volkszählungslisten der Hansestadt auftaucht, war dabei nur eine von vielen – in den letzten zwanzig Jahren des 19. Jahrhunderts hatte sich die Einwohnerzahl fast verdoppelt. Die Oma wohnt in einer von Friedrich Martius in Rostock betriebenen Pension in der Rostocker Augustenstraße 41.[17] Die Herberge dient der Rekonvaleszenz kranker junger Menschen, es gibt aber keine Informationen darüber, ob und woran Antonie Gauck gelitten haben mag. Professor Martius, der Inhaber, ist ein angesehener Internist und gehört zum akademischen Establishment der Stadt. Später wird er Rektor der Rostocker Universität. 1919 findet sich in den Volkszählungsakten Großmutter Antonie nur wenige Häuser entfernt vom Wohnhaus von Dr. Martius wieder – ihrerseits als Besitzerin einer Pension für junge Menschen. Neben ihrem Sohn beherbergt sie zwei Hausmädchen und sechs junge Menschen – eine ähnliche Hausgemeinschaft wie jene von Professor Martius neunzehn Jahre zuvor. Dann, fast zwanzig Jahre später und bald sechzigjährig, vier Jahre vor der Geburt ihres Enkels Joachim, wird sie ihr stattliches, als Unterkunft für Feriengäste konzipiertes Haus am Strand von Wustrow bauen lassen. Unklar bleibt, ob die Mittel, über die die Großmutter verfügte, von dem Großvater des Bundespräsidenten kamen oder aus Erbschaften ihrer eigenen Familie. Die Gaucks in Penzlin waren inzwischen zu Wohlstand gelangt, ein großes Grabmal auf dem Friedhof für Großonkel Wilhelm Gauck kündet noch heute davon. Zwischenzeitlich, im Jahr 1904, war Großmutter Gauck nach Sachsen gezogen, dort hatte sie den Apotheker Walter Müller geheiratet, der von einer Leipziger Familie sehr erfolgreicher und wohlhabender Holzhändler abstammte.

Gauck berichtet, dass für ihn die Beziehung seiner Großmutter zu seinem Großvater väterlicherseits völlig im Dunklen geblieben ist. Er beschreibt Antonie, die »herbe, sehr entschlossene und eigensinnige Frau«, als eine Person, die »auch ohne Mann« etwas darstellte.[18] Kaum etwas aber könne er über seinen Großvater sagen. Gaucks Vater, Joachim genannt, wie später er selbst, wurde am 13. August 1906 in Dresden geboren, zwei Jahre nach der Eheschließung der Großmutter mit dem geheimnisvollen Großvater. Joachim Gauck sen. war aus ihrer Sicht das Resultat eines Irrwegs, eines gründlichen Missverständnisses. In seinen *Erinnerungen* schildert der Bundespräsident eine Szene, in der sich das Erschrecken manifestierte, das seine Großmutter überfiel, als sie eine gewisse Ähnlichkeit zwischen ihrem Sohn Joachim und ihrem einstigen Mann zu erkennen glaubte.[19] Diese heiratete Müller in der Kirche der Heimatstadt, bevor es nach Sachsen ging. Doch die Ehe dauerte nicht lang, nur von 1904 bis 1914. In Familienkreisen existierten die wildesten Gerüchte über die Scheidung. Anscheinend hatte Apotheker Müller mit Suchtproblemen zu kämpfen gehabt, 1915 soll der Großvater dann auch in Dresden verstorben sein.[20]

Joachim Gauck sen., der Vater, war ein schwieriges Schulkind.[21] Seinen Abschluss machte er, nachdem er mehrfach die Klasse hatte wiederholen müssen, in Berlin, auf dem Mommsen-Gymnasium. Diese Einrichtung im Stadtteil Charlottenburg hatte ein angeschlossenes Internat in dem er lebte. Die Mutter hatte genug Mittel, um ihn dort unterzubringen. Ende der Zwanzigerjahre fährt er für viele Jahre zur See, zuerst als Schiffsjunge, dann als Matrose ist er unterwegs auf den Weltmeeren.

Die Geschichte der Vorfahren mütterlicherseits ist einfacher zu erzählen. Großvater Franz Warremann ist waschechter Mecklenburger, geboren im April 1988 als zweitältester Sohn einer siebenköpfigen Familie. Er stammt aus einer kleinen Siedlung mit Namen Kukuk, die heute zum Amt Sternberger Seenlandschaft gehört. Zum Ende des 19. Jahrhunderts zählt Kukuk gerade mal ein gutes Dutzend Häuser, und die allermeisten der etwa sechzig erwachsenen Einwohner sind Landarbeiter. Bis 1918 wird die Ortschaft direkt vom Landesfürsten verwaltet – was den Menschen zumeist größere Rechte einräumt als in den von Gutsherren regierten Gemeinden wie Penzlin. Damit erklärt sich auch die soziale Struktur von Kukuk – man braucht keine Erlaubnis zur Heirat, und deswegen lebten hier sehr viele, zumeist kinderreiche Familien.

Franz Warremann, gerade siebzehn, lernt als Maurergeselle die ein Jahr jüngere Luise Gossen kennen, die in Kassebohm bei Rostock ihr Leben begonnen hatte. Als Luise schwanger ist, wird geheiratet. Drei Kinder hat das Paar, einen Jungen, Walter, 1907 geboren, Tochter Olga – Gaucks Mutter – kommt 1910 zur Welt, zwei Jahre später Gerda. Obwohl Warremann beim Ausbruch des Ersten Weltkriegs dreifacher Vater ist, wird er Soldat. Enkel Joachim wird von Großvater einige Kriegserlebnisse erfahren.[22]

Nach dem Ende des Kriegs hat der einstige Soldat in Rostock mit einem Baugeschäft einigen Erfolg. Auf eine gute Ausbildung seiner Kinder legt er großen Wert. Sohn Walter wird ebenfalls Baumeister, Olga, die ältere Tochter, schafft es, mitten in der schweren Wirtschaftskrise Ende der Zwanzigerjahre ihr Geld als Bürovorsteherin in einer Rechtsanwaltskanzlei zu verdienen. Schwester Gerda lässt sich kaufmännisch schulen.

Olga lebt noch lange beim Vater in der Ottostraße. Die liegt in der Kröpliner-Tor-Vorstadt, einem Stadtteil von Rostock, nur einen Katzensprung von der Friedrich-Franz-Straße entfernt, in der Antonie Gauck ihre Pension betreibt. Die Eltern von Gauck haben sich als zwei Nachbarskinder gefunden. Geheiratet wird 1938 in Hamburg, als Joachim sen. Landgang hat. Zwei Jahre zuvor war dessen Mutter Antonie nach Wustrow gezogen, in jenes stattliche Haus, das sie hatte bauen lassen. Gaucks Vater besuchte dann dort als frisch Vermählter die örtliche Kapitänsschule, und die junge Familie lebte in der Adolf-Hitler-Straße, die zuvor Parkstraße geheißen hatte, gleich um die Ecke von Großmutter Antonies Anwesen.

Gauck selbst verbindet so gut wie nichts mit Penzlin oder gar mit Kukuk. Als Pastor wird er einige Jahre in jenen ländlichen Gegenden verbringen, die denen ähneln, aus denen sich seine Vorfahren einst davonmachten – sein Mecklenburg ist und bleibt das Seebad Wustrow und die Hafenstadt Rostock. Nicht das reizlose, karge Binnenland ist seine Welt, sondern das Mecklenburg der Küste, von dem aus man einen weiten, einen freien Blick hat.

Beim Nachdenken über die Vorfahren des heutigen Bundespräsidenten fällt auf, dass diese für einen Mann, der noch in der Zeit vor der großen Völkerverschiebung des Zweiten Weltkriegs geboren wurde, zwar einerseits von einer soliden landsmannschaftlichen Bindung, andererseits aber auch von erstaunlicher Unstetigkeit gekennzeichnet sind. Es ist, wie so vieles im Leben des Joachim Gauck, ein widersprüchliches Bild – auch und gerade von dem, was Deutsche gern »Heimat« nennen. Von seinen Großeltern kommt nur die Großmutter Luise aus der Nähe seiner Geburtsstadt Rostock. Von seinen Eltern kann nur seine Mutter sagen, dass sie dort tatsächlich aufgewachsen und zu Hause war. Und Wustrow, der erste, der so bedeutsame Ort der Kindheit, ist nicht nur noch weiter weg von den Landstrichen der Vorfahren, sondern unterscheidet sich wiederum auch ganz erheblich von Rostock.

Die Hansestadt erlebt ihrerseits in den ersten Jahrzehnten des 20. Jahrhunderts nicht nur die Transformation in eine Industriestadt, sondern auch eine Periode großer politischer Spannungen und bedeutsamer sozialer Veränderungen. Gauck wird so in eine Welt hineingeboren, in der nur noch ganz wenig seit alters her gefügt, stattdessen aber vieles auch für Eltern und Großeltern noch sehr neu und unbekannt, alles aber im Fluss ist.

Das Leben beginnt für ihn, dem 1940 Geborenen, ganz im Gegensatz zu der von ihm selbst beschriebenen idyllischen Kindheitswelt, in einem durchaus nicht alltäglichen Zustand der Beziehungslosigkeit. Eine generationenübergreifende Familientradition existiert nicht. Die Warremanns, seine Vorfahren mütterlicherseits, mögen in diesem Jahr endlich ein wenig sesshaft geworden sein in Rostock, wobei das Baugeschäft des Großvaters mit Beginn des Zweiten Weltkriegs sofort in erhebliche wirtschaftliche Schwierigkeiten geraten war.[23] Und Vater Gauck war bis zu seiner Eheschließung stets unterwegs gewesen – auf Schiffen rund um den Globus. Von Bodenständigkeit kann man da nicht wirklich sprechen.

Die Unstetigkeit und die Suche nach Gebundenheit in einer durch Brüche bestimmten Welt zeigt sich nicht nur geografisch, dafür steht auch die gern von Gauck erzählte Geschichte über die Eheschließung der Eltern. Den Vater habe auf See der Brief nicht erreicht, in dem ihm Olga, seine Verlobte, mitteilte, ein Hochzeitstermin sei festgesetzt im Standesamt Hamburg-Blankenese. Aus diesem Grund habe sie ihn bei Ankunft seines Bananenschiffs aus Afrika damit überrascht, er hätte am nächsten Tag sein Jawort abzulegen. Die Mutter war zu dieser Zeit achtundzwanzig und der Vater einunddreißig – für damalige Verhältnisse war es auch tatsächlich allerhöchste Zeit für eine Familiengründung. Gauck schreibt in seinen *Erinnerungen*, die Mutter scheint den Vater »regelrecht gekapert zu haben«.[24]

Trotz aller Unstetigkeit gelingt den Großeltern wie den Eltern jedoch ein beachtlicher sozialer Aufstieg. Dabei war die Erinnerung an das karge, entbehrungsreiche Leben der Vorfahren in der Provinz stets präsent. Es war selbst für deutsche Verhältnisse ein später, ein verzögerter, aber umso beachtlicherer Ausbruch aus einer fast noch mittelalterlich geprägten Welt zu bescheidenem Wohlstand. Franz Warremann baut in Brinkmansdorf, einer neuen Siedlung im Südosten der Hansestadt nahe den Wiesen und Feldern und in unmittelbarer Nachbarschaft von Kassebohm, dem Örtchen, aus dem Großmutter Luise kommt. Da ist man fast wieder auf dem Lande

## 3

# Kindheitsidylle im Weltenbrand

Eisige Temperaturen quälten im Januar und Februar 1940 ganz Deutschland, vor allem aber den Norden des Landes. Seit Menschengedanken hatte es solche Kältewellen nicht gegeben. Hamburg meldete am 13. Februar mit minus 29,1 Grad Celsius einen neuen, bis heute gültigen Rekord, und die Ostsee fror zu. In diese Tage hinein, genauer: am 24. Januar, wurde Joachim Gauck in Rostock geboren. Die Tage und Wochen des Säuglings sind bestimmt von dieser für Mitteleuropa ungewöhnlich schneidenden Kälte. Zwei weitere überaus strenge Winter sollten folgen. Darin wird wohl auch die von ihm selbst und seinen Geschwistern berichtete Neigung, schützende Fettschichten anzulegen, eine Erklärung finden.[25]

Es waren nicht nur schrecklich kalte Tage, es war auch der erste von fünf Kriegswintern im nationalsozialistischen Deutschland. Ein Kriegskind im eigentlichen Sinne ist Joachim allerdings nicht. Seine Mutter war schon schwanger, als Hitlers Wehrmacht im September 1939 die Grenze zu Polen überschritt und in das Nachbarland einfiel. Für Mutter Olga ist er der Erstgeborene, in den nächsten Jahren folgen noch drei Geschwister – die beiden Schwestern Marianne und Sabine und der Bruder Eckhart.

Die Erziehung folgte strengen Regeln, die Eltern hatten sich der Tradition deutscher Zucht verpflichtet. Das hieß: Ein Kind, das schrie, wurde allein gelassen. Strafe war das Mittel, um es auf den rechten Weg zu bringen. In seinen *Erinnerungen* verweist Joachim Gauck nachdrücklich auf diese durch unerbittliche Strenge geprägten frühkindlichen Erfahrungen.[26] Auch in seinem Elternhaus wurde der damals weit verbreitete Erziehungsratgeber der aus Tetschen stammenden Nationalsozialistin Johanna Haarer gelesen: *Die deutsche Mutter und ihr erstes Kind.* Haarers Vorstellungen von einer nicht durch Liebe, sondern durch Distanz zum Kind geprägten Erziehung blieben noch lange nach dem Zweiten Weltkrieg ein wesentlicher Leitfaden für viele deutsche Eltern. Sicherlich nicht in aller Konsequenz, denn die von ihr gegebenen Ratschläge verlangten auch eine harte elterliche Selbstdisziplinierung. Ähnlich wie die Kinder durften auch sie sich nicht gehen lassen, so war Mitleid mit dem leidenden Nachwuchs zum Beispiel verpönt.

Hob Gauck auch später beim Blick zurück die Strenge besonders hervor, so wuchs er doch kaum anders als die allermeisten seiner Zeitgenossen auf. Die an Kindern verübte körperliche Gewalt war selbstverständlich, prügelnde Eltern und Lehrer in Deutschland waren eher die Regel als die Ausnahme. Nicht selbstverständlich war die weltgeschichtliche Dramatik der ersten sechs Jahre seines Lebens. Solch fundamentale Umwälzungen wie die, die in der Zeit zwischen 1940 und 1945 stattfanden, sind für diejenigen, die nach dem Krieg geboren sind, kaum vorstellbar. Die Menschen in Deutschland gingen durch ein Wechselbad der Gefühle – tiefe Verunsicherung und Angst gehörten genauso dazu wie eine fast schon hysterische Euphorie über militärische Erfolge. Im Januar 1940 herrschte zunächst eine kurze Ruhepause an den Fronten. Nach dem Ende des Polenfeldzugs von 1939 wurde das Nachbarland im Osten zwischen Hitler und dem sowjetischen Diktator Stalin aufgeteilt. Spekulationen machten die Runde, ob es nicht doch zu einem Friedensschluss mit den Westmächten kommen könnte. In den Planungsstäben der Wehrmacht, in Berlin, wurden jedoch schon die nächsten Angriffe vorbereitet: zuerst auf die skandinavischen Länder Norwegen und Dänemark, dann auf Holland, Belgien und Frankreich.

Joachim Gauck ist noch kein Jahr alt, als die Wehrmacht nach den Blitzkrieg-Siegen im Norden und Westen des Kontinents große Teile Europas besetzt hält. In Rostock – wie überall im Deutschen Reich – kommt es 1940 zu Begeisterungsstürmen ob der militärischen Erfolge. In Berlin werden die Siegesparaden des »Führers« Adolf Hitler zu Triumphzügen. Die Sorgen und Ängste des Spätsommers 1939 sind vergessen, es scheint, als ginge Deutschland tatsächlich den von Hitler versprochenen großen Zeiten entgegen.

Gaucks Vater ist noch bis zum Sommer des Jahres zu Hause in Wustrow, doch nach Beendigung seiner Ausbildung zum Kapitän wird er zur Kriegsmarine eingezogen. Vorher macht sich aber noch eine gewisse Ernüchterung breit, denn es mangelt an Geld für die Beurkundung des Kapitänspatents von Joachim Gauck sen. Das bis 1939 expandierende und erfolgreiche Baugeschäft des Großvaters ist kriegsbedingt weitgehend zum Erliegen gekommen, es fehlen neue Aufträge, auch Arbeitskräfte, die sind an der Front – beim Finanzamt muss um Stundung von Steuerschulden gebeten werden. Die Gaucks und die Warremanns gehörten nicht zu den Kriegsgewinnlern, derer es viele gab.[27]

Und es bleibt nicht bei den positiven Meldungen von der Front. Als Joachim jun. im Januar 1942 seinen zweiten Geburtstag feiert, kommt der Angriff der deutschen Truppen auf die Sowjetunion vor Moskau im Schnee zum Erliegen. Im Sommer 1941 war die unheilige Allianz der beiden Diktatoren Stalin und Hitler zerbrochen. Der Überfall der Japaner auf Pearl Harbor und damit der Kriegseintritt der USA hatten den Konflikt in Europa im Dezember 1941 endgültig zum Weltenbrand gemacht. Hitler hatte sich auf die Seite Japans gestellt und den Vereinigten Staaten den Krieg erklärt. Langsam ahnten viele Deutsche, dass die Politik der Nationalsozialisten mit einer Katastrophe enden könnte. Und vier Tage vor Gaucks zweitem Geburtstag fand in einer Villa am Berliner Wannsee jene berüchtigte Konferenz deutscher Staatsfunktionäre statt, die als einzigen Tagesordnungspunkt die Ermordung von elf Millionen Menschen jüdischer Herkunft hatte.

1943, am drittem Geburtstag des kleinen Joachim, wird das Verhängnis offenkundig. In Stalingrad, an der Wolga, kämpfen die letzten Reste der 6. Armee einen aussichtslosen Kampf, der mit dem Tod Hunderttausender deutscher Soldaten endet. In Nordafrika, wo die Panzer des Feldmarschalls Erwin Rommel zunächst Erfolge gegen die Briten erringen konnten, hat sich das Geschehen gewendet. Über den deutschen Städten verbreiten die alliierten Bomberflotten Furcht und Schrecken und lassen ihre tödliche Fracht auf die Menschen fallen. Mancher, darunter Gaucks Mutter, mag sich trotzig an die Hoffnung geklammert haben, dass doch noch ein siegreicher Ausgang des Krieges denkbar sein könnte. Aber die Meldungen von den Frontabschnitten sprechen eine andere Sprache. Der einstigen Zuversicht folgen Durchhalteparolen, bald schon Zweifel und zunehmende Angst. Des Nachts werden die Städte verdunkelt, und bei Licht werden die Ruinenberge sichtbar.

Gauck nimmt bei der Beschreibung seiner eigenen Kindheit nur kurz Bezug auf das Drama, das sich um ihn herum vollzog. Er erwähnt, dass er im Frühjahr 1945, bei der Kapitulation des Deutschen Reichs, noch immer Besitzer einer kleinen Hakenkreuzfahne ist. Als die Russen bereits vor der Tür stehen, will er weiter sein Banner schwenken. Dass die Großmutter das Ding ganz schnell im Herdfeuer verschwinden lässt, verstört ihn.[28] Der ungeheure Zivilisationsbruch jener Jahre hat seine Kinderaugen und -ohren nicht erreicht. Und natürlich nahm er in diesem Alter auch nicht wahr, wie sich die Eltern dazu verhielten.

Mutter Olga war im April 1932 als einundzwanzigjährige Frau der NSDAP beigetreten. Sie hatte eine feste Stelle im Büro eines Rechtsanwalts, während Millionen arbeitslos waren und ums nackte Überleben kämpften – die Not hatte Olga Warremann also nicht in die Reihen der Nationalsozialisten getrieben. Ihre Mitgliedsnummer – 1027877 – weist sie als eine der nicht allzu zahlreichen Frauen aus, die sich als Nationalsozialistin bekennt, bevor es zu einem Massenansturm auf die Parteilokale kommt. In jenen Apriltagen strebte der letzte Wahlkampf um das Präsidentenamt in der Weimarer Republik seinem Höhepunkt entgegen. Adolf Hitler und Ernst »Teddy« Thälmann, der Kommunistenführer, hatten dem schon greisen Amtsinhaber, dem früheren Feldmarschall Paul von Hindenburg, einen zweiten Wahlgang abgenötigt. Der alte Herr, selbst alles andere als ein überzeugter Demokrat, war zum letzten Bollwerk gegen die Feinde der Freiheit geworden. Der Todeskampf der ersten deutschen Demokratie hatte aber schon begonnen. Mutter Olga stand auf der Seite derer, die zu den Feinden der Freiheit gehörten.

Vermutungen, der Parteieintritt von »Olli« – so wird die Mutter im Familienkreis genannt – habe etwas zu tun mit dem zukünftigen Ehemann ihrer Schwester Gerda, sind falsch. Gaucks Tante Gerda kannte 1932 noch gar nicht jenen Mann, der ein begeisterter Anhänger Hitlers war und der später als Onkel Gerhard noch eine bedeutende Rolle spielen wird. Dass Olga Warremann nach 1932 allerdings jemals etwas anderes war als ein treues Parteimitglied, dazu findet sich nirgendwo ein Hinweis. Nichts in den Folgejahren deutet darauf hin, dass sie zu einer aktiven Nationalsozialistin wurde, dass sie aus der frühen Mitgliedschaft einen besonderen Nutzen gezogen hätte. Die erhalten gebliebene Mitgliedskarte weist nur die diversen Umzüge aus. Warum sie überhaupt Mitglied bei den Nazis wurde, bleibt für den Sohn zeit seines Lebens ein Geheimnis.

Gaucks Vater wurde am 1. Mai 1934 mit der Mitgliedsnummer 3449129 ein Nationalsozialist – auch ein Datum, das Fragen aufwirft. Nachdem im Frühjahr 1933 insbesondere die deutschen Beamten in Scharen Mitglieder werden wollten, war ein Aufnahmestopp für die NSDAP verhängt worden. Der galt auch noch 1934, und Ausnahmen waren selten. Wer und mit welcher Begründung bei Joachim Gauck sen. intervenierte, ist nicht bekannt. Gaucks Großvater Franz Warremann hatte laut seiner erhaltenen Mitgliedskarte gerade noch rechtzeitig vor dem Aufnahmestopp versucht, am 1. Mai 1933 Parteimitglied zu werden. Er wurde dann aber laut der in Berlin aufbewahrten Karteikarte abgelehnt.

Ganz offenkundig waren Gaucks Eltern und Großeltern in jenem Milieu verwurzelt gewesen, das die Demokratie bekämpfte und seinen Teil an der Verantwortung trug für die spätere Katastrophe Deutschlands. Noch früher als die Gaucks, nämlich am 1. August 1931, war Gerhard Schmitt Mitglied der NSDAP geworden. Der zukünftige Onkel von Joachim Gauck zählte mit der Mitgliedsnummer 624269 fast schon zur alten Garde der Partei. Er war ihr als Theologiestudent an der Christian-Albrechts-Universität zu Kiel beigetreten, die CAU wurde als eine der ersten deutschen Universitäten weitgehend von nationalsozialistischen Schlägertrupps beherrscht und terrorisiert.[29] Zeitweilig war Schmitt auch hauptamtlicher Funktionär der Partei, beschäftigt beim Amt für Ausbildungswesen der sogenannten Sturmabteilung, kurz SA genannt. Diese paramilitärische Unterorganisation suchte die gewalttätige Auseinandersetzung mit dem politischen Gegner. Schmitt lernte Gerda Warremann 1934 kennen – wenige Wochen bevor er auf eine weitere Karriere in der SA verzichtete und sich ganz auf sein Theologiestudium konzentrierte.

Überzeugte Nationalsozialisten waren Gaucks Eltern und Verwandte vor allem zu Beginn der Diktatur. Wohl auch deswegen wird in seinen *Erinnerungen* die Verstrickung der eigenen Familie im Dritten Reich nur am Rande gestreift. Sie scheint in den Jahren nach 1934 keine tiefen Spuren hinterlassen zu haben. Es gibt zudem keine Hinweise darauf, dass zu irgendeinem Zeitpunkt der Sohn mit dem NS-Vorleben der Eltern konfrontiert wurde. So kommt Joachim Gauck erst in den Fünfzigerjahren ins Nachdenken. Da ist er Mitglied der Jungen Gemeinde, der Jugendorganisation der evangelischen Kirche. In ihr wird er durch Bücher und ein Theaterstück über das Schicksal der Anne Frank[30] erstmals mit dem Völkermord an den Juden konfrontiert. Da sei es »zu einer Krise in meinem Denken und Glauben – in der Haltung gegenüber dem eigenen Volk« gekommen, und alles, was wichtig war, sei »ins Wanken« geraten.[31] Ende der Sechzigerjahre habe er dann seinen Eltern ein Buch über den Völkermord auf den Tisch gelegt. »Sie sagten, sie hätten nichts gewusst«, so beschreibt er ihre Reaktion.[32] Wie im Umgang mit der Herkunft des Vaters, wie beim Blick auf den unbekannten Großvater verweigert er sich der – eigentlich naheliegenden – Neugier auf Genaueres.

Dabei kann seinen Eltern einiges nicht entgangen sein. Der Vater, Offizier der Kriegsmarine, machte zwar keine militärische Karriere – er brachte es gerade zum Oberleutnant. Vom Frontgeschehen hat er nicht allzu viel mitbekommen, dafür aber umso mehr von dem nationalsozialistischen Besatzungsterror, denn er wurde ins eroberte Polen versetzt. Seine Dienststelle lag in Adlershorst, einer kleinen Siedlung zwischen Danzig und der in Gotenhafen umbenannten polnischen Stadt Gdynia. Die gehörte unter dem deutschen Namen Gdingen bis 1918 zum Deutschen Reich – damals eine unbedeutende Ortschaft in Westpreußen und von Deutschen und Polen gleichermaßen besiedelt. In der Zwischenkriegszeit war der Ort von den Polen zu einem bedeutenden Marinestützpunkt und einer Großstadt ausgebaut worden – Polens Tor zur Ostsee.

1939 wurde daraus Gotenhafen und ein Schauplatz nationalsozialistischer Vertreibungs- und Mordaktionen. Ein Großteil der polnischen Bewohner musste die Stadt verlassen, Tausende waren gleich nach dem Ende der Kämpfe zwangsweise deportiert worden. Der Hausrat war vielfach in den Wohnungen verblieben. Die neuen Bewohner hatten sich der dort vorgefundenen Einrichtungsgegenstände bemächtigt. In den umliegenden, neu in das Deutsche Reich eingegliederten Gebieten Danzig-Westpreußen und Warthegau verfuhr man ähnlich. Zehntausende Polen wurden umgebracht, Hunderttausende verjagt, um Platz zu machen für Deutsche, die nach dem Hitler-Stalin-Pakt von 1939 im Einflussbereich der Sowjetunion lebten und denen Nazi-Deutschland eine neue Heimat im eroberten Polen versprochen hatte. Die Familie von Gaucks Vorgänger im Bundespräsidentenamt, Horst Köhler, gelangte 1942 auf diese Weise nach Polen. Köhler hat keinen Hehl daraus gemacht, dass ihn dieses Wissen um das Unrecht belastet, das das Schicksal seiner Vorfahren mit dem der polnischen Opfer verbindet.[33]

Joachim Gauck erlebte als Kleinkind das fremde, unterworfene Land. Seine Mutter verbrachte mit ihm 1943 mehrere Monate beim Vater, der seinen Dienst als Navigationslehrer für U-Boot-Besatzungen leistete und damit auch seine Familie an seinem Einsatzort unterbringen konnte. Adlershorst beherbergte neben der Navigationsschule für die U-Boot-Ausbildungsflottillen nur wenige Wehrmachtsdienststellen und behielt seinen eher dörflichen Charakter. Eine gerade errichtete große Dienstvilla machte allerdings im Ort von sich reden. In ihr residierte SS-Sturmbannführer Max Pauly, der Kommandant des wenige Dutzend Kilometer entfernten Konzentrationslagers Stutthof. Als dieser zum Jahreswechsel 1942/1943 ins Hamburger KZ Neuengamme versetzt wurde, blieb die Familie Pauly zunächst in Adlershorst. Die Verbrechen des SS-Führers werden noch einmal Gaucks Wege kreuzen.

Im von Pauly kommandierten KZ Neuengamme waren medizinische Versuche an Kindern durchgeführt worden. Zwanzig der mit TBC infizierten jüdischen Kinder wurden von SS-Wachen 1945, kurz vor dem Einmarsch der Briten, in einer Hamburger Schule erhängt. Die Gedenkstätte für die »Kinder vom Bullenhuser Damm« ist heute in Hamburg ein Erinnerungsort[34] an die Grausamkeit der Nazis. Aufzeichnungen über die Experimente, Gewebeproben sowie Fotos von den Kindern hatte ein Lagerarzt nach Kriegsende in Sachsen-Anhalt vergraben. Eines Tages sollte die Stasi sie wieder ausbuddeln. Sie liegen heute im dem Archiv, das zu dem des Bundesbeauftragten geworden ist. Zehn Jahre waren sie unter der Obhut von Joachim Gauck, Asservate des DDR-Strafverfahrens in den Sechzigerjahren gegen den SS-Arzt Kurt Heißmeyer. Die Fotografien der Kinder, die Gewebeproben – sie sind zwischen all den Papierbergen der dunkelste und tiefste Abgrund im Archiv des Ministeriums für Staatssicherheit. Pauly, der Mörder aus der Nachbarschaft in Adlershorst, wurde von den Briten 1947 aufgehängt.

Es ist wenig zum Kriegsgeschehen in Adlershorst – oder Orlowo, wie die Siedlung auf Polnisch genannt wird – überliefert. Im Institut für Nationale Gedenken – einer der Gauck-Behörde ähnlichen Einrichtung in Warschau – findet sich ein Foto, das die Hinrichtung von zehn Polen in dem Ort zeigt. Offenbar handelt es sich um eine Aufnahme eines deutschen Wehrmachtsangehörigen, der sie auf das Jahr 1942 datiert hat. Die in Zivilkleidern erhängten Polen werden von einer Reihe von deutschen Soldaten besichtigt. Es ist schwer vorstellbar, dass Gaucks Vater in dem kleinen Adlershorst nichts davon mitbekommen hat. Er selbst hat in der einzig von ihm dokumentierten Äußerung zum Schicksal Polens all die Unfähigkeit zur Scham offenbart, die so vielen Deutschen nach Kriegsende eigen war. So erzählt er einem Biografen seines Sohnes, wie nach Kriegsende ein polnischer Soldat die Deutschen dafür gelobt habe, dass sie so viele Juden umgebracht hätten.[35]

Adlershorst war das Dorf, in dem die Familie Gauck wohl zum ersten Mal überhaupt gemeinsam einen Sommer und einen Herbst verbrachte. Inzwischen war Joachims Schwester Marianne geboren. Gauck erinnert sich nur vage an diesen Aufenthalt, meint, der Ort verbinde sich bei ihm mit unheimlichen Eindrücken. Wohlgefühlt habe er sich dort nicht.[36] Später wird er herausfinden, dass die Mutter in Briefen über die »Polacken« schimpfte. Die Monate in Adlershorst waren für Olga Gauck vor allem eine Zeit der Entbehrungen. Es fehlte an Haushaltsgegenständen, an Bekleidung sowie an Nahrungsmitteln. Tante Gerda half aus Rostock mit Paketen.

Das lange Schweigen, das spürbare Zögern, das der spätere Bundespräsident mit den familiären Erinnerungsfragmenten an den Nationalsozialismus verbindet, sind nur erklärlich mit der Scheu, die eigene Familiengeschichte einer kritischen Würdigung auszusetzen. Gauck weiß, dass seine Mutter wie sein Vater vieles gesehen und noch mehr gehört haben mussten. In dem Teil Polens, in dem der Vater Jahre, die Mutter Monate verbrachte, war es unmöglich, die Grausamkeiten des Besatzungsregimes völlig zu ignorieren. Gauck kennt die Auswirkungen von verdrängter Schuld. Er hat als Bundesbeauftragter darüber nachgedacht und geredet. Aber als Bewohner der DDR hat er auch gelernt, dass Privates schamlos ausgenutzt werden kann von denen, die Böses wollen. Er ist wie jeder Deutsche, der 1940 oder danach geboren wurde, frei von persönlicher Schuld. Aber er hat immer die Mitverantwortung betont, die ein jeder für die Taten der Vorfahren zu tragen habe. Was seine eigene Familie betrifft, so hat er diese Verantwortung allerdings nie konkret benannt. Sein Wort von den »Mitläufern«, die seine Eltern waren, offenbart eine persönliche Kapitulation vor der Verbindung seiner Familiengeschichte mit den Schrecken der deutschen Geschichte zur Zeit des Nationalsozialismus.

Den Opfern dieses Schreckens ist er allerdings mit einer durchaus ungewöhnlichen, vielleicht gerade deswegen intensiven Anteilnahme begegnet. Und diese Opfer haben die Intensität seiner Gefühle gespürt. Wer Gauck bei Begegnungen mit Überlebenden oder mit Nachfahren von Überlebenden des Holocaust oder der deutschen Besatzungsgräuel gesehen hat, konnte seine Rührung, seine Ergriffenheit nicht übersehen.

1944 waren Mutter Olga und die beiden Kinder, Marianne und Joachim, wieder zurück in Wustrow. Gauck spielt mit den Holzpanzern und der kleinen Hakenkreuzfahne. Die Mutter hatte den Glauben an eine Wende zum Besseren im Kriegsgeschehen noch nicht völlig aufgegeben. Der fünfjährige Joachim erinnert wenig an das Kriegsende, allerdings wird er im Nachhinein mit all den Informationen, die er dazu gesammelt hat, zum Chronisten.[37] Er schildert die Selbstmorde von NS-Anhängern, die Vertreibungen und die Vergewaltigungen – Wissen aus zweiter Hand. Ob die Eltern und Bekannten vielleicht auch gesehen haben, wie die Synagogen in ihrer Nachbarschaft brannten, sagt er uns nicht. Auch nicht, ob sie wussten, wessen Wohnung sie in Adlershorst nutzten und ob sie den KZ-Kommandanten in der Nachbarschaft kannten. Über dieser familiären Erinnerungskultur liegt ein unverzeihlicher Schatten. Die erste, von Gauck selbst durchgesehene und autorisierte Biografie aus dem Jahr 2000 verschweigt noch vollständig die Aufenthalte des Vaters und der Familie im besetzten und drangsalierten Polen. »Mehrere Jahre verbrachte er in Kasernen in Neustadt und Stralsund und zupfte während der Dienstzeit Rüben oder führte andere anspruchslose Tätigkeiten aus«, heißt es dort über den Vater.[38] Gauck lässt diesen irreführenden Unsinn durchgehen. Aber selbst in seinen eigenen *Erinnerungen* bleibt es nur bei Andeutungen. Beim Stöbern in den Hinterlassenschaften seiner Eltern stößt er auf einen Brief der Mutter. Sie berichtet darin von einem Fliegerangriff, bei dem ein mit Kindern besetzter Splittergraben einen Bomben-Volltreffer erleidet – es war der erste schwere Luftschlag gegen Gotenhafen am 9. Oktober 1943. »Kein Wort der Angst, kein Wort des Mitleids mit den Verwundeten und den Angehörigen der Toten«, so kommentiert Gauck diese Zeilen.[39]

Ein bedeutsamer ostdeutscher Kirchenführer ist ein Beispiel für eine andere Form der Erinnerung an das Garnisonsleben an der Ostsee. Bischof Gottfried Forck, im Krieg ebenfalls Offizier der Kriegsmarine, erzählt in *Selbstbewahrung oder Selbstverlust* von seiner Zeit in der Danziger Bucht. Forck wird unter anderem in Gotenhafen ausgebildet und muss nach Kriegsende Erlebnisse verarbeiten, die sich nicht allzu sehr unterschieden haben von denen der Eltern Gaucks. Einmal hatte er beobachtet, wie jüdische Zwangsarbeiter von einem Soldaten schikaniert wurden. Er habe nachgefragt, sich dann aber damit abgefunden, dass dies angeblich so befohlen worden sei. »Im Nachhinein sage ich mir, an der Stelle hätte man nicht lockerlassen dürfen, hätte fragen müssen, wer befiehlt hier und was läuft hier eigentlich ab. Man hätte viel stärker erkennen müssen, was da passiert.«[40] All die Zeit seit dem Kriegsende, sein ganzes weiteres Leben habe ihn diese Begebenheit bestimmt.

Als Bundespräsident 2012 beim Staatsbesuch in Israel versucht Gauck, sein Leben mit dem großen geschichtlichen Drama der Kindheit zu verbinden. Aber auch hier fehlt jeder Bezug zur eigenen Familie. In einer seiner Reden verweist Gauck darauf, dass er aus Mecklenburg stamme, das einst zur DDR gehörte, und dass die Israel nie anerkannt und sich der »deutschen Verantwortung für die Shoah« entzogen habe. Nur die Kirchen hätten Schuld anerkannt und Trauer zugelassen, sagt Gauck in Jerusalem. Er habe zum Kirchentag 1988 »einen Israeli in meine Heimatstadt Rostock« eingeladen. Der Mann habe Yaakov Zur geheißen, geboren sei er »als Jakob Zuckermann in Rostock«.[41] Zuckermann gehört dazu und passt doch wieder nicht in das Bild von Gaucks Heimatstadt. Der Rostocker wird bei Gauck zum Israeli. Gelebt hatte Jakob Zuckermann in der Kröbeliner-Tor-Vorstadt, jenem Stadtteil, in dem Großmutter Antonie ihre Pension betrieb und in der bis 1938 auch die Synagoge der Stadt stand, bevor sie am 9. November 1938 angezündet wurde.

So verwundert es auch wenig, dass Gauck 2010 – als er seine Kandidatur gegen Christian Wulff betreibt – sehr vorsichtig auf Fragen von Journalisten reagiert, die wissen wollen, inwieweit sein Bild von der NS-Zeit von der eigenen Familiengeschichte geprägt sein könnte. Bei seinen Antworten geht Gauck nicht über die Angaben, die in seiner Autobiografie enthalten sind, hinaus. Er bleibt bei diesen spärlichen Einblicken in sein Familienleben, obwohl er zu diesem Zeitpunkt schon seit vielen Jahren Vorsitzender des Vereins »Gegen Vergessen – Für Demokratie« ist. Dessen Gründer, allen voran der frühere SPD-Vorsitzende Hans-Jochen Vogel, hatten 1993 als wichtigste Aufgabe der Vereinigung definiert, die Schrecken der Zeit des Nationalsozialismus nicht zu verdrängen.

Als Gauck dann dieser Vereinigung des Erinnerns vorsaß, verlor er kein Wort darüber, dass er aus einer Familie von frühen Nationalsozialisten stammt. Seine langjährige Mitstreiterin im Verein, die FDP-Politikerin Cornelia Schmalz-Jacobsen, wenige Jahre älter als Gauck und Kind einer Familie des Widerstands, erinnert sich nicht einmal an eine Andeutung von ihm dazu. Sie hat, wenn auch aus zunächst nur schwer begreiflichen Gründen, lange gezögert, bis sie über die Geschichte ihrer Eltern zu reden begann. In Yad Vashem, der israelischen Gedenkstätte, die an den Völkermord erinnert, ist je ein Baum gepflanzt für ihren Vater wie für ihre Mutter in der Allee für die »Gerechten der Völker«. Ihre Eltern hatten unter hohem Risiko Hunderte von Juden vor der Ermordung gerettet.[42] Dass Schmalz-Jacobsen dies lange Jahre nur guten Freunden anvertraute, sagt einiges aus über das Nachkriegsdeutschland. Es war nicht einfach, das Kind der anderen, der sichtbar Anständigen zu sein in einer Welt der Täter und Mitläufer. Als sie mit Gauck zusammen dann im Vorstand von »Gegen Vergessen – Für Demokratie« arbeitete, hatte sie gerade über ihre Eltern ein viel beachtetes Buch veröffentlicht.

# 4

# Das Unglück kommt nach dem Krieg

Die Gaucks sind wie aus der Zeit gefallen, als 1945 der Krieg zu Ende ist. Der Amoklauf der Nationalsozialisten, der auch in Deutschland mit Millionen von Toten und gewaltigen Zerstörungen unvorstellbares Unheil angerichtet hatte, hinterlässt so gut wie keine Spuren in der Familie. Als die Waffen endlich schweigen, sind alle noch am Leben und gesund. Sie haben ein Dach über dem Kopf und können bleiben, wo sie schon immer waren. Gaucks Vater hatte sich mit seiner Marineeinheit rechtzeitig aus Gotenhafen abgesetzt und wurde in Schleswig-Holstein ein privilegierter Kriegsgefangener, den die Briten aufgrund seiner Lotsenkenntnisse als Seemann reaktivierten. Gaucks Onkel Gerhard blieb als Militärpfarrer die Gefangenschaft vollständig erspart. Er hatte sich auf abenteuerliche Weise aus dem eingekesselten Baltikum gerettet und war wenige Wochen nach Kriegsende wieder in Rostock, wo er eine wesentliche Stütze der Familie wurde.

Ein erster großer Einschnitt in Gaucks Welt ist zwar die Ankunft der Roten Armee in Wustrow. Er selbst und seine Angehörigen leiden aber im Wesentlichen nicht unter deren Dasein. In die Nachbarswohnung quartiert sich ein sowjetischer Offizier ein, das schützt die Familie, insbesondere die Mutter, vor manchen Verbrechen, die mit dem Einmarsch der siegreichen Truppen verbunden waren. Die Folgen des Kriegsendes in Wustrow und die ersten Monate unter russischer Besatzung werden in Gaucks *Erinnerungen* detailliert geschildert.[43] Das Allerwenigste hat der Fünfjährige selbst mitbekommen, er stützt sich bei seinen Berichten auf das kollektive Gedächtnis der Familie, auf das von Bekannten und Freunden seiner Eltern. Er erzählt von Selbstmorden in Wustrow, wobei ihm die Motive zuweilen im Dunkeln bleiben, von Männern, die man verdächtigte, Mitglieder der NSDAP oder der SA gewesen zu sein, die man verhaftete und zum Teil in die Sowjetunion verschleppte. Im Gegensatz zu den Vorkommnissen aus der Zeit des Nationalsozialismus ist dieses Wissen für Gauck abrufbar.

Für ihn selbst ist das Chaos des Kriegsendes zunächst eher ein Abenteuer. Munitionsreste konnten für selbst gebastelte Sprengsätze genutzt werden, und die sowjetischen Besatzer standen als Statthalter für eine große, bislang unbekannte Welt. Joachim Gauck bekam aber genauso die Entbehrungen zu spüren, zumal die Versorgung mit Lebensmitteln durch die zahlreichen Flüchtlinge in Mecklenburg nicht einfacher wurde. Er sagt: »Trotz der Not: Auch die Zeit unmittelbar nach Kriegsende war schön.«[44] Andere haben ähnliche Erinnerungen. Gerd Poppe, eine zentrale Figur der DDR-Opposition und etwa ein Jahr jünger als Gauck, wuchs ebenfalls in Rostock auf. Er beschreibt, wie kindliche Überlebensenergie hilft, inmitten einer Trümmerlandschaft schöne Erlebnisse in sich zu bewahren.[45] Das Schönreden einer Kindheit in den von den Russen besetzten Gebieten Deutschlands verwundert zunächst bei den gravierenden Einschränkungen. Aber bei Gauck wie bei Poppe offenbart sich etwas, das vielen später im Westen der Republik fremd zu sein scheint bei der Sicht auf das Leben in der DDR. Es war ein Einüben von Glücksmomenten selbst unter schwierigen Umständen.

Im Sommer 1946 kommt Gaucks Vater aus britischer Kriegsgefangenschaft nach Hause. Die Familie wohnt inzwischen wieder in Rostock. Gauck sen. findet Arbeit auf einer Werft, die Mutter erzieht die vier Kinder, von denen das jüngste, die Schwester Sabine, zwei Jahre nach Kriegsende geboren wird. Die Familie lebt in Brinckmansdorf im Haus der Großeltern. Tante Gerda und Onkel Gerhard hatten die Wohnung frei gemacht, sie waren nach Sanitz gezogen – Onkel Gerhard hatte dort eine Pfarrstelle erhalten. Großmutter Antonie blieb allein in Wustrow zurück. Ihr Haus am Strand war zunächst von den sowjetischen Truppen und dann von einem volkseigenen Großbetrieb in Anspruch genommen worden. Noch bis zu ihrem Tod 1964 lebte sie in dem Küstenort.

Über die weiteren Kindheitsjahre berichtet Gauck nur wenig, und es gibt tatsächlich auch kaum Spektakuläres zu erzählen. Ein guter Schüler war er, und er wuchs in einem wohlgeordneten Haushalt heran. Mit der Zeit hatte man sich damit abgefunden, im zunächst sowjetisch besetzten, danach von den Kommunisten der SED regierten Teil Deutschlands zu leben. Die Gaucks warteten wie viele DDR-Bewohner ab, was da wohl in diesem, noch sehr provisorischen ostdeutschen Staat auf sie zukommen würde. Flüchten wollte man nicht. Joachim wurde Schüler in einem Schulsystem, das nach dem Willen der dann herrschenden SED von Grund auf neu gestaltet werden sollte – tatsächlich aber während seiner ganzen Schulzeit letztlich ein Provisorium blieb. Vor allem fehlte es an gut ausgebildeten Lehrern, doch als schlauer Schüler konnte man sich damit ganz passabel einrichten. Überhaupt waren die ersten Jahre der sowjetischen Besatzung und der 1949 gegründeten DDR geprägt von dem Versuch, sich auf allen Ebenen mit den Provisorien zu arrangieren, mit der nach wie vor schlechten Versorgungslage, dem Fehlen von Wohnraum und der schleppenden Beseitigung der gröbsten Kriegsschäden. Und wer sich von der Politik fernhielt, hatte in aller Regel nichts von der sich verfestigenden totalitären Staatsmacht zu fürchten.

Doch mit elf sind die guten Kindheitstage schlagartig beendet. Da erfährt Joachim Gauck etwas Einschneidendes, das ihn mit dem Terrorregime des in der Sowjetunion herrschenden Josef Stalin konfrontiert. Im Juni 1951, am einundsiebzigsten Geburtstag von Großmutter Antonie, wird der Vater vom sowjetischen Militärgeheimdienst verhaftet; von einem Tag auf den anderen ist er verschwunden. Erst nach der Rückkehr des Vaters wird der Sohn das befremdliche und ihn hilflos zurücklassende Geschehen rekonstruieren können. Das Schicksal von Joachim Gauck sen. ist in jenen Tagen kein Einzelfall, es steht in einem Zusammenhang mit einer Machtdemonstration des Sowjetimperiums, die 1950 begann. Sogenannte Säuberungswellen hatte es in der Sowjetunion schon mehrfach gegeben, Hunderttausende waren ihnen zum Opfer gefallen. Neu an dieser Verfolgungswelle war nur, dass sie dieses Mal nicht nur im »Vaterland der Werktätigen«, sondern auch in den Satellitenstaaten[46] und damit in der DDR stattfanden. Einer, der sich in der DDR als williger Helfer an vorderster Front auszeichnete, hieß Erich Mielke; er hatte es zum stellvertretenden Leiter des gerade erst gegründeten Ministeriums für Staatssicherheit gebracht. Der Mann und die Institution, die er führte, werden noch eine wesentliche Rolle im Leben Gaucks spielen. 1951 aber bestimmen die Sowjets das weitere Schicksal der Familie Gauck.

Gauck, seine Mutter und seine Geschwister werden über viele Monate im Unklaren gelassen, ob der Vater noch lebt, und wenn ja, wo. Die Mutter und Großmutter Antonie wenden sich an alle möglichen Stellen – keiner will etwas wissen. Informationen über das gigantische Lagersystem, das den Vater anscheinend verschluckt hatte, flossen äußerst spärlich. Ob er jemals zurückkommen würde, wusste auch keines der sowjetischen Organe, die man befragte, zu sagen. Bekannt war nur: Viele verschwinden, ohne wiederzukehren. Auch der Kalte Krieg hatte seine Vermisstenschicksale. Denn Willkür und Ungewissheit waren wesentliche Elemente des stalinistischen Terrorregimes.

Bis heute ist diese Erfahrung in Gaucks Reden ein stets wiederkehrendes Motiv. Warum ausgerechnet der Vater unter Verdacht geriet, bleibt dabei im Dunkeln. Diejenigen, die mit Gauck sen. darüber gesprochen haben, erzählen unterschiedliche, aber nicht allzu sehr voneinander abweichende Geschichten – sie wirken wie ein hilfloser Versuch, etwas zu erklären, was im Grunde keiner Erklärung bedarf. Der Vater hatte einen Mann kennengelernt, der sich in den Westen absetzte und ihm einen Brief zukommen ließ, in dem 50 D-Mark enthalten waren, zusammen mit der Aufforderung, ihm nach West-Berlin zu folgen. Fritz Löbau, der Mann, der den Brief schrieb, mag, so deutet es der Vater an, Mitarbeiter eines westlichen Dienstes gewesen sein. Gauck sen. wurde jedenfalls ein halbes Jahr nach seiner Festnahme von einem sowjetischen Militärtribunal in Schwerin zu zweimal fünfundzwanzig Jahren Arbeitslager verurteilt. In sieben sowjetischen Lagern wurde er als Zwangsarbeiter eingesetzt. Zwei Jahre lang erfuhr die Familie von alledem nichts. Erst im September 1953, ein halbes Jahr nach Stalins Tod, gibt es ein erstes Lebenszeichen von dem Verschleppten.

Zuweilen wird von Gaucks Kritikern versucht, die Leidenszeit des Vaters in Beziehung zu setzen zu seiner einstigen NSDAP-Mitgliedschaft oder zu seiner Tätigkeit als Offizier, dafür fehlt aber jeder Beleg. 1951 werden in der DDR Tausende zu ähnlichen Strafen verurteilt, ohne dass eine Tat oder nur eine Äußerung auszumachen wäre, die den Schuldsprüchen zugrunde liegen. Ihr Verhalten während der Nazi-Herrschaft spielte sogar zumeist gar keine Rolle. So mancher, der unter Stalin verfolgt wurde, hatte sich durch seine Gegnerschaft zu den Nationalsozialisten einen Namen gemacht. Und so manch anderer hatte tatsächlich nie irgendetwas getan, was von politischem Interesse zeugte. Teil des stalinistischen Terrors war der Zufall, nach dem die Opfer bestimmt wurden. Danach erfasste es überzeugte Gegner wie glühende Anhänger des kommunistischen Systems gleichermaßen. Es konnte jeden treffen. Diese scheinbar sinnlose, tatsächlich in ihrer Wirkung höchst effiziente Form der staatlichen Gewalt ist heute nicht mehr vorstellbar. Deswegen fallen Spekulationen, ob denn das frühere NSDAP-Mitglied Gauck nicht doch etwas verbrochen haben könnte, auf fruchtbaren Boden. So schrieb etwa 2013 eine große deutsche Zeitschrift fälschlicherweise, Gaucks Vater sei wegen »antisemitischer Hetze« verurteilt worden.[47]

Das Terrorsystem des Stalinismus ist insofern nicht vergleichbar mit dem der nationalsozialistischen Diktatur, da deren Geheimpolizei, die Gestapo, in aller Regel gegen Menschen vorging, die ihre Kritik oder ihre Distanz bekundet hatten. Im schlimmsten, jedoch eher seltenem Fall wurde man bestraft, wenn man nicht mitmachte. Pauschal und ohne jeden Bezug zum eigenen Handeln wurden allerdings Personen zu Opfern, die sich durch eine aus Sicht der NS-Ideologie falsche Herkunft oder eine falsche sexuelle Orientierung auszeichneten – also Juden, Sinti und Roma sowie Homosexuelle. Dabei kannten die Nationalsozialisten keine Ausnahme und kein Erbarmen. Das Terrorsystem der Nazis hatte also erkennbare Regeln und war berechenbar. Im Stalinismus war dies anders. Nichts, nicht einmal bedingungslose Loyalität oder völlig angepasstes Verhalten, schützte vor Verfolgung.

Gauck wird diese Kindheitserfahrung nie vollständig als möglicherweise zufälligen und in Bezug auf die Person seines Vaters weitgehend unerklärlichen Schicksalsschlag entschlüsseln können. Er schlug ein, wie es ein Blitz hätte tun können. Wie aber erklärt man so etwas? Der Vater hatte sich nicht als Gegner der SED-Herrschaft ausgezeichnet, dennoch wurde er ihr Opfer. Der ganze Vorgang hatte Züge des Absurden, und wohl auch deswegen bleiben Gaucks Erzählungen über den Schrecken, der seine Familie heimholte, distanziert, stets relativiert durch noch Schlimmeres, das anderen widerfuhr. Denn der Vater wird diese letzte große Terrorwelle überleben, jene anderen, auf die der Sohn verweist, sterben entkräftet in den Lagern oder durch Kugeln von Hinrichtungskommandos.

Der Vater hat einfach nur Pech gehabt. Eine bestimmte Anzahl von Männern musste in jenen Jahren abgeliefert werden, sogenannte Volksfeinde, sonst hätten sich die aufgeblähten Sicherheitsorgane Sorgen um ihre Existenzberechtigung machen müssen. Joachim Gauck wehrt sich jedoch gegen diese Zufälligkeit, er reiht das Schicksal des Vaters wie auch das eigene ein in die große Schar derer, die tatsächlich etwas getan hatten. Wieder und wieder wird er das Schicksal des jungen Rostocker Jurastudenten Arno Esch[48] schildern und dessen Motto »Mein Vaterland ist die Freiheit« zitieren. Esch wurde nach einjähriger Gefangenschaft als Dreiundzwanzigjähriger in der Moskauer Geheimpolizei-Zentrale, der berüchtigten Lubjanka, erschossen – ungefähr zu der Zeit, als Gaucks Vater abgeholt wurde. Dahinter verbirgt sich jener Versuch, das eigene Schicksal in Beziehung zu setzen zu der bewussten Gegnerschaft zu einem System, das Menschen ohne Grund verschwinden lassen konnte. Aber selbst diese Bezüge zu tatsächlichen Regimegegnern lösen sein Problem nicht, und das Unwissen um das Schicksal des Vaters, das damals alles bestimmte, hat sich im Grunde bis heute nicht aufgelöst.

Auf die Entwicklung des elfjährigen Jungen hat es gewaltige Auswirkungen. Ausgerechnet in der Lebensphase, in der ein Junge erwachsen wird und den Vater zur Orientierung wie zur Abgrenzung gleichermaßen braucht, entziehen ihm die Stalinisten diese Chance. Er verliert die Möglichkeit, sich eigenständig von der Welt der Eltern abzulösen. Von dem gefangen gehaltenen Vater kann er sich nicht ohne schlechtes Gewissen abgrenzen. Mit dessen Abwesenheit stirbt darüber hinaus die familiäre Auseinandersetzung um die Rolle der Eltern und Großeltern in der Zeit des Nationalsozialismus. Kritische Fragen verbieten sich in solch einer Situation. In der Gesellschaft der DDR wurde er zwangsläufig zum Außenseiter. Er beobachtet den verzweifelten Kampf der Mutter und der Großmutter, etwas über den Ehemann und den Sohn zu erfahren, und er leidet unter Entbehrungen.

Aber Gauck erfährt auch Gutes. Viele Menschen, oft völlig Unbekannte, helfen. Und der Pubertierende fängt an, eine Beziehung zu der einzigen Macht aufzubauen, die über all dem Schrecken zu stehen scheint. Er engagiert sich in der Jugendorganisation der evangelischen Kirche, der Jungen Gemeinde, und beginnt zu Gott zu beten. Das entsprach nicht der Familientradition, in der Gebete keinen Platz hatten. Aber dieser Hilfeschrei, dieses Flehen um den Vater, diese Sorge um das Leid der Mutter suchten nach einem Ausdruck. Es gab einen Pastor in der Familie: Onkel Gerhard. Joachim und die Geschwister waren bei ihm und Tante Gerda stets willkommen. Aus der Bundesrepublik erreichten die Familie Pakete von Fremden – Zeichen der Solidarität einer für Gauck damals fremden Welt. So entstand eine neue, brüchige Geborgenheit – die guten Nachbarn, die wohlgesonnenen Menschen im Westen und der unbegreifliche Gott wurden zu Weggefährten. In den entscheidenden Jahren des Erwachsenwerdens richtet sich Joachim Gauck in einer Gegenwelt ein, abseits vom Alltag eines ihm Angst einjagenden Gemeinwesens.

Im Jahr 1951 haben die Sowjets nicht nur den Vater in ihre Gewalt gebracht. Sie haben auch den Sohn festgenommen. »Winter im Sommer« betitelt der in seinen *Erinnerungen* diesen Lebensabschnitt. Wer eine Ahnung von seinem Denken und Fühlen bekommen will, muss an diese gravierenden Erfahrungen seiner Jugendzeit anknüpfen. Gauck war einem Regime unterworfen, das ihn einerseits mit aller Gewalt an den altersüblichen Versuchen, frei und selbstständig zu werden, hinderte. Andererseits aber hatte er das Glück, in einer Umgebung groß zu werden, die mit seiner Distanz zu den SED-Machthabern umzugehen weiß. In der Schule und im Freundeskreis findet er mit seiner trotzigen Ablehnung der Kommunistenherrschaft viel Verständnis.

Dass die SED und die von ihr beherrschte Freie Deutsche Jugend (FDJ) dennoch einigen Erfolg haben bei Gleichaltrigen, blendet er weitgehend aus. Es gibt von Gauck keinerlei Berichte über Klassenkameraden oder Freunde, die sich an das Regime anpassen oder sogar überzeugt sind von den Verhältnissen in der DDR. Diese selektive Wahrnehmung wird ihn über viele Jahre hinweg begleiten – selbst bei der Lehrerschaft entdeckt er eher Sympathie und Zustimmung für den Widerspruch denn SED-treue Pädagogen. Und er erinnert sich vor allem an die, die in die Bundesrepublik gingen – die bewusst Dageblieben gibt es in seiner Wahrnehmung nicht, obwohl er selbst dazugehört. Gauck lebt zumindest bis zum Mauerbau im Jahr 1961 in einer Gegenwelt, die sich dem Zugriff der herrschenden Kommunisten weitgehend entzieht.

Nichts hat er mit der kommunistisch dominierten FDJ zu tun. Die Parolen der SED sind ihm völlig fremd. Natürlich gibt es im Rostock der Fünfzigerjahre eine ganze Menge an »Mitläufern«. Und es gibt auch überzeugte Parteimitglieder. Ausschlaggebend für ihr Engagement waren bei ihnen zumeist Erlebnisse, die so in der Familie Gauck nicht anzutreffen waren. Das Elend des von den Nationalsozialisten angezettelten Krieges war das wichtigste Argument der SED. Propagandistisch war es verbunden mit Friedensappellen. Gegen diese Mischung aus einem Blick zurück auf die braunen Schreckensjahre und der Furcht vor möglicherweise erneut drohenden kriegerischen Konflikten war Gauck aber immun. Die Mutter und dann auch der wieder heimgekehrte Vater bestanden vielmehr auf ihren eigenen Wert- und Zielvorstellungen.

Mit der Verschleppung des Vaters beginnt für Joachim Gauck eine fast vierzig Jahre andauernde Zeitspanne, in der er eine Randexistenz führen wird. Er nimmt dieses Stigma, das sich damit verbindet, ohne Murren an. Der Schock von 1951 hat aber auch eine verführerische Komponente. Das Schicksal von Gaucks Vater war zwar nicht völlig ungewöhnlich, es hob sich allerdings doch ab von dem, was vielen anderen Familien widerfahren war. Wäre der Vater im Krieg als Soldat oder danach als Kriegsgefangener zu Tode gekommen beziehungsweise schwer gesundheitlich gezeichnet worden, so hätte sich kaum jemand dafür interessiert. Solch ein Leid war deutscher Alltag in der Nachkriegszeit. Auch die Ungewissheit über den Verbleib des Mannes und Vaters, das Vermisstenschicksal, war etwas Alltägliches. Die Geschichte der Familie Gauck wurde nur dadurch zu einer besonderen, weil sie so einfach einzuordnen war in ein Schema, in dem es Schurken und Unschuldige gab. Dadurch bedurfte es nicht des Nachdenkens darüber, warum es so weit gekommen war mit diesem Deutschland, dass es so vielen seiner Söhne die Väter geraubt hatte.

In der Auseinandersetzung um das Wesen der kommunistischen Gewaltherrschaft wird Gauck immer wieder schwanken zwischen dem relativ milden Blick auf die letzte Phase der SED-Diktatur, in der die Unterdrückung ein fast schon berechenbarer Faktor geworden zu sein schien, und der überaus brutalen Erfahrung seiner Kindheit. Das bringt ihn dann zuweilen zu Stellungnahmen, die anachronistisch klingen. Aber gleichzeitig bewahrt es ihn davor, die potenzielle Gewalt der politischen Unterdrückung zu unterschätzen. In Gauck finden die, die aus der stalinistischen Zeit Geschichten zu erzählen haben, stets einen verständnisvollen Zuhörer. Er versteht aber darüber hinaus auch die zahlenmäßig eher kleine Schar derer, die in den letzten Jahren der DDR noch die ganze Wucht des staatlichen Repressionsapparats erleben.

Die Rückkehr des Vaters im Jahr 1955 verdanken die Gaucks nicht etwa in erster Linie den politischen Veränderungen in der Sowjetunion oder der DDR, sondern der Politik der Bundesregierung im fernen Bonn. Nur wenige Ostdeutsche haben in den ersten Jahren der staatlichen Teilung so direkt und unmittelbar vom Wirken bundesrepublikanischer Politiker profitiert: Lange vor der umstrittenen Regelung, mit der die Bundesrepublik Häftlinge der DDR freikaufte, wurde Vater Gauck dank einer Initiative der Bonner Regierung zusammen mit Tausenden anderer deutscher Zivilverurteilter und Kriegsgefangener zurück in die Heimat entlassen. Der damalige Bundeskanzler Konrad Adenauer hatte bei seinem ersten Besuch in Moskau die Freilassung der Deutschen zur Bedingung für die Aufnahme diplomatischer Beziehungen gemacht und sich damit bei der Führung der Sowjetunion durchgesetzt – die ihrerseits schon seit einiger Zeit Pläne entwickelt hatte, die Deutschen zu amnestieren und abzuschieben.[49] Gauck war zu diesem Zeitpunkt fast sechzehn und hatte – wie seine ganze Familie – genau reflektiert, dass das Schicksal des Vaters auch davon abhing, ob das andere, das westliche Deutschland sich für ihn verantwortlich fühlte.

5

# Eine unerklärliche Welt – Wenn Falsche das Richtige sagen

Als der Vater im Spätherbst 1955 zurückkehrte, versuchte sich Joachim Gauck ein eigenständiges Bild von der Welt zu machen. Das war in Rostock Mitte der Fünfzigerjahre eine große Herausforderung. Die Möglichkeiten waren sehr begrenzt. Die heimische Presse befand sich unter Kontrolle der SED, Bücher waren zumeist nur schwer zu beschaffen. Berichte von Zeitgenossen hätten weiterhelfen können, die meisten von ihnen aber zogen es vor, zu schweigen.

Die Theorien über den Nationalsozialismus, die Gauck in der Schule hörte, hielten einer Überprüfung durch die eigenen Erfahrungen nicht stand. Faschismus[50] nannte die DDR die zwölf Jahre des nationalsozialistischen Terrors, der zuerst Deutschland, schließlich ganz Europa grundlegend verändert hatte. Diese Reduzierung der NS-Zeit auf eine späte, mörderische Sonderform des dem Kapitalismus angeblich innewohnenden Imperialismus konnte ihn nicht überzeugen. Sie kamen von Erwachsenen, die ihm in ihrer Beschreibung der Gegenwart als Lügner bekannt waren. Gauck schildert in seinen *Erinnerungen* seine Probleme mit dem offiziell verordneten antifaschistischen Weltbild. »Wenn Falsche das Richtige sagen, wird auch das Richtige falsch.«[51] In diesem Satz offenbart sich die von ihm als unzureichend erkannte Sicht auf die Geschichte. Dafür macht er vor allem die SED mit ihrem Defizit an Glaubwürdigkeit verantwortlich. Aber auch seine Eltern und viele andere Erwachsene haben ihm notwendige Erfahrungen und Erkenntnisse vorenthalten.

In der DDR war es damals Allgemeingut, dass die Kommunisten mit ihrer Darstellung von Geschichte Propaganda betrieben. Zu viele konnten die Lügen und Halbwahrheiten durchschauen, zu viele erinnerten sich an die Geschehnisse in der Weimarer Republik. Da hatten die Kommunisten die SPD zu ihrem wichtigsten Gegner erklärt. Diese selbstmörderische Politik hatte ihren Anteil an der Zerstörung des ersten demokratischen Staats und am Aufstieg der Nazis. Dann war allen aufmerksamen Zeitgenossen noch der Pakt von 1939 zwischen Hitler und Stalin bekannt. Mit ihm waren die Besetzung und Aufteilung Polens besiegelt worden. Schließlich wusste ein jeder, dass die gewaltigen Grenzverschiebungen nach dem Zweiten Weltkrieg vor allem wegen der Erweiterung des Territoriums der stalinistischen Sowjetunion erfolgten. Sie machten nicht nur Millionen von Deutschen, sondern auch viele Polen zu Vertriebenen.[52] Gerade in Mecklenburg, in dem fast die Hälfte der nach dem Krieg gewaltig angewachsenen Bevölkerung aus Flüchtlingen bestand,[53] konnten diese Widersprüche der SED-Politik nicht einfach ignoriert werden. Wer sie ansprach, musste mit negativen Konsequenzen rechnen. Also wurde darüber nicht laut geredet – aber geredet wurde trotzdem. Im Nicht-Reden waren alle ja inzwischen erfahren.

In einer ganz anderen Form des Schweigens versank die Zustimmung eines erheblichen Teils der Bevölkerung zum Eroberungskrieg der Nationalsozialisten, insbesondere zur später mörderisch endenden Ausgrenzung und Verfolgung der Juden. Diese Verirrung des Landes in seiner zutiefst verstörenden Dimension blieb unerklärt und war in der DDR – zumal in den frühen Jahren – weitgehend ein Tabu. Nach offizieller DDR-Geschichtsschreibung waren fast ausschließlich die Kommunisten politische Gegner der Nazis – und auch nur sie waren die erwähnenswerten Opfer.

Die mit dem Nationalsozialismus einhergehenden politischen und gesellschaftlichen Ausprägungen, beispielsweise die Hinwendung großer Teile der deutschen Bevölkerung zu dem an Massenhysterie grenzenden Führerkult, wurden schon deswegen nicht thematisiert, weil die kommunistische Diktatur sich ähnlicher Mechanismen der Verherrlichung von Macht und Politikern bediente. Aufmärsche in Uniform und mit Fackeln waren in der DDR trotz der verblüffenden Ähnlichkeit mit den Kolonnen der Nazis eine Selbstverständlichkeit. Es wäre für viele, Gaucks Eltern eingeschlossen, schwierig gewesen, ihre einstige Zustimmung zu dem Kult der NS-Zeit mit ihrer Ablehnung der zumindest auf den ersten Blick sehr ähnlichen kommunistischen Herrschaftsrituale zu erklären. Überhaupt ähnelten sich die Systeme in vielem. Opposition wurde kriminalisiert, Kritik war gefährlich und Zustimmung zu den jeweiligen Glaubenssätzen unabdingbar für eine Karriere.

Die Bundesrepublik war nicht minder – wenn auch auf andere Weise – gelähmt von einer Art Amnesie beim Blick auf die katastrophale Entwicklung, die mit der Zerschlagung des Reichs durch die Sieger endete. Sicher gab es einige erste Erklärungsversuche. Und es gab die Erkenntnisse der westlichen Alliierten.[54] Aber sie erreichten in der Bundesrepublik die wenigsten Deutschen. Auch im Westen hatte die Jugend mit dem Schweigen der Elterngeneration zu kämpfen. Tiefer gehende Interpretationen konnte Gauck selbst dort bei den sich häufenden Familienbesuchen nicht finden. Er dürfte im Gegenteil auf die weit verbreiteten Versuche gestoßen sein, das Leben im Nationalsozialismus schönzureden.

Das Dilemma des Nichtbegreiflichen war offenkundig. In mancherlei Hinsicht blieb es eine Konstante im Leben des Joachim Gauck. Bis heute hat er nicht erkennen lassen, ob er eine Antwort gefunden hat auf die Frage, warum die Elterngeneration es zum Holocaust hat kommen lassen – und er steht damit keinesfalls allein unter seinen Altersgenossen. Trotz aller Erforschung des Geschehens, trotz der immer intensiveren Beschäftigung mit den Abläufen in der NS-Zeit und ihren Folgen existiert für ihn weiterhin ein gewisses Maß an Unerklärlichem. Gauck hat daraus zwei Konsequenzen gezogen, die ihm gleichermaßen vorgeworfen werden. Er hat akzeptiert, dass er vieles von dem, was in der Zeit des Nationalsozialismus geschah, nicht wirklich versteht. Und er nähert sich dem Thema nicht nur rational an, sondern vor allem gefühlsmäßig.

Das Dilemma fehlender Erklärungsmöglichkeiten erlebte er zunächst aber vor allem in der Konfrontation mit der kommunistischen Diktatur. Das Unrecht, das seinem Vater durch die Stalinisten widerfahren war, durfte in der Öffentlichkeit der DDR zeit ihres Bestehens nicht erwähnt werden. Die Männer, die bis zum Ende den Arbeiter-und-Bauern-Staat beherrschten, waren oft verstrickt in diese Verbrechen. Dies galt allen voran für Erich Mielke, den Stasi-Chef. Er hatte die letzte Verfolgungswelle zur persönlichen Abrechnung benutzt, indem er mit dem Reichsbahnchef Willi Kreikemeyer einen unerwünschten Mitwisser aus der Zeit der Emigration beseitigen ließ.[55]

Die Mechanismen der stalinistischen Macht waren allerdings nicht nur im sowjetisch beherrschten Teil Europas ein Tabu. Berichte über die Massenexekutionen und Arbeitslager waren auch im Westen nur schwer zu finden, viele noch gar nicht geschrieben. Das, was sich in der Mitte des Jahrhunderts ausgebreitet hatte an tödlichem Schrecken über weite Teile des Ostens Europas, war jedenfalls in Rostock in seinem ganzen Ausmaß unbekannt. Das Unerhörte, das Unfassbare hat das Leben des heranwachsenden Joachim Gauck im Übermaß bestimmt.

Und so wächst er heran im mühsamen Umgang mit einer von der unerklärlichen Vergangenheit immer noch dominierten unbegreiflichen Gegenwart. Gauck kann sich wie die allermeisten seiner Altersgenossen letztlich nur ein Leben in der Abgrenzung von der Verwirrtheit der Eltern und der Großeltern vorstellen. Er deutet diese Distanz zur Elternwelt in der Beschreibung der Ausflüge an, die er vor dem Mauerbau in die Welt des Westens machte – nicht zuletzt in die Westsektoren Berlins. Dort wurden diese Widersprüche vielleicht mehr als an irgendeinem anderen Ort gelebt. Und dort wurden sie – zumindest zum Teil – in besonderem Maße reflektiert. Das Interessante an Berlin – beispielsweise die Atmosphäre in Jazzclubs – war weit entfernt von der spießigen Enge der Elternwelt.

Bei Gauck fielen Nichtverstehen und Auflehnung zusammen mit der schwierigen und überaus ungewöhnlichen Bestimmung der eigenen Rolle im Familienverbund. In der Zeit der Gefangenschaft des Vaters war er der älteste Mann im Haus gewesen. Bei dessen Rückkehr wurde er wieder zum Kind, obwohl er mit seinen gut fünfzehn Jahren kaum mehr ein solches war. Und dieser zurückgekehrte Vater war keineswegs ein Mensch, der für Toleranz und Verständnis einstand. Bekannte beschreiben ihn als einen Mann, der Widerspruch nicht akzeptierte und seine eigenen Ansichten absolut zu setzen wusste.

Gauck, der Sohn, galt wiederum in seiner Klasse als derjenige, der den größten Mut zum Aufbegehren und zur Grenzüberschreitung hatte. Er provozierte die Erwachsenen, insbesondere die Lehrer. Und er ging auf Distanz, nicht nur zum heimischen Rostock, sondern auch zu seiner mecklenburgischen Herkunftswelt – durch die Fahrten in den Westen, in die von den drei Westmächten besetzten Teile Berlins. In seinen *Erinnerungen* erzählt er begeistert von diesen Fluchten. Es war das neu auferstandene Bohemedasein der einstigen Weltstadt, das ihn faszinierte. Nicht so sehr im alten Stadtzentrum, das zur DDR gehörte, sondern vor allem im erheblich zerstörten Westteil entwickelte sich wieder eine Lebensart, die ein wenig an die goldenen Zwanzigerjahre erinnerte. Damals hatte Berlin mit New York darum konkurriert, die modernste Metropole zu sein. Was davon übrig geblieben war, konnte jetzt in den von den Amerikanern, Briten und Franzosen besetzten Stadtteilen erneut aufleben. In diesem West-Berlin fanden sich auch einige der Bekannten wieder, die aus Rostock zusammen mit ihren Eltern geflüchtet waren. Es war nicht nur der Neuanfang an einem anderen Ort, es ging mithin um eine andere Form der Erinnerung an das Vergangene – an eine Welt, die nie bis Rostock vorgedrungen war.

Noch vor der Rückkehr des Vaters reist der Fünfzehnjährige im Sommer 1955 zusammen mit seinem fast gleichaltrigen Cousin Gerhard, dem Sohn von Onkel Gerhard, nach Saarbrücken. Dort wohnten Verwandte von ihm, und so finden die beiden Jungen schnell ein Quartier. Das Saarland bereitet sich gerade auf eine Volksabstimmung vor. Die Menschen werden darüber entscheiden, ob das Saarland als elftes Bundesland Teil der Bundesrepublik werden soll.

Der Aufenthalt an der Saar wird somit Gaucks erste Erfahrung mit einem demokratisch geführten Wahlkampf. Er erlebt eine Debatte, die gewisse Ähnlichkeiten mit den späteren Auseinandersetzungen um die Wiedervereinigung hat. Ein Teil der politisch Verantwortlichen strebt eine eigenständige Weiterexistenz des Saargebiets an. Die große Mehrheit der Bevölkerung aber lehnt das ab und will sich der Bundesrepublik anschließen.[56] Tatsächlich kommt es nach einer Volksbefragung zum Beitritt auf Grundlage des Artikels 23 des Grundgesetzes. Gauck schreibt dazu in seinen *Erinnerungen*: »Ich war begeistert von der Offenheit und Verve, mit der die Bürger ihre Standpunkte vertraten. Außerdem hatte dieser Konflikt auch mit mir zu tun. Auch wir Ostdeutschen gehörten schließlich zu dem Deutschland, dem sich das Saarland 1935 schon einmal mit großer Mehrheit angeschlossen hatte.«[57] Dieser Verweis auf die Eingliederung des Saargebiets in das von Hitler beherrschte Deutsche Reich verwundert. Er wird verständlicher, wenn man die saarländische Verwandtschaft von Cousin Gerhard etwas näher betrachtet – worauf später noch zurückzukommen sein wird.

Ein kurzer Abstecher nach Paris wird Gaucks erste und lange Zeit auch einzige Begegnung mit einem anderen Land bleiben. Nach eigenen Angaben fremdelt er nicht, sondern genießt in vollen Zügen den Aufenthalt. Später lernt er Norddeutschland kennen, fährt auf dem Rad von Hamburg nach Sylt – diesmal zusammen mit einem Klassenkameraden. Dabei erwähnt er einen Besuch des Marinedenkmals in der Kieler Förde, in Laboe, der damals einzigen und lange umstrittenen offiziellen Gedenkstätte für deutsche Soldaten. Nach allen diesen Abstechern weiß er also ganz gut, wie sich die Welt jenseits der DDR anfühlt.

Mit dem Schulabschluss verliert er den wichtigsten Begleiter seiner Jugendjahre. Cousin Gerhard siedelt 1958 nach West-Berlin über, und das, obwohl sein Vater damals eine bedeutende Stellung in der mecklenburgischen Landeskirche hat. Er hatte »sich abgesetzt«, kommentiert Onkel Gerhard Schmitt, und nimmt den Schritt seines Sohnes als einen unvermeidlichen Aufbruch in die Selbstständigkeit.[58] Joachim Gauck bleibt. Er ist einer der ganz Wenigen, die seiner Erinnerung nach bleiben. Gute Freunde und Bekannte aus Wustrow, auch viele Klassenkameraden, gehen in die Bundesrepublik. Gauck und seine Familie werden zu einer Minderheit in einer zunehmend fremden Welt.

Während viele Vertraute loslassen, Mecklenburg hinter sich lassen, bindet sich Gauck. Die Heirat mit Gerlind »Hansi« Radtke 1959 beschreibt er im Nachhinein als eine Art Fürsorge für ein Mädchen, dessen Bedürftigkeit ihn anrührte.[59] Tatsächlich aber war nicht Hansi vor allem diejenige, die Halt brauchte. Sie war für Gauck der Ankerplatz, auch so etwas wie ein Wegweiser; mit ihr schien ihm ein geordnetes Leben nicht nur möglich, sondern zwangsläufig. Sein Spiel mit Alternativen, ein Germanistikstudium oder ein wildes Szeneleben in Berlin-West, braucht im Grunde gar nicht das Verbot der Kommunisten. Mit Hansi übernimmt er eine Verantwortung, die keine Risiken erlaubt. Er wendet sich einem Leben und einem Studium zu, das wohl das einzig wirklich denkbare schien, das der Theologie. Nur so, als junger Familienvater – seine beiden Söhne kommen 1960 und 1962 auf die Welt – und als akademischer Außenseiter kann er bleiben.

Aber wie so oft im Leben des Joachim Gauck tauchen hinter zunächst scheinbar einfachen und einleuchtenden Erklärungen viele Fragen auf. Und wie so oft finden sich dann träumerische Ausflüchte in unerreichbare Gegenwelten. Die zeitweilige Freundin von Cousin Gerhard, Jutta Schmidt, ist dafür ein gutes Beispiel. Jutta lebt in der Berliner Boheme. Da üben junge Menschen schon mal die Revolte, die einige Jahre später die Bundesrepublik durcheinanderwirbeln wird. Jutta ist die Schwester von Elisabeth Johnson, der Frau des bekannten Schriftstellers Uwe Johnson. Sie lebt und stirbt 1967 tragisch, eingeschlafen mit einer brennenden Zigarette in der Friedenauer Niedstraße 14, in Johnsons Wohnung, in der zeitweise auch die sogenannte Kommune I siedelte.[60] Gauck schildert Jutta und ihre Gegenwelt als letzte große Versuchung vor der Ehe. Aber als Freundin seines Cousins, vor allem aber als Teil einer ihm zwar verlockend erscheinenden, ansonsten aber fremden Welt, ist sie unerreichbar. Jutta bleibt eine Träumerei.[61]

Gauck fügt sich mit seiner Wahl, in der DDR zu bleiben, zwar der Entscheidung seiner Eltern, rebelliert ansonsten aber gegen ihre Vorstellungen. Sowohl seine Brautwahl als auch das Studienfach finden keinesfalls die Zustimmung des Vaters. Gauck beschreibt diese Rebellion nur andeutungsweise. Doch unschwer ist zu erkennen, dass er seine Schritte in ein eigenständiges Leben in klarer Abgrenzung zu den Vorstellungen der Eltern trifft. Der Vater muss sich beugen. Seine Proteste gegen die Entscheidungen des Sohns bleiben wirkungslos. Der flüchtet auf seine Weise aus der Enge der DDR, jedoch nur aus der allzu engen familiären Bevormundung.

Die Auseinandersetzung muss ihn einige Kraft gekostet haben. Sie gibt aber einen Hinweis auf Charakterzüge, die Gauck später auszeichnen. Ob man diese nun mit Sturheit und Eigensinn oder – besser – mit Selbstbehauptungswillen beschreibt, sei dahingestellt. Er geht jedenfalls seine eigenen Wege, wenn auch nie in extremer Weise. Er distanziert sich – und bleibt dennoch da. Es ist dies eine sehr eigenwillige Variante des Aufbegehrens. Obwohl in der DDR oft sehr früh Familien gegründet wurden, bindet er sich mit neunzehn doch gegen die Familientradition. Seine Eltern, ebenso Onkel und Tanten, ließen sich dafür wesentlich mehr Zeit.

Mutter Olga ist achtundzwanzig bei ihrer Heirat und bekommt ihr erstes Kind mit fast dreißig. Selbst Großmutter Antonie war schon vierundzwanzig, als sie ihre unglücklich endende Verbindung mit Großvater Müller eingeht – und wird erst mit sechsundzwanzig Mutter. Gauck legt sich fest, ohne dass es nur eine Andeutung einer beruflichen Perspektive gibt. Denn ob er eines Tages als Pastor oder als wissenschaftlicher Theologe oder mit etwas ganz anderem sein Geld verdienen kann, weiß er zu diesem Zeitpunkt nicht.

Die Studienwahl, die einer Berufsorientierung dienen soll, mündet sehr schnell in eine veritable Lebenskrise. Bereits in der von Gauck autorisierten ersten Biografie bekommen die Leser einen Einblick, wie groß seine Probleme sind, das eigene Leben selbstverantwortlich zu organisieren. Aus dem Schulregiment entlassen und damit Herr seiner Arbeitsorganisation, droht er vollständig zu versagen. Diese Schwierigkeit, Verantwortung für sich zu übernehmen, wird ihn in Zukunft überallhin begleiten. Zunächst ist sie Hindernis für eine kirchliche Karriere, später auch für ein politisches Amt in der Exekutive. Gauck ist das, was man heute einen Chaoten nennen würde – ein Mann, dem man Gefühle, Empfindungen, Einsichten oder Erkenntnisse anvertraut, ebenso eine Bühne mit einem Rednerpult, keinesfalls aber eine Kasse, einen Schlüsselbund, einen Terminkalender oder gar eine große Organisation. Er kann auf nichts aufpassen, er ist von einer geradezu exemplarischen Lebensuntüchtigkeit.

Alles, was er anstrebt, ist für ihn verbunden mit der Erkenntnis, dass er, allein gelassen, sofort Hilfe braucht. Aus dieser Unfähigkeit zur Eigenverantwortung wächst aber auch seine Kraft. Da er andere benötigt, geht er auf Menschen zu, muss sich ihrer Mithilfe versichern. Und er macht einige von ihnen zu Vertrauten. Die Allererste, die er aussucht, ist Hansi. Es sind eher unscheinbare Menschen, deren Wahl zunächst überraschend erscheint. Aber sie zeichnen sich durch große Loyalität aus, zudem dadurch, dass er sie zu Auserwählten macht.

Die Heirat mit Hansi bestimmt dann für gut dreißig Jahre das weitere Dasein von Joachim Gauck. Sie ist ein Aufbegehren gegen die Vorstellungen anderer, gegen gesetzte und stattdessen für selbst gewählte Festlegungen. Drei Jahre vor dem Mauerbau zieht Gauck damit seine eigenen Grenzen – er bleibt und geht doch gleichzeitig weg. Er wird so lange das Leben eines Außenseiters leben, wie ihn die äußeren Umstände dazu zwingen. Und er wird auf den Tag hin leben, dass alles von einem Moment auf den nächsten anders werden könnte. Im Jahr 1958 entscheidet er sich für die Sehnsucht als seiner verlässlichsten Begleiterin.

Obwohl jenes Jahr so weitreichende Entscheidungen beinhaltet, ist Gauck in seinen eigenen *Erinnerungen* wie auch gegenüber seinen Biografen sehr verhalten mit diesbezüglichen Informationen. Wenig erfahren wir darüber, warum er so früh Familienvater wurde und in Rostock Theologie studierte. Das Fach sei eine nicht so ungewöhnliche Wahl unter seinen Schulfreunden gewesen, heißt es da. Und es habe vergleichsweise große Freiheiten gegenüber den Ansprüchen der SED geboten. Ähnliches hätte er wahrscheinlich aber ebenso über einige Naturwissenschaften oder über die Medizin sagen können. Seinen Biografen erzählt er, Journalismus oder Germanistik wären Alternativen gewesen, hätte er nur gedurft. Angesichts der politischen Ausrichtung dieser Fächer in der DDR war das allenfalls ein frommer Wunsch.

# 6

# Das sperrige Vorbild – Onkel Gerhard

So jung und doch schon so festgezurrt? Joachim Gauck wird als ein noch weitgehend von der Elternwelt bestimmter Mann selbst Vater. Er versucht einen nahezu übergangslosen Umstieg aus der jugendlichen Schülerwelt in die Verantwortung eines Familienoberhaupts. Er bleibt allerdings zu Hause – in Rostock, in der Nähe der Eltern und Großeltern. Und dazu entscheidet er sich drei Jahre vor dem Bau der Berliner Mauer, keineswegs wissend, dass es bald kaum noch Alternativen zum Verbleib in Rostock gibt.

Joachim Gauck wird viel später alle diese frühen Festlegungen wieder und wieder relativieren. Er wird Geschichten erzählen über seine Grübeleien vor dem Mauerbau, gut hätte es sein können, er wäre ebenfalls in den Westen gegangen. Er wird von seinen Besuchen in den Westsektoren der Hauptstadt berichten, von den exzellenten Kontakten, die er dort hatte. So einer wie er hätte ganz leicht »rübermachen« können. Aber macht man als frisch gebackener Vater rüber? Gauck blieb. Er versprach sich sehr wohl eine Zukunft in der DDR, sah dort Möglichkeiten, ein Leben selbst zu gestalten. Dafür hatte er auch ein überzeugendes Vorbild: Onkel Gerhard. Gaucks Entschluss, die DDR nicht zu verlassen, sondern ein Theologiestudium und damit fast zwangsläufig eine kirchliche Karriere zu wählen, lässt sich nur mit dem Mann von Tante Gerda erklären. Die Kirche ist Ende der Fünfzigerjahre der einzig verbliebene Opponent gegen den SED-Staat, die über hinreichend gesicherte Strukturen verfügte. Sie hatte damit auch Macht, und keiner verkörperte diese besser als

Gerhard Schmitt. Kirchenführer wie er waren das leibhaftige Gegengewicht zum SED-Anspruch auf umfassende Kontrolle und Beherrschung aller Lebensbereiche. Wenn schon, dann war in der DDR für Gauck ein Leben wie das des Onkels denkbar.

Gerhard Schmitt hatte ihm, seinen Geschwistern und der Mutter geholfen, als der Vater nicht helfen konnte. Der stattliche Onkel mit seinem Talar, dem Bischofskreuz und der Fähigkeit zur wirksamen öffentlichen Rede war eine beeindruckende Erscheinung. Er habe auf ihn gewirkt wie einer der letzten mecklenburgischen Adligen, sagt ein Zeitzeuge. Dass da ein Mann einen Dienstwagen und einen durchaus ansehnlichen Amtssitz hatte und mit den Funktionären der ungeliebten Arbeiter-und-Bauern-Macht auf Augenhöhe verhandeln konnte, musste dem Neffen imponieren. Und Onkel Gerhard scheute im Gegensatz zu manch anderem Kirchenführer nicht die direkte Konfrontation mit der ständigen ideologischen Inanspruchnahme durch die Staatspartei. Ihn konnte man sich zum Vorbild nehmen. Wer also die Studien-, später die Berufswahl von Joachim Gauck verstehen will, muss sich vertraut machen mit jener Welt, die Gerhard Schmitt verkörperte.

1958 hatte sich der aus dem Saarland kommende Ehemann der Tante Gerda in relativ kurzer Zeit und trotz seiner NS-Belastung in eine herausragende Position als Landessuperintendent von Güstrow hochgearbeitet. Als begeisterter Anhänger der Nationalsozialisten hatte er mit seinem Theologiestudium begonnen, doch 1934, zu dessen Ende hin, hatte er wegen seiner religiösen Überzeugungen mit den Nationalsozialisten gebrochen. Kurz zuvor hatte er in Rostock Gerda Warremann, die Tante von Joachim Gauck, kennengelernt, die Gerhard Schmitt 1938 heiratete. 1940 zur Marine eingezogen, erlebte er den Krieg als Marinepfarrer, zunächst in Kiel, dann in Memel. Bei Kriegsende schlug er sich nach Westen durch, von den Engländern, wie schon erwähnt, als Geistlicher von der Gefangenschaft verschont, kehrt er nach Mecklenburg zu Gerda und den Kindern zurück. Er wird Pfarrer der

Landeskirche, seine erste Pastorenstelle hat er in Sanitz, nur wenige Kilometer von Rostock entfernt. Dort baut er ein Heim für elternlose Flüchtlingskinder auf. In der personell ausgebluteten Landeskirche wird der tatkräftige Schmitt bald mit immer größerer Verantwortung bedacht.

In den *Erinnerungen* Gaucks taucht er nur am Rande auf – als der »Onkel Gerhard«, der in Notlagen zu helfen wusste. Vor der Präsidentschaftswahl 2010 interessierten sich jedoch plötzlich die Journalisten für den »Nazi-Onkel«. Seither gehören Berichte über die Karriere von Gerhard Schmitt bei der paramilitärischen nationalsozialistischen Sturmabteilung – der SA – zum Repertoire vieler Gauck-Kritiker. Die Fakten werden dabei jedoch selten berücksichtigt, so sah man den Onkel gern als einen wichtigen Funktionär der SA im Rang eines Gruppenführers, was einem Generalsrang entsprochen hätte. Tatsächlich war er bei seinem Ausscheiden aus dem Kampfverband der Nazis Rottenführer gewesen, in der Wehrmacht wäre das einem Obergefreiten gleichgekommen.[62]

In den 1988 abgeschlossenen *Erinnerungen*[63], in denen Schmitt weder den Schwager Joachim Gauck noch den Neffen Joachim erwähnt, schildert er sich selbst als einen Mann, der der braunen Diktatur anfangs vieles abgewinnen konnte: »So waren die meisten Deutschen angetan von der Befreiung und Erneuerung. Dazu gehörte auch ich bis zum Jahre 1934.«[64] Als er im März 1934 in Rostock Gerda Warremann trifft, ist er dort für vier Wochen zu einer »militärischen Ausbildung in der Reichswehrkaserne in der Ulmenstraße«. Die frühe Unterstützung der Nationalsozialisten, den dunklen Fleck in seiner Biografie, beschönigt er später. Zwar erwähnt er seine Mitgliedschaft im NS-Studentenbund, verschweigt jedoch seinen Eintritt in die NSDAP 1931. Trotz seines Bruchs mit der Nazi-Partei bleibt Schmitt ein Beispiel für die Schwierigkeiten, die die Kirche in der DDR im Umgang mit der eigenen Vergangenheit und den Verbrechen des Nationalsozialismus hatte. Schmitt notiert: »Nach dem Zweiten Weltkrieg wagt kaum jemand, dieses Thema zu erwähnen. Später nahmen es die Medien auf und richteten das Augenmerk fast ausschließlich auf die Judenverfolgung und Judenvernichtung. Sicherlich darf hier nichts verschwiegen werden, und Verbrechen bleiben Verbrechen. Aber es ist meines Erachtens auch nicht richtig, den damaligen Ablauf … nur von hinten her, vom Ende zum Anfang, also rückwärts zu sehen und zu beurteilen.« Und weiter heißt es: »Die sogenannte Lösung der Judenfrage war ein Verbrechen, das das Deutschtum insgesamt noch lange belasten wird. Ein Aufrechnen der Schuld auf deutscher und alliierter Seite bringt keine Entschuldigung. Genug davon!«[65]

Schmitt hat ohne Zweifel recht, wenn er einfordert, dass man seine politischen Aktivitäten von 1931 bis 1934 nicht nur aus der Rückschau beurteilen soll. Dennoch überraschen solche Stellungnahmen, die er Jahrzehnte nach Kriegsende abgibt. Kein Wort darüber, dass er Mitschuld trägt am Aufstieg eines verbrecherischen Regimes, das wesentliche Grundsätze des Christentums bekämpfte. Er erklärt nicht, warum er sich als Anhänger einer Ideologie verirrte, die Menschen einer angeblichen Rassenzugehörigkeit wegen grundlegende Rechte verweigerte. Er lässt auch offen, wo er beispielsweise war, als die SA nach der »Machtergreifung« im Jahr 1933 politische Gegner mit brutaler Gewalt bekämpfte oder Aktionen gegen jüdische Geschäfte organisierte. Und er spricht nicht darüber, warum sein Abschied vom Nationalsozialismus so spät erfolgte. Seine Verirrungen bleiben ein Rätsel.

1945 wohnt Gerhard Schmitt bei den Schwiegereltern, ist wieder bei seiner Frau Gerda, die ein enges Verhältnis zu ihrer Schwester Olga hat, der Mutter von Joachim Gauck. Das Leben der beiden Schwestern verlief einige Jahre weitgehend im Gleichklang. Sie heirateten fast zur gleichen Zeit, brachten in kurzem Abstand ihre ersten Kinder zu Welt, jeweils einen Sohn, dem sie den Namen des Vaters gaben.

Gerhard Schmitt präsentierte sich als ein nationalkonservativer

Mann, der seine politische Identität aus den Erfahrungen der Niederlage Deutschlands im Ersten Weltkrieg entwickelt hatte. Das Saarland, in dem sein Vater Pastor war, hielten 1918 die Franzosen besetzt. Schmitt: »In mir lebt seit dieser Zeit ein nationales Bewusstsein, das aus unserer damaligen Grenzsituation stammt.«[66] Und die im Saarland beheimateten Verwandten Schmitts, die Gauck dann besuchte, sind wiederum exemplarisch für die unbewältigte NS-Vergangenheit der Bundesrepublik.

Zum saarländischen Zweig der Familie Schmitt gehörten die Lawalls. Einer von ihnen, Erich Lawall, 1899 in Saarbrücken geboren, war in der Weimarer Republik Angehöriger des Freikorps Oberland, eines paramilitärischen rechtsradikalen Kampfverbands, hochdekorierter Wehrmachtsoffizier und ab 1943 in Köln Oberlandesgerichtspräsident. Seine Berufung war für die NS-Diktatur ein wichtiger Schritt bei der vollständigen Gleichschaltung der Justiz des Rheinlands. Nach dem Krieg gelang es Lawall, trotz dieser Belastungen erneut Karriere zu machen, er wurde Präsident des Saarländischen Verfassungsgerichtshofs. Mit Onkel Gerhard findet der Rostocker Familienclan der Warremanns Anschluss an das nationalkonservative, demokratiefeindliche Bürgertum. Und dazu zählte sowohl zuvor als auch nach dem Krieg ein Großteil der evangelischen Pfarrer, die ihre ganz eigene Form geschichtlicher Kontinuität lebten. Das protestantische Deutschland ist undenkbar ohne seine Pastoren-Dynastien – und die sind in Mecklenburg besonders ausgeprägt. Onkel Gerhard ist Teil des Pastorenadels, zugleich ist er durch seine saarländische Herkunft aber ein Eindringling, der erst noch Anerkennung in der neuen Heimat finden muss. Dies gelingt ihm aber erstaunlich gut. Schmitt erwähnt in seinen *Erinnerungen*, wie er sich noch 1954 über den damaligen Landesbischof Niklot Beste geärgert habe. »Obwohl er kein Mecklenburger ist und erst seit neun Jahren in unserer Landeskirche tätig ist«, habe der Bischof bei der Berufung des »Utländers«, des Ausländers, zum Landessuperintendenten in Güstrow gesagt.[67]

Tatsächlich war die steile Karriere des Gerhard Schmitt aus dem fernen Saarland für mecklenburgische Verhältnisse durchaus eine Sensation, die nur vor dem Hintergrund der Wirren der Nachkriegszeit erklärlich ist. Die Landeskirche war 1945 zunächst führerlos gewesen, nachdem der in der Periode des Nationalsozialismus amtierende und restlos kompromittierte Bischof Walther Schultz sein Amt hatte aufgeben müssen. Niklot Beste, ein Gegner der Nationalsozialisten, wurde 1946 sein Nachfolger als Landesbischof. Der Aufstieg von Gerhard Schmitt war, was diesen Kontext betraf, leichter. Als »Utländer« war er von den Konflikten der Vergangenheit weniger belastet.

Und so wird Onkel Gerhard 1954 Landessuperintendent in Güstrow und damit einer der acht Regionalbischöfe Mecklenburgs. Die Landessuperintendenten waren bis weit in das 20. Jahrhundert hinein neben den jeweiligen Chefs der Fürstenhäuser die höchsten Repräsentanten der evangelischen Kirchen. Erst 1930 war in Mecklenburg das Amt des Landesbischofs eingeführt worden. In den Anfangsjahren der DDR, als tatsächlich noch eine Volkskirche existierte und weite Teile der Bevölkerung zumindest an den christlichen Traditionen wie Taufe, Hochzeit und Beerdigung festhielten, waren die Landessuperintendenten die Verkörperung einer jahrhundertealten gesellschaftlichen Autorität. So konnte Schmitt seit seiner Berufung eine komfortable Dienstwohnung, ein altes Fachwerkhaus gegenüber dem mächtigen Güstrower Dom, und den schon erwähnten Dienstwagen in Anspruch nehmen. Zugleich verkörperte er in einer ansonsten für Gauck armen Welt akzeptabler Führungsfiguren ein wichtiges Vorbild, war er doch einer der wichtigsten Exponenten im Kampf um die Abgrenzung zum neuen Staat.

Güstrow war in den Anfangsjahren der DDR besonders gezeichnet von schweren Konflikten. Bereits vor Schmitts Ankunft hatte es dort einen spektakulären Schauprozess gegen Jugendliche gegeben, die sich in der damals noch nicht auf SED-Kurs verpflichteten LDPD – der Liberaldemokraten – organisiert und

Flugblätter verteilt hatten. Acht Jugendliche wurden zu Gefängnisstrafen zwischen fünf und fünfzehn Jahren verurteilt. Zu Beginn der Fünfzigerjahre kam es dann erneut zu Auseinandersetzungen zwischen der SED und Gymnasiasten. Uwe Johnson, damals Schüler in Güstrow, zeichnete in seinem ersten Roman *Ingrid Babendererde. Reifeprüfung 1953*[68] dieses Geschehen nach. Einer der betroffenen Schüler ist Helmut Zeddies, ein Weggefährte des Onkels, leitender Kirchenjurist der DDR und für Gauck ein wichtiger Zeitzeuge.[69] In seinen *Erinnerungen* nimmt Joachim Gauck ausführlich darauf Bezug. Die Geschichte passt so wunderbar in seine Lesart des eigenen Lebens, dass er sie sich von Zeddies rekonstruieren lässt.[70]

In der Endphase des sowjetischen Diktators Stalin – also bis zum Sommer 1953 – hatte die SED eine Politik der Kriminalisierung kirchlicher Aktivitäten vorangetrieben. Wichtigster Angriffspunkt waren dabei die in der Jungen Gemeinde organisierten Christen. Dabei spielte die scheinbar überparteiliche, tatsächlich von den Kommunisten dominierte staatliche Jugendorganisation FDJ unter Führung des späteren SED-Chefs und Saarländers Erich Honecker eine wichtige Rolle. Vor allem aber wurden die Staatssicherheit und die staatlichen Schulen aktiv. Es gab Verhaftungen und Schauprozesse. Zahlreiche junge Christen wurden vor dem Abitur von den Schulen verwiesen. Ab dem Sommer 1953 kam es dann zu einem vorläufigen, von der nachstalinistischen Führung in Moskau verordneten Waffenstillstand zwischen Kirche und Staatsführung. In dieser Zeit beginnt auch das Engagement von Joachim Gauck in der Jungen Gemeinde.

In der zweiten Hälfte der Fünfzigerjahre führt die SED die Auseinandersetzung mit der Kirche jedoch fort, erneut konzentriert sie sich auf das Feld der Jugendpolitik und propagiert die staatliche Jugendweihe gegen Konfirmation und Firmung. Gerhard Schmitt weicht der Konfrontation nicht aus: »Die Frage des Verhältnisses zwischen der Jugendweihe und der Konfirmation wurde immer härter und schwieriger. Die Kirche vertrat den

Standpunkt der Unvereinbarkeit. Mit vielen Vorträgen habe ich mich in diesem Punkt ganz in den Dienst der Kirche gestellt. In allen Bezirksstädten sowie in fast allen großen Städten der Landeskirche habe ich für die Konfirmation gekämpft. Die Atmosphäre war hochgespannt, die Kirchen überfüllt. Ich wurde in der Presse, im Radio durch den Bezirksvorsitzenden angegriffen.«[71]

1959 ist Schmitt mit einem Ermittlungsverfahren konfrontiert, in dem er beschuldigt wird, die vom berlin-brandenburgischen Bischof Otto Dibelius verfasste Schrift *Obrigkeit* verbreitet zu haben. Der Disput um diese Festschrift war exemplarisch für das Verhältnis der Kirchenführer zur DDR. Der greise Dibelius – damals Ratsvorsitzender der Evangelischen Kirche in Deutschland (EKD) und im Weltkirchenbund einer der Präsidenten – hatte der kommunistischen Staatsführung das Recht abgesprochen, von den christlichen Bürgern Loyalität einfordern zu können. Schmitt unterstützte die nicht unumstrittene Linie von Dibelius, und 1964 wird er dann Generalsuperintendent von Berlin-Ost, eines der wichtigsten, aber auch heikelsten Ämter, das die evangelische Kirche in jener Zeit zu besetzen hatte. Sein neuer Landesbischof Kurt Scharf, der Nachfolger von Dibelius in Berlin-Brandenburg, darf seit dem Mauerbau nicht in die DDR einreisen. Die Kirche aber besteht weiter auf ihren grenzüberschreitenden Strukturen. So arbeitet Scharf gezwungenermaßen ausschließlich von West-Berlin aus – umso mehr braucht er Schmitt als loyalen Ost-Berliner Vertreter. Und der Onkel ist, wie schon zuvor in Mecklenburg, auch in Berlin ein folgsamer Mann. Er profiliert sich nicht mit innerkirchlichen Auseinandersetzungen, er ist gehorsam gegenüber seinen Bischöfen. Das ändert sich selbst dann nicht, als 1972 mit der endgültigen Ost-West-Spaltung der Berlin-Brandenburgischen Kirche Albrecht Schönherr bestimmend wird – ein Mann, dessen Politik der vorsichtigen Annäherung an die SED von Schmitt zutiefst abgelehnt wird. Er bleibt noch grollend und im Abseits stehend im Amt bis 1974.[72]

Gauck wird somit aufgrund der familiären Bindung zunächst

Zeuge, später auch Mitwirkender in dem vielschichtigen Ringen zwischen der Kirche und dem SED-Staat. Sein Onkel ist über Jahre hinweg an herausragender Stelle bei der Formulierung kirchlicher Positionen beteiligt, bis in die Sechzigerjahre hinein nimmt er Einfluss auf die Kirchenpolitik weit über die DDR hinaus, vertritt er doch die in der DDR angesiedelten Landeskirchen auch auf internationalem Parkett. Dort wird er zum konservativen Aufpasser für eine durch interne Konflikte geplagte Gemeinschaft. Gauck erfährt dann, wie dieser Onkel und dessen Mitstreiter zunehmend in der Kirche an Bedeutung verlieren, die ihrerseits allmählich ihren Einfluss schwinden sieht. Die Einführung der Jugendweihe durch die SED steht exemplarisch für diesen Machtverlust. Die Kirche sieht in diesem Ritual einen Angriff auf die Tradition der Konfirmation. Von den Familien wird nun eine Entscheidung verlangt – entweder soll der junge Mensch bei der Jugendweihe seinen Eintritt in die Welt der Erwachsenen erleben oder aber in der kirchlichen Konfirmation. Konkret bedeutet das: entweder ein Bekenntnis zum Sozialismus oder ein Bekenntnis zu Gott. Schon nach wenigen Jahren wird klar, dass die Kirche in diesem Streit den Kürzeren zieht – der Staat hat über das Schul- und Ausbildungswesen genügend Druckmittel, um die Jugendweihe zur Pflicht für die Mehrzahl der Familien zu machen. Aus der einstigen Volkskirche wird im Zuge dieses Konflikts eine Gemeinschaft der Minderheit. Schon Mitte der Sechzigerjahre nehmen fast alle Jugendlichen, auch im ländlichen Mecklenburg, an der Jugendweihe teil, während die Zahl der Konfirmierten stetig sinkt.

Aber nicht nur die Auseinandersetzungen um die Jugendweihe, sondern auch Fragen kirchlicher Organisationsstrukturen prägten die Debatte um die zukünftige Rolle der Kirche in der DDR – und ließen Schmitt und Gleichgesinnte zu Außenseitern in der von der Volks- zur Minderheitenkirche mutierten Institution werden. Denn die Traditionalisten wie er weigerten sich zunächst, die Teilung in zwei deutsche Staaten nachzuvollziehen. Mit ihrem Beharren auf einer gesamtdeutschen Organisationsstruktur ist die Kirche ein Fremdkörper in der zunehmend auf Abgrenzung bedachten DDR. In der von der SED forcierten Forderung nach einer Trennung haben neben Schmitt noch weitere Personen eine Bedeutung, mit denen Joachim Gauck direkt oder indirekt konfrontiert werden wird.

Beispielsweise der junge Kirchenjurist Manfred Stolpe. Später pflegte er den engen Austausch mit der Staatssicherheit. Dann Pastor Horst Kasner, ein Vertrauter von Bischof Schönherr und Vater von Angela Merkel, oder Superintendent Reinhard Steinlein, der Vater von Stephan Steinlein, dem Büroleiter und späteren Staatssekretär von Außenminister Frank-Walter Steinmeier. Gaucks Onkel und Steinleins Vater standen bei den Kontroversen auf einer Seite, Kasner und Stolpe auf der anderen.

In den Sechzigerjahren bildete sich um Onkel Gerhard herum ein Beziehungsgeflecht von persönlichen Freunden und Gegnern, das selbst Jahrzehnte später Bedeutung hat. Kaum jemand weiß heute um diese scheinbar alten, tatsächlich immer noch nachwirkenden Netzwerke. Es geht um Grundsatzentscheidungen – um die Frage, wie der SED-Herrschaft begegnet werden kann und wie die Zukunft Deutschlands insgesamt gedacht wird. Gerhard Schmitt jedenfalls ist dabei, als es den Bewahrern der Kircheneinheit noch einmal, ein letztes Mal, gelingt, die Spaltung in einem spektakulären Akt des Aufbegehrens abzuwehren – und Angela Merkels Vater gehört damals zu den großen Verlierern.

Schmitt hält im April 1967 die Predigt auf der Synode in Fürstenwalde, die die Teilung ablehnt – eine Predigt gegen die Eigenständigkeit der DDR-Kirchen und für die Bindungen zu den Glaubensbrüdern in der Bundesrepublik: »Wir stehen in der gleichen Verantwortung mit unseren Brüdern, die von uns durch Mauern und verschlossene Türen getrennt sind, aber mit uns zu einem Leibe gehören.«[73] Es ist aber ein Sieg von kurzer Dauer. Manfred Stolpe spielt in den Monaten danach, als dieser Beschluss allmählich wieder gekippt wird, eine herausragende Rolle.

1969 wird dann trotz der Treueschwüre zur Einheit der Bund der Evangelischen Kirchen in der DDR gegründet und damit die Spaltung von den kirchlichen Strukturen in der Bundesrepublik vollzogen. Gerhard Schmitt hat verloren.

Durch den Onkel wurde Gauck auch Zeuge einer Begebenheit, die ihn nachhaltig beeindruckte – der Besuch von Martin Luther King 1964 in Berlin, im West- und im Ostteil der Stadt. Gerhard Schmitt kann in der Marienkirche King begrüßen, den Pastor aus Atlanta, der zum Führer der Bürgerrechtsbewegung in den USA geworden war. Der begnadete Redner war einer Einladung des damaligen Regierenden Bürgermeisters von Berlin, Willy Brandt, gefolgt. Gauck ist an diesem Septemberabend in der Marienkirche am Alexanderplatz dabei, den Namen von Martin Luther King wird er danach wieder und wieder erwähnen. King hält in beiden Teilen der Stadt eine weitestgehend identische Rede, und sie hat einen Kern, der sich tief in Gaucks Erinnerung eingrub. »In diesem Glauben werden wir miteinander für die Freiheit einstehen, weil wir wissen, dass wir eines Tages frei sein werden.«[74] Kings Fahrt nach Ost-Berlin spiegelt auch die Absurdität der geteilten deutschen Hauptstadt wider. Den Reisepass des amerikanischen Pastors hatte die US-Mission unter einem Vorwand kurzerhand eingezogen – wohl weil sie fürchtete, dass sich der Führer der Schwarzen von der SED manipulieren lassen könnte. Tatsächlich hatte die Ost-CDU, die als Blockpartei inzwischen völlig von der SED gleichgeschaltet worden war, mehrfach versucht, Kontakt mit King aufzunehmen und ihn für ihre Kampagnen gegen den »US-Imperialismus« zu nutzen. King gelangte dann mit einer Kreditkarte in den Osten – die Grenzoffiziere der DDR hatten offensichtlich verstanden, dass eine Zurückweisung des berühmten Predigers ein Politikum geworden wäre.[75] Und obwohl sein Erscheinen in der Marienkirche nur über Mundpropaganda erfolgte, kamen Tausende. Das Gotteshaus war hoffnungslos überfüllt, es musste anschließend eine zweite Predigt in der benachbarten Sophienkirche gehalten werden, ebenfalls mit Tausenden von Zuhörern.

Dass Gauck in seinen *Erinnerungen* Gerhard Schmitt weitgehend auf die Rolle als hilfreicher Onkel reduzierte, ist eine unzulässige Verkürzung. Mit dessen Nazi-Vergangenheit ist das nicht allein zu erklären. Schmitt war auch nach dem Bruch mit der NSDAP ein Mann mit extrem konservativen Ansichten. Demokratische Meinungsbildungsprozesse in der Kirche lehnte er ab. Synoden, Parlamente der kirchlichen Selbstverwaltung, waren ihm ein Gräuel: »Von Synoden habe ich nie viel gehalten. Sie sind manipulierbar durch geschickte Redner, die die Meinungsbildung um 180 Grad verdrehen können. Dazu kommt, dass immer nur die lautstark reden können, die politisch auf der gewünschten Linie liegen. Noch gefährlicher sind diejenigen, die einen kirchlichen Standpunkt zu vertreten vorgeben, aber in Wirklichkeit einer fremden Sache dienen.«[76] Schmitt lebte in einer Welt, die von tiefem Misstrauen über die Fähigkeit seiner Zeitgenossen zur freien Entscheidung bestimmt war. Ein Christ war für ihn in allererster Linie ein Mensch des Gehorsams. Mit dem Begriff Freiheit, der zum Schlüsselwort für seinen Neffen werden sollte, konnte er wenig anfangen. Wohl nicht zuletzt wegen dieser Meinungsunterschiede hat Gauck sich gescheut, dem Onkel jenen Platz in seinem Leben zuzuschreiben, der ihm tatsächlich gebührt.

Gauck quält sich durch die Theologische Fakultät der Universität Rostock, und ohne Gerhard Schmitt hätte er kaum einen Studienabschluss erreicht. Das Fach Theologie führt an der Uni ein Schattendasein, die Dozenten sind vielfältigen Versuchen der Disziplinierung ausgesetzt. Trotzdem bewahren sie sich Freiheiten, wenn auch in bescheidenem Umfang, die ansonsten im akademischen Leben der DDR undenkbar sind. 1945 gab es an der Universität Rostock sechs Theologiestudenten, mehr als sechzig gehörten ihr, als Gauck dort sein Studium aufnahm, nicht an. Kenntnisse der Bibelsprachen Hebräisch und Altgriechisch waren damals unverzichtbar, und offensichtlich hatte er nicht erkannt, dass ein Studienabschluss in Theologie ein hohes Maß an Lernbereitschaft und Disziplin voraussetzt. Nach vierzehn schleppend verlaufenden Semestern wird er dann zum Onkel nach Berlin beordert, der soll ihm diszipliniertes Lernen beibringen.[77] Als Joachim Gauck schließlich nach vielen Anläufen 1965 die Examen schafft, wird er zunächst Vikar. 1967 schließt er seine Berufsausbildung ab und geht als Landpfarrer in eine Welt, die sich seit seinem Studienbeginn radikal verändert hat. Nicht nur, aber vor allem durch Schmitt ist Gauck in dieser für ihn so schwierigen, teilweise sicher auch leidvollen Lebensphase eingebunden in eine konservative, deutschnationale, demokratiefeindliche Gedankenwelt.

Mit seiner Tätigkeit als Pfarrer beginnt für Gauck zwangsweise auch eine Phase der Neuorientierung. Nur eines wird nicht infrage gestellt: Onkel Gerhard hatte immer ein besonderes Gewicht auf das öffentliche Wort des Pastors gelegt, auf die Predigt. Selbst bei größten Belastungen, bedingt durch Verwaltungsaufgaben, drängte es ihn stets auf die Kanzel. Besonders stolz war er auf seine Auftritte im Güstrower Dom und später in der Berliner Marienkirche, dem ältesten, dem ruhmreichsten der Gotteshäuser mitten in der Hauptstadt. Als Prediger zu wirken und damit Einfluss auf Menschen zu erlangen, das hatte sich Joachim Gauck bei Gerhard Schmitt abgeschaut.

# 7

# Neue Wege, ein neuer Mentor – Heinrich Rathke

Die Kirche steckt in einem Überlebenskampf, sie ist auf die Hilfe der Bundesrepublik angewiesen, als Gauck seine erste Pastorenstelle erhält. Überhaupt verschwindet sie immer mehr aus dem gesellschaftlichen Leben. Die Jugendweihe hat sich durchgesetzt. Und auch Hochzeiten werden immer seltener in den Gotteshäusern gefeiert. Nur zu Beerdigungen findet man noch den Weg zum Pastor. Aus der Volkskirche ist eine verschworene Gemeinschaft der Treuen geworden. Denn wer weiterhin glaubt, riskiert vielfältige Nachteile. Damit wird offenkundig, dass die einst so stolze und mächtige Institution ihre Bedeutung nicht zuletzt der engen Bindung an die weltliche Macht verdankt hatte. Jedenfalls vor dem Zweiten Weltkrieg. Jetzt – als Gegnerin der herrschenden SED – kämpfte sie einen scheinbar aussichtslosen Kampf.

Die alte Garde der Bischöfe, allen voran der Patriarch Dibelius, tritt in den Sechzigerjahren ab, der Synodenschwur zur Einheit wird gebrochen. Albrecht Schönherr, der neue Bischofsverweser in Berlin-Brandenburg, und der im Hintergrund agierende Kirchenjurist Manfred Stolpe betreiben ihren Kurs größerer Anpassung und Zugeständnisse an den scheinbar allmächtigen Staat. Auch in Mecklenburg kommt es zu personellen Veränderungen. Dort allerdings hält sich die Kursänderung in Grenzen. Mit Bischof Heinrich Rathke wird ein Mann Vorgesetzter von Gauck, der hinreichend Distanz nicht nur zur SED, sondern auch zur Politik der Anpassung von Schönherr pflegt. Gauck kann in seiner norddeutschen Nische weiter agieren, ohne sich völlig von den Vorstellungen des Onkels verabschieden zu müssen. Rathke, der Niklot Beste 1971 als Landesbischof in Mecklenburg nachfolgt, ist gut elf Jahre älter als Gauck. Rathkes Vater war ebenfalls Pfarrer in Mecklenburg, ein Mann der Bekennenden Kirche, von den Nationalsozialisten drangsaliert. Nach dem Krieg studierte der Sohn in Süddeutschland, kam dann aber 1953 in die DDR zurück. Neun Jahre später wurde Rathke dann mit seiner Pfarrei im Neubaugebiet Rostock-Südstadt zu einer Art Revolutionär der seelsorgerischen Arbeit in der DDR. Er ging neue Wege, zum einen jenseits der Tradition, aber ebenso jenseits der andernorts mit Verve betriebenen innerkirchlichen Auseinandersetzungen. Für Gauck war das in seiner Phase der Neuorientierung von großer Bedeutung. Rathke gehört bis heute zu den Menschen, die er als Vorbild begreift und denen er mit absolutem Respekt und großer Bewunderung begegnet. Noch viele Jahre nach dem Ausscheiden aus dem Bischofsamt kam er in dessen Schweriner Wohnung, um Rat zu suchen. Gauck bezeichnete den Bischof einmal als einen »lebendigen Engel«, als einen Mann »von unglaublicher Lauterkeit«.[78]

Rathke war auch deswegen von solcher Bedeutung, weil er sich von kirchlichen Führungspersönlichkeiten im Stile eines Gerhard Schmitt deutlich unterschied. Nach der erlebten Ohnmacht während des Studiums war er für Joachim Gauck die richtige Person, um den Abschied von den einstigen Träumen von Macht und Einfluss zu vollziehen.[79] Der neue Landesbischof, der als Marinehelfer in den Krieg gezogen war, erfuhr die deutsche Niederlage als einen fast unbegreiflichen Zusammenbruch. Doch während Gerhard Schmitt sich nach der Zerschlagung des Reichs auf das Wertgebäude seiner Kindheit zurückbesann, wird Rathke zu einer Art Rebell. Er ist ein brillanter Intellektueller, der kein Problem hat, Texte auf Hebräisch oder Griechisch zu lesen. Als Werkstudent in Süddeutschland sammelt er vielfältigste Erfahrungen, macht sich beispielsweise vertraut mit gewerkschaftlich organisierten Kommunisten in der Bundesrepublik, erfährt, wie diese wahrlich nicht begüterten Menschen ihm, dem Theologiestudenten, helfen. Insofern unterscheiden sich seine Erfahrungen fundamental von denen des heranwachsenden Gauck.

Rathke, der bei sich eine Neigung zum Missionarischen erkannt hat, wird, zurückgekehrt nach Mecklenburg, zunächst Landpastor.[80] Als solcher erlebt er die Zwangskollektivierung der Landwirtschaft in den Fünfzigerjahren. Die mit aller Härte geführte Neustrukturierung des Lebens außerhalb der städtischen Zentren beschreibt er als einen »Generalangriff auf das ganze soziale Gefüge«.[81] Ab 1962, jetzt Pastor in der Südstadt von Rostock, entwirft er fast schon konspirative Arbeitsansätze – die Hauskreise, also die Treffen in Wohnungen, werden zum Mittelpunkt kirchlichen Lebens. Rathke antwortet auf das Verschwinden der Volkskirche mit der Entwicklung einer Art Untergrundkirche; »fast urchristlich« könnte man das auch nennen. Als Pastor setzt er sich mehr und mehr mit Menschen auseinander, die nicht in kirchlichen Traditionen aufgewachsen sind. Weil er im Neubaugebiet keine Kirche vorfindet und an einen Bau anfangs nicht zu denken ist, wird ein Zirkuswagen zum Gotteshaus. Rathke war für die Landeskirche ein ungeheurer Glücksfall – und vor allem für den späteren Bundespräsidenten.

1971, mit zweiundvierzig Jahren, wird Rathke, Vater von sieben Kindern, Bischof. Ohne groß Erfahrung in der Verwaltungstätigkeit zu haben, wird er Vorgesetzter einer Vielzahl von Menschen – und meistert die Herausforderung mit der ihm eigenen enormen Tatkraft. Im selben Jahr noch formuliert er seine Leitlinien unter dem Begriff der »Kirche für andere«. Er fordert, dass Christen sich einmischen. Sie sollen sich an gemeinschaftlichen Arbeitseinsätzen beteiligen, selbst wenn diese von der Partei organisiert sind. Entscheidend ist der gute Zweck. Damit versucht er dem berühmten Bibelspruch vom »Salz der Erde«[82] zu genügen – ein Christ hat durch den Glauben eine besondere gesellschaftliche Verantwortung. Die Kirche mit ihrer Botschaft in einer gottlosen Welt war ihm nicht Last, sondern willkommene Gelegenheit. »Ich bin bis heute der Meinung, dass es manche Kirchenferne gibt, Atheisten oder wie Sie sie nennen wollen, die die Grundwahrheiten der Bibel eher verstehen als wir, weil sie völlig unbefangen sind.«[83]

Der Bischof entwickelt eine sehr effektive Form des Umgangs mit der Staatssicherheit. Er rät allen und erzählt laufend davon, dass man am besten damit lebt, wenn man sich anderen anvertraut, sobald man von der Stasi angesprochen wird. Vertrauen spielt überhaupt eine entscheidende Rolle in der Vorstellungswelt von Rathke. Gauck war fasziniert, aber gleichzeitig auch abgeschreckt von diesem Mann, von seiner Lauterkeit und Demut. Er war aber zudem der absolut notwendige Rückhalt, schon deswegen, weil er ein feines Gespür nicht nur für Gaucks Schwächen, sondern vor allem für seine – zuweilen schlummernden – Stärken hatte. Ebenso wie sein Nachfolger, Christoph Stier, zeichnet sich Rathke durch eine geradezu vorbildliche Bescheidenheit aus. Ihren Pastor Gauck zu fördern und ihm manchmal den Vortritt zu lassen, scheint ihnen nicht schwergefallen zu sein.

Den Rahmen, den diese Männer setzten, bedeutete jedoch für Gauck, dass wenigstens einige der mit einer Pfarrstelle verbundenen administrativen Aufgaben zufriedenstellend gelöst wurden. Hier aber tat er sich, wie bereits in der Organisation seines Studiums, sehr schwer. Damit war klar, dass er sich keine Aufstiegschancen innerhalb der Kirche ausmalen konnte. Er bekam deshalb zuvorderst Aufgaben zugewiesen, in denen seine Stärken zum Tragen kamen – vor allem seine Fähigkeit, Menschen anzusprechen. Es waren Aufgaben, bei denen eine unverblümte Schilderung der DDR-Wirklichkeit hilfreich war. Mit staatlichen Stellen eine Art des Arrangements zu suchen, war er hingegen mangels größerer Verantwortung zunächst nur am Rande konfrontiert.

Dennoch ist es sicher kein Zufall, dass sich Joachim Gauck nach einer ersten Pfarrstelle im ländlichen Lüssow bald für etwas entscheidet, wofür Rathke bereits Vorbild war: Er wagt den Aufbau von Gemeindestrukturen in Evershagen, einem anderen Rostocker Neubaugebiet. Der Umzug 1971 in eine der dortigen Plattenbauwohnungen wurde zu einer schmerzlichen Erfahrung für die Familie. Ehefrau Hansi und die Kinder Christian, Martin und Gesine leiden darunter und werden sich auch Jahrzehnte später noch massiv über diesen Schritt beklagen. Aber bei seinen Vorgesetzten und Kollegen gewinnt Gauck mit der Aufbauarbeit im sozialistischen Neubauviertel Anerkennung. Und auf den ersten Blick mag für einen Mann konservativer Prägung auch das überraschend erscheinen: Er fängt lieber bei null an, als dass er bestehende Strukturen weiterführt und verteidigt. Tatsächlich bewegt er sich in Evershagen weitgehend auf Neuland, aber er kann seine Gemeindemitglieder mit einer ihm besonderen Mischung aus Charme, Aufmerksamkeit und Zuwendung gewinnen. Und er traut den Menschen etwas zu. Oft merken sie gar nicht oder erst viel später, dass er sie zugleich fordert, herausfordert, zuweilen sogar überfordert.

Gauck arbeitet vor allem in den Nischenämtern, die innerhalb kirchlicher Strukturen keine kontinuierliche Bürotätigkeit bedingen, so in der Jugendarbeit, dann in der Vorbereitung der Kirchentage. Er moderiert Gespräche und tritt als Prediger auf. Verantwortung im engeren Sinne übernimmt er nicht, und zu keiner Zeit wird er als Vorgesetzter auch nur in Erwägung gezogen. Aber er ist in ganz ungewöhnlichem Maße öffentlich präsent. Bilder aus jener Zeit zeigen ihn als Weggefährten bei Freizeitaktivitäten oder als Redner vor großen Menschenansammlungen.

1980 wird er in Rostock Stadtjugendpastor – eine Position, die seinen Fähigkeiten entgegenkommt, die er aber vier Jahre später wieder aufgibt. Zunehmend konzentriert er sich auf die Vorbereitung der Kirchentage. Die haben eine eigene Leitungsstruktur, und in ihr findet er trotz seiner organisatorischen Schwächen eine ihm aus seiner Sicht angemessene Rolle. Rathke hatte ihn damit beauftragt, die Kirchentage zu leiten. 1983 tritt er zum ersten Mal auf dem in Rostock auf, und beim Kirchentag 1988 finden Ausschnitte seiner Rede den Weg ins Westfernsehen. Der Rostocker Kirchentag 1988 wird so etwas wie seine Gesellenprüfung als Mann des öffentlichen Lebens.

Gauck pflegt zunehmend Kontakte zu Politikern der Bundesrepublik, die sich in der evangelischen Kirche engagieren – zu dem Sozialdemokraten Erhard Eppler beispielsweise, dem CDU-Mann und späteren Bundespräsidenten Richard von Weizsäcker und der FDP-Politikerin Hildegard Hamm-Brücher. Er reist häufiger in den Westen – in die Bundesrepublik, aber ebenso nach Skandinavien. Insofern ist er ein sehr atypischer Pastor – ein Mann mit erstaunlichen Beziehungen. Aber das alles führt nicht zu einem Aufstieg in der Kirchenhierarchie. Er bleibt bis zum Ende der DDR einfacher Pastor.

Als Joachim Gauck ein eigenes Profil gewinnt, bestimmen ihn vor allem zwei herausragende Entwicklungen – einmal die Ausreisebemühungen eines Teils der DDR-Bevölkerung und zum anderen die Neuformierung politischer Aktivitäten rund um die Friedenssicherung und den Erhalt der natürlichen Lebensgrundlagen, der Ökologiebewegung. Seit 1978 hatte die SED die Militarisierung von Staat und Gesellschaft vorangetrieben. Vor dem Hintergrund des Einmarschs sowjetischer Truppen in Afghanistan 1979 und der Ausrufung des Kriegsrechts in Polen knapp zwei Jahre später wurde eine eigenständig formulierte friedenspolitische Initiative der Kirchen in der DDR von den regierenden Kommunisten als direkter Angriff auf ihre politische Macht gewertet. So reagierte die Partei- und Staatsführung auch aggressiv auf die von den Kirchen propagierte herbstliche Friedensdekade – einen zehntägigen Zeitraum vor dem Buß- und Bettag, in dem Zeugnis von der christlichen Bereitschaft zum Gewaltverzicht abgelegt werden sollte. Diese Initiative war darüber hinaus koordiniert mit Kirchenorganisationen in verschiedenen Nato-Ländern, vor allem aber mit friedenspolitischen Aktivitäten in der Bundesrepublik.

Die Auseinandersetzung erreichte ihren Höhepunkt in einem im Nachhinein fast schon lächerlich anmutenden, tatsächlich aber mit aller Härte betriebenen staatlichen Vorgehen gegen Jugendliche, die eine Art Abzeichen auf ihrer Kleidung trugen. Dieser Textildruck war nichts anderes als die Nachbildung einer von der

Sowjetunion einst den Vereinten Nationen geschenkten Plastik, versehen mit dem biblischen Motto »Schwerter zu Pflugscharen«. Polizei und Staatssicherheit, aber auch viele Lehrer gingen gegen die Träger dieses Abzeichens mit zum Teil drakonischen Maßnahmen vor. Häufig wurde ihnen das Kleidungsstück, auf dem der Druck angebracht war, weggenommen, aber es wurden auch Ordnungsstrafen von bis zu 300 Mark verhängt.

Joachim Gauck verfolgt mit seiner Unterstützung derjenigen, die sich in solchen Auseinandersetzungen exponieren, eine völlig eigene Linie. Er vermeidet die offene Provokation mit dem SED-Staat genauso wie die Konfrontation mit dem Teil der Amtskirche, der den jungen Aktivisten nur zögerlich Unterstützung gewährt. Er scheut generell die Grenzüberschreitung. Denn Gauck kann mit den Inhalten der allmählich entstehenden Basisgruppen, mit der Konzentration auf den Friedensgedanken wie auch den Schutz der Umwelt, nicht viel anfangen. Das sind nicht seine Themen. Aber er ist dabei, wo es gilt, Strukturen der Gegenöffentlichkeit zu stützen. Freiheit, wie gesagt später der Kern seiner Auftritte als Redner, hat für ihn bereits in jenen Tagen zentrale Bedeutung. Tatsächlich ging es aus seiner Perspektive bei den Abzeichen auch weniger um die Aufkleber und deren Motto oder um einzelne Formulierungen zur Raketenstationierung in der Bundesrepublik beziehungsweise der DDR. Es ging vor allem um die Frage, wer in Rostock überhaupt das Recht hatte, öffentlich das auszusprechen, was man dachte, das zu artikulieren, was man fühlte und wollte.

Joachim Gauck ist nicht vorneweg dabei, weder beim offenen noch beim heimlichen Protest gegen die SED-Politik. Aber er verweigert sich nicht denjenigen, die aufbegehren. Zu Beginn der Achtzigerjahre betet er für alle, »die einen Schritt weiter gegangen sind als wir«[84], und beteiligt sich an der Öffnung der Kirche, insbesondere hin zu den Friedensgruppen. In seiner Bilanz dieser Jahre bleibt nur wenig, was als direkte Vorbereitung für das große Erwachen im Herbst 1989 gelten könnte. Insofern stimmt für ihn selbst das Bild, das er für die Umwälzung findet – das Bild von den Jahreszeiten. Die kommen unausweichlich und völlig unabhängig vom Tun und Willen der Menschen. Dass es Frühling wird, dafür kann keiner was.

Im Rückblick beschreibt er sein Handeln mit einem Anflug von Selbstkritik. 1993 wird er einmal gefragt, inwieweit er den von ihm als Mehrheitskurs der Kirchenleitungen beschriebenen Ansatz einer gewissen Kompromissbereitschaft gegenüber der SED-Herrschaft befürworte. »Zu lange« habe er ihn mitgemacht, sagt er. »Ich gehörte nicht zu der Gruppe um Rainer Eppelmann oder Freya Klier, die im Grunde eine Art Fundamentalopposition ausgeübt haben.«[85] Die Stasi hat ihn einige Zeit beobachtet, und es wurde auch überlegt, wie man mit seiner erkennbaren Gegnerschaft zur SED umgehen sollte. Es blieb jedoch weitgehend bei verschärften Überwachungsmaßnahmen und Gesprächen, die Gauck einschüchtern sollten. Später nimmt dieser operative Vorgang, »Larve« genannt, viel Platz in der öffentlichen Diskussion ein. Hat Gauck sich etwa bei den Unterredungen mit Stasi-Offizieren zu sehr zum Stillhalten verpflichtet? Und haben die dazu geführt, dass ihm gewisse Vergünstigungen gewährt wurden? Die Stasi-Pläne zu Gauck belegen aber nur das, was er selbst aus der Zeit vor dem Herbst 1989 bezeugte. Gauck war ein SED-Gegner, half, so gut er konnte, denen, die aus welchen Gründen auch immer mit der Staatsmacht in Konflikt gerieten, verließ dabei allerdings nie den schützenden Raum, den ihm die Kirche bot. Die Stasi-Offiziere in Rostock schienen sich damit abgefunden zu haben und ließen ihn in den letzten Monaten der DDR mehr oder weniger in Ruhe.

Die Diskussionen um die gesellschaftliche Funktion der evangelischen Kirche, die etwa der Theologe Ehrhart Neubert forcierte, finden weitgehend ohne ihn statt. Und er ist nicht dabei, als in seiner Nachbarschaft Pastoren wie Markus Meckel oder Martin Gutzeit anfangen, politische Strukturen aufzubauen. Meckel und Gutzeit werden später eine herausragende Rolle in der ersten frei gewählten Volkskammer spielen – der eine als letzter Außenminister der DDR, der andere als parlamentarischer Geschäftsführer der SPD-Fraktion. Gauck bleibt bei diesen Prozessen wieder einmal eine Randfigur – ein Mann, der das richtige Wort findet, aber darüber hinaus keine große Wirksamkeit entfaltet.

1985 wird mit Christoph Stier ein Altersgenosse und Mitkommilitone von Gauck Landesbischof, nachdem Rathke sein Amt, wie angekündigt, zurückgegeben hatte. Der Führungswechsel markiert für Gauck eine Positionsbestimmung. Denn spätestens jetzt wird klar, dass er in der Landeskirche ein Außenseiter ohne Aufstiegschancen bleiben wird. Stier ist wie Gauck persönlich betroffen von der Ausreiseproblematik – sein Sohn Albrecht geht wie die beiden Söhne von Gauck, Christian und Martin, in den Westen. Das Leben in der DDR ist ihnen unerträglich geworden. Und doch offenbaren sich bei dieser familiären Problematik wesentliche Unterschiede zwischen den beiden Theologen. Gaucks Sohn Christian etwa gerät wegen einer kleinen Deutschland-Fahne auf seinem Parka mit der Staatsmacht aneinander – der Vater versucht zu intervenieren, jedoch ohne Erfolg. Der Vorfall lässt nur die Verbitterung seiner Familie gegenüber dem SED-Staat weiter wachsen. Stiers Sohn wird gemaßregelt, weil er den Aufkleber »Schwerter zu Pflugscharen« trägt – sein Vater macht den Konflikt 1983 zum öffentlichen Skandal, bis hin zu dem demonstrativen Schritt, selbst mit dem Abzeichen an der Schule seines Sohnes zu erscheinen. Das engagierte Verhalten Stiers macht ihn bekannt – es ist sicher nicht ohne Wirkung geblieben, als es um die Bischofswahl geht.

Bischof Stier wird zudem eine bedeutende Figur in dem Versuch, über die Mauer hinweg Verbindungen zur evangelischen Kirche in der Bundesrepublik aufrechtzuerhalten. Die Protokolle über die Zusammenkünfte der sogenannten Konsultationsgruppe geben einen guten Einblick in Stiers Befürchtungen, was die weitere Entwicklung betrifft. Sie zeigen auf, dass auch die mecklenburgische Kirche anfing, ihren Standort neu zu definieren. Zögerlich, aber doch merklich vollzog sie einen Prozess, der beispielsweise in der berlin-brandenburgischen Kirche oder in Sachsen schon länger eingeläutet worden war. Stier sagte im Juni 1988, es gelte »das Mandat der Kirche neu zu bedenken«. Die Kirche müsse eintreten für »alle Menschen in Not« – selbst wenn sie deren Handlungen und Motive nicht immer teile. Nicht zuletzt aufgrund eigener Erfahrungen ging Stier davon aus, dass mit Appellen an die Bleibebereitschaft der Menschen die Probleme nicht mehr zu lösen seien. »Das Attraktionsgefälle zwischen DDR und BRD ist auf absehbare Zeit nicht annähernd auszugleichen.« Dem könne im Grunde nicht begegnet werden, auch wenn aus seiner Sicht bestimmte Veränderungen die Situation erträglicher gestalten würden – wozu er die Rückkehrmöglichkeit nach einer Ausreise zählte oder bessere Umtauschmöglichkeiten beider deutschen Währungen.

Gaucks Kontakte in die Bundesrepublik sind naturgemäß vor allem konfessionell geprägt. Männer wie Erhard Eppler oder Johannes Rau, auch der liberale Christdemokrat Richard von Weizsäcker stehen ihm als Teil der protestantischen Welt näher. Die Exponenten des südwestdeutschen Katholizismus, allen voran Helmut Kohl, bleiben ihm fremd, obwohl sie einen konsequenten Kurs der Abgrenzung zu den Kommunisten fahren.

Zurück zum 1988 in Rostock stattfindenden Kirchentag. Gauck war dafür verantwortlich, dass zu ihm der frühere Bundeskanzler und Sozialdemokrat Helmut Schmidt eingeladen wurde. Der Besuch Schmidts war deswegen so bemerkenswert, weil eine frühere Mecklenburg-Reise des damals noch als Bonner Regierungschef amtierenden Mannes aus Hamburg zu einem Eklat geführt hatte. 1982 hatte der Bundeskanzler in Begleitung von SED-Chef Erich Honecker das Städtchen Güstrow besucht. Mit rigiden Maßnahmen war jeglicher Kontakt mit der Bevölkerung verhindert worden. Der Ort erschien wie eine streng abgeschirmte Geisterstadt. Jetzt aber waren nicht die Genossen vom Politbüro, sondern Stier und Gauck die Gastgeber.

Der Kirchentag wurde dann zu einem herausragenden Ereignis – nicht nur, aber vor allem wegen des Auftritts von Schmidt. Und Gauck profitierte davon. Er hatte das Erscheinen des Altkanzlers der BRD gegen einige Widerstände durchgesetzt. Zusammen mit seinem Landesbischof Stier begrüßte er den Gast, der die Menschen anzog. Als Schmidt kurz die Hoffnung auf die deutsche Wiedervereinigung thematisierte, brandete Beifall auf – und Gauck hat dies zweifellos sehr genau registriert.

»Hoffnung wächst nicht aus Haben, sondern aus der Sehnsucht nach Sein. Wenn sie echt ist, riskiert sie etwas«, sagte Gauck in seiner berühmt gewordenen Kirchentagspredigt in einem Park am Stadtrand. Und dann gab es da noch einen Satz, der zu einem geflügelten Wort wurde und mit dem er erstmals bundesweit auf sich aufmerksam machte. »Wir werden hierbleiben, wenn wir weggehen können.« Diese Äußerung hatte allerdings aus seinem Munde auch etwas Tragikomisches. Er hätte jederzeit weggehen können – und ist geblieben. Aber seine Söhne und schließlich ebenso seine Tochter Gesine konnten ausreisen – und nahmen diese Möglichkeit wahr. Wie auch immer, Gauck war jetzt populär, denn ein Ausschnitt seiner Rede war in der *Tagesschau* gesendet worden. Seine Predigt endete mit einer radikalen Aufforderung, die dann aber noch viele Monate brauchte, bis sie Wirklichkeit wurde: »Nehmen wir Abschied, Freunde, vom Schattendasein, das wir leben in den Tarnanzügen der Anpassung.«[86]

Im Vorfeld des Kirchentags war es zu Kontakten mit der Staatssicherheit gekommen, die die Öffentlichkeit noch beschäftigen sollten. Und Gauck, darauf bedacht, den Kirchentag keinesfalls zu gefährden, ließ sich dabei zu einigen Äußerungen bewegen, die, festgehalten in den Protokollen der Stasi, missverständlich interpretiert werden konnten. Ein ernst zu nehmender Vorwurf erfolgte von Vertretern jener kirchlichen Strömung, die konsequent die SED-Herrschaft ablehnten. Dazu gehörte auch Gaucks Studienkollege Heiko Lietz. Er sagte im Nachhinein, gestützt auf Stasi-Unterlagen, vor allem aber auf die eigene Erinnerung, dass

Gauck zu viele Kompromisse in Kauf genommen habe, um einen reibungslosen Ablauf des Kirchentags sicherzustellen. Ein guter Verlauf der Veranstaltung, die ihm schließlich auch die Bühne bot, wäre ihm mithin wichtiger als der Beifall derer, die den Konflikt mit der Staatsmacht kaum noch aushalten konnten und im Zweifelsfall eher die Konfrontation suchten.

Das zweifellos von Gauck als Erfolg empfundene Resultat der Veranstaltung war eine wichtige Erfahrung. Zum ersten Mal in seinem Leben erreichte Gauck die große Öffentlichkeit. Damals wussten nur wenige um den Zusammenhang, in dem diese Anerkennung möglich wurde – die quälenden Gespräche mit der Stasi wie die von ihm zweifellos als schmerzlich empfundenen Auseinandersetzungen mit einem alten Weggefährten wie Lietz.

Dass ausgerechnet das *Neue Deutschland*, das Zentralorgan der SED, ihn auch noch mit einem Dank an die Staatsorgane für den reibungslosen Ablauf des Kirchentags zitierte, mag ihm heute eher peinlich sein.[87] Aber die Erwähnung in der Parteipresse passt zu seinem damaligen Agieren. Es war wie bei vielen anderen Kirchenleuten geprägt von Widersprüchen und hatte ein Doppelgesicht. Einerseits wurde der Schutzraum Kirche ausgenutzt für die gelebte Distanz zur SED-Herrschaft, andererseits beschränkte man sich zumeist darauf, diesen nicht zu verlassen. Und Gauck war im Zweifelsfall zu Kompromissen bereit, wenn es aus seiner Sicht unbedingt nötig erschien, sich mit dem Staat zu arrangieren. Großveranstaltungen im Freien waren eben nur mit staatlicher Genehmigung zu organisieren.

Gauck war nicht nur in Bezug auf die eigene Kirche und ihr Verhältnis zum Staat zu manchem Kompromiss bereit. Er arrangierte sich ebenso mit dem politischen Spektrum in der Bundesrepublik, das nur sehr eingeschränkt seinen eher konservativen Grundüberzeugungen entsprach. Dazu zählten vor allem die Sozialdemokraten. Im Rückblick wird er so manche kritische Anmerkung machen zum damaligen Kurs der Bonner SPD, die sich seit 1982 wieder in der Opposition befand. Aber diese Kritik bleibt auf bestimmte Personen beschränkt, etwa auf Oskar Lafontaine. Die unrühmliche Rolle, die Helmut Schmidt, ja, auch Willy Brandt bei ihren Kontakten mit dem Militärregime in Polen spielen, bleibt unerwähnt, wie überhaupt die revolutionäre Entwicklung im östlichen Nachbarland für ihn nachrangig zu sein scheint. Dabei spielen sicher auch konfessionelle Grenzen eine Rolle. Das katholische Polen, das sich nach der Wahl seines Krakauer Erzbischofs zum Papst auf den Weg in die Freiheit macht, gewinnt erst später und vor allem durch die Beziehung zu der in Polen arbeitenden Journalistin Helga Hirsch an Bedeutung. Da ist der Agnostiker Václav Havel dem norddeutschen Protestanten allemal näher. Seine Sätze zum »Leben in der Wahrheit« passen eher in den ostdeutschen Protestkanon als die ultimative Aufforderung zum »Fürchtet euch nicht«, mit der Karol Wojtyła seine Landsleute in den Konflikt mit dem gottlosen Regime in Warschau schickt. Polen, in dem die erstmals frei entscheidenden Wähler im Sommer 1989 die Berufung eines Katholiken zum Ministerpräsidenten erzwingen, wird eher als exotische Erscheinung wahrgenommen – keinesfalls jedoch als Beispiel dafür, wie religiöse Überzeugungen zur politischen Sprengkraft werden.

# 8

# Der Einzelgänger – Gescheitert und verloren

Spätestens nach dem Kirchentag 1988 hat Gauck in seinem unmittelbaren Rostocker Umfeld als ein wichtiger Mann des religiösen Lebens Fuß gefasst. Wie er den Kirchentag arrangierte, tiefer gehende Konflikte vermied und dennoch eine deutliche Botschaft sendete – das war eine Meisterleistung. Dazu zählte auch die Beharrlichkeit, mit der er den Besuch von Helmut Schmidt durchsetzte. Dessen Rede war die seit Langem vergleichsweise schärfste öffentliche Stellungnahme eines Politikers aus dem Westen in der DDR. Gauck hat ihn, als er in Rostock vor Tausenden in der überfüllten Marienkirche eintraf, mit ein paar vagen Sätzen begrüßt, die wohl seine größte Angst in jenen Tagen offenbarten – dass der Kampf gegen die Hoffnungslosigkeit verloren gehen könnte. Dennoch bleibt er von den Aktivitäten der sich allmählich formierenden Opposition gegen die SED-Herrschaft weitgehend abgekoppelt. Diese Distanz zu den Akteuren der Gegner der Parteiherrschaft ist, in der Rückschau, ein erstaunliches und zunächst nur schwer erklärliches Phänomen. Fast alle Aktivisten dieser Zeit – auch diejenigen, die später eng mit ihm zusammenarbeiten werden – haben so gut wie keine weitreichenden Erinnerungen an sein Wirken.

Im Gedächtnis sind bestenfalls einige wenige Momentaufnahmen. Selbst sein Auftritt zum Abschluss des Kirchentags schlug bei ihnen keine Wellen. Ulrike Poppe, eine der profiliertesten Frauen der Opposition gegen die SED, erlebte diesen zwar nicht mehr persönlich, weil sie wie viele andere auswärtige Besucher bereits auf der Rückreise war. Aber es erreichten sie auch später keine Berichte über seine dort gesprochenen Worte. Und in den Publikationen, die nach dem Ende der DDR die Entwicklung der landesweiten wie regionalen SED-Opposition beschrieben, taucht Gauck nicht auf. Das ist nur schwer vereinbar mit den glaubhaften Darstellungen seiner zahllosen Aktivitäten für junge Menschen in Rostock, die in Schwierigkeiten mit der Staatsmacht gerieten. Dieses Engagement ist vielfach belegt und geht deutlich über das hinaus, was manch anderer evangelischer Pastor leistete.

Entscheidend für das Verhältnis zwischen Gauck und den Gruppen, die 1989 zum Kern des Aufbegehrens wurden, waren inhaltliche Differenzen. Gauck wollte und konnte manche der Positionen nicht teilen, mit denen in den Achtzigerjahren Menschen in der DDR die Diktatur infrage stellten, da ihre Opposition zumeist nicht die ökonomische Verfasstheit des Arbeiter-und-Bauern-Staats betraf. Später hat Gauck dann einiges davon dem Einfluss des in der Bundesrepublik sich entfaltenden Links-Protestantismus zugeschrieben. Tatsächlich aber waren die alternativen Gruppen in der DDR sehr eigenständig in der Formulierung ihrer Zielvorstellungen und keinesfalls von linkslastigen Besuchern und Unterstützern aus der BRD bestimmt. Und sie hatten als wichtigste gemeinsame Grundlage sehr wohl ein Thema, nämlich die Menschen- und Bürgerrechte – auch das hätte Gauck attraktiv erscheinen können, um den Weg zu ihnen zu finden, zumal die Opposition im Wesentlichen im Rahmen der Kirchen aktiv war. Aber er kann sich diesen zumeist gleichaltrigen Frauen und Männern nicht annähern. Er bleibt ein zaudernder Einzelkämpfer. Es scheint, als läge eine unsichtbare Mauer zwischen dem weit gereisten Pastor und den eingesperrten Basisgruppen.

Hätte Gauck im Spätsommer 1989, kurz vor seinem fünfzigsten Geburtstag, Bilanz gezogen, wäre es ein Rückblick auf ein Leben voller Rückschläge und Widersprüche geworden, keinesfalls eine Plattform für große Taten, die noch folgen sollten. Nur dank der Mithilfe des Onkels hatte er es geschafft, mit siebenundzwanzig eine gesicherte berufliche Existenz zu erreichen. Seiner Familie hatte er zu viel zugemutet, hatte erlebt, wie zunächst seine Söhne, schließlich auch seine älteste Tochter gegen das Hierbleiben und für den Weg in jene Freiheit optierten, die ihm angeblich das Wichtigste war. Nirgendwo hatte er erkennen lassen, dass er in der Lage wäre, Verantwortung für andere zu übernehmen – und auch in der Folge keine Verantwortung übertragen bekommen. Solch eine Bilanz, die er bestimmt für sich angestellt hat, musste für einen Mann mit seiner Intelligenz erschütternd gewesen sein.

Es war schon eine große Rücksichtslosigkeit, mit der er über die Bedürfnisse seiner Frau und seiner Kinder hinweggegangen war. Hansi Gauck spricht von den »bitteren Schattenseiten« der Zeit im Neubaugebiet von Evershagen und davon, dass es zwei sehr unterschiedliche Erinnerungen an diese Zeit gibt.[88] Sohn Christian äußerte sich vor der Wahl seines Vaters zum Bundespräsidenten noch drastischer. Schließlich hätten er und seine Geschwister sich gegen den Willen des Vaters den Weg in die Bundesrepublik erkämpft.[89] Diese Ausreisen waren eine klare Absage an Gaucks Vorstellungen. 1989 war jedenfalls der größere Teil der Familie nicht mehr in der DDR. Da war nirgendwo ein Hoffnungsschimmer, dass sich ein Leben in ihr trotzdem lohnen könnte.

Aber nicht nur die persönliche Bilanz war ernüchternd. Die Versuche seiner Kirche, dem System Freiräume abzuringen, hatten ebenso in eine Sackgasse geführt. Sein früherer Bischof Rathke formulierte das sehr deutlich. Ihm sei 1989 bewusst gewesen, dass der Staat, in dem er lebte, keine Perspektive mehr bot und zu keinen Reformen mehr fähig sei: »... spätestens Ende der Achtzigerjahre war der Traum dahin.«[90] Und die Aussichten von Stier, Rathkes Nachfolger, konnte man nur noch als düster bezeichnen. Die Kirchenleute in Mecklenburg waren damit aber nicht allein. Überall in der DDR griff die Erkenntnis um sich, dass es so nicht weitergehen konnte.

»Das ist alles wertlos. Das ist ein verronnenes Leben, wenn hier nicht etwas Grundsätzliches passiert. Es muss irgendetwas passieren, egal ob du Karriere machst oder nicht. Es ist sowieso alles verdorben. Es hat keinen Zweck mehr, das zu verteidigen.« So schildert der Physiker Jens Reich, zeitweilig ein politischer Weggefährte von Gauck, seine Gedanken. Reichs Kinder wollen ebenfalls in den Westen. »Mir wurde klar, dass ich alle drei Kinder verlieren und hier einsam alt werden werde, wenn das so weitergeht«, sagt er dann, und: »... alles entwickelte sich in den Achtzigerjahren zur Katastrophe.«[91] Genauso hätte auch Gauck reden können.

Zwischen dem persönlichen Scheitern von Gauck und der beruflichen Ausweglosigkeit gab es darüber hinaus unübersehbare geschichtliche Zusammenhänge. Die DDR, ein Produkt des Zweiten Weltkriegs und der damit verbundenen Machtausweitung der Sowjetunion, würde wohl lange noch, so die damalige Sichtweise, ein großes Gefängnis mit unerträglichen Regeln bleiben. Wer mutig war, versuchte auf die eine oder andere Weise zu entkommen. Aber diesen Mut zum Weggehen brachte Gauck nicht auf. Er verklärte das Dableiben, rechtfertigte es moralisch. Dabei war sicher mit ausschlaggebend, dass seine Eltern in Rostock lebten und dort bleiben würden. Bei diesem Mann, der später so ergriffen über die Freiheit reden wird, ist solch ein Beharren allerdings schwer verständlich. Er riskierte, dass auch seine jüngste Tochter Katharina den Erfahrungen ausgesetzt sein würde, die seine drei größeren Kinder in den Westen getrieben hatten.

Nicht nur in der eigenen Familie, sondern ebenso im Kreis der jungen Menschen, mit denen er als Pastor zu tun hatte, musste er beobachten, dass am Ende entweder ein Fluchtversuch oder ein Ausreiseantrag die einzig sinnvolle Perspektive zu sein schien. Beispielhaft dafür war das Ehepaar Schmidt, das als junges, frisch verheiratetes Paar zu Beginn der Achtzigerjahre sehr engen Kontakt zu dem damaligen Rostocker Jugendpastor Gauck hielt. Martina Schmidt war intensiv mit der Vorbereitung des Kirchentags von 1983 beschäftigt gewesen, zusammen mit Gauck hatte sie bei dessen Eröffnung gesprochen. Ein Jahr später, im Juli 1984, stellte das Ehepaar einen Ausreiseantrag. In ihrem Buch *Mauerbruch* schrieben sie ihren Abschied von Rostock auf: »Wir mochten unsere Stadt, in der Eltern und Großeltern zu Hause waren, in der wir geboren wurden, Kindheit und Jugend verbrachten, eine Stadt, die andere junge Menschen anzog. Alles, was uns lieb und vertraut war, würden wir zurücklassen müssen.«[92] Es dauerte fast zwei Jahre, bis die Schmidts im Westen ankamen.

Aber nicht nur die jungen Menschen aus Gaucks Umgebung verabschiedeten sich. Johannes Lohmann, einer der profiliertesten Pastoren seiner Landeskirche, überaus nachhaltig in der Jugendarbeit tätig, resignierte 1987 nach jahrelangen und durchaus erfolgreichen Bemühungen der Stasi, ihn zu diskreditieren. Er füllte einen Antrag auf Ausreise aus, und dem wurde sehr schnell stattgegeben.[93] Irgendwann waren die Aufgeweckten, die Störrischen und Produktiven, die Unverzichtbaren dann weg. Viele waren freiwillig gegangen, manche wurden weggetrieben, einige wie den Jenaer Oppositionellen Roland Jahn schaffte die SED zwangsweise außer Landes.[94]

Die verlorenen Söhne und Töchter der DDR wurden nach 1989 weitgehend nicht wahrgenommen, nur selten traten sie in Erscheinung. Die Bundesrepublik hat sie alle schnell, wenn auch nicht immer schmerzlos, integriert. Jahn oder der 1976 ausgebürgerte Wolf Biermann[95] sollten in den Monaten nach dem Mauerfall noch eine Rolle spielen. Aber sie waren wie fast alle anderen, die in den Westen gegangen oder »entlassen« worden waren, nur beschränkt handlungsfähig, weil sie nicht mehr DDR-Bürger im rechtlichen Sinne waren. Kaum beachtet wurde im Westen, was dieser massenhafte Weggang und die erzwungene Emigration für die Zurückgebliebenen bedeuteten. »Der dumme Rest«, diese Lesart war jedem in der DDR bekannt. Gehörte Gauck dazu? Gauck hat in den letzten Monaten der SED-Herrschaft sehr wohl gespürt, dass er zu diesem Rest gehört, für den die Geschichte offenbar kein gutes Ende vorgesehen hat.

Was dann so plötzlich kam im Herbst 1989 – um das beurteilen zu können, ist es von Bedeutung, auf das zu schauen, was zuvor und was danach neu ge- und beschrieben wurde. Landesbischof Stier erkannte richtig, dass die fehlende Freizügigkeit in den letzten Jahren der DDR entscheidend war. Mehr als alles andere war sie der Dreh- und Angelpunkt bei der Menschenrechtsproblematik. Wer Freizügigkeit einforderte, wurde zum Staatsfeind und entsprechend behandelt. Wer einen Ausreiseantrag abgab, war mit einer Vielzahl von Schikanen konfrontiert, verlor den Arbeitsplatz oder riskierte Verfolgung bis hin zu strafrechtlichen Repressionen.

Die Kirche wie auch Gauck selbst haben diese Wirklichkeit weitgehend ignoriert. Zuweilen flammten erregte Diskussionen darüber auf, ob der Anspruch der Kirche, Beistand und Schutz zu sein, auch für diejenigen gelten sollte, die nur fortwollten. Angesichts der Nöte, die mit einem eingereichten Antrag auf Ausreise unmittelbar auftauchten, war das eine im Grunde absurde Diskussion. Die Antragsteller waren die Parias der DDR-Gesellschaft. Und die Kirche hatte ihrem Selbstverständnis nach sehr wohl den Auftrag gehabt, ihnen beizustehen.

Die Ausreiseproblematik – und damit letztlich die Mauer – hat in vielem eine nachhaltige Wirkung entfaltet. Einzelpersonen, aber auch Gruppen, die sich in der DDR als Gegner der Staatspartei verstanden, waren stets mit der Frage konfrontiert, mit wem sie sich nach außen hin vernetzen sollten und welche Rolle dabei die Weggegangenen spielten. Gauck hatte sich dafür entschieden, eine gewisse Distanz zu den Freunden in der Bundesrepublik zu wahren. Darüber hinaus hatte er diese Distanz auch zur westdeutschen Gesellschaft insgesamt gehalten. Vertraute schildern, wie begeistert er damals über die Zustände in Schweden berichten konnte. Ähnliche Lobpreisungen von ihm, die Bundesrepublik betreffend, sind nirgendwo überliefert. Eine solche Abgrenzung von dem Magnet BRD beanspruchte viel gedankliche Energie. Fast täglich musste man sich bewusst machen, warum man überhaupt noch bleiben wollte. Dabei halfen zuweilen die Aussagen derjenigen, die bereits gegangen waren und die Zustände in der Bundesrepublik nicht nur rosig darstellten. Es tröstete, zu wissen, dass der Westen nicht das Paradies war.

Die Zeit nach 1985 wurde in der DDR zu einer Ära der Hoffnungslosigkeit, obwohl sich mit der von Gorbatschow betriebenen Politik vieles hätte ändern können. Auch die Ereignisse in Polen und Ungarn wurden in ihrer Bedeutung unterschätzt und zu wenig beachtet. Als im Frühsommer 1989 in Polen die Herrschaft der Kommunisten gebrochen wurde, hat nicht nur Gauck, eigentlich hat kaum jemand in der DDR die Tragweite dieses Vorgangs begriffen. Schon zuvor waren die spektakulären Feiern in Ungarn für die Opfer des Volksaufstands von 1956 von den DDR-Bewohnern nicht hinreichend eingeordnet worden, nicht einmal das Ende des »Eisernen Vorhangs« an der ungarisch-österreichischen Grenze.

Unter der Herrschaft des KPdSU-Vorsitzenden Gorbatschow war die DDR ein Relikt des Kalten Krieges geworden. Die naheliegende Frage aber stellte damals kaum jemand: Wenn in Warschau ein bekennender Katholik regierte, wie sollte dann in Berlin die verbohrte Altherrenriege des SED-Politbüros überleben können? Gaucks Verhältnis zu Polen in dieser Zeit war, wie schon angedeutet, zwiespältig. »Ich kam erst spät nach Polen«, sagte er 2012. Als Pastor hat er zwar Jugendgruppen in die ČSSR oder nach Ungarn begleitet, aber in das östliche Nachbarland fuhr er mit ihnen nicht mit.[96] Dort aber wurde auch das Schicksal der DDR besiegelt.

Vollzogen wurde dieser Untergang zunächst jedoch an der ungarisch-österreichischen Grenze. Was an ihr passierte, als der Stacheldraht zunächst brüchig wurde und schließlich verschwand, hat sich wirklich nur sehr langsam in das Bewusstsein der Menschen in der DDR eingebrannt. Gauck bekannte später, er habe bis weit in den November 1989 hinein geglaubt, die DDR werde so weitermachen wie zuvor. Als ihm zum achtzigsten Geburtstag von Gerhard Schmitt am 6. November 1989 eine Reise zu dessen Alterssitz in West-Berlin genehmigt wurde, trat er die an, obwohl in Rostock gerade große Demonstrationen auf der Tagesordnung standen. Er wolle den Onkel noch einmal sehen, weil er, wie er sagt, die totale Schließung der Grenzen befürchte. Seine Fehleinschätzung der Lage war damals allerdings Allgemeingut.

Um den späteren Gauck zu verstehen, darf man die Momente von Resignation und Verzweiflung, die ihn im Sommer 1989 bestimmten, nicht vergessen. Als seine Tochter Gesine in diesen Wochen die Koffer packt, bereitet er sich auf eine neue Aufgabe im Kirchendienst vor – als einfacher Gemeindepfarrer, jenseits von Weltpolitik. Die, so denkt er, hat ihn zu einem Leben in Gefangenschaft verurteilt. Später gab es die absurdesten Kontroversen um die Haltung von ihm in dieser Zeit. Lutz Rathenow, der Lyriker, war schon vor dem Mauerfall in der Bundesrepublik, und danach stieg er zum sächsischen Landesbeauftragten für die Stasi-Unterlagen auf. Er hat bei Gauck von einer »politischen Handlungsstarre« gesprochen, von »innerer Emigration«.[97] Das kommt dem nahe, was Gauck zuweilen selbst über diese Zeit, seinen *Winter im Sommer* erzählte. Aber gab es dazu überhaupt eine Alternative für ihn?

In Wirklichkeit war die DDR im Sommer 1989 bereits ein Staat auf Abruf. Aber nicht nur der Pastor konnte das nicht sehen. Auch in der Bundesrepublik lagen nur wenige Informationen über das wirtschaftliche Desaster vor, das die SED verursacht hatte. Weitergegangen wie zuvor wäre es in jedem Fall nicht mehr, und dafür gab es durchaus Indizien. Das Alter der maßgeblichen Herren im Politbüro gehörte dazu. Ihre Zeit war fast abgelaufen. Es gehört allerdings ebenso zur deutsch-deutschen Geschichte jener Tage, dass nicht mehr viel da war an Hoffnung auf Veränderung. Über Jahrzehnte war diese überstrapaziert und damit abgenutzt worden. Wer das, was sich dann im Herbst bis zum Jahresbeginn 1990 abspielte, in seiner Wirkung auf die Menschen verstehen will, darf die bleierne Zeit des Sommers nicht aussparen.

9

# Eine *bella figura* macht sich auf den Weg

Die Bilanz des Pastors Gauck 1989 unmittelbar vor seinem fünfzigsten Geburtstag war aber alles andere als nur negativ. Er hatte, wenn für ihn selbst oft unbewusst, seine Art der Ausreise bereits vollzogen. Zwar war er seinen Kindern nicht gefolgt, aber er war auch in der DDR-Welt nicht, noch nie richtig und dann schon gar nicht mehr zu Hause. Wer ihn traf, spürte das sogar Jahre vor dem Mauerfall. Ein Bericht des einstigen *Zeit*-Chefredakteurs Robert Leicht ist dafür beispielhaft: »Der erste Eindruck, schon lange her, im September 1983. Das DDR-Regime fand es damals zweckmäßig, zum 500. Geburtstag Martin Luthers einen republikweiten Kirchentag zuzulassen, und zwar in Wittenberg. Abseits der öffentlichen Veranstaltungen trafen sich die Besucher in kleinen Arbeitsgruppen, zu denen westdeutsche Journalisten keinen Zugang hatten. Doch einer der Gruppenleiter scherte sich nicht darum, sagte allerdings seinen Schäfchen: ›Unter uns ist einer aus dem Westen, aber der hält dicht.‹ Am Ende der Tage fragte eine ältere Dame ihre Nachbarin: ›Und wer war nu der aus dem Westen?‹ Die beiden tippten erst einmal auf Joachim Gauck.

Es war nicht nur das dialektfreie Hochdeutsch des Rostocker Pfarrers, das ihn im sächselnden Umfeld der Brüder und Schwestern auffallen ließ, auch nicht die *bella figura* im schwarzen Rollkragenpulli unter eleganter schwarzer Lederjacke – Existenzialismus pur statt Protestantismus pur. Sondern vor allem seine Art zu diskutieren hob ihn deutlich ab: fern aller Ideologie, abhold jeder politischen Romantik; selbst als Pfarrer ein zwar von einer in Tiefenschichten reichenden Religiosität geprägter Seelsorger und Psychologe, aber doch kaum ein von allen Lehren der Schulweisheit ergriffener Theologe.«[98]

Nun ist diese so überaus wohlwollende Erinnerung an Gauck dreißig Jahre später und anlässlich dessen Wahl zum Bundespräsidenten wie so manch andere Wortmeldung aus dem Jahr 2012 mit Vorsicht zu genießen. Inzwischen finden sich überall Hinweise darauf, dass das Staatsoberhaupt schon immer als etwas Besonderes erkannt wurde. Aber diese jüngeren Hinweise auf seine Eigenheiten stimmen dennoch weitgehend mit anderen Berichten aus früheren Tagen überein, ebenso mit dem Bildmaterial, das aus jener Zeit in der DDR stammt. Gauck war schon äußerlich als Ausnahme erkennbar. Er kleidete sich anders. Er sprach auch anders, verständlicher. Woher das kommt, ist einfach zu erklären. Er wollte anders wahrgenommen werden. Heute wird zumeist milde über seinen Hang zur Eitelkeit gesprochen. Dazu gehörte aber über Jahrzehnte hinweg der Wunsch, herauszuragen aus dem Üblichen in der DDR. Er kam dabei weder wie der glatt rasierte Funktionär daher noch war er der Dissident, der durch seinen Bartwuchs Abstand zum System signalisierte. Er war anders.

Sein unterscheidbares Äußeres ermöglichte dann Joachim Gauck mit dem Ende der DDR eine andere Art des Neuanfangs. Er brauchte sich nicht lange mit der Frage auseinanderzusetzen, wann und wie weit der Bart ab musste. Man schaue sich einmal das Bildmaterial der letzten fünfundzwanzig Jahre an, wie die Meckels und Platzecks mit ihren Stoppeln kämpften. Er brauchte nicht eine Einkaufstour ins Berliner Kaufhaus des Westens zu unternehmen, er war schon im richtigen Setting. Auf Fotos fallen die Sonnenbrillen auf, mit denen er sich schmückt – geradezu ein Symbol dafür, dass er auf Chic und Undurchschaubarkeit zugleich setzt.

Aber hinter dieser lange vor seinen Mitmenschen vollzogenen äußeren Annäherung an eine scheinbar fremde Welt verbarg sich weit mehr. Während seiner Ausflüge nach Skandinavien hatte er sich ein Gedankengerüst zurechtgebastelt, das sämtlichen Anfechtungen standhalten konnte, die da noch kommen konnten. Später, im vereinigten Deutschland, würde er sich gleichermaßen als konservativ, liberal und sozialdemokratisch geprägt beschreiben. Dies klingt verwirrend, aber der Grundstock für diesen persönlichen Pluralismus liegt in jenen DDR-Jahren, in denen er ein Leben in einer anderen Gesellschaft immer in seiner ganzen Bandbreite vor Augen hatte. Im Westen waren ja nicht nur Hemden und Hosen passender. Alles, was dort gedacht wurde, gefiel ihm natürlich viel eher als der Dogmatismus zu Hause. Selbst die in der DDR propagierten Alternativen zur SED, Ideen von einem wie auch immer gearteten Weg zwischen den real existierenden Systemen, waren ihm fremd, waren ihm zu sehr DDR.

Ihn bewegte jederzeit ein diffuser Freiheitsgedanke. Ein eigenes, ein individuelles Profil gewinnen zu können, war zentrale Botschaft. Darin war er vielen Weggefährten weit voraus, die den Gedanken vom Kollektiv – wenn auch anders als von der SED vorgegeben – in den Mittelpunkt ihrer Überlegungen stellten. Später würde er zwar zuweilen die Heimeligkeit der DDR-Gesellschaft als Verlust definieren, dennoch lebte er stets jenseits des wärmenden Zusammengehörens. Selbst die eigene Familie, die Landeskirche, überhaupt alles, was von ihm Ein- oder gar Unterordnung verlangte, war im Zweifelsfall zweitrangig. Gauck war mit seinem Wunsch von einem selbstbestimmten Leben wie wenige in der DDR auf eine Karriere im Westen vorbereitet. Er hatte sich vom Außenseiter zum wahren Individualisten weiterentwickelt. So rückte er dann folgerichtig zur rechten Zeit in den Fokus des Interesses. Die Menschen um ihn herum spürten, dass sie ihn nach dem Mauerfall brauchten, genau weil er etwas anders war. Als Ausnahmeerscheinung war er wie gemacht für die Ausnahmesituation.

Möglich aber wurde das nur, weil er fast vollendet gelernt hatte, auf Menschen zuzugehen und sie mit in die Verantwortung zu nehmen. Er beherrschte das komplette Register der An- und Zwiesprache. Zu trösten, mitzuleiden, sich zu freuen, ja, mitzujubeln – all das wirkte bei ihm nur selten aufgesetzt. Diese Zuneigung, dieses Mitleid, dieses Zu-Tränen-rühren-Können, überhaupt das Gefühlvolle, war immer auch ein Reflex auf den Umgang mit der eigenen Person. Aber es war so weit perfektioniert, dass da genügend Platz für andere blieb. Später warf er sich vor, dass seine Familie von dieser Empathie für die Mitmenschen nicht viel abbekommen habe. Aber diese Vorwürfe sind nur denkbar, weil ihm das sonst wunderbar gelang. Seine so überaus gut entwickelten Fähigkeiten im Umgang mit anderen befähigten ihn zu Aufgaben, die er von seiner Erfahrung und Kompetenz her nie hätte allein schultern können. Wenn er nur die Richtigen fand, war er allemal in der Lage, Mitstreiter oder Mitarbeiter in äußerst ungewöhnlichem Maße zu motivieren.

Gauck war an der Schwelle zum fünfzigsten Geburtstag und trotz aller Verzweiflung reif für ein neues Leben. Er konnte reden wie kaum ein Zweiter. Seine Auftritte auf den Kirchentagen hatten ihm die Sicherheit vermittelt, dass er die ganz große Kanzel nicht zu scheuen brauchte. Er konnte so charmant sein, dass er den Frauen sowieso, aber auch vielen männlichen Verbündeten ein Nein schlichtweg unmöglich machte. Er war im rechten Moment auch in der Lage, sehr gut zuzuhören, und schweigen konnte er. Die DDR, die er hasste, war ihm wegen ihrer Dumpfheit, ihrer Gefühllosigkeit und ihrer Kälte ein guter Lehrmeister geworden.

Einzigartig war auch diese Leistung, immer wieder von Zuhörern bestätigt: Er konnte vom Wir reden, selbst wenn er seine ureigenen Gedanken und Gefühle ausdrückte. Dieses Wir ist vergleichbar mit dem einst von Adligen oder heute noch immer von Päpsten benutzten Pluralis Majestatis – die Ansprache eines Einzelnen, der seine Gedanken für allgemein gültig erklärt. Dieses Wir kam bei ihm jedoch so selbstverständlich, dass nur selten jemand daran Anstoß nahm. Es war zu jeder Zeit schon das »Wir« eines Staatsoberhaupts. Wer aber glaubt, sein gefühlsbeladener Diskurs sei unkontrolliert gewesen, der täuscht sich. Er wusste nur zu genau, wo er innehalten musste, um keine Grenzen zu überschreiten. Es war ein Spiel mit dem Feuer, so die Meinung von Stasi-Offizieren, wenn Gauck wieder einmal provozierte, aber nicht jene Linie überschritt, die die SED zum Eingreifen gezwungen hätte. Manchmal scheint es, als ob er sich sehr bedacht und kaltblütig an solche kritischen Punkte herangetastet hätte. Die in den Stasi-Akten überlieferten Überlegungen zum Umgang mit ihm lassen eine gewisse Ohnmacht erkennen. Gauck wird als Gegner erkannt, aber Konsequenzen können daraus nicht gezogen werden.

Was später als eine seiner Stärken beschrieben wird – ein harter, unnachgiebiger Verhandlungsstil –, ist ebenfalls lange eingeübt durch seine Art, Barrieren zu bestimmen und Hindernissen geschickt aus dem Weg zu gehen. Diese Fähigkeit, mächtig in der Ohnmacht zu werden, ist dann eine der entscheidenden Voraussetzungen für das Vorankommen im vereinigten Deutschland. Er hat den Umgang mit der Macht sehr wohl in Rostock eingeübt – nicht zuletzt bei seinen Begegnungen mit den Offizieren der Staatssicherheit. Er hat gelernt, sich in einem schwierigen Umfeld zu orientieren und schließlich zu entscheiden, wo und wie er sich am besten einbringt. Dass er der Paradeprediger seiner Landeskirche wird, ist kein Zufall – es ist die ihm angemessene, vor allem die von ihm angestrebte Rolle. Das Beste aus sich zu machen und die eigenen Schwächen dabei bewusst einzusetzen, das hatte er in dem knappen Vierteljahrhundert gelernt, in dem er als Pastor diente. Damit konnte man auch anderswo und in einer neuen Zeit etwas anfangen.

# Teil II

# NACH BERLIN

10

## Einen Winter lang – »Wir sind das Volk!«

Später sagen alle, man müsse dabei gewesen sein, um zu begreifen, was da geschah in jenem späten Sommer und dann im Herbst 1989 in der Deutschen Demokratischen Republik, in jenem *Frühling im Herbst*, wie Joachim Gauck diese gut hundert Tage nennt.[1] Das ist aber eher eine Entschuldigung dafür, dass diesen Menschen die Worte fehlten für das, was sie damals tagtäglich erlebten. Am 9. November 1989, als die Mauer fällt, sagen sie zumeist nur »Wahnsinn«, als ob die Geschichte selbst verrückt geworden wäre. Sprachliche Verrenkungen für einen Ausnahmezustand, denn plötzlich, wie aus heiterem Himmel, verändert sich alles. Keine andere Epoche der jüngeren deutschen Geschichte ist ereignisreicher, jedenfalls wenn sie mit einem als gut empfundenen Ausgang in Verbindung gebracht wird. Es ist etwas einmalig Gutes eben, was da 1989 geschah, das nur verstehen kann, wer dabei war.

Joachim Gauck war dabei – der Prediger war mittendrin. Es gibt eine Aufnahme von ihm, die ihn in der Rostocker Marienkirche zeigt, da hält er sich kerzengerade vor dem Mikrofon, die Zuhörer sitzen oder stehen in gebührendem Abstand zu ihm. Es ist ein eindringliches Foto, fixiert auf eine einzelne Person, und für viele ist es ein Symbol für das, was gerade vor sich geht. »Im Anfang war das Wort«, so heißt es in der Bibel, im Anfang in Rostock waren es die Worte des Predigers Joachim Gauck.

Wie es wirklich anfing, Monate zuvor, wird oft ausgeblendet. Es begann ganz elendig, mit Bildern eines nicht enden wollenden Abschieds. Für Hunderttausende DDR-Bürger stand der

Entschluss zur Flucht aus dem Unerträglichen fest. Im Sommer zeichnete sich ab, dass die politischen Veränderungen zu Schlupflöchern im »Eisernen Vorhang«, der das Sowjetimperium vom Westen trennte, führen würde. Das vom Kap Tscheljuskin bis zum Schwarzen Meer reichende System undurchdringlicher Grenzanlagen war jedenfalls infrage gestellt. Und die Einwohner der DDR, die gedanklich längst auf gepackten Koffern saßen, machten sich auf, neue Reisepläne zu schmieden. In Budapest wie in Warschau fing das kommunistische Regime zu wanken an. In beiden Ländern des Sowjetblocks ging es auf den Weg in eine neue Zeit, zu der hermetisch abgeschirmte Grenzen nicht länger passten. Ungarn hatte im Gegensatz zum rebellischen Polen eine Westgrenze – bot also Fluchtperspektiven. Zehntausende wollten die Chance nutzen – und taten es auch. Im Juli und im August sind in den Nachrichtensendungen weltweit Bilder junger Ostdeutscher zu sehen, die die ungarisch-österreichische Grenze passieren. Bis Anfang Oktober werden fast 150 000 DDR-Bewohner auf diese Weise in die Bundesrepublik gelangen – einer von hundert Bürgern war plötzlich weg. Eine solche Fluchtwelle in wenigen Monaten hatte die DDR selbst vor dem Bau der Mauer nicht erlebt. Und vor allem – sie war durch die Bilder der Fernsehsender ein allseits sichtbares Spektakel.

Die Bilder kamen mit ungeheurer Wucht. Da erzählte beispielsweise eine junge Ärztin aus Dresden unter Tränen von ihren Gewissenskonflikten. Sie hatte ihre Patienten zurückgelassen und schämte sich dafür. Aber dann wurde in der schwäbischen Kleinstadt, in der sie eine erste Notunterkunft gefunden hatte, ihre Stimme wieder fester und entschlossener. »Ich will meine Freiheit!« Einen solchen Satz äußerten nicht etwa wild gewordene Punks oder verwirrte Einzelgänger. Das war die Generation der Jungen, die das SED-Regime immer als die Zukunft des Landes gepriesen hatte. Die Gesichter erinnerten an die Menschen, die ein Jahr zuvor beim Konzert des US-Stars Bruce Springsteen zu sehen waren. Beim größten Rockkonzert der Geschichte der DDR auf dem Open-Air-Gelände Berlin-Weißensee konnte ein jeder, der genau hinschaute, schon die Zeichen erkennen. Wie da Zehntausende sein Lied »Born In The U.S.A.« mitsangen. Es war ein fast schon verzweifelter Schrei einer angeblich angepassten, tatsächlich verzweifelten Jugend. Wäre man nur dort, im Westen, in den USA geboren. Raus hier, weg – das war die lange nachhallende Botschaft des Konzerts. Freiheit die Formel, die die Jungen, Ungebundenen dafür nutzten. Andere, die sich ein Jahr später zusammen mit den Kindern auf den Weg machten, gebrauchten andere Worte. Sie wollten ihren Töchtern und Söhnen die DDR nicht länger zumuten.

Jeder wusste, dass nicht etwa die gingen, denen man, wie SED-Chef Erich Honecker es formulieren ließ, »keine Träne nachweinen soll«.[2] Die Ungarn-Flüchtlinge waren die Nachbarn, deren Abschied vielen sehr wehtat. Gute Bekannte, Freunde rannten über die plötzlich ungesicherte ungarische Grenze nach Österreich oder kletterten über die Zäune der Botschaften der Bundesrepublik in Prag und Warschau.

Am späten Abend des 30. September waren im West-Fernsehen jene Szenen der tatsächlich ersten, weltweit unüberhörbaren Demonstration von DDR-Bürgern zu sehen. Spärlich angeleuchtet von ein paar kleinen Scheinwerfern, war Bundesaußenminister Hans-Dietrich Genscher auf den Balkon des Botschaftsgebäudes in Prag getreten. Er hatte eine Mitteilung für die Flüchtlinge, die seit vielen Tagen im Garten der Botschaft dicht zusammengedrängt ausharrten. Er kam nur bis zu den magischen Worten »Ihre Ausreise …«, danach war nur noch ein tausendfacher, fast unmenschlicher Schrei zu vernehmen.

Dieser Schrei in Prag bestimmte das Denken und Fühlen der zu Hause Gebliebenen. Es ging also in dem Herbst 1989 für die, die in der DDR zurückgeblieben waren, plötzlich um viel mehr. Sie begriffen, dass der Rest des zerbrechlich gewordenen Fundaments ihrer Gesellschaft zu zerbröseln begonnen hatte. Obwohl die meisten DDR-Bürger nicht weggingen, waren sie es, die sich als die Zurückgelassenen empfanden, die Alleingelassenen, die Verlassenen. Joachim Gauck hat erzählt, wie in seinen Gottesdiensten plötzlich Menschen aufstanden und ihr Leid schilderten. Eines der Kinder, eines der Enkel war fort. Zumeist ohne »Auf Wiedersehen« gesagt zu haben, fast immer, weil das Land keine Perspektiven mehr bot.[3] Alles hatte also mit fortwährenden und immer schmerzlicheren Abschieden angefangen. Alle wussten, dass etwas geschehen musste, damit die unerträglichen Geschichten und Bilder endlich ein Ende fanden.

Aber wie? Noch schien die Herrschaft der SED ungebrochen. Noch konnten sich die Machthaber in Ost-Berlin auf Polizei und Staatssicherheitsdienst verlassen. Wer aufmuckte, musste mit Konsequenzen rechnen. Wie zuvor. Zwar wurden immer schneller die Risse in dem Machtgefüge erkennbar. Da oben in der Altherrenriege herrschte eindeutig Verwirrung. der schwer kranke SED-Generalsekretär Erich Honecker hatte ganz offensichtlich Schwierigkeiten, den Ernst der Lage zu erkennen. Aber die Staatssicherheit agierte weiter, als wäre nichts geschehen. Griff sie jemanden auf, der erkennbar »rübermachen« wollte, musste weiterhin mit einem Strafverfahren und Gefängnisaufenthalt gerechnet werden. Riskierte jemand ein offenes Wort, wurde ihm nachdrücklich gedroht. Schwieg derjenige noch immer nicht, wurde er »zugeführt« – so hieß im DDR-Polizeijargon eine vorläufige Festnahme – oder »einbestellt«, vorgeladen zur Vernehmung, zur Einschüchterung.

Der Aufstand dagegen entwickelte sich zunächst unmerklich. Bei Veranstaltungen im Schutz der Kirche kamen ständig mehr Ausreisewillige. Dann, zunächst in Sachsen und dort vor allem in Leipzig, wagten sich die Teilnehmer solcher Gottesdienste häufiger aus dem Schutz der Kirchen auf die Straße. Aber in den Tagen, als die Republik sich rüsten sollte, den 40. Jahrestag ihrer Gründung zu feiern, folgten allmählich auch die anderen Regionen. Rund um den Staatsfeiertag am 7. Oktober wurde der Widerspruch zwischen offiziell verordneter Festtagsstimmung und der Verzweiflung der Zurückgebliebenen erstmals umfassend sichtbar. In Berlin gingen Tausende auf die Straßen. Dass sie von Polizeieinheiten zusammengeknüppelt und über viele Stunden gedemütigt wurden, empörte mehr, als dass es einschüchterte.

Die aus Leipzig geschmuggelten Bilder von der ersten Massendemonstration am 9. Oktober flimmerten mit vierundzwanzig Stunden Verzögerung über die Bildschirme. Es waren zu viele unterwegs gewesen, als dass die SED sie mit polizeilichen Mitteln noch hätte aufhalten können. Fast schon gespenstisch leise, zuweilen auch sehr gedrückt mutete der Zug der Zehntausenden über den Leipziger Ring an. Aber diese Menschen waren es, die den Untergang der DDR letztlich besiegelten – sie waren so unerhört, so unglaublich. Mit so etwas hatte keiner gerechnet. Die Bilder zeigten, was aus Sicht der Herrschenden niemals hätte gezeigt werden dürfen. Und dass es zuvor in Dresden zu Straßenschlachten gekommen war, sprach sich ebenfalls langsam herum. Die einzig offene Frage war: Würde es bei Sachsen bleiben, würde dieser Aufstand auf den Süden der Republik begrenzt werden können?

Rostock musste sich entscheiden. Mit den kürzer werdenden Tagen und der immer früher einsetzenden Dämmerung schlug dann aber an der Küste die Stimmung um. In der Hansestadt wagten die Menschen, getrieben von einer Mischung aus einem Aufbäumen gegen die Mutlosigkeit und großer Hoffnung, bislang Undenkbares. Und sie erlebten sich selbst in dieser unbestimmten Zeit ganz neu. Es waren die Wochen der pochenden Herzen, des Kampfes gegen die Angst, des stärker werdenden Gefühls, den Aufbruch ins Unbekannte nicht mehr stoppen zu wollen. Keiner von den Hunderttausenden, die auf die Straße gingen, hatte je nur etwas Ähnliches erfahren. Keiner hatte je zuvor gespürt, wie sich das anfühlt. Keiner von ihnen hatte in der Öffentlichkeit je jemandem reden hören, der aussprach, was alle dachten, aber nie zu sagen wagten. Das Aussprechen des bislang Unsagbaren wurde eines der zentralen Momente der Revolution, die sich in der DDR vollzog und ihr schließlich den Todesstoß versetzte.

So konnte Joachim Gauck vor allem wegen seiner überragenden Fähigkeit, solche Worte auszusprechen, zur zentralen Figur des Aufbruchs ins Unbekannte werden. Andere, die sich seit Jahren gegen die SED-Herrschaft abgemüht hatten, kamen da nicht mit. Er formulierte die Gedanken der Zuhörer mit geradezu traumwandlerischer Sicherheit. Und seine Worte gewannen nicht zufällig eine solch ungeheure Wucht – seit Jahren hatte er sich an diese Sätze herangetastet. Länger als viele andere kannte er den Schmerz, den die Eltern in der DDR erlebten, wenn ihre Kinder weggingen. Gesine, die ältere seiner beiden Töchter, hatte es erst wenige Wochen zuvor geschafft, in den Westen zu übersiedeln – ganz legal zwar, aber weg war sie jetzt auch. Gauck war das Gefühl vertraut, allein zurückzubleiben. Im Abschiednehmen war er vielen Menschen in seiner Umgebung weit voraus. Zugleich war er aber keiner von denen, die mit dem Aufbruch ihre eigene, über Jahre entwickelte politische Agenda verbanden. Wie die meisten hatte er in der Vergangenheit nie jene Schwelle überschritten, die die Staatsmacht so sehr herausforderte, dass sie glaubte, mit spürbaren Unterdrückungsmaßnahmen reagieren zu müssen.

In diesen Tagen ging es ihm folglich nicht um politische Programme oder Vorschläge für konkrete Veränderungen. Es war die Botschaft vom Aufbruch selbst, die er verkündete, vom Aufstehen und Losgehen – verbunden mit Forderungen nach einer Rück- und Heimkehr zu einer Offenheit untereinander, die plötzlich natürlich schien. Einander sagen können, was man denkt, was man fühlt, was ist – das war seine zentrale Mission. Und so wie seine Familiengeschichte zu diesem Zeitpunkt geprägt war von dem scheinbar unabdingbar notwendigen Wechsel seiner Kinder in die bessere Gesellschaft des Westens, so plädierte Gauck in eigener Sache für eine Familienzusammenführung – und folgerichtig für den Abschied von der deutschen Zweistaatlichkeit.

Die Begabung, Gedanken und Gefühle der Menschen aufzugreifen und ihnen Worte zu geben, bestimmte dann in Mecklenburg sein weiteres Handeln. Nach dem ersten Wagen und Erobern der Straße kam die Frage auf, wer bereit sein würde, weitere Verantwortung zu übernehmen. Dass Gauck dieses Mal nicht zögerte, war vorher nicht zu ahnen gewesen. Im Grunde passte das nicht zu seinem bisherigen Leben, zu seinem Verhalten vor den Tagen der Revolution, dass er sich so vorbehaltlos und verbunden mit hohen Risiken engagierte. Aber in diesen ungewöhnlichen Zeiten sah er sich plötzlich mit neuen Herausforderungen konfrontiert. Um nicht den Anschluss zu verlieren, musste er sehr schnell sein. Die Bewegung vollzog sich so vielschichtig, dazu gleichzeitig an unterschiedlichen Orten, dass jegliches Zögern ein unerträglicher Ausschluss für ihn hätte bedeuten können. Mitgerissen vom Strudel der Ereignisse, hatte Gauck eine Entscheidung getroffen – jetzt wollte er nicht mehr zurückbleiben. Diesmal wollte er dabei sein.[4]

In späteren Erzählungen klingt es bei ihm zuweilen so, als wäre »die Wende« ein fröhliches Kinderspiel gewesen. Und wenn man die Chronik der Ereignisse liest, die in Rostock zwei der wichtigsten Akteure, Änne Lange und ihr Mann Johann-Georg Jaeger, für ihre Kinder zusammengestellt haben[5], wirkt im Nachhinein alles ganz einfach: Zur ersten Andacht am 5. Oktober erschienen sechshundert Leute, zur zweiten am 12. Oktober dreitausend. Und wieder sieben Tage darauf, am 19. Oktober, waren es Zehntausende. Es gab einen Dammbruch, und die SED wurde hinweggespült.[6] Allerdings brach dieser Damm nicht von allein – er wurde systematisch und bewusst eingeebnet. Daran hatte Gauck einen wesentlichen Anteil.

In der Hansestadt Rostock findet am 5. Oktober, einem Donnerstag, in der Petrikirche eine erste große Versammlung statt, zu der sich jene erwähnten sechshundert Menschen versammeln. Es ist eine Fürbittenandacht für die zahlreichen Inhaftierten in Sachsen, wo es am Montag zuvor zur Konfrontation zwischen Polizeieinheiten und Demonstranten gekommen war. Die Andacht steht im Zeichen eines Textes von Alexander Solschenizyn aus dem Jahr 1974. Der russische Schriftsteller und Nobelpreisträger war damals zusammen mit dem Physiker Andrei Sacharow zur Symbolfigur des Widerstands gegen das Sowjetsystem geworden. Die Worte Solschenizyns sind ein Appell an die Wahrhaftigkeit als einer Waffe gegen Unterdrückung. Sich der Lüge zu verweigern, wird zum ersten Schritt der Befreiung. Organisiert haben die Veranstaltung der Pfarrer der Petrigemeinde, Henry Lohse, und Mitglieder der Studentengemeinde. Und am 7. Oktober, dem Nationalfeiertag der DDR, gibt es in Rostock zum ersten Mal eine kleine Straßendemonstration mit fünf Dutzend Teilnehmern, es ist ein Schweigemarsch mit Kerzen. Die Polizei schreitet nicht ein.

Mit der Andacht in der Petrikirche und der Demonstration beginnt in Rostock die Geschichte erster Gruppen, die sich gegen die SED-Herrschaft organisieren – weit mehr als anderswo wird sie von Aktivisten aus dem Bereich der Kirche geschrieben. Dietlind Glüer, eine Mitarbeiterin im kirchlichen Sozialdienst, steht dafür exemplarisch und wurde deswegen im Nachhinein »Mutter der Rostocker Demokratie« genannt. Sie ist auch Mutter von fünf Kindern und Tochter eines Pastors. Und sie sorgt dafür, dass eine Gruppe des Neuen Forums in der Stadt entsteht – jenes überparteilichen und zunächst programmatisch nicht festgelegten Zusammenschlusses von Aktivisten, der Anfang September um so prominente Namen wie der Malerin Bärbel Bohley und des Wissenschaftlers Jens Reich in Berlin entstanden ist. Das Neue Forum soll eine Plattform für den von der SED blockierten Dialog werden. Es wird ebenso die Plattform für die politische Karriere des Joachim Gauck.

Ende September war Dietlind Glüer nach Schwerin gefahren, wo es bereits eine Gruppe gab, und beginnt danach, in Rostock Bekannte anzusprechen. Bei der Sammlung der Rostocker Gruppe ist nicht nur Joachim Gauck dabei, sondern auch Hansi Gauck, die ebenfalls mögliche Interessenten anspricht. Neben dem Neuen Forum formiert sich Anfang Oktober noch eine weitere Gruppe, vornehmlich aus Studenten, die im kirchlichen

Rahmen agiert und den Anstoß gibt für die Fürbittenandacht am 5. Oktober. Gauck schreibt über diese Tage: »Jetzt muß die Lage gedeutet werden, wir müssen weiter motivierend wirken, und das Ganze muß eine Richtung bekommen.«[7]

Am 11. Oktober stellen sich diese Gruppen erstmals der Öffentlichkeit, in einer Veranstaltung in der Rostocker Methodistenkirche Sankt Michaelis. Es kommen mehr als 350 Interessierte. Das Treffen ist geprägt von den in der Kirchenarbeit gemachten Erfahrungen in den letzten Jahren. Es engagieren sich vor allem Menschen, die sich als Kirchengemeinderäte und im synodalen Prozess im öffentlichen Reden und in der demokratischen Willensbildung eingeübt hatten. Die Anwesenden teilen sich in kleine Diskussionsgruppen auf und tasten sich an bisherige Tabuthemen heran. Die Machtfrage stellt sich zu diesem Zeitpunkt noch nicht – Öffentlichkeit herzustellen, ist das erste Ziel.

Einen Tag später, am 12. Oktober, gibt es erneut einen Gottesdienst, und dieses Mal versammeln sich über dreitausend Personen. Henry Lohse leitet die Andacht. Inzwischen hat sich die Kunde von den Ereignissen in Leipzig herumgesprochen. In Rostock befürchten Polizei und Partei, dass der Funke überspringt – und sie drohen Pastor Lohse. In Absprache mit der Kirchenleitung verlegt er die Andacht in das größte Gotteshaus der Stadt – nach Sankt Marien. Damit wird gerade noch ein Auflauf vor einer überfüllten Kirche verhindert. Aber es wird klar, dass bald auch das gewaltige Kirchenschiff nicht mehr ausreichen wird.

Den nächsten Schritt auf die Straße wagen die Rostocker am 19. Oktober, und an diesem Donnerstag wird Gauck das Sprachrohr der Bewegung in der Hansestadt. Dietlind Glüer hat ihn angesprochen, weil Kollege Lohse in Berlin ist. Lohse sagte, die Andachten müssten fortgesetzt werden, obwohl inzwischen ja alle Inhaftierten in Leipzig frei seien. Aber Leipzig forderte jetzt andere Signale der Solidarität – Leipzig brauchte Unterstützung bei der Eroberung der Straßen durch das Volk.

Gauck bereitet die Andacht mit einem kleinen Kreis von Kirchenmitgliedern vor. Die Predigt hält er in der Marienkirche, in der sich, dicht gedrängt, jetzt rund fünftausend Menschen zusammengefunden haben. Sie basiert auf einem Text aus dem Buch Amos, das zum Alten Testament zählt. Für Theologen ist dies eine richtungweisende Wahl. Amos gilt als der sozialkritischste der Propheten, als der universellste. Sein Text ist selbst für Nichtgläubige gut nachvollziehbar: »Ich bin eurer Feiertage gram und verachte sie und mag eure Versammlungen nicht riechen … Tu weg von mir das Geplärr deiner Lieder, denn ich mag dein Harfenspiel nicht hören! Es ströme aber das Recht wie Wasser und die Gerechtigkeit wie ein nie versiegender Bach.«[8] Das Bibelzitat steht für eine neue Qualität, die schnell anwachsenden Menschenmassen beginnen in das politische Geschehen einzugreifen. »Da sprang der Funke über, und Sehnsucht, Glaube und politisches Engagement wurden eins«, so Gauck im Rückblick.[9]

Nach dem Buch Amos folgt in der Marienkirche ein Text von Rosa Luxemburg, in dem es über die freie Meinungsäußerung und die Gefahren einer Parteidiktatur geht. Und schließlich zitiert Gauck jenen Satz von Václav Havel, der bald zum Standard seiner Reden gehört: »Die Macht der Mächtigen lebt in der Ohnmacht der Ohnmächtigen.« Dann kommentiert er die Ereignisse in Berlin, den Führungswechsel in der SED, die Abdankung von Honecker und die Ernennung von Egon Krenz. Und er bekennt: »Wenn einer uns sagte, jetzt wollen wir neu anfangen, dann sagen wir Ja. Und wenn der Recht will und Gerechtigkeit, sind wir dabei. Wir sind mit dem Neuen Forum und allen anderen, die Recht und Gerechtigkeit wollen, weil dies Gottes und der Menschen Wille ist.«

Die Texte, die Gauck vorträgt, sind gemeinsam vorbereitet worden. Sie werden gleichzeitig in mehreren Rostocker Kirchen gelesen, aber keiner kann sie wirkungsvoller sagen als er. Denn die Worte, die er spricht, und das ist unverkennbar, denkt er nicht nur, er fühlt sie. Aus diesem Fühlen für das Gesagte gewinnt sein Reden seine ganze Kraft. Auf die Andacht folgt die erste große

Straßendemonstration in Rostock mit weit über zehntausend Teilnehmern. Sie zieht an der Bezirksverwaltung der Staatssicherheit vorbei – Rostock greift damit das Signal von Leipzig auf. Jetzt heißt es: »Der Norden wacht auf.« Für die Überlegungen in der neuen SED-Spitze ist das wichtig. Nicht nur in Sachsen, sondern überall in der Republik, auch in der angeblich roten Hochburg Rostock, wird sie mit Bürgerprotest konfrontiert, gegen den sie kein Gegenmittel findet. Insofern war der Anteil Gaucks an der Entmachtung der SED sehr wohl wesentlich.

Er steht dafür, dass sich in Tagesfrist aus einer zunächst nur um Teilhabe und Öffentlichkeit bemühten Bewegung eine Kraft entwickelt, die beginnt, die Machtstrukturen infrage zu stellen. Und er verkörpert diese neue Radikalität – er steht im Kirchenschiff vor dem Mikrofon, mit gezähmter und doch unverkennbarer Entschlossenheit. Er wird der Mann der Sätze, die Menschen handeln lässt. Gauck hat dabei die volle Rückendeckung seiner Kirchenleitung. Bereits Ende September war Altbischof Rathke, der in enger Abstimmung mit seinem Nachfolger Stier agierte, an den Rat des Bezirks Schwerin mit einer als Eingabe deklarierten Drohung herangetreten. Ein gewaltsames Vorgehen gegen das Neue Forum, so Rathke, werde die Landeskirche nicht widerspruchslos hinnehmen. Notfalls würden im kirchlichen Rahmen Auffangstrukturen geschaffen werden. Das war eine veritable Kampfansage – die Kirche würde sich nicht an den ihr vom Regime überlassenen Raum halten, sollte die SED den Machtkampf suchen. Sie würde auch kämpfen. Solch eine eindeutige Ankündigung war neu und hatte einen Anteil daran, dass die möglichen Abwägungen in der SED, eine gewaltsame Konfrontation zu suchen, keine Oberhand gewannen.

Gaucks exponiertes Vorgehen war selbst zu diesem Zeitpunkt mit erheblichen persönlichen Risiken verbunden. Die Staatssicherheit, weiterhin ohne Einschränkung arbeitsfähig, erkennt in ihm den herausragenden Redner, der sich nicht länger an »die dem Staatsapparat gegebenen Zusicherungen« halte und seine

Predigt »zum Aufputschen der Anwesenden« genutzt habe.[10] Er wäre der Allererste gewesen, den sie zum Schweigen hätten bringen müssen. Er ist aus Sicht der Stasi verantwortlich dafür, dass sich im Anschluss an den Gottesdienst der Demonstrationszug durch die Stadt formiert. Spätestens zu diesem Zeitpunkt ist der Pastor als gefährlicher Gegner, als »Feind« der SED-Herrschaft ausgemacht. Sein Leben wird nach diesem Auftritt nie wieder so sein wie früher, er und seine Frau Hansi exponieren sich dafür viel zu sehr. Ihre Wohnung wird zur ersten Postanschrift des Neuen Forums in Rostock. Nathan Frank – NF – steht am Briefkasten, »Nathan« wie der Weise aus Lessings gleichnamigem Drama zur Toleranz und »Frank« abgeleitet von dem jüdischen Mädchen, das im KZ Bergen-Belsen ermordet wurde und jenes weltberühmte Tagebuch geschrieben hat, in dem sich der Schrecken des Völkermords widerspiegelt.

Viele von denen, die in Rostock den Gottesdienst am 19. Oktober besuchten, beschrieben später Gaucks Auftritt als unabdingbar für den Stimmungsumschwung, der sich in der Hansestadt vollzog. Was er sprach, war exemplarisch für die angestaute Verbitterung der letzten Wochen, bei ihm persönlich für die vieler Jahre. Es war die Trauer um die »Menschen, die einfach weglaufen, weil sie auf nichts mehr hoffen«, die sich da Bahn brach.[11] In den Briefen, die er damals seinen Kindern in den Westen schickte, wird das überdeutlich. Er beklagt in ihnen, dass sie das nicht erleben, dass sie nicht dabei sein können. Endlich findet sich für ihn eine Rechtfertigung für all die Härten, all die Auseinandersetzungen um das Hierbleiben. Es war also vielleicht doch nicht völlig umsonst gewesen, ausgeharrt zu haben. Aber es war auch zu spät dafür, das gemeinsam zu erleben. Einen Wirbelsturm an Gefühlen offenbaren diese Schreiben.

Eine Woche später, am 26. Oktober, redet Gauck erneut in der völlig überfüllten Marienkirche. Dieses Mal ist die politische Botschaft unmissverständlich: »Wir bejahen dies als einen Akt der Wiedergeburt des mündigen Bürgers«, sagt er zu der Demonstration eine Woche zuvor.[12] An diesem Tag wird in Ansätzen erkennbar, was in den nächsten Monaten seine Agenda in der politischen Arena ausmachen wird. Martin Luther King und der Wert der Gewaltlosigkeit werden angesprochen. Die Erfahrungen der Besuche im Westen, die bunte, attraktive Welt dort – ein Traum. Träume sind überhaupt ein Leitmotiv dieser Rede, denn auch King hatte in seiner großen Rede in Washington gesagt: »*I have a dream* – Ich habe einen Traum.« Gauck wiederum betont: »Manchmal kommen das Träumen und das Kämpfen zueinander.« Und seine Hoffnungen nennt er »geschichtlich wirksame Träume«. Es ist eine Rede für eine Welt des aufrechten Gangs.

Am 26. Oktober 1989 erleben die Rostocker Gauck als einen Mann, der von etwas ganz Großem träumt, von einer Umwälzung, einer Revolution. Zuweilen ist er mit seinen Begriffen nahe an den Heilsparolen, die einst die Kommunisten predigten. »Unser Land hat neue Menschen!«, behauptet er. Gleichzeitig lässt er jedoch erkennen, dass sich vieles von dem Land seiner Träume in der Gesellschaft des Westens wiederfindet, in der Bundesrepublik. Er erzählt von einer U-Bahn-Fahrt durch Berlin, und »plötzlich ist alles Westen, laut, bunt, anders«.[13] Es wird in diesen Tagen nur wenige solcher Reden in der DDR gegeben haben. Mit ihr macht er sich einen Namen, der so schnell nicht vergessen wird. Noch wesentlich mehr Menschen als in der Woche zuvor ziehen nach ihr durch die Stadt, und es sind viele dabei, die noch nie in einer Kirche gewesen waren. Die SED, die ihrerseits verzweifelt mit Gegenveranstaltungen reagiert, kann da nicht mithalten. Der Pastor hat sie einfach weggepredigt.[14]

Sosehr sich alle, die diese Tage im Nachhinein festhalten, einig sind über die herausragende Bedeutung, die Gauck bei den Andachten vor den entscheidenden Demonstrationen spielt, so unterschiedlich fallen die Berichte über seine sonstigen Aktivitäten aus. Mancher Zeitzeuge weiß gar nichts zu erzählen. Andere erwähnen, dass er bei den wichtigen Gesprächen mit der Staatsmacht stets mit am Tisch saß. Vor allem die Journalistin Uta

Stolle schreibt ihm in ihrer detaillierten Studie über den Machtkampf in Rostock eine zentrale Funktion zu. Demnach ist er verantwortlich dafür, dass es der SED nicht gelingt, mit Vorschlägen den Protest in bestimmte Bahnen zu lenken. Bei einem Gespräch mit Gauck am 30. Oktober verlangt Henning Schleiff, der SED-Oberbürgermeister von Rostock, eine neue Demonstrationsroute, die das Stasi-Gebäude meidet. Gaucks Replik: »Ich möchte ganz eindeutig sagen, und bitte nehmen Sie das zur Kenntnis, es gibt auch für die Leute der Staatssicherheit keinen Schutzraum. Sie sind des Schutzes nicht wert, sie können sich alleine schützen.«[15]

Sehr schnell hatte sich überall im Land der öffentliche Protest auf das Ministerium für Staatssicherheit konzentriert – zunächst auf seine Gebäude, dann auf seine Akten, die Spitzel und Offiziere, schließlich auf das mentale Erbe an Misstrauen und zerstörerischer Gesinnung, das die Geheimpolizei dieser sich formierenden Bürgerbewegung überließ. In Leipzig hatte die Straßenführung die Demonstranten fast zwangsläufig zu der am Inneren Ring gelegenen Bezirksverwaltung der Stasi geführt – zur sogenannten Runden Ecke. In Rostock hätte man der Route über den alten Festungsring nicht unbedingt folgen müssen, führte dann aber wohl auch des Vorbilds aus der Messestadt wegen an der dortigen Stasi-Zentrale in der August-Bebel-Straße vorbei, der früheren Friedrich-Franz-Straße, die im Leben der Familie Gauck einst als Adresse der ersten Unterkunft der Großmutter eine Rolle gespielt hatte.

In diesen Oktobertagen wird Gauck kaum geahnt haben, dass mit dem Zug zur Stasi-Zentrale eine Entscheidung über seine Zukunft fallen könnte. Der Stasi-Protest aber wird zu einem Erkennungszeichen des ostdeutschen Aufbegehrens gegen die kommunistische Herrschaft. Das unterscheidet die Auseinandersetzung in der DDR beispielsweise von der in Polen, Ungarn oder der Tschechoslowakei. Nur einmal zuvor – 1956 beim Aufstand in Ungarn – hatte die kommunistische Geheimpolizei so im Fokus der Proteste gestanden. Die Entmachtung der Geheimpolizei zu diesem frühen Zeitpunkt war – wie einst in Budapest – ein beschleunigter Abschied von der kommunistischen Diktatur. Ohne die Stasi war die DDR nicht überlebensfähig. Streng auf gewaltlose Protestformen verpflichtet, schien der Zug zur Staatssicherheit vor allem eine Art Mutprobe. Gauck riet zur Vorsicht, so berichten damalige Teilnehmer wie der spätere CDU-Politiker Dieter Neßelmann oder der Grüne Johann-Georg Jaeger. Er habe stets darauf gedrängt, dass alles friedlich bleibe. Und er hatte damit Erfolg. Der Aufstand in Rostock war ein Aufstand ohne jede Gewalt.

Trotz der Demo-Routen stellte sich Anfang November die Machtfrage – die Frage nach dem weiteren Schicksal der DDR – nicht im Zusammenhang mit der Stasi, sondern im Blick auf die Reisefreiheit, und die wird am 9. November entschieden. An dem sowieso geschichtlich schon überladenen Tag, an dem in Berlin die Mauer fällt. Die Massenflucht hatte der SED-Führung keine andere Wahl mehr gelassen. In Rostock zieht zur gleichen Zeit eine riesige Menge von über 40 000 Menschen durch die Straßen – im Protest wie auch im Gedenken an den 9. November 1938, an dem sich in Deutschland die Barbarei ausbreitete. Gauck war gerade aus der Hauptstadt zurückgekommen, dort hatte er am 6. November den achtzigsten Geburtstag von Onkel Gerhard mitgefeiert. Als er spät in der Nacht die Fernsehbilder von den Grenzkontrollstellen in Berlin sieht, hat der friedliche Aufstand in der DDR seinen Höhepunkt hinter sich. Die Straßen werden jetzt vornehmlich als Wege benutzt, um in andere Welten aufzubrechen.

Gauck ist in den wenigen Wochen seit dem 19. Oktober zur wichtigsten Person des Umbruchs in seiner Heimatstadt geworden. Er ist in dieser kurzen Zeit zwar kein anderer geworden, aber er hat sich doch merklich verändert. Er wird auch im Nachhinein nicht viel darüber sagen, was diese Tage aus ihm gemacht haben. Er vermeidet das, weil er fürchtet, allzu pathetisch zu werden, wenn er etwas sagt. Und er, der so Wortgewaltige, hat dafür dann nur wenige Worte. »Es war Glück«, schreibt er in seinen *Erinnerungen*.[16] Nicht mehr. Wird er ausführlicher, so spricht er davon, dass ihm ein kleines Wunder widerfahren sei. Da war nicht nur etwas wahr geworden, woran er nicht mehr zu glauben gewagt hatte. Auch erlebte er das Geschehen als einen Prozess voller neuer Erkenntnisse. Seine Landsleute, denen er mit so manchem Zweifel begegnet war und die er oft mit ironischer Skepsis begleitet hatte, waren die Quelle dieses Glücks. Spätestens mit dem 9. November 1989 ist für ihn der Fluch der Geschichte, unter dem Deutschland so lange zu leiden hatte, gebrochen. Und mit diesem Tag wird sich auch sein Blick zurück allmählich ändern. Darüber wird er erst später reden und auch nur sehr, sehr vorsichtig. Noch misstraut er den Gefühlen, die mit diesem Herbst verbunden sind.

Rostock, das lange im Schatten der Ereignisse von Dresden, Leipzig und Berlin stand, wird Anfang Dezember doch noch ein Kristallisationspunkt, als in unmittelbarer Nähe der Hansestadt, in Kavelstorf, ein großes Waffenlager des DDR-Außenhandels entdeckt wird. Mit den Informationen über die Geschäfte, die die DDR durch den Verkauf von Kriegsgerät macht, steigt die Welle der Empörung über das Regime gewaltig. Das hatte zeitweilig sowohl den Iran als auch den Irak beliefert – als beide Staaten in einen mörderischen Krieg verwickelt waren. Die SED als todbringender Kaufmann – für viele DDR-Bürger verlor die Sozialistische Einheitspartei Deutschlands ihren letzten Rest an Glaubwürdigkeit. Und natürlich spielte auch in Kavelstorf die Staatssicherheit mit – sie schirmte die Waffenlager und die Transporte von der Außenwelt ab.

Am 4. Dezember wird in Rostock wie in einigen anderen Bezirksstätten daraufhin die Stasi-Zentrale besetzt. »Wir wollten verhindern, dass die Akten vernichtet werden«, schildert Dietlind Glüer die Tat. Gauck ist wieder einmal und wie so oft, wenn es losgeht, zunächst nicht dabei. Solche Aktionen sind seine Sache sowieso nicht. Zwei Tage später aber sitzt er in der allerersten Reihe vor den Fernsehkameras. Bei einer Sendung des ZDF aus

Rostock-Warnemünde, die nachträglich als die erste gesamtdeutsche bezeichnet wird, findet er sich neben der Politikone Willy Brandt. Zum ersten Mal tritt er nicht nur für einen kurzen Redeausschnitt – wie beim Kirchentag 1988 – in den deutschen Wohnzimmern in Erscheinung. Und nicht zufällig wird er in seinen *Erinnerungen* diesem Auftritt zwei Fotos widmen – einmal sitzt er konzentriert neben dem gestikulierenden Friedensnobelpreisträger Brandt, bei dem zweiten Bild ist sein Konterfei in einem Fernsehapparat zu erkennen, der Blick aufrecht – ein Rostocker schickte ihm diese Aufnahme mit der Bemerkung, er, Jochen, sei im Westfernsehen zu sehen gewesen.

Brandt war nicht allein für die Fernsehdiskussion nach Warnemünde gekommen, bei der der SED-Chefideologe Rolf Reißig und der Rechtsanwalt und Stasi-Spitzel Wolfgang Schnur mitredeten. Der Altkanzler war zuvor in Rostock wie überall in der DDR in jenen Tagen begeistert empfangen worden. Zehntausende jubelten ihm zu, und in der überfüllten Marienkirche, in der sich Gauck und Brandt vor der deutsch-deutsch Fernsehrunde begegneten, lieferte der Pastor einen Beweis dafür, wie er mit schlafwandlerischer Sicherheit den letzten überlebenden großen Mann der deutschen Nachkriegsgeschichte für sich zu vereinnahmen wusste. Meisterhaft gelang es ihm, an den Stolz und die Freude der Menschen zu appellieren und dabei die allzu harten Wahrheiten der Geschichte zu vermeiden. Gauck machte den Widerstandskämpfer Brandt dafür zum »Flüchtling«. Dabei war Brandt noch während der Nazi-Zeit und unter erheblichen Gefahren nach Deutschland zurückgekehrt. Aber »Flüchtling« war in diesen Tagen ein Wort, das einfacher Verbindungen schuf. Und dann erinnert Gauck an den historischen Moment 1970 in Warschau, als Brandt vor dem Denkmal für den Aufstand der gefangenen Juden im Ghetto auf die Knie sank. »Viele von uns haben damals neben Ihnen gekniet«, sagte er.[17]

Das war einer der Gauck-Sätze, den kein Altersgenosse aus dem Westen auszusprechen gewagt hätte, der dem Pastor aber ohne jede Schwierigkeit über die Lippen kam. In der Bundesrepublik lehnte eine Mehrheit der älteren Menschen den Kniefall ab, und die junge Generation quälte sich mit seiner Deutung. Alle wussten, dass nur der Emigrant Willy Brandt, der Außenseiter, der Ausgestoßene, zu solch einer Geste berufen war. Da vermochte kaum einer danebenzuknien, weil kaum einer sich dieses Recht aufgrund der eigenen Biografie herausnehmen konnte. Gauck aber scheut sich nicht vor der Vereinnahmung dieser großen Geste, und er tut das mit einer Unbefangenheit, die glaubwürdig ist. Schließlich nimmt er Brandt auch noch in die Reihen der Stasi-Opfer auf. »Ihr Blick, als diese graue Kreatur in Ihrer Nähe enttarnt wurde. Da war Ihre Enttäuschung ein Teil unserer Wut«, sagt er zum Rücktritt des Kanzlers 1974 nach der Entdeckung eines DDR-Spions in seiner Nähe.

Das ist typisch für den Pastor, der sich anschickt, Politik mitgestalten zu wollen. Er hebt Grenzen auf, er lässt einstige Konflikte vergessen oder wertet sie neu, er versöhnt die Menschen mit der schwierigen Geschichte ihres Landes und nutzt dafür ohne große Skrupel jede Gelegenheit. Nicht erstmals, aber erstmals auf der großen Bühne entwickelt Joachim Gauck seine Wohlfühlstrategie: »Wir sind und waren dabei!« – auch in Warschau beim Kniefall. Das ist Teil seines Erkenntnisprozesses jener Tage. Wer aufsteht und losgeht, wer »Wir sind das Volk« sagt, der hat auch ein Recht darauf, im Blick zurück auf das Vergangene eine Ermächtigung für die Zukunft zu suchen.

Willy Brandt spielt mit. Er redet davon, wie die Deutschen sich befreien könnten von der Schuld, die mit dem Nationalsozialismus verbunden sei. »Ich weiß, ein wie langes Gedächtnis die Völker haben können, nur sag ich auch: Nationale Schuld wird nicht durch die willkürliche Spaltung einer Nation getilgt.«[18] Gauck hört genau das aus den Worten heraus, was Brandt im Dezember noch zögerlich, dann immer deutlicher sagt: dass die deutsche Wiedervereinigung unvermeidbar sei.

Auch wenn Gauck unbestritten die Führungsfigur des Rostocker Aufbruchs ist und überall mitzumischen scheint, so ist er doch nirgendwo wirklich verpflichtet. Er lässt sich zwar vom Kirchendienst freistellen, weigert sich aber unter Verweis auf seine kirchlichen Bindungen, leitende Positionen im Neuen Forum einzunehmen. Er engagiert sich ebenso wenig anderswo – obwohl die allmählich entstehende Parteienlandschaft viele Möglichkeiten geboten hätte. Er geht nicht zu den mecklenburgischen Sozialdemokraten, obwohl die ihm nach eigenem Bekunden am nächsten stehen und in ihren Reihen jede Menge Pastoren zu finden sind. Mit dem Demokratischen Aufbruch (DA), der anderen wesentlichen Parteigründung dieser Tage, ist Wolfgang Schnur verbunden, ein guter Bekannter, der Kirchenanwalt aus Mecklenburg. Aber selbst diese Gruppe meidet er. Für die nationale Bühne kommt er sowieso zu spät, er hat sich dafür nicht hinreichend profiliert. Sebastian Pflugbeil wird der Minister ohne Geschäftsbereich des Neuen Forums am SED-Kabinettstisch. Gauck bleibt in der bunten Gruppierung auf nationaler Ebene ein Fremdkörper. Der Mann mit enormen rhetorischen Talenten und einzigartiger Ausstrahlung passt ja auch rein äußerlich nicht in die Reihen der bärtigen Revolutionäre und aufbegehrenden Frauen, die sich durch ständige interne Debatten, Querelen und Abspaltungen auszeichnen.

Aber das Durcheinander, die Ungebundenheit und Unbestimmtheit haben für Gauck auch erhebliche Vorteile. Es lässt ihm Raum für eigenständige Überlegungen und Initiativen. Er muss sich zu nichts verpflichten – und er nutzt das aus. Nur einmal, vor der Wahl zum ersten frei gewählten Parlament, überrascht er mit einer politischen Initiative. Legt nicht nur sich selbst, sondern auch alle anderen fest. Er stellt einen Antrag, mit dem das Neue Forum ein vereinigtes Deutschland als denkbare Option akzeptiert. Er gewinnt zum Erstaunen vieler, auch zum Entsetzen von Bärbel Bohley, die nicht mit einem derartigen Ergebnis gerechnet hatte.

Gauck hatte genau registriert, wie in der Bevölkerung die Stimmung umschlägt. Ein Großteil der Menschen kann inzwischen den permanenten Demonstrationen, den Debatten um neue gesellschaftliche und wirtschaftliche Strukturen immer weniger abgewinnen. Nachdem die Reisefreiheit erreicht ist, will die DDR-Bevölkerung Teilhabe an dem Wohlstand, den sie in der Bundesrepublik kennengelernt hat. Und dann hilft ihm bei der politischen Zielbestimmung die persönliche Erfahrung. Onkel Gerhard in Berlin denkt wie Vater Joachim in Rostock sowieso national. Drei Kinder sind inzwischen angekommen in der Bundesrepublik. Es spricht aus seiner Sicht nicht das Geringste dafür, sich in einer eigenständigen DDR einzurichten. So wird er im Neuen Forum zum prominentesten Vertreter einer propagierten schnellen Vereinigung mit der Bundesrepublik.

Ein Bild aus jenen Tagen zeigt die Wandlung des Revolutionspastors zur politischen Leitfigur, es verdrängt das Foto des einsamen Mannes vor dem Mikrofon in der Marienkirche. In den Vordergrund tritt so ein Schnappschuss aus dem Februar 1990, aufgenommen auf einer Veranstaltung des Neuen Forums in Schwerin. Gauck sitzt auf einer Tribüne, eingerahmt von zwei jungen Frauen. »Als spielten sie gerade Zentralkomitee«, sagt er später zu diesem Foto.[19] Sein Blick ist von selbstbewusster Gewichtigkeit. Ohne uns, ohne mich geht hier nichts mehr, sagt er. Es ist der Moment, in dem er die politische Weichenstellung in Richtung Wiedervereinigung betreibt. Aber das wird eine kurze Episode in seinem Leben bleiben. Auf längere Sicht taugt er nicht für derartige Gruppenbilder.

Gauck, der sich ziert, wenn es um die Übernahme von Ämtern und Verantwortung vor Ort geht, lässt sich dann für das Neue Forum auf Platz eins der Bezirksliste für die Volkskammerwahl aufstellen. Der Termin für die Wahl wird ständig weiter vorgezogen und schließlich auf den 18. März festgelegt. So wird innerhalb von wenigen Monaten aus dem Kirchenmann, der im Hintergrund agiert und hilft, ein wahlkämpfender Politiker. Und er genießt die Rolle. Die Wahlplakate, die aus Berlin kommen, schmeißt er weg und lässt eigene drucken.

Die Programmatik, die er vertritt, ist im Grunde nichts anderes als die Zusammenfassung seiner ureigensten Ansichten. Sie ist Ergebnis eines ganz persönlichen Politisierungsprozesses, getragen von der Vorstellung, dass es im Leben vielleicht noch so manche weitere Überraschung geben könnte. Das hat relativ wenig mit den Diskussionen zu tun, die zu dieser Zeit das Neue Forum bestimmen. Bei Gauck beginnt sehr früh eine gedankliche Ablösung von der erst wenige Monate alten Sammlungsbewegung. Neben dem vorbehaltlosen Bekenntnis zur Einheit offenbaren sich in seinen Ansichten zwei fast schon widersprüchliche Tendenzen. »Viele von uns müssen Demokratie einüben«, sagt Gauck einerseits und betont, wie wichtig es sei, die Zukunft als einen Lernvorgang zu begreifen, der ein hohes Maß an persönlicher Bereitschaft zur Veränderung voraussetzt.[20] Er fordert so etwas wie eine Volkshochschule der Demokratie mit »Weiterbildungsangeboten der politischen Bildung«.[21] Bei den Fragen zur wirtschaftlichen Situation legt er sich andererseits aber auf eine weitgehende Übernahme der ökonomischen Strukturen der Bundesrepublik fest und verlangt vor allem von den Gewerkschaften eine Anpassung an die neue Situation. Kritische Stimmen zum in der BRD praktizierten Kapitalismus sind von ihm nicht zu hören. Alles muss anders werden, aber dann doch nur so, wie es schon ist.

Eines muss sich dann aber in jedem Fall ändern. Die Mächtigen von gestern müssen zumindest erst mal weg. In dem Interview mit der im Bezirk Rostock dominierenden *Ostsee-Zeitung* spricht er von diesem Elitenwechsel. Die SED-Kaderpolitik habe »Dauerprobleme« geschaffen, und diese müssten beseitigt werden. Ansonsten aber ist er nur ansatzweise in der Lage, einen fundierten politischen Standpunkt zu beschreiben. Er orientiert sich an dem, was er als Mehrheitsmeinung in der Bevölkerung zu erkennen glaubt. Und er distanziert sich von den angeblichen linken Irrtümern seiner Vergangenheit, die er in Teilen des Neuen Forums wiederzuerkennen glaubt. Er könne nicht mehr an das sozialistische Gesellschaftsmodell glauben. Es habe Lebensphasen gegeben, »in denen ich versucht habe, diesem Konzept und seiner Nähe zum Christentum viel abzugewinnen. Aber ich glaube, dass wir auf diesem Sektor zu sehr marxistischen Dogmen verpflichtet waren.«[22]

Wer heute dieses Interview liest, wird mit einigem Erstaunen jenen Joachim Gauck wiederfinden, der sich später den Vorwurf gefallen lassen muss, ein politisch einseitig festgelegter Mann zu sein – ein Neoliberaler. Das aber war er schon 1990, als er sich das erste und einzige Mal Wählern zu stellen hatte. Tatsächlich offenbart der Pastor aus Rostock wenige Wochen nach seinem Schritt in die politische Arena eine Agenda, die im politischen Spektrum der Bundesrepublik am ehesten der FDP entsprochen hätte. Insofern sind seine Hinweise, er habe damals den Sozialdemokraten nahegestanden, irreführend. Die SPD, die zu diesem Zeitpunkt Oskar Lafontaine als Kanzlerkandidaten bevorzugt, wäre nur schwer die Heimat eines Mannes geworden, der die Gesetze des Marktes als wirtschaftspolitisches Fundament sieht.

Woher diese Zuwendung zu derart stark am klassischen Liberalismus orientierten Auffassungen kommt, lässt sich ansatzweise mit den familiären Erfahrungen erklären. Im Leben von Großmutter Antonie spielte die selbstständige wirtschaftliche Betätigung eine zentrale Rolle – überhaupt waren die Warremanns vor Beginn der kommunistischen Herrschaft so etwas wie Unternehmer gewesen. Onkel Gerhard hatte nie einen Hehl aus seiner Bewunderung für den Mittelstand gemacht. Gaucks politische Ansichten sind somit auch eine Rückkehr zu glücklicheren Familientagen. Tagen, die dem Großvater einen schnellen gesellschaftlichen Aufstieg ermöglichten – vom armen Maurergesellen zum angesehenen Bürger.

In dem Interview in der *Ostsee-Zeitung*, das seinen Wahlkampf eröffnet, nimmt er weiterhin ausführlich zu seinen eigenen Plänen Stellung. Eine Leitungstätigkeit in der Kirche schließt er aus, obwohl ihm nahegelegt worden sei, sich für das Bischofsamt zu bewerben und auch für eine Kandidatur als Oberbürgermeister von Rostock. Er will aber, so schimmert es durch, in die große Politik.

Der Wahlausgang jedoch wird für seine Liste und damit auch für ihn eine Niederlage. Er hat das miserable Abschneiden des Bündnis 90 – also des im Wesentlichen vom Neuen Forum getragenen Wahlbündnisses – vor allem den Protagonisten in Berlin angelastet, beispielsweise Bärbel Bohley. Die hätten sich zu sehr von der Bevölkerung entfernt. Tatsächlich aber spiegelt sich diese Erkenntnis nicht in den regionalen Wahlresultaten wider. Republikweit erhielt das Bündnis 2,9 Prozent. Wesentlich besser schnitt es vor allem in Berlin ab (6,3 Prozent). Und auch die Bezirke Dresden, Potsdam und Leipzig lieferten Anteile von über drei Prozent. Der Bezirk Rostock mit Gauck als Spitzenkandidat erreichte gerade mal 2,6 Prozent. Das war zwar erträglicher als in vielen anderen Bezirken, aber dennoch unter dem nationalen Durchschnitt. In Rostock selbst hatte Gauck immerhin 4,7 Prozent der Stimmen bekommen – und damit sicherte ihm seine Heimatstadt den Einzug in die Volkskammer.

Die Wahlergebnisse waren überhaupt für alle neu angetretenen Gruppierungen eine herbe Enttäuschung. Gauck hat später auf den einzig positiven Aspekt aus seiner Sicht verwiesen – auf die Wahlbeteiligung von 93,4 Prozent. »So viel Zuspruch hat eine Wahl in den westeuropäischen Staaten nie erreicht.«[23] Das ganze Ausmaß der Desillusionierung offenbarte sich in dem relativen Erfolg der PDS, der Nachfolgepartei der SED – gerade im Bezirk Rostock schnitt sie überdurchschnittlich gut ab. Für die Partei des Demokratischen Sozialismus stimmten mit mehr als 142 000 Wählern (23,2 Prozent) fast zehnmal so viel Mecklenburger wie für das Neue Forum. Die von Gauck so heftig gelobten Menschen des aufrechten Gangs hatten sich mehrheitlich als Parteigänger entpuppt, die Anpassung oder Beharrung favorisierten. Von dem erträumten Reich der Freiheit waren die Mecklenburger weit entfernt. Sie wollten sich nicht in Demokratie einüben, sie wollten aus der übermäßigen Bevormundung in den Wohlstand geführt werden.

Es gibt allerdings eine andere, zweite, für Gauck wesentlich positivere Lesart des Rostocker Wahlergebnisses. Denn andernorts war die Niederlage noch viel größer gewesen. Das Bündnis stellte deswegen in etlichen Bezirken überhaupt keinen Abgeordneten. So gesehen hat sich Gauck mit seinem Engagement einen Platz erkämpft, der sicher so manch anderem an seiner Stelle nicht zugefallen wäre. In den Bezirken Schwerin und Neubrandenburg jedenfalls reichte es nicht zu einem Abgeordneten der Bürgerbewegung – aus dem Norden der Republik war der Rostocker der Einzige.

Aber nicht nur das unbefriedigende Wahlergebnis begleitete Joachim Gauck als eine Last auf seinem Weg nach Berlin. Unmittelbar vor dem 18. März 1990, dem Tag des ersten freien Urnengangs in der DDR, hatte es eine spektakuläre Entwicklung gegeben, die ihn auch persönlich betraf. Die Stasi hatte doch noch in die Entwicklung eingegriffen. Der Spitzenkandidat des Demokratischen Aufbruchs, Wolfgang Schnur, war als langjähriger Spitzel enttarnt worden. Der DA war als neu gegründete Partei wesentlicher Bestandteil der sich jenseits der Blockparteien und der SPD formierenden politischen Landschaft – und insofern ähnlich wie das Neue Forum ein von der Vergangenheit zunächst unbelastetes Angebot an die Wähler. Ihm gehörten unter anderen so bekannte Personen der SED-Opposition wie Rainer Eppelmann und Friedrich Schorlemmer und dann auch Angela Merkel an, die als Schnurs Pressesprecherin arbeitete.

Der Rechtsanwalt hatte über viele Jahre hinweg in Mecklenburg agiert, war in gewisser Weise der Familienjurist der Gaucks und ein wichtiger Mann in der Landeskirche. Gauck hatte ihm rückhaltlos geglaubt, obwohl er zuweilen gewarnt worden war. »Die Frauen haben etwas gespürt. Sie haben gemerkt, dass der Mann nicht echt war«, sagte er später und warf sich selbst eine gewisse Blindheit vor.[24] Wenige Tage vor der Wahl jedenfalls wurden Informationen bekannt und dann auch breit veröffentlicht, die die langjährige und intensive Zusammenarbeit des Anwalts mit dem

Ministerium für Staatssicherheit nachwiesen. Schnur flüchtete vier Tage vor dem Urnengang in ein Krankenhaus, Angela Merkel musste zusammen mit Rainer Eppelmann die Presse davon unterrichten, dass ihr Spitzenmann zurückgezogen werde.

Der Fall Schnur hat nicht nur dem Demokratischen Aufbruch, sondern ebenso den anderen gerade eben erst gegründeten politischen Vereinigungen erheblich geschadet und den Wahlausgang mit beeinflusst. Wenn sich unter denen, die für den Neuanfang stehen, plötzlich Stasi-Spitzel in den Vordergrund drängen können, profitieren fast zwangsläufig die alten Platzhirsche der Blockparteien. Der Demokratische Aufbruch, zunächst von den Konservativen im Westen favorisiert, darunter von der CDU-Spitze, erlitt durch den Fall Schnur ein totales Wahldesaster – er erreichte nicht mehr als 0,9 Prozent. Mit der Niederlage begann die politische Neuorientierung von Angela Merkel, die bei der CDU endete.

Gauck war an jenem Wahlabend mit dem frisch errungenen Mandat einer großen Versuchung ausgesetzt – und er konnte ihr dann auch nicht widerstehen. An diesem 18. März waren für ihn die Mauern gefallen, die ihn in seiner Geburtsstadt umschlossen hatten. Jetzt konnte er, jetzt musste er geradezu weg. Das ist nicht als Zufall oder Schicksal zu erklären. Es war eine naheliegende Schlussfolgerung aus dem, was er zuletzt in Rostock erlebt hatte. Die Monate seit dem 9. November waren in vielem überaus ernüchternd gewesen. Dietlind Glüer hatte sich zusammen mit anderen Freunden für einen aus seiner Sicht absolut törichten Aufruf zum Erhalt des Sozialismus missbrauchen lassen. Henry Lohse wurde in seinen Predigten zum Warner vor einer neuen Zeit mit viel Ungemach. Mit dem Sturz der SED zerbrachen die Gemeinsamkeiten derer, die im Oktober 1989 zusammen aufgebrochen waren.

Gauck hatte eine für ihn erschreckende Entwicklung in den Gruppen erlebt, denen er sich nahe zu fühlen schien. Auch wenn er von wirtschaftlichen Sachverhalten nur wenig verstand, so mussten ihn die Vorstellungen von einer noch neu zu formulierenden Wirtschaftsordnung zwischen Kapitalismus und Staatssozialismus zutiefst erschrecken. Vor diesem Hintergrund ging er weiter auf Distanz zu den unausgegorenen und naiven Vorstellungen vieler seiner bisherigen Mitstreiter.[25] Darüber hinaus wurde er zunehmend missbraucht für Vorstellungen, die nicht die seinen waren. Insofern war das Weggehen jetzt, wo er hätte bleiben können, nur konsequent. Es war seine Art des Umgangs mit den neuen Wirklichkeiten. Gauck war zwar eine herausragende Führungsfigur, aber zunehmend ohne Gefolgschaft.

Von seiner Rostocker Welt ist dann kaum etwas übrig geblieben. Katharina, seine Jüngste, will wegen der Trennung von Hansi kaum noch mit ihm reden, und auch die anderen Kinder sind stocksauer auf ihn. Seine Ehe ist gescheitert, seine Tätigkeit als Pastor hat er beendet, der Umgang mit so manchem Weggefährten des Herbstes ist schwierig geworden. Der Umschwung zum Besseren ist für ihn persönlich mit großen Verlusten verbunden. Er hätte sich in Rostock zweifellos einen Platz erkämpfen können, der ihm große Gestaltungsmöglichkeiten erlaubt hätte. Er hätte Stadtoberhaupt werden, vielleicht sogar eine führende Rolle in der Politik des neu entstehenden Bundeslands übernehmen können – all das war für den bekanntesten Mann der Revolution an der Ostsee in greifbarer Nähe. All das wäre allerdings mit großen Anstrengungen, mit einem zähen Kampf verbunden gewesen.

Gauck ging dagegen ins Unbekannte, nach Berlin. Später hat er aus diesem Wahlsonntag mit der Niederlage einen besonderen Moment gemacht, den er in seinen Reden regelrecht zelebrierte. Sein erster Wahltag rührte ihn wieder und wieder zu Tränen. Dieser 18. März war aber nicht nur des Urnengangs wegen ein so gefühlsbesetzter Moment für Joachim Gauck. Diese Wahl war für ihn ein Abschied. Mit seinem Fortgehen widerlegte er seinen eigenen Spruch vom Bleiben. Es brauchte einen Volksaufstand, um ihn zu einem ganz persönlichen Aufbruch zu bewegen.[26]

## II

# Gewählt werden und wählen – Vom Abgeordneten zum Beauftragten

Alles wurde plötzlich anders im Leben des Joachim Gauck. Jetzt hatte er einen dieser Klappausweise, die in der DDR als Türöffner unentbehrlich waren. Und als Abgeordneter der Volkskammer gehörte er zu denjenigen, denen sich viele Türen öffneten. Berlin wurde das, was im Amtsdeutsch »Lebensmittelpunkt« genannt wird. Dieses Berlin war schon nicht mehr nur als Osthälfte die DDR-Hauptstadt. Die Stadt wuchs sehr schnell wieder zusammen, und Gauck konnte ohne Probleme seine Verwandten in den Westbezirken besuchen. Gewohnt hat er zunächst in ihm zugewiesenen Provisorien, dann aber bald an einer Ost-West-Schnittstelle, an einem überaus historischen Ort. Seine Wohnung lag unweit des Potsdamer Platzes in einem gerade fertiggestellten Plattenbau an der Voßstraße, nur wenige Meter von einem damals unbebauten Streifen entfernt, der einst vor der Mauer lag. Der Plattenbau wiederum war dort errichtet worden, wo früher der Zugang zu Hitlers neuer Reichskanzlei lag, der Diktator sein Leben beendete und seine Leiche verbrannt worden war. Zu seinen Nachbarn zählten einige der SED-Spitzenfunktionäre wie das SED-Politbüromitglied Joachim Herrmann, der frühere Propagandachef der DDR, der aus der Bonzensiedlung Wandlitz vertrieben worden war.

Abgeordneter der Volkskammer zu sein, war im Frühling 1990 eine gewaltige, in der deutschen Parlamentsgeschichte einmalige Herausforderung. Eine parlamentarische Tradition, auf die sich die neu gewählten Volksvertreter hätten stützen können, gab es in der DDR nicht einmal mehr in Bruchstücken. Die bis zum März als Abgeordnete agierenden Funktionäre hatten, abgesehen von einigen Wochen im Herbst 1989, weder debattiert noch beraten, noch kontrovers abgestimmt. Sie waren ja auch nicht frei gewählt worden. Sie waren auf den wenigen Sitzungen, auf denen sie die DDR-Gesetze verabschiedeten, eine Zustimmungsmaschinerie unter völliger Kontrolle der SED. Jetzt sollte plötzlich mit dem für ein wirkliches Parlament völlig unzureichenden Apparat eine demokratisch legitimierte Volksvertretung den überaus komplizierten Weg der Vereinigung der beiden deutschen Teilstaaten begleiten.

Vor welch unlösbaren Problemen sie dabei stand, wurde schon bei der Wahl des Tagungsorts klar. Die alte DDR-Volkskammer hatte ihr Schattendasein in einem Seitenflügel des gewaltigen Palasts der Republik geführt, ein verhältnismäßig kleiner Saal im Nordteil des Gebäudes war dort für sie reserviert gewesen. In dem großen Saal des 1976 eröffneten Baus feierte die SED ihre Parteitage und Feste. Darüber hinaus waren in dem dann 2008 abgerissenen Gebäude vor allem Restaurants untergebracht. Platz für Abgeordnetenbüros gab es da nicht – sie wurden auch bis 1990 nicht gebraucht bei einem Parlament, das ohne Beratung oder gar kontroverse Debatte die ihm vorgelegten Gesetze immer ohne Gegenstimmen in Kraft setzte.

Eine demokratisch gewählte Volksvertretung, die arbeiten wollte, musste da bei null anfangen. Es gab keinen eingearbeiteten Mitarbeiterstab, es gab weder eine vernünftige Geschäftsordnung noch sonstige Regeln, die allgemein anerkannt waren. Und schließlich wurde sogar der Tagungsort selbst zum Problem, als die Gesundheitsbehörden Berlins im September 1990 den Palast der Republik kurzerhand wegen Asbestverseuchung sperrten. So zog das erste und letzte frei gewählte Parlament der DDR noch einmal um – in das frühere Gebäude des Zentralkomitees der SED, einen imposanten Bau aus den Dreißigerjahren, in dem zu dieser Zeit die Reichsbank residierte und das Gold hortete.

Nach der Volkskammerwahl bildeten die Sieger, das Wahlbündnis Allianz für Deutschland (im Wesentlichem die Ost-CDU und die der CSU nahestehende DSU) gemeinsam mit den unterlegenen Sozialdemokraten und den Liberalen eine Art allumfassender Koalition. Bei der bevorstehenden Abschaffung des eigenen Staats wollte der Wahlsieger Lothar de Maizière möglichst alle wichtigen Parteien mit an Bord haben – mit Ausnahme der SED-Erben, die sich Partei des Demokratischen Sozialismus (PDS) nannten.

Nicht dabei beim Regieren waren auch Joachim Gauck und seine zwanzigköpfige Bündnis-90-Fraktion – neben den Abgeordneten vom Neuen Forum bestand sie vor allem aus Parlamentariern der Grünen. In dieser kleinen Truppe sammelten sich prominente Namen aus den heißen Herbsttagen: Matthias Platzeck, der spätere Ministerpräsident des Landes Brandenburg und SPD-Vorsitzender, oder Marianne Birthler, die einige Jahre den Bundesgrünen vorstehen sollte. Jens Reich, Konrad Weiß, Vera Wollenberger, Werner Schulz waren dabei – sie alle hatten sich republikweit einen Namen gemacht, verkörperten gewissermaßen den Revolutionsadel von 1989. Gauck war dagegen eher ein unbeschriebenes Blatt, und von dieser Fraktion wurde er gegen seine Wunschvorstellungen zur Kärrnerarbeit in den Innenausschuss entsandt.

Der Ausschuss tagte Ende April zum ersten Mal und hatte dann in zwanzig Sitzungen bis Mitte September ein ungeheures Arbeitspensum zu bewältigen. Sein Vorsitzender war der SPD-Abgeordnete Dankwart Brinksmeier, er schien zunächst auch die zentrale Figur des Parlaments bei der Debatte um die Bewältigung der Hinterlassenschaften der ehemaligen Sicherheitsorgane der DDR zu sein. Brinksmeier, Pastor und einer der SPD-Gründer in der DDR, war bereits vor der Volkskammerwahl intensiv mit der Auflösung des Ministeriums für Staatssicherheit beschäftigt gewesen. Seine Partei hatte ihn als Staatssekretär im Innenministerium vorgesehen, seine Berufung scheiterte aber am entschiedenen Widerstand der CDU und vor allem an dem des neuen Innenministers und stellvertretenden Ministerpräsidenten

Peter-Michael Diestel. Der war Abgeordneter der DSU, dieser vor allem im Süden der DDR erfolgreich agierenden neuen Partei, die enge Kontakte zur bayerischen CSU unterhielt. Diestel hatte seine eigenen Vorstellungen zur Stasi-Problematik. Er wollte keine Generalabrechnung, er wollte möglichst vielen Angehörigen der Sicherheitsorgane der DDR eine zweite Chance einräumen. Die Auseinandersetzung zwischen Diestel und dem sozialdemokratischen Koalitionspartner wurde deswegen immer heftiger, und Diestel gelang es dabei, den Sozialdemokraten Brinksmeier an den Rand zu drängen.

Insgesamt scheuen sich jedoch alle großen Fraktionen, sich intensiv mit dem Stasi-Thema zu beschäftigen. Es gilt als Minenfeld, auf dem man nur verlieren kann. So wird der Abgeordnete Gauck von der kleinen, von Bürgerrechtlern getragenen Fraktion auf dem gefährlichen Gelände schließlich zu der Person, die man als glaubwürdig und kompetent einstuft. Er hatte sich in der Volkskammer als Mitglied des Innenausschusses als einer hervorgetan, der die Stasi-Problematik nicht scheute – am 10. Mai 1990, da hatte er erstmals im Plenum gesprochen. In seiner Jungfernrede war es um Nachforschungen hinsichtlich einer Zusammenarbeit mit der Geheimpolizei gegangen. Gauck kritisierte die Weigerung Diestels, die Kandidaten der bald neu zu wählenden Kommunalvertretungen auf eine Mitarbeit bei der Staatssicherheit überprüfen zu lassen. Die Nachfolgepartei der SED, die PDS, unterstützte Gauck in der Debatte. Sie nutzte zu diesem Zeitpunkt die Aufregung um das Treiben der Geheimpolizei für eine Neuprofilierung. Die PDS wollte Distanz herstellen zu dem Organ, das einst »Schild und Schwert der Partei« genannt wurde. In der Sache scheiterte Gauck trotz der Unterstützung durch die einstigen Kommunisten – es gab keine Überprüfungen, die Koalition stand zu ihrem Innenminister Diestel.

Doch die Volkskammermehrheit will sich bei der Stasi-Problematik nicht weiter angreifbar machen und überträgt einem neu gebildeten Sonderausschuss unter Gaucks Vorsitz die parlamentarische Kontrolle über die Stasi-Auflösung. Der Rostocker Pastor hat plötzlich eine Aufgabe, die ihn trotz der Außenseiterstellung, die er und seine Fraktion haben, zu einer zentralen Figur der DDR-Politik werden lässt.

In der Zwischenzeit hat nämlich die Stasi-Problematik die weitaus größte Aufmerksamkeit in der Berichterstattung über die Vorgänge in der DDR gewonnen. Nach dem Fall von Wolfgang Schnur war auch Ibrahim Böhme, Spitzenkandidat der Ost-SPD, als Spitzel enttarnt worden. Und seit der Besetzung der Stasi-Zentrale in Ost-Berlin am 15. Januar verging kaum ein Tag, an dem Journalisten nicht mit neuen Enthüllungen über das Treiben der Geheimpolizei und ihres Riesenapparats aufwarteten. Die Geschichten von Spitzeln, Agenten, windigen Geschäftemachern und korrupten Partnern im Westen waren viel spannender als beispielsweise die Debatten um die Abwicklung ineffizienter wirtschaftlicher Strukturen in der DDR.

Gauck übernimmt ein Geschäft mit Vorgeschichte. Schon seit Monaten hatten sich die letzte SED-Regierung unter Vorsitz des angeblichen SED-Reformers Hans Modrow und die neu entstandenen Parteien und Gruppen über die Auflösung der Staatssicherheit gestritten. Im Januar, nach der Besetzung der Berliner Stasi-Zentrale in der Normannenstraße, hatte sich eine Art doppelte Machtstruktur gebildet, bei der die durch nichts legitimierte Modrow-Regierung von einem ebenfalls durch niemanden hinreichend legitimierten Geflecht aus neu entstandenen Beteiligungsgremien wie dem sogenannten zentralen Runden Tisch[27] und spontan gebildeten Bürgerkomitees kontrolliert werden sollte. Nach dem Antritt der von der demokratisch gewählten Volkskammer ermächtigten Regierung des CDU-Vorsitzenden Lothar de Maizière hatte dann ein wochenlanges Tauziehen um die Fortsetzung des Auflösungsprozesses eingesetzt. Im Prinzip war dieser jetzt ausschließlich Sache der neuen Regierung. Diestel setzte sich zunächst auch als verantwortlicher Minister weitgehend durch und erzwang das Ende der Arbeit der Bürgerkomitees. Der

Preis dafür war allerdings die parlamentarische Kontrolle durch den Gauck-Ausschuss.

So geriet der Rostocker mitten in einen Prozess, bei dem wesentliche Entscheidungen noch in der Ära Modrow und mit Zustimmung und Vorbereitung des Bürgerkomitees Normannenstraße gefallen waren. Sie betrafen insbesondere die Vernichtung der elektronischen Datenträger, die für eine schnelle Recherche des Aktenbestands von Bedeutung waren, und die Beseitigung der Unterlagen der Hauptabteilung Aufklärung – des Auslandsspionagezweigs der Stasi. Maßgebliche Akteure in dieser Zeit waren die Angestellten des Bürgerkomitees – allen voran ihr Sekretär David Gill.

Der Student am kirchlichen Sprachenkonvikt und Sohn eines Bischofs der Herrnhuter Brüdergemeine bereitete alle wesentlichen Entscheidungen des Runden Tisches vor. Er verantwortete damit auch die Freigabe von Akten zur Vernichtung und regelte den Aktenzugang. Ein anderer wesentlicher Mitarbeiter war Christian Ladwig, der zuvor an einem DDR-Theater gearbeitet hatte. Dieses Team wiederum stützte sich in der alltäglichen Arbeit auf einige Stasi-Offiziere. Als nach Auflösung der Bürgerkomitee-Struktur Gill und Ladwig ohne Beschäftigung dastanden, wurden sie von Gauck als Mitarbeiter des von ihm geleiteten Sonderausschusses kurzerhand übernommen. Gill vertrat dann häufig Gauck bei Sitzungen im Innenministerium, auf denen Diestel sein weiteres Vorgehen zur Auflösung des Ministeriums für Staatssicherheit darlegte.

Was in dieser Phase geschah und welche Interessen sich dabei jeweils durchsetzten, war eine äußerst komplexe, auch im Nachhinein schwer nachzuvollziehende Materie mit vielen Akteuren und unterschiedlichsten Motiven. Diestel verfolgte die Strategie der Integration der alten Sicherheitsdienste in die Behördenstrukturen des Ostens. Gauck profilierte sich dagegen als Vertreter der Opferinteressen, aber ebenso als Befürworter einer rückhaltlosen Aufklärung. Beide wiederum mussten ab dem Sommer die Interessen der Bundesregierung berücksichtigen, die ihrerseits eine klare Vorstellung vom Umgang mit dem Geheimpolizei-Material entwickelte. Hinzu kam: Das Stasi-Thema stand immer noch Tag für Tag im Fokus des öffentlichen Interesses – es lieferte jedem Fernsehsender und jeder Zeitung und Zeitschrift ständig neue Bilder und Schlagzeilen. Schließlich spielte auch der Zeitfaktor eine wesentliche Rolle. Wichtige Entscheidungen mussten schnell fallen, da die DDR, die Regierung und die Volkskammer bald Geschichte sein würden.

Gauck hatte sich in Rostock nicht gerade als Kenner der Geheimpolizei-Problematik profiliert. Bei der Besetzung der Stasi-Bezirksverwaltung im Dezember 1989 hatte er gefehlt. Jetzt aber, in Berlin, änderte sich das schlagartig. Die Stasi wurde sein Thema. Ansonsten versuchten sich seine Fraktionsmitglieder unter weitgehender Missachtung der Öffentlichkeit als Opposition. Aber bei der Auflösung der Staatssicherheit wurde Kollege Gauck immer unentbehrlicher. Er hatte klare, nur schwer angreifbare Zielvorstellungen, die weit über die Grenzen des Neuen Forums hinaus geteilt wurden. Er propagierte die Aktenöffnung nicht nur als notwendigen Teil der Vergangenheitsbewältigung, sondern auch als Gütesiegel der neu zu errichtenden Demokratie. Jetzt sollte der Osten dem Westen vormachen, wie die Belastungen einer Diktatur zu bearbeiten seien, hieß es da. Man habe aus den Fehlern der BRD nach 1945 gelernt, als die Nazis einfach weitermachen durften.

Tatsächlich stellte sich sehr schnell heraus, dass letztlich nur die Stasi-Problematik übrig bleiben würde für die Abrechnung mit der Herrschaft der Kommunisten. Dies war allerdings weder selbstverständlich noch breit diskutiert worden. Die Konzentration auf das Stasi-Thema war also nicht ausschließlich dem Medieninteresse geschuldet. Sie war vielmehr der kleinste gemeinsame Nenner beim Umgang mit der Hinterlassenschaft der DDR. Und sie war damit ein wichtiges Moment dessen, was als »friedliche Revolution« beschrieben wurde. Denn es kam auch in der

DDR 1989 nicht zu dem, was klassischerweise eine Revolution auszeichnet: dem vollständigen, oft gewaltsamen Austausch der Machteliten, den ja auch Gauck wenige Wochen zuvor noch gefordert hatte. Die Vorgänge in der DDR waren – wie in Polen – viel eher eine Art verhandelter Übergang. Das rührte nicht zuletzt von der Zweistaatlichkeit Deutschlands und damit der stetigen Intervention der gefestigten und gut funktionierenden Strukturen der Bundesrepublik her. Bonn verstand wenig von Revolutionen, aber viel davon, Machtstrukturen notfalls mithilfe der alten, belasteten Eliten zu stabilisieren.

Umstürzlerische Züge trugen die Vorgänge in der DDR vor allem im wirtschaftlichen Bereich mit der Zerschlagung der DDR-Ökonomie durch die Treuhand, der Einführung einer neuen Währung und der Übernahme der Sozialsysteme der Bundesrepublik. Allerdings blieben auch da viele Verantwortliche auf den Chefsesseln. Revolutionär konnte man ansonsten nur noch den Umgang mit der kommunistischen Geheimpolizei nennen – das einzige Feld, auf dem eine konsequente Stigmatisierung der bisher Mächtigen stattfand. Und auch nur die Stasi-Mitarbeiter wurden mit einem faktischen Zugangsverbot zu öffentlichen Ämtern belegt. Dies führte dann paradoxerweise dazu, dass beispielsweise Landtagsmandate von früheren Stasi-Offizieren oder Spitzeln für unerträglich erachtet wurden, aber einstige hohe SED-Funktionäre, also die früheren Auftraggeber und Nutznießer der Stasi, unbehelligt weiter mitmachen durften.

Gauck, der entschiedene Vertreter der Einheit, agierte bei seiner Konzentration auf die Stasi-Problematik genau auf dem Gebiet, das noch über viele Jahre hinweg einen wichtigen Unterschied zwischen der Politik der alten Bundesrepublik und der neu hinzugekommenen Länder markieren würde. Er wurde damit zum herausragenden Vertreter dieses verbliebenen revolutionären Wesenszugs der Ereignisse von 1989 und 1990. Und wieder nutzte er mit sicherem Instinkt seine Möglichkeiten, seine Chance, politisch zu überleben. Er war in diesem Überlebenskampf nicht der Einzige aus seiner Fraktion – andere, wie Marianne Birthler, versuchten den Anschluss bei den inzwischen gesamtdeutsch agierenden Parteien. Die meisten seiner überaus profilierten Kollegen – dieser Haufen talentierter Redner und Vertreter des Aufbruchs von 1989 – verschwanden aber weitgehend von der öffentlichen Bühne. Die bunt zusammengewürfelte Fraktion, der er angehörte, würde es erkennbar bald nicht mehr geben. Das Neue Forum begann zu zerfallen. Auch Gauck – wollte er weiter in der Politik bleiben – hätte sich entscheiden müssen, irgendwo als Quereinsteiger Unterschlupf zu finden. Matthias Platzeck empfahl er den Schritt der Anpassung. Er solle doch zu den Sozialdemokraten gehen, schlug er ihm vor.

Das Stasi-Thema aber bot eine andere Überlebensperspektive. Ohne ein Bekenntnis zu einer politischen Richtung oder Partei. Es war – und das kam Gauck sehr entgegen – eine Problematik, die besser in einem überparteilichen Konsens zu bewältigen war. Als er deswegen Anfang Juni zum Vorsitzenden eines Sonderausschusses der Volkskammer gewählt wurde, gewann er das Profilierungsfeld, das ihm Wirkungsmöglichkeiten im vereinten Deutschland zwar noch nicht sicherte, aber doch denkbar erscheinen ließ. Er konnte auf einem Gebiet agieren, auf dem ihm auch seine bisherige Lebenserfahrung dienlich war. Und Gauck taktierte mit einem Geschick, das für einen Anfänger im Politikbetrieb ganz außergewöhnlich war.

Eine Kontroverse kam ihm wie gerufen, die dann auch seinen wichtigsten Gegenspieler Peter-Michael Diestel schachmatt setzte. Bei der Auflösung der Staatssicherheit war bis zum Sommer eine Unterstruktur der Geheimpolizei, die »Offiziere im besonderen Einsatz«, kurz OibE genannt, weitgehend unbeachtet geblieben. Es hatte zwar einige Hinweise darauf gegeben, dass etwa im Bereich des Außenhandels Stasi-Offiziere unter einer Legende arbeiteten. So war bekannt geworden, dass der umstrittene und dann in die Bundesrepublik geflüchtete Staatssekretär Alexander Schalck-Golodkowski tatsächlich als Oberst der Stasi aktiv gewesen war. Aber dass weit über dreitausend Stasi-Offiziere in Verwaltungsdienststellen oder Betrieben unentdeckt weiter tätig blieben, wurde erst durch im Frühjahr 1990 aufgefundene Listen belegbar.

Gauck war inzwischen zur Anlaufstelle für all die Aktivisten geworden, die unter zum Teil abenteuerlichen Umständen solche Materialien zutage förderten. Einer von ihnen, Harry Ewert, der Mann mit dem Spitznamen »Bunker-Harry«, tauchte regelmäßig bei ihm auf und brachte stetig neue Erkenntnisse von seinen Streifzügen durch verlassene Stasi-Liegenschaften mit. Gauck nutzte diese Informationen in einem geschickten Spiel mit den Medien, um Diestel unter Druck zu setzen. Die Zusammenarbeit funktionierte insbesondere mit *Kontraste*, einem politischen Magazin des Senders Freies Berlin, und dort mit Roland Jahn, dem einst zwangsweise aus der DDR ausgebürgerten Jenaer Bürgerrechtler. Diestel war nach den OibE-Enthüllungen nicht länger als Stasi-Auflöser haltbar. Er überstand zwar eine Abstimmung in der Volkskammer, bei der von Gaucks Fraktion seine Ablösung als Innenminister gefordert worden war. Aber Ministerpräsident de Maizière entzog ihm notgedrungen die Verantwortung für die weiteren Schritte bei der Liquidierung des Stasi-Apparats und übertrug sie seinem Staatssekretär Albert Stief. Tatsächlich aber war die Regierung weitgehend ausgehebelt worden – ohne Gaucks Ausschuss lief nichts mehr bei der Stasi-Auflösung.

Die politische Kontroverse um den Umgang mit dem Stasi-Erbe war damit zumindest in der DDR ganz im Sinne von Gauck entschieden. Spätestens jetzt war rückhaltlose Aufklärung angesagt. Ihm kam dabei zugute, dass alles, was mit der Staatssicherheit und ihrer Auflösung zusammenhing, einen Großteil der politisch Aktiven entlastete, aber auch die »normalen« Bürger. Sicher, ein erheblicher Teil der Bevölkerung hatte auf die eine oder andere Art, intensiver oder nur durch Stillhalten, seinen Anteil an der Aufrechterhaltung der SED-Herrschaft. Hunderttausende waren Mittäter, Millionen Mitläufer. Selbst diejenigen, die sich von der SED und den anderen Parteien oder Massenorganisationen fernhielten, hatten zuweilen von der Ausgrenzung von Systemgegnern und der damit verbundenen Politik profitiert. Vielen war in den Tagen, in denen das Ende der alten DDR absehbar wurde, bewusst, dass ihr eigenes Verhalten bei kritischer Betrachtung infrage gestellt werden konnte. Die allerwenigsten von ihnen aber waren direkt in Operationen der Stasi verwickelt.

Auch wenn später das Erschrecken über die Vielzahl von Spitzeln, über die Truppenstärke der Stasi groß war, so umfasste die Zahl der offiziellen wie inoffiziellen Mitarbeiter der Staatssicherheit kaum mehr als ein Prozent der Bevölkerung. Verglichen mit der Zahl der SED-Mitglieder – im Oktober 1989 waren das 2,3 Millionen DDR-Bürger – war das eine verhältnismäßig kleine Gruppe der Gesellschaft. Und wenn diese zahlenmäßig eher unbedeutende Minderheit in den Mittelpunkt des Interesses geriet, wurde die Aufmerksamkeit fast zwangsläufig vom alltäglichen Mitmachen der vielen abgelenkt. Die Frage nach der Kollaboration verengte sich so auf ein erträgliches Ausmaß.

Dem kamen die relativ große Geheimhaltung des Stasi-Geschäfts und die Unwissenheit selbst vieler ihrer Spitzel über das operative Geschehen zugute. Die Geheimnisse der DDR waren nicht nur willkommenes Objekt für all die auf Enthüllung zielenden Recherchen der Medien, sie waren ebenso eine Art Entschuldigung dafür, dass die Nichteingeweihten auch nicht schuldig sein konnten. »Davon habe ich nichts gewusst« – dieser Spruch nach dem Ende einer Diktatur hatte in Deutschland Tradition. Tatsächlich wussten viele DDR-Bürger sehr wohl einiges über das Treiben der Geheimpolizei. Dass sie überall Spitzel rekrutierte und dass man einer Anwerbung mit bestimmten Verhaltensweisen aus dem Wege gehen konnte, war bekannt. Wie die Stasi mit SED-Gegnern umging, wussten ebenfalls sehr viele, nicht zuletzt deswegen, weil sie in der einen oder anderen Form mit solchen Repressalien der Geheimpolizei in Berührung gekommen waren. Und wer Westreisen machen durfte, wer befördert werden sollte, hatte in aller Regel die direkte Konfrontation mit der Stasi über sich ergehen zu lassen. Im Betrieb oder in einer Behörde war bekannt, dass bestimmte Mitarbeiter für »die Sicherheit« arbeiteten. Aber in den Tagen des Umbruchs war diese Mitwisserschaft aus naheliegenden Gründen in Vergessenheit geraten.

Notwendig für den Mechanismus der Verdrängung war ein nicht abreißender Strom von Sensationsmeldungen über bis dahin nur in Bruchstücken oder gar nicht bekannte Aktivitäten der Stasi. So entwickelte sich im Sommer 1990 eine Medienlandschaft, die die politischen Aktivitäten in der DDR in weiten Teilen ignorierte, sich aber auf jeden entdeckten Bunker oder die letzte noch nicht enttarnte Untertruppe des Mielke-Ministeriums konzentrierte – und dafür ein breites Interesse vorfand. Beispielhaft dafür waren die ständig neuen Meldungen über Schalck-Golodkowskis Bereich »Kommerzielle Koordinierung« (KoKo). Dessen Aktivitäten zur Beschaffung von Devisen erklärten viele im Alltag der DDR erlebte befremdliche Vorgänge. Die absurden Steuerverfahren gegen Besitzer von Oldtimern oder Kunstgegenständen gehörten genauso dazu wie der Abtransport von Straßenpflaster, das dann die Fußgängerzonen westdeutscher Kreisstädte zierte. Dutzende Male wurden Warenlager abgefilmt, in denen Stasi-Firmen alte Puppen oder Geschirr aus der Kaiserzeit gehortet hatten, um es devisenbringend im Westen zu verhökern. Solche Berichte schufen ein DDR-Bild, in dem weder die ökonomische Rückständigkeit noch die Untertanen-Mentalität eines Teils der Bevölkerung herausgestellt werden musste. Die Stasi war geheimnisvoll, bizarr, brutal und unberechenbar genug gewesen, um selbst einen SED-Kreissekretär als Biedermann erscheinen zu lassen. Und beim Thema Stasi war auch die gesamtdeutsche Verbrüderung nicht gefährdet. Denn das, was da ans Licht geriet, konnten die »Wessis« den allermeisten DDR-Bürgern nicht vorwerfen.

Gauck, der inzwischen mit einem Mitarbeiterstab von insgesamt achtzehn Personen in das alte ZK-Gebäude umgezogen war, stand wie kein anderer dafür, dass die scheinbar endlose Geschichte mit der gebotenen Ernsthaftigkeit weitergeschrieben wurde. Vom äußeren Auftreten her unterschied er sich weiterhin gründlich von jenen zumeist bärtigen Gestalten, die noch eine Rechnung mit den Offizieren der Sicherheit offen hatten. Er taugte nicht als fragwürdiger Racheengel. Er gehörte aber auch nicht zu denen, denen die Jahre in der DDR-Bürokratie schon nach wenigen Worten aufgrund eines Funktionärs-Kauderwelsch anzumerken waren. Sein über weite Strecken immer noch gepflegtes Pastorendeutsch war für West- wie Ostdeutsche die Sprache der festlichen wie traurigen Anlässe, der Hochzeiten oder Beerdigungen, der Momente im Leben von besonderer Bedeutung. Sie hatte etwas Vertrautes in einer Zeit, in der sich alles permanent zu verändern schien. Denn tief greifende, den Alltag völlig neu bestimmende Vorgaben und Maßnahmen waren das Problem, mit dem sich die Menschen der DDR weitgehend herumzuschlagen hatten. Gauck vermittelte ihnen mit seinem Vorgehen eine doppelt trostreiche Botschaft. Zum einen bescheinigte er den allermeisten Bürgern Unschuld, zum anderen versprach er ihnen eine Heimkehr in eine geordnete Welt ohne Spitzel und Misstrauen.

Der Vorsitzende des Sonderausschusses agierte aus ehemaligen SED-Zentralkomiteeräumen, die einst der streng geheimen Abteilung »Verkehr« vorbehalten waren. Die hatte die moskautreuen Genossen im Westen auf den Tag X vorbereitet, an dem dann jenseits der Elbe die Herrschaft der Kommunisten beginnen konnte. Ganz früher, in den Dreißigerjahren, dienten die Räume als Dienstwohnung für Reichsbankchefs, eine über einen speziellen Aufgang erreichbare Zimmerflucht an der Spreeseite des Gebäudes mit Bad und Küche und einigen wenigen Zimmern. Gill und Ladwig waren vom Bürgerkomitee hinzugekommen. Ähnlich wie in den folgenden Jahren umgab sich der frisch gebackene Ausschussvorsitzende mit Mitarbeitern, die sich vor allem durch Loyalität ihm gegenüber auszeichneten. In dieser verschworenen

Gemeinschaft war alles auf ihn zugeschnitten – keiner in seiner Umgebung war per se hinreichend qualifiziert für das Agieren im öffentlichen Raum. Es gab Fahrer und Dienstfahrzeuge, und in beschränktem Maße war der Zugang zu dem Aktenlager in der Normannenstraße möglich. Die Seele der Truppe waren David Gill und eine Freundin, eine junge Musikerin, schön, sehr dynamisch, auch wie Gauck so gar nicht DDR.

Der entpuppte sich als ein unschlagbares Naturtalent beim medialen Auftritt. Mit Journalisten ging er ungewöhnlich aufgeschlossen um. Vor allem gab er ihnen das Gefühl, Verbündete zu sein. Gemeinsam müsse man sich um Aufklärung bemühen, so seine Botschaft. Die Recherchen und die Berichterstattung über die Offiziere im besonderen Einsatz waren dafür ein Schlüsselerlebnis. Der offene Umgang mit den Medien hatte dafür gesorgt, dass er die Auseinandersetzung mit Diestel bestand. Der war ein Schwergewicht der Regierungskoalition, er war ja nicht nur Innenminister, sondern auch stellvertretender Ministerpräsident. Und Diestel hatte die volle Unterstützung der alten Seilschaften des Sicherheitsbereichs. Zunächst konnte er Punkte sammeln, als er beispielsweise die Enttarnung und Festnahme von früheren RAF-Terroristen in der DDR vermeldete. Aber seine polternde, selbstgerechte Art schreckte ab. Wo Diestel laut wurde, blieb Gauck ruhig. Und im Gegensatz zum Innenminister hatte Gauck eine politische Strategie. Die Vorstellung von einer weitgehenden Integration der alten Kader, die von Diestel vertreten wurde, musste zu diesem Zeitpunkt die Journalisten alarmieren. Denn dadurch konnte der Zugang zu den schlagzeilenträchtigen Geheimnissen der DDR erschwert werden.

Der Streit um den weiteren Umgang mit der schriftlichen Stasi-Hinterlassenschaft wurde eindeutig von Gauck gewonnen. Das war umso bemerkenswerter, als Diestel sich der wohlwollenden Unterstützung der Bonner Regierung, insbesondere des Bundeskanzlers Helmut Kohl, sicher sein konnte. Kohl misstraute dem Ansatz der Aufarbeitung, für den Gauck zunächst als Abgeordneter, dann als Sonder- und später als Bundesbeauftragter stand. Im Mai 1990 hatte die Zeitschrift *Quick* in einer Serie Auszüge aus Akten der Staatssicherheit veröffentlicht. Diese Unterlagen der Stasi-Hauptabteilung III hatten ihren Weg nach Bayern gefunden, zunächst zum dortigen Landesamt für Verfassungsschutz, dann in die Münchner Redaktion der Zeitschrift. Einigen Stasi-Offizieren war bewusst, dass sie mit diesem Abhörmaterial auf einer Goldmine saßen, und aus diesem Grund hatten sie insbesondere die in der HA III erarbeiteten Personendossiers mitgenommen. Sie basierten auf einem über Jahrzehnte angesammelten Berg von Abschriften mitgehörter Telefongespräche. Diese Abschriften gaben in aller Regel die Telefonate sehr akkurat wieder. Dann wurden die daraus gewonnenen Erkenntnisse zu Personenporträts verdichtet, die jedoch zuweilen voller Spekulationen und fehlerhafter Schlussfolgerungen waren. Stasi-Mitarbeiter waren in aller Regel nicht in der Lage, alle Nuancen eines Lebens in einer ihnen weitgehend unbekannten Welt zu erfassen. Und sie konnten oft nicht zwischen Geschwätz, Gerüchten und Fakten unterscheiden. Die Personendossiers, die sie anlegten, waren zwar von zweifelhaftem Wert, hätten aber dennoch ein politisches Erdbeben auslösen können. Sie reichten von Spekulationen über das Sexualleben der Westpolitiker bis hin zu Gesprächen, die aus der »Air Force One«, der amerikanischen Präsidentenmaschine, mit dem Kanzleramt geführt worden waren.

Die Veröffentlichungen in der *Quick* ließen in Bonn die Alarmglocken läuten. Aus Sicht der regierenden Koalition hatte das nichts mehr mit dem Unrechtsregime der DDR zu tun. Hier ging es um den Schutz der eigenen Geschäftsgeheimnisse. Wer die Abschriften der unzähligen Telefongespräche von Helmut Kohl, die er beispielsweise mit seinem Vertrauten Eduard Ackermann oder mit Wolfgang Schäuble führte, in die Hände bekam, der würde einige Macht über den Kanzler gewinnen – zumindest über das Bild, dem er gerecht werden wollte. Die Veröffentlichungen wurden gestoppt, der *Quick*-Chefredakteur musste gehen, und ein großer Teil des Materials, das man der Zeitschrift überlassen hatte, verschwand zunächst spurlos.[28] Aber spätestens jetzt wusste in Bonn jeder, was da drohen konnte, würde man die Akten öffnen. Die Bundesregierung war schon zuvor von der Brisanz ihrer Inhalte informiert worden. Über den amerikanischen Nachrichtendienst CIA war sie im April in den Besitz von Abhörprotokollen gelangt.[29]

Damit war jedenfalls die Bereitschaft, insbesondere von Bundeskanzler Kohl und seinem damaligen Innenminister Schäuble, eine komplette Öffnung der Stasi-Hinterlassenschaft hinzunehmen, auf null gesunken. Die Regierung war entschieden der Meinung, nicht wenige der Akten gehörten entweder vernichtet oder auf viele Jahrzehnte weggesperrt. Die Diskussionen, die in der noch existierenden Hauptstadt der DDR und in dem dort tagenden ersten frei gewählten Parlament stattfanden, wurden in Bonn als Zumutung empfunden. Dabei spielte nicht ausschließlich die Furcht vor möglichen Enthüllungen eine Rolle. Kohl und seine Weggefährten in der Bundesregierung zählten damals zu den wenigen Politikern in Deutschland, die mehr als eine vage Ahnung hatten vom Wirken der Nachrichtendienste und die auch einen gewissen Einblick in die Arbeit der Geheimpolizeien des sowjetischen Blocks besaßen. Dafür immerhin hatten Bundesnachrichtendienst und der Verfassungsschutz gesorgt. Kohl wusste im Sommer 1990 einiges mehr als viele andere, die in Ost-Berlin über die Stasi redeten. In Bonn waren Überläufer befragt worden, Stasi-Offiziere, die vom tiefen Eindringen der Mielke-Truppe in die westlichen Geheimdienste berichten konnten. Es hatte zeitweise auch Gespräche darüber gegeben, wie man ein wechselseitiges Stillhalteabkommen erreichen konnte. Dabei sollte die Strafverfolgung von Stasi-Mitarbeitern ausgesetzt und im Gegenzug das in Ost-Berlin angesammelte operative Wissen nicht gegen die Bundesrepublik genutzt werden. Die Gespräche verliefen schnell im Sand, aber die Angst vor dem erhaltenen Stasi-Material blieb.

Vor allem widersprach die Konzentration auf die Stasi-

Machenschaften jedoch den politischen Grundzügen, nach denen sich Kohl die Vereinigung vorstellte. Er hielt wenig von dem von Gauck propagierten Versuch, dieses Mal die Fehler zu vermeiden, die beim Umgang mit den Nazi-Verbrechen gemacht wurden – er hatte die Nachkriegspolitik seines großen Vorbilds Konrad Adenauer stets gepriesen. Der erste Kanzler hatte sich nicht gescheut, frühere Nationalsozialisten mit wichtigen Aufgaben zu betrauen. Die Auseinandersetzung mit dem Kommunismus war aus Sicht des CDU-Vorsitzenden vor allem abstrakt zu führen – zumal er inzwischen in seiner Partei Zehntausende von Mitgliedern hatte, die einst als sogenannte »Blockflöten« die Politik der SED unterstützten. Für Kohl gab es keinen wesentlichen Unterschied zwischen guten und schlechten SED-Mitgliedern, zwischen der Stasi und dem restlichen Herrschaftsgefüge der ostdeutschen Kommunisten.

Mit der Ablehnung einer Stasi-Aktennutzung stand der CDU-Vorsitzende nicht allein. Explizit zur Seite sprang ihm aber lediglich der einstige Brandt-Vertraute, der Sozialdemokrat Egon Bahr. Andere, wie der damalige FDP-Chef und Außenminister Hans-Dietrich Genscher, hielten sich aus der Debatte heraus. Wie auch immer: Gauck wurde in jenen Tagen für den scheinbar allmächtigen Kanzler zu einem Problem. Er wüsste schon, was er mit diesem Papierberg machen würde, sagte Kohl[30], und ein jeder verstand, dass er ihn am liebsten vernichtet sehen würde.

Der vom Bundeskanzler zur Schau getragene Widerwille gegen eine Aktenöffnung hatte Auswirkungen auf die von seinem Kanzleramtsminister Schäuble geführten Verhandlungen zu den rechtlichen Grundlagen der Vereinigung. Im Einigungsvertrag war zunächst keine Regelung für die Stasi-Akten vorgesehen. Die von der Volkskammer geführten Debatten und auch die Beschlüsse des letzten DDR-Parlaments zur Handhabung der schriftlichen Stasi-Hinterlassenschaft wären mit dem Beitritt zur Bundesrepublik wirkungslos geworden. Die Akten wären in diesem Fall dem Bundesarchiv übergeben worden. Damit wäre ein zentrales revolutionäres Element der Umwälzung in der DDR verloren gegangen. Und Gaucks Mission wäre beendet gewesen.

Jetzt kam dem Pastor aus Rostock ausgerechnet die Bürgerrechtsszene zu Hilfe, zu der er ansonsten zunehmend auf Distanz ging. Eine Gruppe von prominenten SED-Gegnern, allen voran Bärbel Bohley, besetzte einige Räume in der früheren Stasi-Zentrale in der Berliner Normannenstraße und verlangte eine Klausel im Einigungsvertrag, die den Umgang mit den Stasi-Akten in der Bundesrepublik analog zu den Beschlüssen der Volkskammer vorsah. Zu den Besetzern stießen dann einige der im Westen beheimateten früheren DDR-Oppositionellen wie etwa Wolf Biermann. Gauck stand vor dem Dilemma, dass er diese Art politischer Aktion im Prinzip ablehnte, zugleich aber sehr wohl erkannte, dass sie seinen persönlichen wie politischen Interessen enorm nutzen konnte. So hielt er sich zunächst zurück, war er doch davon überzeugt, es würde ihm auch ohne die demonstrative Vorgehensweise gelingen, im Einigungsvertrag eine Übergangsklausel unterzubringen. Sie sollte den Bundestag verpflichten, mit einem Spezialgesetz die Nutzung der Stasi-Akten zu regeln. Tatsächlich aber waren bis zum Zeitpunkt der Besetzung, also bis zum 4. September 1990, die Verhandlungen darüber nicht wirklich weitergekommen. Denn weder die Bundesregierung noch das Kabinett von Lothar de Maizière schienen besonders an solch einer Regelung interessiert. Unklar war ebenso, ob die Volkskammer ihre Zustimmung zum Einigungsvertrag davon abhängig machen würde, dass ihre Vorstellungen zu der Stasi-Materie berücksichtigt werden. Gauck hat das später so dargestellt: »Am 30. August habe ich eine Entschließung des Parlaments herbeigeführt, dass wir auf unserem Gesetz bestehen und es als fortwirkendes Recht im wiedervereinigten Deutschland übernommen sehen wollen.«[31]

Damit kam er in Bonn allerdings nicht sehr weit. Mitte September wurde unter seiner Beteiligung ein Kompromiss ausgehandelt, der eine Absichtserklärung beinhaltete. Der Bundestag sollte möglichst bald ein Gesetz beschließen, das die Volkskammervorstellungen berücksichtigen würde. Und es sollte ein DDR-Bürger als Sonderbeauftragter der Bundesregierung in der Zwischenzeit die Akten verwalten und in eingeschränktem Umfang auch ihre Nutzung ermöglichen. Ob dieser bescheidene Erfolg ohne die demonstrativen Aktionen von Bohley, Biermann und anderen überhaupt möglich gewesen wäre, bleibt umstritten. Vor Bärbel Bohley hatte Kohl großen Respekt, und er wollte mit Sicherheit keinen Eklat mit dieser Frau, die so etwas wie die Ikone der Bürgerrechtsbewegung in der DDR geworden war. Den aber hätte er provoziert, wäre im Einigungsvertrag keine Regelung gefunden worden. Gauck und seine kleine Fraktion konnten ihm gleichgültig sein. Die großen Fraktionen der Volkskammer verfolgten die Debatte eher als Unbeteiligte. Einige Sozialdemokraten immerhin unterstützten die Handlungsweisen der Besetzer. Gauck begab sich dann am Ende doch noch zu den Besetzern und versuchte, ihnen seine Pläne zu erklären, darunter die zur Weiterbeschäftigung ehemaliger Stasi-Offiziere in der von ihm zu leitenden Behörde. Es werde nicht so sein, »dass hier fünfundsiebzig Stasisten weiterarbeiten, das wird nicht sein. Da ist Sense!«, sagte er damals.[32]

Letztlich hat vor allem Gauck von der Aktion und dem Kompromiss profitiert. Denn das, was ein gutes Jahr später nach den Beratungen im Bundestag als Gesetz zur Nutzung der Akten entstand, wies erhebliche Unterschiede zu den Vorstellungen der Volkskammer von einer vor allem durch die Länder getragenen Einrichtung auf. Es schuf jene zentrale Mammutbehörde eines Bundesbeauftragten, die die Plattform für das Wirken Gaucks wurde. Und der Gesetzgeber übernahm ihn kurzerhand und ohne neuen Wahlvorgang als Leiter der Behörde – ein einmaliger Vorgang in der Institutionengeschichte der Bundesrepublik. Am 28. September, auf der vorletzten Sitzung der Volkskammer, wurde er auf Vorschlag der DDR-Regierung als Kandidat für das provisorische Amt des Sonderbeauftragten der Bundesregierung bestimmt. Es gab keinen Gegenkandidaten, keine Gegenstimmen, und alle Beteiligten schienen froh, dass die leidige Angelegenheit vom Tisch war. Gauck bedankte sich mit viel Pathos: »Insbesondere sehe ich in dieser Wahl eine Würdigung derjenigen Kräfte unseres Volkes, die im Herbst und Winter unter Einsatz ihrer Person und unter Bereitschaft zu kämpfen und zu leiden hatten, die das angefangen haben, was wir heute bereit sind zu vollenden.«[33] Er selbst war somit einer der ersten DDR-Bürger, der in der Nacht zum 3. Oktober eine vom Bundespräsidenten Richard von Weizsäcker unterzeichnete Einstellungsurkunde empfing.

Gauck war es in den wenigen Monaten seit seinem Eintritt in die Politik mit einem bemerkenswerten Spürsinn für das Machbare gelungen, eine persönliche Machtbasis aufzubauen. Noch immer ist er parteilos, noch immer muss er sich politisch nicht festlegen. Die mühsame Suche nach einer neuen politischen Heimat bleibt ihm erspart. Niemandem ist er zu besonderem Dank verpflichtet, stattdessen ist er für viele unentbehrlich geworden.

Einige wenige Politiker aus dem Osten wurden Minister ohne Geschäftsbereich im Kabinett Kohl, der prominenteste unter ihnen war der letzte DDR-Ministerpräsident Lothar de Maizière. Bei ihnen allen war dieser Einstieg in die bundesrepublikanische Politik mit einem Arbeitsplatzwechsel verbunden. Denn die Hauptstadt lag ja am Rhein und hieß Bonn. Gauck aber behielt seinen Dienstsitz in Berlin – und war auch damit eine große Ausnahme.

Beim Rückblick auf das entscheidende Jahr 1990 und die Rolle, die Gauck dabei spielte, fällt auf, wie souverän der Pastor aus Rostock in einer ständig aufgeheizten, manchmal sogar hysterischen Stimmung handelte. Die Meldungen überschlugen sich an manchen Tagen stündlich. Aufklärung über all die Ungereimtheiten des Lebens in der von dunklen Kapiteln überladenen SED-Herrschaft, über seltsame und intransparente Vorgänge im eigenen wie im Leben anderer erhofften sich die Menschen über den Zugang zum Wissen der ultimativen Geheimnisträger, der Stasi. Dabei waren die Seilschaften, die sich etwa bei der Privatisierung von volkseigenem Vermögen, bei dem Erwerb von Grundstücken oder der Abwicklung von Firmen Vorteile zu verschaffen suchten, in den meisten Fällen gar nicht oder nur lose mit alten Stasi-Strukturen verbunden. Die Aktenberge im Archiv der Geheimpolizei hätten in vielen Fällen lediglich als Ausgangspunkt für Recherchen genutzt werden können.

Zuweilen wären sie hilfreich gewesen, den Gerüchten über fortgesetzte Versuche nachzugehen, mit denen Mithelfer alter Stasi-Strukturen in der neuen Zeit ihr Wissen zur Bereicherung nutzten. Das konspirative Geflecht der Staatssicherheit umfasste nämlich auch getarnte Firmen. Und nicht zuletzt durch die Fahrlässigkeit des Bürgerkomitees bei der Auflösung der Spionageabteilung wurden deren streng geheime Beschaffungs- und Verwertungskanäle nicht vollständig zerschlagen. So agierte bis weit in den Sommer hinein mitten in Berlin eine Stasi-Firma mit Namen Interport, die sich 1990 selbst zur Tarnung in den Komplex des DDR-Computerherstellers Robotron eingegliedert hatte. Tatsächlich aber verfügte sie über eine wertvolle Hinterlassenschaft aus den Zeiten, in denen in der DDR alles eingesammelt, teilweise auch widerrechtlich eingezogen wurde, was zu Devisen gemacht werden konnte. Im Fall von Interport waren das beispielsweise konfiszierte Oldtimer-Fahrzeuge von erheblichem Wert. Diese Fahrzeuge die schon in der DDR in harte Westmark verwandelt werden sollten, wären jetzt noch viel besser zu vermarkten gewesen.

Erkenntnisse über Korruption und Misswirtschaft waren aber noch die vergleichsweise harmlosen Informationen in den Unterlagen. Die Stasi-Akten waren oft die letzten Rettungsanker, wenn es um die Aufklärung von Lebensschicksalen ging. Da waren Adoptierte auf der Suche nach ihrer Herkunft oder Eltern mit Fragen zu den Kindern, die ihnen einst weggenommen worden waren. Da gab es Abschiedsbriefe von Hingerichteten, die nie ihre

Empfänger erreicht hatten, weil die Stasi sie einfach einbehielt. Allen Beteiligten und auch der Öffentlichkeit wurde im Sommer 1990 klar, dass noch unzählige mit Leid und Trauer verbundene Geschehnisse offenzulegen waren und dass mit jeder neuen Enthüllung vielleicht in einem Fall eine Antwort, in vielen vergleichbaren aber nur neue Fragezeichen auftauchen würden.

Wer bei diesen drängenden Angelegenheiten die Nerven behielt, qualifizierte sich für weitere Aufgaben. Denn allzu oft und allzu spektakulär scheiterte so mancher Politiker der inzwischen demokratisch regierten DDR daran, dass er entweder ignorant reagierte und aufgeregt aktionistisch. Gauck jedoch blieb zurückhaltend, besonnen und dennoch hinreichend sensibel und glaubwürdig. Er ließ sich selbst die größten Hirngespinste vortragen, hatte Zeit für jeden verwirrten Journalisten und fand immer das passende Wort, wenn er zu einer weiteren Auskunft nicht in der Lage war. So wie er als Pastor gelernt hatte, Hinterbliebenen Todesnachrichten zu überbringen, so kam er jetzt mit den tröstenden Worten, dass die Wahrheit schon ans Licht kommen werde und Gerechtigkeit einziehen könne in einem Land, in dem keiner dem anderen noch über den Weg zu trauen schien. Gauck war für viele Beobachter der Ruhepol, der schon deswegen Vertrauen verdiente.[34] Dass er aus einer politischen Formation stammte, deren Schicksal man als besiegelt auffasste, wurde ihm ebenfalls zugutegehalten. Seine parteiliche Ungebundenheit wurde bei dem Ruf nach einem geeigneten Sonderbeauftragten zur Zusatzqualifikation. Weder ein Christ- noch ein Sozialdemokrat wären frei gewesen von dem Verdacht, Parteiinteressen vor das Gemeinwohl zu stellen.

Aber nicht alles war gut verlaufen in den letzten Tagen der DDR. Die letzte Arbeitssitzung der Volkskammer am 28. September wurde ein Beispiel dafür, was mit der Stasi-Hinterlassenschaft an Unheil angerichtet werden konnte. Der Höhepunkt dieser Mammutsitzung war eine stundenlange Debatte, so quälend, dass zuweilen Tränen flossen. Einige Mitglieder aus Gaucks Fraktion bestanden darauf, dass jetzt Klarheit geschaffen werde, ob Volkskammerabgeordnete früher für die Stasi gespitzelt hätten. Ein Ausschuss, der dafür extra eingesetzt worden war, solle endlich seine Rechercheergebnisse bekannt geben. Die CDU wollte eine Debatte hinter verschlossenen Türen, aber dann kam es doch zum öffentlichen Auftritt von Volksvertretern, die unter Stasi-Verdacht standen.

Auf der längst unter den anwesenden Journalisten kursierenden Liste von gut vier Dutzend Abgeordneten, bei denen sich Hinweise auf Stasi-Kontakte ergeben hatten, war auch ein Joachim Gauck bestens vertrauter Mann, der Abgeordnete Bernhard Opitz. Karteikarten wiesen ihn als registrierten inoffiziellen Mitarbeiter aus. Weitere Akten dazu waren nicht aufgefunden worden. Opitz war lange in der Kirchentagsarbeit engagiert gewesen und in dieser Zeit von der Staatssicherheit überwacht worden. »Wir kennen uns seit vielen Jahren und sind einander in der Tätigkeit verbunden«, sagte Gauck dann auch über Opitz auf dieser chaotischen, gefühlsbeladenen Sitzung, die sich weit über sechzehn Stunden hinzog. Aber viel mehr sagte er nicht zu den Verdächtigungen gegen jenen Mann, den er in seinen *Erinnerungen* als »Bekannter und guter Vertrauter«[35] bezeichnete.

Regelrecht kühl reagierte Gauck in dieser letzten Sitzung des Parlaments auf den wütenden, fassungslosen Redebeitrag seines Weggefährten und auf dessen Vorwürfe, er sei entweder ein Opfer von Dilettanten oder Kriminellen: »Ich möchte einmal versuchen, Sie daran zu erinnern, dass ... mir bei meiner Arbeit an dem Material Karteikarteneintragungen begegnet sind und dass die Akteneinsicht anschließend ergeben hat, dass weder eine Verpflichtungserklärung vorgelegen hat noch eine Geldzahlung jemals zustande gekommen ist ... Halten Sie es nicht für angebracht, den schweren Vorwurf der Kriminalität, den Sie hier eben Kollegen gemacht haben, zurückzuziehen und ihnen anzubieten, die von mir genannte Erklärungsvariante in Anwendung zu bringen?«[36]

Opitz war ob dieser Intervention seines guten Bekannten erst einmal nur verblüfft: »Lieber Herr Abgeordneter Gauck! Gestatten Sie, dass ich Sie weiter duze«, sagte er. Dann, dass er niemandem mit seinen Vorwürfen zu nahe treten wollte. Den Ratschlag Gaucks nahm er nicht an. Er blieb bei der Wahrheit. Tatsächlich hatte er vor vielen Jahren als politischer Gefangener und unter enormem Druck eine Verpflichtungserklärung zum Spitzeldienst unterschrieben. Wobei Opitz sich jedoch sehr bald nach dieser Sitzung und unter Zeugen wieder schriftlich von ihr distanzierte.

Der seltsam formulierte Rat von Gauck an einen früheren Weggefährten – »die von mir genannte Erklärungsvariante in Anwendung zu bringen« – waren die letzten Sätze des Rostocker Pastors in der Volkskammer. Opitz, einer der wenigen FDP-Abgeordneten mit kirchlichem Hintergrund, konnte später anhand der Stasi-Akten zu seiner Person belegen, dass er von der Geheimpolizei vielfältig drangsaliert worden war und die Verdächtigungen gegen ihn grundlos waren. Wer den gelegentlich skurrilen, aber doch vertrauenswürdigen Mann kannte, der hätte sehr wohl für ihn bürgen können. Bernhard Opitz taugte so gar nicht zum Stasi-Spitzel. Er war aus gutem Grund auf der Liste derer, die im Ernstfall interniert werden sollten. Gauck aber wollte nicht für ihn bürgen.

In eigener Sache war er besser gerüstet als Opitz. Er hatte bereits – was eine schwere Grenzüberschreitung war – im August 1990 im Archiv in Rostock als Ausschussvorsitzender Zugang zu seiner eigenen Stasi-Akte verlangt und bekommen. Ein einzigartiges Privileg, das er damals für sich in Anspruch nahm.

12

# Neuanfang mit Helga Hirsch

Gaucks Frau Hansi war noch einmal nach Berlin gekommen, am 3. Oktober 1990, um an der Seite ihres Mannes an den Feiern zur Vereinigung teilzunehmen. Tatsächlich aber war dieser Auftritt der beiden Eheleute nur noch Festtagsfassade. Mit dem Abschied von Rostock waren auch gravierende Veränderungen im Privatleben Gaucks verbunden. Er wird der Lebensgefährte der Journalistin Helga Hirsch. Dies führt zu einem tief greifenden Bruch mit seiner Familie, insbesondere im Verhältnis zu seiner jüngsten Tochter Katharina. Gauck schließt allerdings mit seiner Ehefrau eine Art Übereinkunft. Von einer Scheidung sei nie die Rede gewesen, sagt Hansi Gauck später.[37] Auch der gemeinsame Hausstand wird formal noch viele Jahre aufrechterhalten. Gauck fährt weiterhin mit einem Rostocker Autokennzeichen durch Berlin.

Tatsächlich stehen die noch heute etwas verworren erscheinenden Beziehungen von Joachim Gauck zu den Frauen – neben Hansi und der jetzigen Lebensgefährtin Daniela Schadt ist Helga Hirsch weiterhin in seiner Nähe – für alles andere als eine Bilderbuchexistenz, gerade für einen Pastor. Geschuldet ist diese Eigenheit sicher unter anderem der Tatsache, dass er erst sehr spät darüber nachgedacht hat, ob sein Privatleben einer öffentlichen Bewertung standhalten könnte. 1990 jedenfalls war der Gedanke recht fern, wie er wohl als Bundespräsident dastehen würde mit einer Nochehefrau, einer Exfreundin als enger Mitarbeiterin und einer Freundin als aktueller First Lady.

Um Gauck als politische Person zu beurteilen, ist das alles nicht von Interesse. Das Privatleben einiger deutscher Spitzenpolitiker – Angela Merkel oder Gerhard Schröder beispielsweise – ist ebenfalls voller Sonderheiten. Insofern befindet sich Gauck in guter Gesellschaft. Wesentlich für seine öffentliche Wirkung ist jedoch die Überlegung, inwieweit die Frauen, mit denen er Tisch und Bett teilte und teilt, auch Einfluss genommen haben auf seine politische Entwicklung. Und dabei spielt Helga Hirsch ohne Zweifel eine herausragende Rolle. Sie ist seit 1990 die Person, die sein Denken und Handeln am nachhaltigsten prägt. Sie ist auch, nachdem ihre Liebesbeziehung 1998 beendet war, seine wichtigste Ratgeberin geblieben. Wer Gauck verstehen will, muss sich also mit Helga Hirsch beschäftigen. Die wiederum zeichnet sich durch einen ungewöhnlichen Lebenslauf voller Brüche aus.

Geboren wurde sie 1948 in Niedersachsen, in dem kleinen Weserort Estorf, als Tochter eines Breslauers, den es bei Kriegsende dorthin verschlagen hatte. Ihr Aufwachsen ist geprägt von der Fremdheit eines Elternteils mit der neuen Heimat. Als junge Frau wird sie sich intensiv mit dem beschäftigen, was den Menschen in Mittel- und Osteuropa im 20. Jahrhundert an Entwurzelung widerfuhr. Ihre Schicksale werden das Thema zahlreicher ihrer Veröffentlichungen. Einmal stellt sie sich auch der Welt ihrer Kindheit, geht zurück nach Estorf und schildert dort ihre Eindrücke, beschreibt die Verletzungen, unter denen sie in ihrem Geburtsort gelitten hat. In ihren eigenen Worten wuchs sie auf als »Fremdkörper in einer niedersächsischen Dorfgemeinschaft, die nur Plattdeutsch sprach und fast ausschließlich von der Landwirtschaft lebte«.[38] Den Vater schildert sie als einen Außenseiter, der niemals dort angekommen war, wo er seine Familie gegründet hatte. »Zu seinen Lebzeiten war mein Vater ein Mann ohne Vergangenheit. In Estorf wollte er sich nicht anpassen, hielt an seinem Hochdeutsch mit schlesischem Akzent fest. Er hielt Distanz. Er wollte nicht dazugehören. Er war anders. Es war, als existierte in der Familie ein ungeschriebenes Gesetz, das eine Begegnung mit der Vergangenheit und den wenigen Verwandten des Vaters verbot.«[39]

Helga Hirsch erlebte die Integration in die westdeutsche Gesellschaft als schwierigen und zuweilen auch schmerzhaften Prozess, auf den es durch besondere Anpassungsleistung zu reagieren galt. »Für das Verhalten der Flüchtlinge muss man sich schämen. Schlimm für eine Frau, wenn sie aufgrund des Mangels an Männern nur einen Flüchtling abbekommen hat.«[40] Nach dem Abitur verließ sie die Provinz. 1967 versuchte sie kurz ein Theologiestudium in Berlin, wechselte aber bald und nahm ein Lehramtsstudium mit den Fächern Deutsch und Politik an der Freien Universität auf. Berlin war die Hochburg der Studentenrevolte, und sie war dabei, als aus der zunächst fast die gesamte Studentenschaft umfassenden Bewegung ein Haufen sich zunehmend bekämpfender Grüppchen wurde. Hirsch engagierte sich zu Beginn der Siebzigerjahre – und zwar ein Jahrzehnt lang – in einer maoistischen Politsekte, die sich zuerst KPD/AO, später nur noch KPD nannte.

Was damals in der akademischen Jugend Deutschlands geschah, mutet heute wie ein kollektiver Wahn einer ganzen Generation an. Halbwegs begreiflich wird das nur vor den zeitgeschichtlichen Hintergründen. In der Bundesrepublik regierte von 1966 bis 1969 die erste Große Koalition von CDU und SPD, und in der Folge fiel der Bundestag als Ort der Auseinandersetzung um den politischen Kurs des Landes weitgehend aus. In Vietnam tobte ein Krieg, den die westliche Führungsmacht USA mit großflächigen Bombardements und enormen Opfern in der Zivilbevölkerung zu gewinnen versuchte. Die Schreckensbilder der von den Napalmbomben verbrannten vietnamesischen Kinder gingen um die Welt. Im sowjetischen Block hatten 1968 die orthodoxen Kommunisten mithilfe von Panzern zarte Reformversuche in der Tschechoslowakei erstickt. Die Jugend der Bundesrepublik, aber auch die vieler anderer westlicher Staaten sah sich in ihrer Mehrheit mit einer unerträglichen Welt konfrontiert. Dagegen schien ein revolutionäres Aufbegehren nicht nur gerechtfertigt, sondern überlebensnotwendig. In Frankreich gelang im Mai

1968 für ein paar Wochen ein von der Arbeiterschaft gestützter Studentenaufstand, der auf eine grundlegende Umwälzung der politischen Verhältnisse hoffen ließ. Einher mit dem politischen Aufbegehren ging der Protest gegen die völlig verknöcherten Lebensvorstellungen der Elterngeneration – ein Protest, der sich in Kleidung, Frisur, Musik, Sexualverhalten und Drogenkonsum ausdrückte.

Nur wenige erkannten, dass das Aufbegehren in Deutschland auch Züge entwickelte, die an die schlimmsten Phasen der jüngeren Geschichte des Landes erinnerten und die sich auch in einer Art Rückbesinnung an die Auseinandersetzungen der untergehenden Weimarer Republik vollzogen.[41] Die »Diktatur des Proletariats« sollte an die Stelle der parlamentarischen Demokratie treten. Und dieses Mal würde man die Schlacht gegen die wiedererstarkten Nationalsozialisten gewinnen. Tatsächlich verfehlte die neue Nazi-Partei, die NPD, 1969 den Einzug in den Bundestag nur knapp.[42]

Zugleich hatte die Rebellion im Jahr 1969 etwas seltsam Zeitloses. Im Herbst war nicht länger das frühere NSDAP-Mitglied Kurt Georg Kiesinger Bundeskanzler, sondern der einstige Emigrant Willy Brandt. Er, der gegen die Nazis sein Leben riskiert hatte, der bald und als erster Deutscher nach Carl von Ossietzky den Friedensnobelpreis erhalten sollte, war auf einmal Gegner der sich radikalisierenden studentischen Gruppen. Es war also irgendwie auch eine verkehrte Welt, wurde der unehelich und arm geborene Lübecker Sozialist Brandt doch von revoltierenden Fabrikbesitzersöhnen als Teil des Ausbeutersystems angefeindet. Letztlich war es eine Welt voller Widersprüche, in die Helga Hirsch hineingeriet – vermutlich mit einer großen Sehnsucht nach Eindeutigkeit.

Ein Teil der rebellierenden Studenten begann mit dem Wiederaufbau kommunistischer Parteien alten Stils, den sogenannten K-Gruppen.[43] Viele der heutigen Führungskräfte bei den Grünen, aber auch einige inzwischen an herausragender Stelle arbeitende Sozialdemokraten machten damals bei diesen Gruppen mit. In der KPD und ihren Unterorganisationen war das unter anderen die spätere grüne Vizepräsidentin des Bundestags, Antje Vollmer. Publizisten wie Bernd Ziesemer *(Handelsblatt)* oder Alan Posener *(Die Welt)* waren ebenfalls dabei gewesen. Auch Horst Mahler, der einstige Staranwalt der Studentenrevolte, der letztlich bei der NPD als rechtsradikaler Propagandist endete. Bei einer anderen maoistischen Gruppe agierte die spätere SPD-Bundesministerin Ulla Schmidt.

Nach dem Ende ihres Studiums wird Helga Hirsch 1974 für einige wenige Monate als Lehrerin in einem Dortmunder Gymnasium tätig sein. Doch kurz vor ihrer Verbeamtung entdeckt der Verfassungsschutz ihre Verbindungen zur maoistische Gruppierung, und ihr wird gekündigt. Sie ist dann das, was damals Verfassungsfeinde ein »Opfer der Berufsverbote« nennen. Sie wird damit auch als Propagandainstrument der maoistischen Politsekte benutzt. Ganz offen tritt sie jetzt als Vertreterin der Partei auf, lässt sich für eine der KPD-Publikationen interviewen und wird zur Agitatorin: »Es muß uns gelingen, im Kampf gegen Berufsverbote einen Kern proletarischer Eltern zu schaffen und den Kampf gegen das kapitalistische Schulwesen als Teil des umfassenden Kampfes des Proletariats gegen das kapitalistische Ausbeutersystem zu führen.«[44] Erst gegen Ende der Siebzigerjahre, als die KPD anfängt sich aufzulösen, beginnt auch Helga Hirsch, sich neu zu orientieren.

Beste Jahre ihres Lebens hat sie einer politischen Wahnvorstellung geopfert. In dieser Zeit hat sie die Mörderregimes von Mao Zedong in der Volksrepublik China und Pol Pot in Kambodscha verteidigt. In Maos China kamen Millionen Menschen im Zuge der »Großen Proletarischen Kulturrevolution« ums Leben. Kambodscha erlebte mit den Killing Fields, den berüchtigten Todesfeldern, einen Völkermord. Die Blutbäder der kommunistischen Führungen in Asien zu verteidigen, war aus Sicht der westdeutschen Maoisten eine Pflicht. Mit dem Teil der bundesrepublikanischen Linken, der als Untergrundgruppe die bewaffnete Auseinandersetzung mit dem verhassten Staat suchte, der Roten Armee Fraktion (RAF) um Andreas Baader und Ulrike Meinhof, gab es zwar erhebliche Differenzen, aber auch diesen »Genossen« galt grundsätzlich die Solidarität der Maoisten.

Wenn heute so mancher diese Zeit maoistischer Militanz als eine Art Spielwiese definiert, so drückt er sich um die durchaus große Verantwortung, die insbesondere Führungskader hatten – und Helga Hirsch zählte durchaus dazu. Die KPD hatte ähnlich wie ihre Schwesterorganisationen, die KPD/ML (Kommunistische Partei Deutschlands/Marxisten-Leninisten), der KBW (Kommunistischer Bund Westdeutschlands) und der KB (Kommunistischer Bund), Tausende von jungen Menschen in eine Falle gelockt, aus der sie nur schwer wieder herausfanden. Die Kommunistische Partei Deutschlands war zu Gewalt bereit, und diese hatte sie auch eingesetzt, nicht nur gegen die Polizei, sondern auch gegen politische Gegner. Wenn es beispielsweise trotzkistische Gruppen[45] wagten, in Veranstaltungen die Politik der Maoisten zu kritisieren, konnte es passieren, dass sie sich gegen Angreifer zu wehren hatten, die Eisenstangen als Waffen nutzten. Und Polizisten galten sowieso als Freiwild – aber darin unterschieden sich die Maoisten nicht von anderen Gruppen der neuen Linken. Für einen erheblichen Teil einer Generation, die dann in der Bundesrepublik politische Führungspositionen übernahm, war ein Steinwurf schon gar nicht mehr erwähnenswert, aber selbst ein Brandsatz, auf Menschen geschleudert, galt als Heldentat. Die jungen Polizisten, auf die die Wurfgeschosse niederprasselten, waren eben »Schweine«.

Eine Auseinandersetzung mit den politischen Strömungen und Vorstellungen, die die Mehrheit der Bevölkerung teilten und die sich auch im Wahlverhalten erkennen ließen, fand innerhalb der Politiksekten nicht statt. Mit den regierenden Sozial-, mit Christdemokraten oder mit Liberalen wurde nicht geredet. Das Volk war aus der Perspektive der Maoisten wiederum zu verführt, zu dumm, um seine Ausbeutung zu erkennen. Altersgenossen, die in den Jugendorganisationen der großen Parteien, den Jungsozialisten oder gar der Jungen Union mitmachten, galten als bemitleidenswerte Volltrottel. Das führte dazu, dass sich an den Universitäten nur noch sehr wenige Studenten als Anhänger der CDU, der FDP, oft sogar der SPD zu erkennen gaben. Man kann den späteren Durchmarsch von Angela Merkel auch darauf zurückführen, dass es schlicht an ernst zu nehmender Konkurrenz mangelte. In der Bundesrepublik hatten nur wenige aus ihrer Alterskohorte daran gedacht, in der CDU politisch aktiv zu werden.

Über ihre Verirrungen hat sich Helga Hirsch im Nachhinein nur selten ausgelassen. Joachim Gauck gab zu erkennen, dass er darüber ganz gut informiert war. Insbesondere wenn er auf Gesprächspartner aus dem Westen traf, machte er Witzchen über die Verrücktheiten der Maoisten und erwähnte in diesem Zusammenhang zuweilen auch Helga Hirsch. Aber diese Jahre haben bei ihr zweifellos eine tiefe Spur hinterlassen, die nicht mit ein paar Anekdoten über verständliche Jugendsünden übergangen werden sollten. In der Bundesrepublik lebte sie das konspirative Leben einer fast schon Illegalen, für Behörden sollte es möglichst nicht nachvollziehbar sein. Sie benutzte Decknamen. Treffpunkte der Partei wurden geheim organisiert. Und nach ihrer Enttarnung 1974 stand sie vor einem Dasein ohne berufliche Perspektive. Die Beschäftigungsmöglichkeiten, die sich aufgrund ihrer Ausbildung ergaben, waren ihr verschlossen.

Es war ein Leben, das sie im Nachhinein als eine Art selbst gezimmertes Gefängnis beschreibt: »Ich frage mich manchmal … was uns so lange zusammenhielt. Und ich denke, dass ich – obwohl ich die anderen gar nicht mochte – sie wenigstens nicht verlieren konnte. Das war eine stärkere Bindung als die Familie … Die, die gingen, hatten niemanden mehr – und das hielt mich bis zum Ende davon ab, zu gehen … Ich fürchtete mich davor, mit normalen Menschen umzugehen. Die hatten als Mittdreißiger einen Beruf und Kinder. Ich wollte nicht unbedingt Mutter werden. Aber das wäre vielleicht anders gewesen, wenn mein Leben anders gewesen wäre. Also – ich war einfach nicht normal.«[46] Die manchmal als bizarr erscheinende Innenwelt dieser K-Gruppen ist eines der Tabuthemen der heutigen politischen Klasse der Bundesrepublik. Für den rot-grünen Part ist es schon deswegen mit Scham besetzt, weil viele von ihnen dieses Leben über einige Jahre führten. Aber auch die später eher konservativ beheimateten Maoisten scheuten eine Abrechnung und verhinderten so, dass sie Teil einer öffentlichen Debatte wurde.[47]

Die jeweilige Parteilinie, die vorgegeben war, vermittelte also Bindung und Sicherheit – wie überhaupt das ganze Unternehmen des an der Volksrepublik China orientierten politischen Extremismus so etwas wie eine stetige Selbstversicherung dafür war, eine allseits gültige Formel zur Erklärung der Welt zu besitzen. Aus dem kritischen Impuls der Achtundsechziger war mittelalterliche Dogmatik geworden. Vor allem darin lag die zerstörerische Wirkung der Gruppierungen. Sie waren der Überzeugung, dass nur sie den Weg zur Befreiung, ihren Weg ins Paradies kannten. All die gedanklichen Anstrengungen, die mit der Aufklärung im Deutschland des 17. Jahrhunderts begonnen hatten, wurden ausgeklammert oder verneint. Lessing, Schiller, Goethe – das war bildungsbürgerlicher Ballast. Im Maoismus gab es kein kritisches Fragen, keine Zweifel, keine Widersprüche.

Nach dem auch durch die staatliche Verfolgung bedingten Verfall der Gruppen gegen Ende der Siebzigerjahre flüchteten viele Aktivisten zur neu entstehenden Ökobewegung. Zuerst agierten sie noch friedlich im badischen Wyhl, dort eingebunden in die örtlichen Bürgerinitiativen. Später, bei den Auseinandersetzungen um die Kernkraftwerke in Brokdorf und Grohnde, stellten die Maoisten zusammen mit anarchistischen Gruppen jenen militanten Teil des Protests, der in bürgerkriegsähnlichen Schlachten die Auseinandersetzung mit den Hundertschaften der Polizei suchte. Die Anti-AKW-Kampagnen mündeten dann, nach der Selbstauflösung der KPD und anderer Gruppen, in der grünen Parteigründung. Die heutigen Grünen sind wesentlich geprägt von Menschen, die sich einmal politisch in eine wahnhafte Welt verirrt hatten. Jürgen Trittin, der als grüne Führungsfigur sich rühmen wird, Gauck als Erster zum Kandidaten für das Amt des Bundespräsidenten benannt zu haben, ist ein herausragender Vertreter dieses Auswegs aus einem zeitweiligen Irrsinn.

Helga Hirsch wählte – im Gleichklang mit nur wenigen alten Kampfgefährten – einen anderen Weg. Sie ging nicht zu den Grünen, sondern flüchtete dorthin, wo sich in Europa tatsächlich eine revolutionäre Entwicklung anbahnte – nach Polen, das nach der Wahl eines ihrer Kirchenfürsten zum Papst die Herrschaft der Kommunisten abzuschütteln begann. Ihre erste, nicht ganz zufällige, sondern geplante Begegnung mit der polnischen Opposition im Sommer 1978 wird für sie der Beginn eines Prozesses, in dem sie sich vom Maoismus loslöst.[48] Mit Scham stellt sie fest, wie wenig sie über die Geschichte des Nachbarvolks weiß. Knapp zwei Jahre später, nach der Trennung vom Maoismus, kommt sie wieder nach Polen und beginnt eine Doktorarbeit über die Entwicklung der Opposition. Sie gerät mitten in den Strudel der Ereignisse auf der Leninwerft in Danzig. Sie beginnt Polnisch zu lernen. »Es ist seltsam. Das ist nicht mein Land und nicht meine Angelegenheit, aber irgendwie war es dann doch meine Sache und mein Land.«[49]

Polen, das war damals so etwas wie der Lackmustest für die deutsche Linke. Nur einige haben ihn so gut wie Helga Hirsch bestanden. In endlosen Diskussionen wurde darüber gestritten, wie denn mit diesen seltsamen Figuren umzugehen sei, die als Arbeiter, aber dann doch mit diesen schrecklichen Marienbildern und Kruzifixen jenen proletarischen Aufstand begannen, von dem die Linke in Deutschland immer nur geträumt hatte. Mit diesem Lech Wałęsa, der vor dem Altar und vor seinem polnischen Papst niederkniete, ansonsten aber von einer bewundernswerten Unbeugsamkeit war. Viele Sozialdemokraten und Grüne konnten damit nichts anfangen. Manche sympathisierten da schon eher mit einer anderen großen Umwälzung jener Tage, mit dem

Ayatollah Khomeini, der im Iran den verhassten Schah stürzte und seine Version eines Gottesstaats zu errichten begann. Darin sahen deutsche Linke viel eher das Aufflackern der Weltrevolution.

Helga Hirsch hat sich damals für die entschieden, die zur Gottesmutter nach Tschenstochau (Częstochowa) pilgerten und sich dort den Trost, die Kraft und den Mut holten, um die Sowjetherrschaft herauszufordern. Darin ist sie wieder eine Außenseiterin – ein ideologisches Flüchtlingskind. Zunächst begleitet sie die Entwicklung in Polen vor allem akademisch, dann wird sie zur Berichterstatterin über den Aufstand, der sich jenseits der Oder vollzieht.

Gauck lernt Helga Hirsch kurz vor der Volkskammerwahl im März 1990 kennen. Sie schreibt für die *Zeit* aus Polen, hin und wieder berichtet sie aber auch über Entwicklungen in Deutschland. Als Kennerin gesellschaftlicher Umwälzungen soll sie den Lesern eine Ahnung davon vermitteln, was sich da jenseits der einstigen Zonengrenze tun könnte. »Der Neubeginn als Selbstaufgabe?«, so betitelt sie eine lange Reportage, abgedruckt am 16. März 1990 in der Wochenzeitung, in der Joachim Gauck das Schlusswort hat. Der Artikel ist angesichts der Rolle, die Hirsch später in seinem Leben spielt, von einer besonderen Aussagekraft. Hirsch setzt darin tausend Fragezeichen hinter das, was Gauck zu diesem Zeitpunkt die Revolution nennt und worauf er stolz ist: Gemeint sind die Proteste des Herbst 1989, die zur Entmachtung der SED führten. Für ihre eigene, wesentlich kritischere Sicht benötigt sie von dem ehemaligen Pastor aus Rostock allerdings noch ein paar verwertbare Zitate, die ihre schon im Titel manifestierte Skepsis über die Vorgänge in der DDR unterstützen. Und Gauck liefert diese Zitate bereitwillig, obwohl sie so gar nicht zu seiner ansonsten verkündeten Botschaft passen. Aber bei dieser Begegnung mit einer klugen und wortgewaltigen Intellektuellen, die für das von ihm respektierte Hamburger Blatt schreibt, lässt er sich gern auf eine Nachdenklichkeit ein, die nichts mit den Parolen des in der Endphase liegenden Wahlkampfs zu tun hat. Wenn da so eine mit durchaus bedenkenswerten Argumenten kommt, dann soll sie auch die Sätze mit nach Hause nehmen, die sie für ihre Sichtweise braucht.

Hirsch ist eine sehr aufmerksame Beobachterin und prophezeit in ihrem Artikel mit erstaunlicher Sicherheit den Sieg der Verbündeten von Bundeskanzler Kohl bei der Wahl am 18. März 1990. Ihr Missvergnügen über den Verlauf der Entwicklung in der DDR wird in diesem Text ebenso deutlich, auch wenn sie es hinter Sätzen von enttäuschten Protagonisten des Umbruchs versteckt. Gauck, der sich darauf einzustellen hat, gibt ihr einige Sätze auf den Weg, die er erst Jahre später wieder äußert. Es gelte, sich der gesellschaftlichen Krankheit mit Namen »Anpassung« zu stellen, sagt er. Und der Artikel 23 des Grundgesetzes, über den der Anschluss der DDR an die Bundesrepublik erfolgen soll, sei eine schlechte Lösung, weil er die Menschen klein mache. Auch sein eigenes Verhalten in der Diktatur müsse er hinterfragen. »Sie haben uns die Würde genommen, indem wir nicht schrien, als wir hätten schreien sollen«, meint er zu der Frau, die ihn wohl vom ersten Moment an fasziniert. Wenige Wochen später werden sie zusammenleben – jedenfalls dann, wenn Helga Hirsch in Berlin ist.

Ohne diese geraubte Würde und gezeichnet von der »gesellschaftlichen Krankheit mit Namen ›Anpassung‹« trifft Joachim Gauck auf eine geradezu idealtypische Repräsentantin der gescheiterten westdeutschen Revolutionsintelligenz.[50] Solch einer gnadenlos auf argumentative Stringenz achtenden Frau mit einem derart ungewöhnlichen Lebenslauf war er zuvor kaum begegnet. Und dieser Respekt prägt ihn in vielem. Helga Hirschs überaus kritische Sicht auf die weitere Entwicklung in Polen gehört dazu. Sie blieb noch bis Mitte der Neunzigerjahre in dem Land und erlebte den polnischen Weg des Umgangs mit der kommunistischen Vergangenheit als unerträgliche Alternative zu dem in Deutschland versuchten Prozess der Offenlegung der nationalsozialistischen wie kommunistischen Verbrechen. Das in Warschau einsetzende Geschachere der Revolutionäre, der Machtzuwachs des konservativen katholischen Klerus – all die Schlitzohrigkeit, die bei jeder Sünde schon die Absolution im Beichtstuhl mitdenkt, ist ihre Sache nicht mehr. Im August 1990 konfrontiert sie in einem langen Artikel erstmals ihre Leser mit dieser Ernüchterung und Enttäuschung über die Entwicklung in ihrem Gastland.[51]

So löst sie sich allmählich von Polen und beginnt ihre Berichterstattung auf andere osteuropäische Länder auszuweiten. Ihr zentrales Thema – die Transformation einer diktatorisch dominierten Gesellschaft – lässt sich ja auch aus dem zerfallenden Jugoslawien erzählen. Langsam entwickelt sich dann aber ein neuer Schwerpunkt. Zunehmend schreibt sie über das Schicksal der Deutschen nach Kriegsende, über die Verfolgung der deutschen Minderheit in der Tschechoslowakei beispielsweise, vor allem aber über die Vertreibung der Deutschen aus den von Polen besetzten Gebieten jenseits von Oder und Neiße. Das verbindet sie mit den Kindheitserfahrungen des entwurzelten Vaters.

Der Einfluss von Helga Hirsch auf die politische Entwicklung von Joachim Gauck kann nicht hoch genug eingeschätzt werden. Sie wird sein Denken und seine Äußerungen in den Jahren, die dieser Begegnung im Frühjahr 1990 folgen, mitgestalten. Zunächst ist sie ein wichtiger Schlüssel für sein Verständnis der bundesrepublikanischen Vorgänge. Die mit der Studentenrevolte einhergehenden großen gesellschaftlichen Veränderungen, die Konflikte während der sozialliberalen Regierungszeit, erst unter Willy Brandt, danach unter Helmut Schmidt, bekam er von ihr aus der Sicht einer Geläuterten und einer letztlich doch Außenseiterin Gebliebenen erklärt. Er wird mit der Kontroverse konfrontiert, mit den Problemen, die die aus der Studentenbewegung hervorgegangenen linken Splittergruppen mit der nationalsozialistischen Vergangenheit hatten. Der Historiker Götz Aly unterstellt etwa mit einer wohlbegründeten, allerdings auch vielfach kritisierten Argumentationskette den K-Gruppen ein überaus gebrochenes Verhältnis zu der in der bürgerlichen Gesellschaft bereits begonnenen Auseinandersetzung mit den NS-Verbrechen – etwa in Form der Auschwitz-Prozesse, die 1963 begonnen hatten.[52] Diese späten Versuche der Aufklärung und juristischen Aufarbeitung wurden von den rebellierenden Studenten demnach der etablierten und verachteten Welt der Bonner Republik zugeordnet. Die von der Revolution begeisterte Studentengeneration ignoriert diese, obwohl damit der deutschen Öffentlichkeit erstmals ein klares Bild über das Grauen im größten der Vernichtungslager vermittelt wurde. Viele studentische Gruppen aber entwickelten Ende der Sechzigerjahre einen nur schlecht als Antizionismus getarnten, also angeblich israelkritischen Antisemitismus. Sich davon zu lösen, war eine der Schwierigkeiten, vor denen Helga Hirsch in Polen stand und dort wieder auf vollkommen andere Formen der Judenverachtung traf. Ihre eigene Auseinandersetzung damit hat dann auch wieder Gaucks Ansichten zum Umgang mit der NS-Zeit beeinflusst. Analysen oder Interviews von ihr, so das mit dem polnischen Soziologen Zygmunt Bauman, finden ein direktes Echo in Stellungnahmen von Gauck. Baumans Einordnung des Holocaust als nicht etwa einmaliges, sondern vor allem beispielhaftes, also wiederholbares und letztlich keinesfalls typisch deutsches geschichtliches Ereignis, übernimmt Gauck fast wörtlich.[53]

Hirsch lässt in der Öffentlichkeit nur selten erkennen, dass sie sehr genau die Debatten um Gaucks Arbeit mitverfolgt und auch mitbestimmt. 1992, als der Streit um die Stasi-Kontakte des damaligen brandenburgischen Ministerpräsidenten Manfred Stolpe einen Höhepunkt erreicht, meldet sie sich mit einem Beitrag zu Wort, der eine fundamentale Kritik an der Haltung der alten westdeutschen politischen Eliten enthält. Der entscheidende Impuls zum Sturz des Kommunismus in Osteuropa sei nicht wegen, sondern trotz der Entspannungspolitik erfolgt.[54] Die Stellungnahme von Gaucks Lebensgefährtin wird nur von wenigen wahrgenommen und verstanden – dazu ist das Verhältnis der beiden auch viel zu wenig bekannt. Aber sie gibt ziemlich genau die Position wieder, die Gauck in der Stolpe-Affäre im kleinen Kreis von Vertrauten als seine eigene erkennbar machen wird.

Ansonsten aber ist Helga Hirsch nicht nur, was den bundesrepublikanischen Politikbetrieb betrifft, sondern auch hinsichtlich wesentlicher gesellschaftlicher Strömungen ziemlich unerfahren. Oft bleibt sie davon unberührt, sie war ja auch viel zu lange weg. Die Alltagsprobleme der Menschen in der Bundesrepublik sind ihr fremd. Fragen der Sozialpolitik finden bei ihr kein Interesse. Die Schwierigkeit, sich eindeutig festzulegen in dem Machtkampf der Parteien, teilt sie mit dem Bundesbeauftragten. Vor allem von Helga Hirsch initiiert, lässt sich Joachim Gauck auf die Unterstützung des von der Vertriebenenfunktionärin und CDU-Bundestagsabgeordneten Erika Steinbach propagierten Zentrums gegen Vertreibung ein. Dieser Versuch, einen bis dahin weitgehend tabuisierten Teil der deutschen Nachkriegsgeschichte zum Erinnerungsort werden zu lassen, scheiterte zunächst nicht zuletzt am Widerstand der ab 1998 regierenden Sozialdemokraten und Grünen. Aber die Vernichtung traditioneller menschlicher Lebensräume in Mittelosteuropa blieb dann viele Jahre wichtigstes Arbeitsfeld von Hirsch, und Gauck ist dabei ihr Begleiter. Ihr 2007 erschienenes Buch *Entwurzelt. Vom Verlust der Heimat zwischen Oder und Bug* ist ein großartig recherchiertes Werk zu den Tragödien des 20. Jahrhunderts.[55]

Öffentliche Aufmerksamkeit finden diese Anstrengungen allerdings selten. Hirsch ist stets damit beschäftigt, ihre Forschungen und publizistischen Bemühungen von Stiftungen oder anderen Geldgebern finanziert zu sehen. Ihre Sichtweise auf die Vorgänge in Mittelosteuropa umgeht die für die nachwachsenden Generationen unverzichtbare Schuldfrage. Denn das, was Hirsch an Tragik und Leid schildert, war ja zumeist begründet im Handeln von Deutschen. Dazu aber findet sich in ihren Veröffentlichungen kaum etwas. Die Lieblosigkeit, die Gleichgültigkeit, auch die verbrecherische Anmaßung vieler Deutscher wird in ihnen nur am

Rande erwähnt. Hirschs Publikationen bleiben eine detailreiche Ansammlung von Opferschicksalen – die Täter der Geschichte aber haben keine Konturen.

Gauck revidiert unter ihrer Einwirkung jedoch einige seiner früheren Erkenntnisse zur deutschen Nachkriegsgeschichte. Vor der Begegnung mit seiner Lebensgefährtin hat er die Aussagen über die deutschen Opfer des Krieges und der Vertreibung vor allem als eine Art Ablenkung, eine Art Schutzschild und eine Form des Selbstmitleids bezeichnet und sich dabei auf die Philosophin Hannah Arendt bezogen. Jetzt schwenkt er auf die Ansichten von Helga Hirsch ein und übernimmt ihre Forderung nach der Beschäftigung mit dem Nachkriegsschicksal der Deutschen.[56] Ihr Ringen um Begriffe wie »Heimat«, »Wurzeln« und »Integration in der Fremde« wird – zumindest in Ansätzen – auch sein Ringen. Dabei gehört Gauck zu dem Teil Deutschlands, der davon kaum berührt wurde und nach dem Krieg sein Leben fast bruchlos weiterleben konnte.

Berlin stellt tatsächlich einen Neuanfang für ihn dar. Denn die nun von ihm so gern und vielseitig beschriebene mecklenburgische Heimat wird zu etwas Abstraktem, zu einer Kunstwelt, die einem Wirklichkeitstest nicht länger standhalten kann. Gut zwei Jahre nach dem Aufstieg in sein Amt sorgt Rostock für Schlagzeilen. In bislang nicht gekanntem und so auch nicht wieder erlebtem Ausmaß kapituliert eine Stadt vor rechtsradikalen Schlägertruppen, die auf Asylbewerber Jagd machen. Das geschieht in Lichtenhagen, einem Stadtteil, der sich nur wenig unterscheidet von Evershagen, dem einstigen Wirkungsort von Gauck. Die Bilder von brennenden Häusern gehen um die Welt – Rostock wird zum Sinnbild des hässlichen Deutschen, eine Stadt der Täter. Gauck hatte sich stets auf die Kraft des revolutionären Aufbruchs in seiner Heimatstadt berufen, und jetzt werden tagelang Berichte ausgestrahlt, in denen Äußerungen seiner Landsleute zu vernehmen sind, die seinen Lobreden hohnsprechen. Dieses Rostock war nicht mehr sein Rostock. Und kurzerhand ließ er die Stadt für viele Jahre links liegen. Erst 2012, zum 20. Jahrestag der Ausschreitungen, kehrte er dorthin als Bundespräsident zurück und sagte all das, was gesagt werden musste. Mit erstaunlicher Deutlichkeit sprach er das Versagen der Behörden an, erinnerte an das DDR-Erbe des »Denkens in Schwarz-weiß-Schemata«. Und er erinnerte an das Land »der strukturellen Rücksichtslosigkeit; alles, was anders war, nicht linientreu, wurde verdächtigt, denunziert, bekämpft oder ausgegrenzt«.[57] Aber das war erst zwanzig Jahre danach das notwendige Wort zu der Verirrung seiner Rostocker.

13

# In Amt und Würden

Mit der ersten Sekunde jenes 3. Oktober 1990 war Joachim Gauck schlagartig nicht nur Bundesbürger, nicht nur Bundestagsabgeordneter, sondern auch noch »Sonderbeauftragter der Bundesregierung für die personenbezogenen Unterlagen des ehemaligen Staatssicherheitsdienstes«[58] – so viel Neues gab es für sonst niemanden an diesem Tag. Das Bundestagsmandat legte Gauck nach wenigen Stunden nieder, es war nicht vereinbar mit seinen sonstigen Pflichten.

In seinem kleinen Bürotrakt im ehemaligen Zentralkomitee-Gebäude ist er eine kuriose Erscheinung in diesem wiedervereinigten Berlin, er ist der erste und einzige ostdeutsche Behördenchef der Bundesrepublik. Drei Wochen später prangt der Bundesadler mit entsprechender Amtsbezeichnung im neuen Behördenprovisorium in einem Eckhaus in der Behrenstraße, nicht weit entfernt von der Friedrichstraße, die zu diesem Zeitpunkt eine einzige große Baustelle ist. Gauck bleibt in Berlin-Mitte, im früheren Regierungsviertel des Dritten Reichs und dann der DDR. Er will nicht in die einstigen Liegenschaften der Stasi im Stadtteil Lichtenberg, nicht dorthin, wo die Aktenberge untergebracht sind.

Das, was Gauck am 3. Oktober als Sonderbeauftragter übernimmt, ist alles andere als eine auch nur halbwegs zugängliche Ansammlung von »personenbezogenen Unterlagen«. Vielmehr hat er einen gigantischen, größtenteils ungeordneten Papierberg unter seiner Verwahrung, der sich zunächst fast jedem gezielten Zugriff entzieht. Und zu dem Papier gesellen sich noch tonnenweise Fotos und Magnetbänder. Wer im Oktober 1990 durch das Haus 8 in der Berliner Normannenstraße ging, dem Archiv der Stasi-Zentrale, musste fast zwangsläufig an einen gigantischen Irrgarten denken. Der massive, fensterlose, siebengeschossige Betonbau mitsamt zur Tarnung an den Seiten angehängten Fertigbaubüros war erst wenige Jahre alt und bis zum November 1989 weitgehend ungenutzt gewesen. Die Stasi ging davon aus, hier noch viele Jahre lang ihre Papiere bunkern zu können. Jetzt aber war der in Reserve gehaltene Platz schlagartig knapp geworden. Denn alles an Papier, was bislang in den Hunderten von Diensträumen rundherum bearbeitet worden war, wanderte als zusammengeschnürte Bündel oder in Papiersäcken gestopfte Schnipsel in das Haus 8.[59]

Das unterste der sieben Geschosse ist mit Säcken gefüllt. Und dieses riesige, fast deckenhoch gefüllte Lager von gut 600 Quadratmetern ist rundherum mit Kupfer verkleidet, 41 Tonnen des wertvollen Rohstoffs hat sich die DDR die Abschirmmaßnahmen gegen elektronische Ausspähversuche kosten lassen. Im November 1989 sollte die frisch im Westen erworbene Rechentechnik hier einziehen, aber dazu kam es dann nicht mehr. 1990 ist alles nur surreal, und der Raum erhält den Namen »Kupferkessel«. In Wirklichkeit ist das Archiv eine undurchschaubare und unwirtliche Ansammlung von Papierresten unterschiedlichster Art. Selbst Jahre später wird es dort kaum anders aussehen. Einmal darf es ein Journalist durchstreifen, 1996: »Dieselben Häuser, dieselben labyrinthischen, endlosen Gänge mit fahlem Licht. Höhenversetzte Fußböden, rätselhafte Winkel, düstere Ecken, Löcher, Türen. Fahrstühle zum Schafott. Die Luft ist klebrig. Wo kann man sich mal die Hände waschen?«[60]

Diese unappetitliche Ansammlung von »Unterlagen«, die Gauck jetzt zu behüten und zu nutzen hatte, diese Hügellandschaft von Papieren, Filmen, Daten und Tonbändern war so etwas wie das letzte große Täuschungsmanöver der untergegangenen Geheimpolizei. Der Teil, den sie einst selbst geordnet in ihre Archiv-Abteilung XII geschaffen hatte, war immerhin in beschränktem Maße aussagekräftig und zugänglich. Das waren die Restbestände der bis zum November 1989 abgeschlossenen und abgelegten Operationen – Papierbände über informelle Mitarbeiter, Vorgänge über Überwachungs- und Verfolgungsmaßnahmen. Wer nun denkt, die von der Stasi archivierten Akten in Berlin, die eine Länge von etwa dreiundzwanzig Kilometern umfassen, und auch die in den Archiven der Bezirksverwaltungen, die nochmals insgesamt fünfunddreißig Kilometer ausmachen, seien erschlossen, wie es in der Aktensprache heißt, der irrt. Die Erkenntnisse der kommunistischen Geheimpolizei wurden so aufbewahrt, dass der Zugang zu ihnen einem Hindernislauf gleichkam. Ihr Inhalt war nirgendwo aufgelistet.

Das einzig verfügbare Mittel zum zielgerichteten Auffinden der Unterlagen war die Zentrale Personenkartei, die sogenannte F 16 mit ihren gut 6,5 Millionen Namen. Sie wiederum verwies, soweit es zu den Personen Akten gab, auf die F 22, die Kartei der Registriernummern, die den jeweiligen Operationen zugeordnet worden waren. Die Vorgangskartei gab zwar Aufschluss über die Art der Registrierung, aber noch nicht hinreichend über den Charakter des Verhältnisses zwischen der jeweiligen Person und der Staatssicherheit. Wenn ein Vorgang also vor dem November 1989 archiviert war, konnte er im Regelfall auch gefunden werden. Für solche Recherchen in der F 16 und F 22 existierten bis zur Auflösung der Stasi elektronische Datenbanken, und der Zugriff dauerte nicht einmal eine Sekunde. Daneben war noch eine etwas altertümliche Anlage mit über sechs Millionen Karten für die F 16 vorhanden sowie ein ähnliches Monstrum für die F 22. Der moderne elektronische Datenspeicher war, wie gesagt, im Frühjahr 1990 vernichtet worden – übrig geblieben waren einzig die endlosen Drehtische mit den Karteikarten, in denen dann mühsam herumgekramt werden musste. Von den Karten fehlten einige hunderttausend, nachdem sich der Runde Tisch nicht nur von Stasi-Offizieren hatte überreden lassen, die Datenbänder zu vernichten, sondern den Kartenbestand auch zu säubern. So gelang der Zugang zu dem Altarchiv allein mit der Hoffnung, dass nicht vorher jemand die Karte hatte verschwinden lassen.

Der jetzt so mühsame, allerdings selbst beim elektronischen Zugriff nicht besonders aussagekräftige und zuweilen sogar verwirrende Einstieg in die archivierten Unterlagen war dem fast schon grenzenlosen Sicherheitsbedürfnis der Stasi geschuldet. Ein potenzieller Verräter unter den etwa dreihundert Mitarbeitern des Berliner Archivs hätte nur wenige Chancen gehabt, spezielle Themenkomplexe zu ermitteln. Wer also beispielsweise in einem bestimmten Ministerium der DDR als Spitzel arbeitete oder in einer Kirchengemeinde schnüffelte, war einzig über den enormen Aufwand einer Recherche aller dort tätigen Personen, über den Zugriff auf die dabei gefundenen Registriernummern und letztlich über den Blick in die Aktenbände selbst zu ermitteln.

Die endlosen Regale mit den rotbraunen alten IM-Akten und den hellblauen Bänden mit operativen Überwachungsvorgängen, die Gauck 1990 vorfand, waren also voller bislang nicht gelüfteter und nur schwer zu lüftender Geheimnisse. Daran hat sich seitdem kaum etwas geändert. Fast zwei Jahrzehnte dauerte es etwa, bis eine der zeitgeschichtlich wie strafrechtlich wichtigsten Akten des Stasi-Archivs aufgefunden wurde. Der mehrbändige Vorgang zu Karl-Heinz Kurras, einem West-Berliner Polizisten, sorgte 2009 für eine Sensation. Der Mann hatte am 2. Juni 1967 den Studenten Benno Ohnesorg erschossen – und damit seinen Anteil an der Radikalisierung der westdeutschen Protestbewegung. Er war aber auch Spitzel der Staatssicherheit gewesen und hatte einst wertvolle Informationen über die West-Polizei in den Osten geliefert. Ein frühes Auffinden der Akte hätte ohne Zweifel intensive Ermittlungen eingeleitet. Aber es kam lange Jahre niemand auf die Idee, nach Kurras zu suchen. So blieb seine Personenkarte, seine F 16, so lange unentdeckt.

Dort, wo das alte Archiv relativ früh genauer unter die Lupe genommen wurde, beispielsweise in der Außenstelle Schwerin, gelangte man sehr schnell zu überraschenden Erkenntnissen. So wurde deutlich, dass in den Anfangsjahren der Geheimpolizei die Verfolgung religiöser Gruppen, insbesondere der Zeugen Jehovas, einen viel breiteren Raum einnahm, als man vermutet hatte. Insgesamt wird das Altarchiv der Stasi eines Tages dazu beitragen, ein sehr viel genaueres Bild über die Sicherheitsparanoia, ebenso über die Wirkungsgeschichte des Ministeriums zu vermitteln. Und es dürfte sich dabei herausstellen, dass die Verfolgung politischer Gegner einen geringen Teil des Arbeitsaufwands ausmachte. Korruption, unerwünschtes Verhalten aus religiöser Überzeugung, unangepasster Lebensstil – all das war viel eher Schwerpunkt der Stasi-Tätigkeit. Aber das war 1990 weitestgehend unbekannt, weil noch keiner intensiver hatte nachschauen können.

Wer in den Wochen vor der Besetzung der Normannenstraße und in der Zeit bis zum Sommer 1990 in diesem Altbestand Veränderungen vornahm, lässt sich heute nicht mehr rekonstruieren. In der Phase, in der das Bürgerkomitee mit seinem Sekretär David Gill und mit Billigung des Rundes Tisches Stasi-Offizieren weiterhin den Zugang zu den Karteien gewährte, war eine effiziente Kontrolle nicht möglich. Die Spionageabteilung der Staatssicherheit, die Hauptverwaltung Aufklärung (HVA), durfte aus den Karteien alle Namen mit den von ihr vergebenen Registriernummern entfernen. Falls eine Person frühere, ausschließlich in der DDR selbst relevante Erfassungen aufwies, sollte eine Ersatzkarte angelegt werden. Ob das geschah und ob die Hauptverwaltung Aufklärung sich tatsächlich auf die Vernichtung der eigenen Unterlagen beschränkte, bleibt eine offene Frage. Es wird geschätzt, dass in diesen Monaten bis zum Juni 1990 mindestens 500 000 Personenerfassungen verschwunden sind. Vielleicht auch erheblich mehr. Und waren die Karteikarten mit den Namen nicht vorhanden, war ein Auffinden der dazugehörigen Akten dem Zufall überlassen. So wird es bestimmt noch Jahre dauern, bis mit hinreichender Sicherheit gesagt werden kann, dass auch die letzte der im alten Stasi-Archiv vorhandenen Akten bekannt und damit verwertbar ist.

Dabei war die archivierte Ablage noch der am leichtesten zu nutzende Teil dieses Papiererbes. Denn die sechs Millionen Personenerfassungen und damit verbundenen Registriernummern verweisen nur zu einem geringeren Teil auf die Ablage. Sie führen viel eher zu Vorgängen, die 1989 noch als »aktiv« behandelt wurden, also zu Stasi-Operationen, die bis dahin kein Ende gefunden hatten, deren schriftliche Zeugnisse in den Büros der Offiziere lagen und nach dem Ende der Staatssicherheit in die Reißwölfe, auf die Berge von Zerrissenem oder in mehr oder weniger geordnete Papierbündel wanderten.

Es gehört zu den besonderen Leistungen von Joachim Gauck und seinem Mitarbeiter Hansjörg Geiger, dass sie zur Jahreswende 1990/1991 nicht mit einem Hilferuf an die Öffentlichkeit traten, sondern den Eindruck erweckten, sie würden mit dem Chaos, den kilometerlangen ungeordneten »Unterlagen der Diensteinheiten«, die zu den bereits archivierten Aktenbeständen addiert wurden, in absehbarer Zeit umzugehen wissen. Tatsächlich konnten sie zunächst nur dafür sorgen, dass nicht allzu viel davon weiter verschwand. Nach zehn Jahren als Sonder- beziehungsweise Bundesbeauftragter konnte Gauck dann vermelden, dass immerhin die Hälfte dieses Papierbergs schon einmal angefasst und mehr oder weniger gut inhaltlich aufgearbeitet wurde. 1990 aber standen der Behördenchef und sein wichtigster Verwaltungsmann vor endlosen Regalreihen mit zusammengebundenen Papierhinterlassenschaften, vor Bergen von Säcken mit zerrissenem Papier – und hatten nicht die geringste Ahnung, was sich darin wohl verstecken mochte. Allein diese Säcke zu öffnen und auch nur einen groben Eindruck von ihrem möglichen Inhalt zu gewinnen, war eine fast schon unlösbare Aufgabe. An eine Rekonstruktion dieses zerfledderten Materials war nicht zu denken.

Insbesondere die Schnipsel waren ein Produkt des wilden Auflösungsprozesses. Viele Säcke waren vollgestopft mit dem Auswurf der Reißwölfe, mit kleinteiligen Papierstreifen. Bei dem von Hand zerrissenen Material waren viele der Teile immerhin groß genug, um die Diensteinheiten zu verraten. Manchmal waren die Stasi-Offiziere bei der ungewohnten Handarbeit sogar so nachlässig in ihrem Zerstörungseifer gewesen, dass sich noch Hinweise fanden, die Umfang und Charakter eines Vorgangs verdeutlichten. Und bei den Aktenbündeln konnte man wiederum auf sehr unterschiedliche Inhalte stoßen. Erkennbar war, dass sich so mancher Stasi-Offizier einen Spaß erlaubt hatte, völlig wertloses Material zusammenzustellen. Dazu zählten etwa Formulare über die Einzahlungen in die gemeinsame Kaffeekasse des Referats. Derartige Belanglosigkeiten waren dann gemischt mit Spitzelakten.

Es gab aber nicht nur Beispiele für das Bedürfnis, den Erben der Stasi-Papiere das Leben so schwer wie möglich zu gestalten. Manche Diensteinheiten hatten, ganz im Gegenteil, aus unterschiedlichsten Gründen ein Interesse daran, einen Teil ihrer Hinterlassenschaft so gut geordnet wie möglich zu erhalten und auch wiederauffindbar zu machen. So waren in der Hauptabteilung XVIII, die sich mit der Überwachung der Volkswirtschaft beschäftigte, Erkenntnisse zur Korruption innerhalb der SED-Führungsspitze gesammelt worden. Diese Aufzeichnungen waren für die Offiziere mit einem gewissen Risiko behaftet, denn Stasi-Chef Mielke und die ZAIG, die Zentrale Auswertungs- und Informationsgruppe, hätten darauf mit erheblichen Sanktionen reagieren können. Aber die XVIII wollte dennoch wissen, woher die West-Badearmaturen kamen, mit denen die Verwandtschaft von SED-Wirtschaftsboss Günter Mittag ihre Häuser im Berliner Vorort Schildow ausstattete. Die Ergebnisse dieser Überwachung wurden 1989 nicht nur sehr sorgfältig gesichert, sondern sogar durch rote Schnürbänder gekennzeichnet. Journalisten aus dem Westen wurden genau instruiert, wo diese Bündel eventuell zu finden seien.

In anderen Fällen – wie etwa in der *Quick*-Affäre – ließen Stasi-Offiziere Unterlagen gezielt aus der Normannenstraße verschwinden, um sie später an den Mann bringen zu können. Dabei spielten finanzielle Motive eine untergeordnete Rolle. Es war eher der Versuch, wenigstens einen Teil der Deutungshoheit über die eigenen Machenschaften zu behalten. Mit diesen speziellen Sammelstücken wurden fast immer Journalisten konfrontiert – und keineswegs waren das in erster Linie solche, die dem Scheckbuchjournalismus huldigten.

Das über sieben Etagen verstreute Papierchaos war jedenfalls der Stoff, aus dem der Sonderbeauftragte Gauck Auskünfte und Einsichten machen sollte. Wenn sich nichts fand, konnte er jedoch keinesfalls sicher sein, dass auch nichts gewesen war. Waren im Altarchiv Akten vorhanden, so gaben sie zwar zumeist ein Bild von der Beziehung einer Person zur Staatssicherheit ab, aber diese regelmäßig stark ausgedünnten Unterlagen waren häufig nicht besonders aussagekräftig und erfassten in der Regel nur lang zurückliegende Zeiträume. Und das, was auf den Schreibtischen der Offiziere zusammengebündelt worden war, musste in jedem Fall mit Vorsicht behandelt werden. Denn diese Aktenbände waren in einem Moment übergeben worden, als das Ende der Staatssicherheit absehbar war. Waren sie wirklich vollständig und nicht manipuliert? Eine eindeutige Antwort war nicht immer möglich.

Sonderbeauftragter der Bundesregierung für die Stasi-Unterlagen war aber nicht nur in Bezug auf die Aktenberge eine überaus fordernde Aufgabe. Gauck drohte ebenso in der Auseinandersetzung mit der westdeutschen Ministerialbürokratie unterzugehen. Im Prinzip war man sich einig gewesen, dass die Bundesregierung die Finger von dem Stasi-Erbe lassen sollte – aber ausgerechnet sie gewann zunächst die Kontrolle darüber. Denn Gaucks Vorgesetzter war Wolfgang Schäuble, der zu dieser Zeit Bundesinnenminister war. Gauck war darauf angewiesen, dass der Geld und Stellen auftrieb. Natürlich brauchte er Beamte mit Fachkenntnissen, die den Aufbau der neuen Behörde begleiteten. Und schließlich war noch nicht geregelt, wie er mit den ihm anvertrauten Unterlagen umzugehen hatte – auch dafür benötigte er die Zustimmung seines Dienstherrn. Und so arbeitet Joachim Gauck zunächst ein Jahr als Sonderbeauftragter der Bundesregierung, und die Bezeichnung beschreibt gut die Situation – es war eine Aufgabe irgendwo zwischen Regierungshandeln, dem Auftrag eines inzwischen aufgelösten Parlaments und der wohlwollenden Begleitung durch ein anderes, das seinen Kontrollauftrag in diesem Fall nur sehr beschränkt wahrnehmen konnte. Unabhängig war er jedenfalls nicht.

Zwar hatte er eine Vorstellung davon, was aus seiner Sicht geboten und verboten war. Er war ja dabei gewesen, als in der Volkskammer darüber debattiert wurde, wie mit der Stasi-Hinterlassenschaft umzugehen sei. Aber ihm war auch bewusst, dass seine Überzeugungen und Erfahrungen nicht allein Begründung seines Handels sein konnten. Ihm war klar, dass es an einer Legitimation durch ein Parlament fehlte. In allem, was er tat, war er deshalb leicht angreifbar.

Der Sonderbeauftragte bewegte sich folglich in einem Minenfeld. Allein hätte er nicht die geringste Chance gehabt. Er brauchte gute Ratgeber und vertrauenswürdige Helfer, und das auch möglichst schnell. Sein Team aus der Volkskammer, mit Ladwig und Gill an der Spitze, hatte mit ihm den Wechsel in den Bundesdienst vollzogen. Aber dieser eher zufällig zusammengekommene Haufen war völlig unerfahren in den Niederungen der westdeutschen Politik und Bürokratie. Gauck brauchte Mitarbeiter, die in Bonn respektiert wurden.

Für das weitere Schicksal des Sonderbeauftragten wurde deswegen die Wahl eines westdeutschen Stellvertreters wichtig, der als Verwaltungschef die Behörde mit aufbauen half. Gauck, inzwischen mit hinreichend Selbstbewusstsein ausgestattet, entschied sich für einen Außenseiter, einen bayerischen Beamten, den das Bundesinnenministerium nicht auf der Rechnung hatte. Die Empfehlung kam vom Berliner Datenschutzbeauftragten Hansjürgen Garstka und galt einem Mann mit fast gleichem Vornamen: Hansjörg Geiger. Der Münchner hatte offenbar keine privaten Bindungen, die ihm einen sofortigen Ortswechsel erschwert hätten. Er konnte augenblicklich anfangen. Und Geigers herausragende intellektuelle Fähigkeiten waren ihm bisher nur sehr eingeschränkt behilflich gewesen – er hatte in Sachen Karriere erheblichen Nachholbedarf. Jetzt, bei Gauck, war ihm eine Aufgabe zugewiesen worden, die ihn nicht nur vollständig forderte. Endlich hatte ihm jemand eine Chance gegeben, zu zeigen, was wirklich in ihm steckte.

Geiger erkannte von Anfang an das Problem, vor dem Gauck und dann auch er stand. Sie mussten nachweisen, dass die umstrittene Behörde zu etwas gut sein würde. Sie mussten ein zunächst noch vage umrissenes, dann als Gesetz festgeschriebenes Regelwerk überzeugend mit Leben füllen. Es durfte erst gar nicht der Verdacht aufkommen, dass der Sonderbeauftragte und seine Mitarbeiter überlastet sein könnten. Geiger musste dafür sorgen, dass eine Behörde mit mehreren tausend Beschäftigten und einem noch nicht klar definierten Arbeitsauftrag praktisch über Nacht aus dem Boden gestampft werden konnte.

Die Voraussetzungen, die der Allgäuer dafür mitbrachte, waren allerdings ebenfalls sehr beschränkt. Für die Leitung einer solch gewaltigen Organisationseinheit fehlte ihm selbst jedwede Erfahrung. Und die ihm dann aus dem Westen zugeordneten Beamten, die als Abteilungs- und Referatsleiter agieren sollten, waren fast ausnahmslos mit ihnen bislang unbekannten Anforderungen konfrontiert. Ein solches Amt – das hatte eben noch keiner erlebt. Da halfen die vielen Beamtenjahre, die aus Westdeutschland nach Berlin einrückten, nur wenig. Und wer zu Gauck sollte, überlegte es sich letztlich dreimal, ob er bei diesem Experiment einer Behörde mit ungewissem Ausgang mitmachen sollte – und sagte im Regelfall ab. Es kamen also vor allem die, die keinen guten Grund hatten zu bleiben. Da war in manchen Fällen die Ehe gescheitert, und mit der Versetzung zu Gauck fing die neue Partnersuche an.

Und weil Geiger sich anfangs um das Grundsätzliche kümmerte, die Strukturen definierte und den rechtlichen Rahmen absteckte, musste er die Auswahl des Personals weitestgehend westlichen Aufbauhelfern überlassen. Die hielten sich in völliger Unkenntnis der DDR-Gesellschaft gern an Menschen, denen sie Zuverlässigkeit und Loyalität unterstellten – was dazu führte, dass ausgerechnet in der Behörde, die die Unterlagen der Staatssicherheit bearbeiten sollte, ein nicht unerheblicher Teil der Mitarbeiter aus einstigen strammen SED-Mitgliedern bestand. Die Alt-Kader der SED sahen nicht so aus, dass sich der westdeutsche Oberamtsrat vor ihnen zu fürchten brauchte – sie glichen ihm sogar in vielem. Die Bürgerbewegten dagegen, die auf die Straße gegangen waren mit ihren ungepflegten Bärten und ihrer Neigung zum Widerspruch, erregten sofort das Misstrauen der angereisten Bundesbediensteten.

Das Ergebnis dieses Aufeinandertreffens der Beamtenwelt-West mit dem Funktionärskörper-Ost war eine Symbiose der Ordnungsliebenden und auf Sicherheit Bedachten des neuen Gesamtdeutschland. So beschäftigte die Behörde beispielsweise weit mehr als ein Dutzend ehemaliger Absolventen des Roten Klosters, der einstigen SED-Kaderschmiede für linientreue Journalisten. Und diese früheren treuen Gefolgsleute der Partei erreichten rasch Positionen, in denen sie in der Begegnung mit einstigen Verfolgten der Partei erhebliche Verantwortung wahrnahmen. Die Beschäftigten, die einst im DDR-Untergrund für eine Gegenöffentlichkeit gesorgt hatten, waren dagegen an einer Hand abzulesen und auch in der Behörde bald schon wieder Außenseiter.

Darüber hinaus übernahmen Gauck und Geiger bewusst eine nicht unerhebliche Anzahl von ehemaligen Angehörigen des Ministeriums für Staatssicherheit. Einige von ihnen waren bereits für das von David Gill geleitete Bürgerkomitee tätig gewesen und allen Beteiligten bekannt. Sie wurden als unentbehrlich angesehen, weil angeblich nur mit ihrer Hilfe die scheinbar undurchdringlichen Strukturen des Ministeriums zu entschlüsseln waren. Tatsächlich war dieses Vorgehen nicht alternativlos. Es gab nicht wenige frühere Angehörige der Staatssicherheit, die schon vor 1989 in Distanz zu dem Apparat gegangen waren, und die hätten durchaus gewonnen werden können. Aber die Stasi-Truppe, die dann in der Behörde agierte, zeichnete sich vor allem durch eine fast schon bedingungslose Loyalität aus. Bei ihnen musste man gar nicht erst nachfragen, ob sie in Treue zu ihrem Dienstherrn stehen würden – sie hatten das bei Mielke bis zur letzten Minute bewiesen und waren nicht zuletzt deswegen von den übrig gebliebenen Stasi-Generälen zum Runden Tisch und dem Bürgerkomitee geschickt worden.

Um die Mitarbeit von Stasi-Offizieren hatte es bereits vor der Berufung des Sonderbeauftragten Kontroversen gegeben. Als Gauck im September 1990 mit den Besetzern in der Normannenstraße diskutierte, hatte er ihnen noch versichert, keinesfalls sei daran gedacht, ehemalige Stasi-Leute in einer Größenordnung von etwa siebzig Personen zu beschäftigen. Tatsächlich aber entsprach diese Zahl ziemlich genau der dann in der Behörde eingestellten einstigen DDR-Geheimpolizisten. Deren wichtigster Mann war der frühere Oberst Gerd Bäcker aus der Mielke direkt unterstellten Zentralen Auswertungs- und Informationsgruppe (ZAIG). Bäcker hatte dort als Vorgesetzter von fünfzehn Offizieren so etwas wie die interne Fahndungstruppe der Stasi geleitet, zuweilen war er auch auf direkte Anweisung von Mielke tätig geworden. Wenn Bäckers Truppe in einer Diensteinheit auftauchte, verbreitete sie Angst und Schrecken. Kein Schreibtisch, keine Aktentasche, kein Computer war tabu für sie. Dass ausgerechnet der Chef von Erich Mielkes Wachhunden bei Gauck weitermachen durfte, war einerseits fast schon grotesk, andererseits nur folgerichtig. Denn Oberst Bäcker kannte wie nur wenig andere die Strukturen des MfS, des Ministeriums für Staatssicherheit.

Neben ihm und dem ebenfalls aus der ZAIG stammenden Oberstleutnant Bernd Hopfer waren es auch Mitarbeiter der ehemaligen Archivabteilung XII, die übernommen wurden. Sie schienen unverzichtbar, wenn es darum ging, die Papiere im alten Archiv zugänglich zu machen. Das Gros der Ehemaligen aber kam aus dem Personenschutz des Ministeriums, also jener Abteilung, die früher für die Sicherheit der SED-Führung verantwortlich war. Im Gegensatz zu Bäcker waren einige dieser Stasi-Mitarbeiter auf einem Umweg über andere Behörden bei Gauck gelandet – sie waren zunächst vom Bundeskriminalamt beschäftigt und dann von dort weitergeschickt worden. Das erleichterte es Gauck über viele Jahre hinweg, die Zahl der MfS-Angehörigen, die er übernommen hatte, relativ niedrig zu beziffern. Die gut fünfzig einstigen Personenschützer tauchten bei dieser Form der Zählung nie auf.[61]

Gauck sagte später, er habe sehr wohl seine Zweifel gehabt, wenn er Mitarbeitern begegnete, deren frühere Systemnähe offenkundig war. »Ich kann die Alt-Kader ja förmlich riechen«, meinte er zuweilen.[62] Aber dann hielt er sich, bildlich gesprochen, die Nase zu und ging weiter. Persönlich gekümmert habe er sich vor allem um die Auswahl der Leiter der Außenstellen, von denen es in jedem der fünfzehn ehemaligen DDR-Bezirke – mit Ausnahme von Cottbus – je eine gab. Eine Mischung aus alten Bekannten, zum Teil ehemaligen Abgeordnetenkollegen aus der Volkskammer und hinreichend lokal profilierten Stasi-Auflösern, übernimmt die Außenstellen. Gauck geht dabei pragmatisch vor. Die Leipziger Gruppe, die seit dem Dezember 1989 das Runde Eck, die frühere Bezirksverwaltung der Staatssicherheit, besetzt und organisiert hat, bleibt unangetastet. Die Leipziger hatten sich in all den Monaten nachhaltig jeder zentralen Weisung aus Berlin widersetzt, und so wurden in der Messestadt beispielsweise auch die Akten über die Westspionage nicht vernichtet. In Leipzig wurde überhaupt mit Abstand am wenigsten vernichtet. Die Stadt hatte ihre eigenen Gesetze. Die zu brechen, war schon dem Bürgerkomitee unter David Gill nicht gelungen. Gauck versuchte es erst gar nicht.

In der Zentrale sind Vertraute wie David Gill, Christian Ladwig und der Verwaltungschef Hansjörg Geiger die entscheidenden Personen bei Gaucks Versuch, die Kontrolle zu behalten. Und das klappt auch im Wesentlichen. Mit der Wahl von Geiger ist ihm ein fast schon genialer Schachzug gelungen. Geiger ist im Datenschutzrecht zu Hause, und Gauck hat in den Verhandlungen mit der Bundesregierung gelernt, dass dieses Recht wesentlicher Hebel zur Bewahrung der Stasi-Papiere ist. Nach der Rechtsprechung des Bundesverfassungsgerichts, insbesondere nach dem Volkszählungsurteil, schränkt es nämlich einerseits den staatlichen Anspruch auf die Erkenntnisse der Geheimpolizei ein, begründet umgekehrt aber eine Art Besitzrecht der von der Arbeit der Geheimen betroffenen Bürger. Damit wäre der Weg frei für einen von regierungsamtlichen Weisungen weitgehend unabhängigen Treuhänder der Bürgerakten.

Mit Geiger erwischt er einen Mann, bei dem er den Teil der Verantwortung loswird, vor dem er sich zu Recht fürchtet. Er muss nicht organisieren, er muss auch nicht Tag und Nacht ackern. Das alles erledigt in Zukunft der Mann, der sich selbst kurzerhand den Titel »Direktor« gibt. Geiger ist so etwas wie ein westdeutscher Held der Arbeit. Er ist noch da, wenn der Letzte geht, und längst schon wieder anwesend, wenn die Ostdeutschen ihre Frühstückspause feiern. Über Monate hinweg arbeitet er durch.

Tiefer gehende Erfahrung mit der DDR oder besonderes politisches Gespür kann Geiger allerdings nicht vorweisen. Da ist ihm Gauck jederzeit voraus. Und so entwickelt sich zwischen den beiden Männern eine perfekte Arbeitsteilung. Geht es um den Behördenaufbau, um die Organisation des Arbeitsprozesses, um Details der Gesetzgebungsarbeit, entwickelt der gestandene Westjurist die Vorgaben und kontrolliert die Ergebnisse. Geht es um die politische Stellung des Sonderbeauftragten, verlangt der DDR-Bürgerrechtler Gauck Beachtung der spezifischen Befindlichkeiten derer, die die SED-Herrschaft beendeten. Das Duo entwickelt auch fast augenblicklich einen gewissen Widerstand gegen Ratschläge von Experten unterschiedlichster Couleur. Geiger und Gauck haben auch nicht die geringste Ahnung von zeitgeschichtlicher Forschung oder von Archiven, dennoch sind sie das Maß aller Dinge.

In den ersten Monaten des Jahres 1991 sah es zuweilen so aus, als ob Gaucks Tätigkeit schon bald beendet sein könnte. Aus Bonn wehte ihm ein kalter Wind der Ablehnung entgegen. Indiskretionen und Pressemeldungen sollten ihn in ein schlechtes Licht rücken. Entscheidend war dabei die Veröffentlichung eines letzten Teils seiner Stasi-Akte in der Zeitung *Die Welt*.[63] Die Frage, ob die Akte überhaupt vollständig erhalten oder gar von Gauck persönlich bearbeitet worden sei, wurde laut. Da es im Sommer 1990 jede Gelegenheit zur Manipulation gegeben hatte, war dem nur schwer entgegenzutreten. Geiger fuhr selbst nach Rostock. Er kam mit der angeblich beruhigenden Nachricht zurück, Gaucks Stasi-Vorgang, in dem sich auch die in der *Welt* zitierten Abschlussberichte mit dem Vorschlag zur Anwerbung des Pastors als Spitzel befanden, sei vollständig archiviert. Diese Erklärung wurde dann allgemein hingenommen.

Kohl scheute das Risiko, direkt gegen Gauck vorzugehen. Damit hätte sich die Bundesregierung frontal gegen das Votum der Volkskammer gestellt, außerdem hätte sie einen eigenen Kandidaten für das dann neu zu besetzende Amt des Bundesbeauftragten aufbauen müssen. Das alles hätte einige Zeit und eine Menge an Auseinandersetzungen verursacht. Und: Gauck wie Geiger waren inzwischen in der Lage, ihrerseits Gegendruck zu erzeugen. Der Aufbau insbesondere der Außenstellen versprach so manchem einen interessanten Arbeitsplatz, und einige frühere Volkskammerabgeordnete bewarben sich. Vor allem hatten die Landesregierungen in den Beitrittsländern kein Interesse daran, allzu viel Zeit durch Querelen zu verlieren. Sie brauchten dringend die Personalbescheide des Sonderbeauftragten für den Aufbau der Verwaltungen. Das Jahr 1991 endet dann damit, dass Gauck nicht nur überlebte, sondern endlich auch jenen Rechtsakt, jenes Gesetz hatte, das ihn unabhängiger von der Regierungskoalition machte, vor allem von Helmut Kohl. Und er war klug genug gewesen, auf die monatelangen Beratungen um dieses Gesetz einen guten Teil seiner Zeit zu verwenden.

Dieses Gesetz, das Ende 1991 in Kraft tritt, ist dann ein außerordentlicher Erfolg für das Team Gauck-Geiger. Kein anderer deutscher Behördenleiter genießt in der Folge solche Freiheiten, muss so wenig parlamentarische Kontrolle ertragen. Vom Bundestag gewählt, hat er eine Stellung inne, von der selbst Minister nur träumen können. Eine fachliche Aufsicht existiert faktisch nicht. Sie wäre, wenn überhaupt, nur durch Beschlüsse des Bundestags, also des Gesetzgebers selbst, möglich. Das deutsche Parlament, darin gänzlich ungeübt, hat darauf verzichtet. Die Rechtsaufsicht unterliegt wiederum der Regierung, Eingriffe sind nur durch einen Kabinettsbeschluss möglich.

Das Gesetz, von dem die Rede ist, nennt sich Stasi-Unterlagen-Gesetz, kurz StUG. Zunächst vom Datenschutz abgeleitet, dann aber doch weitgehend neu gedacht, erlaubt es die Einordnung der Bürger in unterschiedliche Kategorien: Betroffene, Mitarbeiter, Begünstigte oder Personen der Zeitgeschichte – und eine entsprechend unterschiedliche Behandlung der Geheimpolizei-Informationen. Vor diesem Gesetz sind weder alle gleich noch sind die Bürger Herren ihrer Daten. Eine späte, aber heftige Intervention von Vertretern der Presse, allen voran von *Spiegel*-Herausgeber Rudolf Augstein, führt zu Zugriffsrechten der Medien, die in einem solchen Ausmaß im deutschen Archivrecht bislang unbekannt waren. Die Möglichkeit zur Kooperation mit Journalisten wird noch erhebliche Auswirkungen auf die Diskussion um das Handeln der Behörde haben. Sie hütet ja den Stoff, aus dem große Geschichten geschrieben werden können. Das für den späteren Bundesbeauftragten so überaus günstige Gesetzgebungsverfahren wäre ohne wohlklingende politische Begleitmusik nicht denkbar gewesen. Und die spielt Gauck seit dem 3. Oktober 1991 geradezu meisterhaft.

Aus den widrigen Umständen beim Behördenaufbau – dem erschreckenden Zustand der Unterlagen sowie den umstrittenen Personalentscheidungen – hat er die Schlussfolgerung gezogen, dass es einer zwingenden Argumentation bedarf, um die Existenzberechtigung seines Amtes zu beweisen. Durch Arbeitsergebnisse allein war angesichts der offenkundigen Probleme wohl auf absehbare Zeit niemand hinreichend zu überzeugen. Er startet also mit dem 3. Oktober einen Werbefeldzug für sich und seine Behörde. Zentral dabei ist ein schmaler Band, der im Rowohlt-Verlag veröffentlich wird, das Cover zeigt ihn als einen nachdenklichen Mann, den Finger am Mundwinkel. Darüber steht sein Name, darunter befinden sich Titel und Untertitel: *Die Stasi-Akten. Das unheimliche Erbe der* DDR.[64] In dem Buch versucht Gauck die ersten wesentlichen Erkenntnisse über die Geheimpolizei mit der Notwendigkeit einer weitgehenden Offenlegung ihrer Tätigkeit zu verbinden. Manche Frage, die sich im Lauf der kommenden Jahre aufdrängen wird, lässt der Autor noch in größerem Maße unberücksichtigt. So wird das Problem der Zuverlässigkeit von Tatsachenfeststellungen in den Akten eher gestreift. Interessant ist auch die völlige Unkenntnis über die Zusammenarbeit zwischen SED und Stasi – genauer gesagt: über die Nutzung der Staatssicherheit durch die Parteifunktionäre. Der Band ist wie vieles zu diesem Zeitpunkt weniger die Dokumentation gesicherter Erkenntnisse als vielmehr die Begründung für den Aufbau einer Mammutbehörde.

Bei den konservativen Kreisen der Bundesrepublik stieß Gauck mit seiner Argumentation – trotz der Bedenken von Kohl und Schäuble – auf keinen großen Widerstand. Der kommunistischen Geheimpolizei eine große Bedeutung, der politischen Verfolgung in der DDR überhaupt besondere Aufmerksamkeit zu widmen, leuchtete einem Anhänger der CDU oder FDP jederzeit ein. Das diabolische Element der SED-Herrschaft gehörte für sie zur antikommunistischen Grundausstattung. Nicht einfach war es damit bei der politischen Linken, also bei Teilen der SPD wie auch der Grünen. Und noch viel schwieriger wurde es bei den ehemaligen DDR-Bürgern, die mit der PDS eine Nachfolgepartei der SED favorisierten.

Gaucks Beweisführung lebte vor allem vom Neuigkeitswert gewonnener Stasi-Einsichten. Das, was der DDR-Kundige bisher nur geahnt und der DDR-Ignorant unterstellt hatten, entpuppt sich, so die Grundthese, bei näherem Hinsehen als Untertreibung. Der Sonderbeauftragte setzte dem »Es war doch nicht alles so schlimm« ein »Es war alles noch viel schlimmer« entgegen: »Im Fadenkreuz der Stasi zu stehen, bedeutete in der Regel jahrelangen psychischen Druck und das ständige Gefühl der Überwachung aushalten zu müssen – mehr noch die Erfahrung, unfähig zu sein und das Leben nicht bestehen zu können.«[65]

Die vierzig Jahre dauernde Herrschaft der Kommunisten habe eine kranke Gesellschaft hinterlassen, die jetzt auf dem Weg in die Freiheit einen Heilungsprozess durchlaufen müsse. Die Stasi-Akten sind dabei eine Art Medizin – und seine Behörde sei die Apotheke. Die psychische Verfassung vieler DDR-Bürger sei weit fortgeschritten, »das Ausmaß der Deformationen reicht weit in die psychische Substanz jedes einzelnen, und es kann Jahre, vielleicht sogar Jahrzehnte dauern, bis die seelischen Schäden behoben sind«.[66]

Gauck reagiert damit auch auf die sich 1991 sehr schnell verändernde Stimmungslage in Ostdeutschland und deren zunehmend kritische Wahrnehmung durch den Westen. Es wird deutlich, dass die marode DDR-Wirtschaft auf dem Weltmarkt nicht wettbewerbsfähig ist. Die Treuhand hat erhebliche Probleme, die Privatisierung voranzutreiben, die Arbeitslosigkeit steigt. In solch einem Umfeld müssen die Anstrengungen zur Aktenerschließung und Öffnung neu erklärt werden. Transparenz und Selbstbestimmung allein genügen nicht – die Beschäftigung mit der Stasi muss einen therapeutischen Effekt für die gesamte Gesellschaft haben. Und damit ist sie dann die finanziellen Anstrengungen wert, die seine Behörde beansprucht.

Das Geiger-Gauck-Team hat in den ersten Monaten jedenfalls etwas ganz Ungewöhnliches geleistet. Es hat eine Behörde aufgebaut, die von außen wohlgeordnet scheint, obwohl im Innern zuweilen Chaos herrscht. Zugute kommt den beiden Männern, dass viele der Vorgänge in dieser Zeit höchst undurchsichtig bleiben. Die Akteninhalte sowieso und mit ihnen auch die Archivierungspraxis der Stasi selbst, aber auch der Behördenaufbau und die Personalrekrutierung. Die Presse begreift den Sonderbeauftragten vor allem als wichtige Quelle für spektakuläre Geschichten. Darauf können sich Gauck und Geiger verlassen – der Schatz an unbekannten Geschichten, den sie hüten, ist einfach zu wertvoll. Im Januar 1992 kann er dann als frisch bestallter Bundesbeauftragter mit einer spektakulären Aktion beginnen. Das StUG ist in Kraft, und die ersten SED-Oppositionellen dürfen in ihren Akten blättern. Gauck hat die nächsten Jahre von der Politik wenig zu befürchten – er ist eine rechtlich so fest verankerte Institution, dass selbst Helmut Kohl keine Chance haben wird, ihm am Zeug zu flicken.

## 14

# Bruder Stolpe – und das Ende der Deutungshoheit

Menschen, Menschen als Objekte – das ist letztlich das Geheimnis einer jeden Geheimpolizei. Menschen, die genutzt, benutzt, missbraucht werden. Menschen, die bearbeitet, beobachtet, verfolgt oder gar »zersetzt« werden. Bei der Stasi hatten die Menschen Decknamen und Nummern, Registriernummern. Aber hinter den Nummern verbargen sich Schicksale. Als Gauck die Hinterlassenschaft der Geheimpolizisten übernahm, wurde er auch zum Hüter der Schicksale. Er stand vor der Herausforderung, damit nicht nur sorgsam, sondern ebenso politisch klug umzugehen. Aber schneller, als ihm wohl lieb sein konnte, landete der im Behördenaufbau so erfolgreiche Sonderbeauftragte in einem Labyrinth. Während in Bonn der Bundestag fast das ganze Jahr 1991 mit einigem Engagement an einem Gesetz bastelte, das den Menschen Zugang zu ihren Stasi-Akten, zu ihrem Schicksal verschaffen sollte, wurde er zum Boten der schlechten Nachrichten. War einer ein Spitzel oder nicht? Und wenn ja, was sollte dann die Sanktion sein? Schier endlose Listen mit weit über 300 000 Namen von öffentlich Bediensteten oder Mandatsträgern kursierten in dieser Zeit in seiner Behörde.[67] »Ersuchen um Überprüfung« nannte sich das.

Eine klare gesetzliche Grundlage gab es bislang noch nicht, und so dauerte es einige Zeit, bis die ersten »Bescheide« versandt wurden. Aber ab Herbst 2001 war es dann so weit, in etwa einem Drittel der Fälle, genauer gesagt bei 110 000 solcher Ersuchen, bekamen Arbeitgeber Antwortschreiben. Noch vor den ersten Akteneinsichten erfolgten die ersten Entlassungen mit der Begründung

»Zusammenarbeit mit der Stasi«. Das war ein unschöner Ablauf der Dinge. Die Akten dienten zunächst nicht in erster Linie den von der Stasi Verfolgten, sondern als Säuberungsinstrumente im öffentlichen Dienst. Anfangs wurde das ohne Murren hingenommen. Zu groß war der Schock über die bekannt gewordenen und offenkundigen Fälle des Verrats – über die Schnurs und Böhmes, die sich angemaßt hatten, als frühere Spitzel weiter mitbestimmen zu können. Wer einst etwas verborgen hatte, musste jetzt mit Konsequenzen rechnen. Dagegen gab es auch keinen vernünftigen Einspruch. Aber dann wurde deutlich, dass so mancher öffentliche Arbeitgeber sehr eigenwillig mit den Schreiben der Behörde umging. Wenn es opportun erschien, wurde auf eine Entlassung verzichtet. In anderen Fällen waren die Briefe aus Berlin eine willkommene Hilfe beim unabdingbaren Personalabbau.

Im öffentlichen Interesse aber standen vor allem Prominente, bei denen ein Verdacht kursierte, der dann Journalisten erreichte. Gauck wurde um Stellungnahmen gebeten. Dass es sich dabei vielfach um Personen im Kontext der einstigen DDR-Kirchenlandschaft handelte, entbehrte nicht einer gewissen Ironie. Gauck wurde von seiner Vergangenheit wieder eingeholt.

Die Verdächtigen waren tatsächlich nicht irgendwer. Zwei Fälle ragten heraus: die Anschuldigungen gegen den letzten DDR-Ministerpräsidenten Lothar de Maizière und gegen Heiner Fink, damaliger Rektor der Berliner Humboldt-Universität. Die Vorwürfe gegen de Maizière kursierten bereits vor dem Oktober 1990. Später behauptete unwidersprochen der DDR-Spion Klaus Kuron, ein Beamter im Bundesamt für Verfassungsschutz, dass ein Überläufer schon im Sommer 1990 in Bonn darauf hingewiesen habe, Lothar de Maizière sei ein Spitzel der Stasi.[68] Als im Nachrichtenmagazin *Der Spiegel* Anfang Dezember ein Bericht erschien, nach dem de Maizière unter dem Decknamen »IM Czerny« als Kirchensynodaler für die Staatssicherheit gearbeitet habe, konnte Gauck zunächst wenig zur Aufklärung beitragen. Das war ärgerlich, denn de Maizière, in seiner Partei ungeliebt, war zu diesem Zeitpunkt als Bundesminister ohne eigenes Ressort zwar faktisch kaltgestellt, aber noch immer der wichtigste Mann der Ost-CDU. Und zu solch einer Person, zu dem Mann, der die DDR abgewickelt hatte, war keine Auskunft möglich? Aber die Czerny-IM-Akte war vernichtet worden, übrig geblieben waren nur die Deckel. Auch die üblichen Karteikarten waren nicht mehr aufzufinden, sodass nicht einwandfrei nachzuweisen war, dass es sich bei Czerny um den letzten DDR-Ministerpräsidenten handelte.

Da kamen Gauck dann die Vorkenntnisse seiner Stasi-Offiziere Bäcker und Hopfer zugute. Sie hatten die Truppe der Bezirksverwaltung Berlin, die den IM Cerny zu DDR-Zeiten geführt hatte, bereits in alten Zeiten unter die Lupe genommen. Der Zentrale war damals aufgefallen, dass das Berliner Referat XX/4 zu Operationen neigte, die aus Sicht des Ministeriums nicht zu verantworten waren. So waren dort beispielsweise Überlegungen aufgetaucht, ob man Regimegegner durch Manipulationen in ihren Autos umbringen könnte. Bäcker und Hopfer wussten daher, wo zusätzliche Informationen zu holen waren. Ihre Recherchen führten dazu, dass Gauck dann doch innerhalb weniger Wochen einen umfänglichen Bericht in Bonn abliefern konnte, der den Verdacht gegen de Maizière erhärtete. Dieser Bericht wurde im Innenministerium allerdings weggesteckt und dann öffentlich so weich gespült, dass es offiziell bei vagen Zweifeln blieb und de Maizière zunächst weiter als stellvertretender Parteivorsitzender, als Kohls Stellvertreter agierte.[69]

Die Affäre hätte bei Gauck die Alarmglocken schrillen lassen sollen. Über Monate zog sich die öffentliche Debatte um die Rolle des einstigen Rechtsanwalts de Maizière und die Stellungnahme des Sonderbeauftragten hin. Da war zu viel an Widersprüchlichem, zu viel an wechselseitigen Erklärungen – doch es geschah nichts. Aber Gauck hatte Glück, hatte das Problem diesmal erfolgreich ausgesessen. Nach all dem Hin und Her verschwand letztlich doch noch der prominenteste der Ost-CDU-Politiker von der

Bühne, im September 1991 aus eigenem Entschluss. So blieb das Lehrstück zunächst eine Episode, bei der Gauck zwar zwei seiner besten Mitarbeiter verlor, ansonsten aber weitermachte, als wäre nichts geschehen.

Die beiden Mitarbeiter waren die Historiker Stefan Wolle und Armin Mitter, die den Vorgang zum Anlass nahmen, öffentlich ihre Empörung über den Umgang der Bonner mit den Rechercheergebnissen der Behörde zu bekunden. Gauck schmiss die beiden sofort raus. Solch ein Protest stehe Behördenmitarbeitern nicht zu. Für Wolle und Mitter war das ein willkommener Anlass, die Behörde ehrenvoll als Opfer der Gauck-Kollaboration mit den Mächtigen in Bonn zu verlassen. Das, was sich inzwischen in der »Gauck«-Behörde mit der Invasion alter DDR-Verwaltungskader und karrieresuchender West-Beamter abspielte, ließ ihnen aus ihrer Sicht sowieso wenig Raum für eine profunde Erforschung des Stasi-Komplexes. Beide verwirklichten ihre Vorstellungen von einer kritischen Geschichtsschreibung zur SED-Herrschaft danach erfolgreich vor allem als Buchautoren. Sie brauchten diese Behörde nicht – aber die Behörde hätte sie dringend gebraucht. Das sagte Jahre später Gauck selbst und bot eine Wiedereinstellung an. Aber da hatten die beiden Historiker längst eine eigenständige Karriere als DDR-Experten gemacht.[70]

Gauck agierte zu diesem Zeitpunkt noch auf sehr dünnem Eis. Schäuble war sein Dienstvorgesetzter, und rechtlich war der Sonderbeauftragte nicht besser gestellt als der Pförtner im Ministerium. Ein wirklich eigenständiges Auftreten war ihm also zu diesem Zeitpunkt gar nicht möglich. Deswegen auch hielt er sich zurück und verweigerte jede präzise Auskunft zu den Diskrepanzen zwischen seinem Rechercheberich und den Erklärungen der Bundesregierung und der CDU-Spitze im Fall de Maizière. Immerhin konnte er sich darauf verlassen, dass er nach dem Inkrafttreten des entsprechenden Gesetzes in größerer Unabhängigkeit agieren würde können. Dennoch war die Bonner Botschaft, was de Maizière betraf, eine schwere Hypothek. Die Politik ließ sich nur beschränkt darauf verpflichten, Gaucks Erkenntnisse zu akzeptieren und daraus Konsequenzen zu ziehen. Im Zweifelsfall würde sie nach eigenem Wohlwollen beschließen und die Befunde der Behörde ignorieren. Solange nicht unumstößlich der Nachweis erbracht wurde, dass ein DDR-Bürger als Spitzel großes Unheil angerichtet hatte, galt der Grundsatz, dass an erster Stelle die politischen Interessen standen.

De Maizière bleibt bis heute bei seiner Darstellung, die Vorwürfe gegen ihn seien nicht gerechtfertigt. Er argumentiert dabei ähnlich wie später andere prominente Politiker, deren Akten ebenfalls nicht vollständig erhalten sind. Es habe in der DDR für Vertrauenspersonen der SED-Gegner und deren Interessenvertreter – in seinem Fall also deren Anwälte – gar keine andere Möglichkeit gegeben, sich in einer Grauzone zu bewegen, wenn geholfen werden sollte. Entscheidend sei es gewesen, wem die vielfältigen Kontakte mit der Partei und der Staatsmacht am Ende genutzt hätten. Die Anschuldigungen, er habe daneben als Kirchenmann Stasi-Kontakte gepflegt, seien jedoch völlig absurd.[71] Und nachdem er sich einige Zeit fast vollständig aus dem öffentlichen Leben zurückgezogen hatte, ist de Maizière inzwischen wieder ein Mann, an dessen Reputation keine Zweifel geäußert werden.

Mit dem ehemaligen Kohl-Stellvertreter wurde eine Frage berührt, die Gauck als Sonderbeauftragter nicht eindeutig beantworten konnte. Wie würde er mit den Informationen über frühere Stasi-Mitarbeiter umgehen? Dass der Datenschutz Opfer-, nicht aber Täterschutz sei, war einer der Grundsätze, an denen er sein Handeln ausrichten konnte. Stasi-Spitzel wie auch Stasi-Offiziere hatten mit einer weitgehenden Offenlegung ihrer Aktivitäten zu leben. Dagegen stand allerdings, dass in einem Rechtsstaat der Schutz eines Verdächtigen und auch eines überführten Täters Beachtung zu finden hatte.

In vielen Gerichtsverfahren, die die Behörde in den kommenden Jahren zu bewältigen hatte, stieß sie folglich auf eine Richterschaft, die nach dem Inkrafttreten des Stasi-Unterlagen-Gesetzes die Behandlung von Mitarbeitern des Ministeriums für Staatssicherheit nach ihrer gewohnten Auslegung rechtsstaatlicher Prinzipien vornahm. Sie neigte dazu, diesen Stasi-Mitarbeitern einen gewissen Schutz vor öffentlicher Zurschaustellung zuzubilligen. Zwar wurden manche dieser Urteile dann von höheren Instanzen revidiert – unumstritten aber war das Vorgehen, das Gesetz selbst und die Tätigkeit des Bundesbeauftragten für die Stasi-Unterlagen unter Juristen zu keinem Zeitpunkt. Dafür war alles zu weit entfernt von ansonsten im Strafrecht üblichen Grundsätzen, etwa dem, der eine Verjährung regelt, oder dem der Unschuldsvermutung.

Das Stasi-Unterlagen-Gesetz war bereits weitgehend in trockenen Tüchern, als der zweite signifikante Fall hochkam – der des Rektors der berühmten Berliner Humboldt-Universität, Heiner Fink. Hier setzte sich Gauck mit einer neuen, aggressiven Strategie durch, der der öffentlichen Bloßstellung. Fink stand im Herbst 1991 unmittelbar vor seiner als sicher geltenden Wiederwahl, da tauchten im Zuge der Überprüfungsverfahren Hinweise auf einen IM-Vorgang auf, der eine langjährige und intensive Zusammenarbeit mit der Staatssicherheit nicht nur wie bei de Maizière vermuten ließ, sondern sehr viel substanziierter nahelegte. Tatsächlich wurde dieser bereits 1991 gut belegbare Verdacht durch eine Aktenrekonstruktion vierzehn Jahre später bestätigt. Finks Spuren im Stasi-Aktenberg waren jedenfalls von solcher Qualität, dass er mit hinreichender Sicherheit der konspirativen Zuarbeit für die Geheimpolizei beschuldigt werden konnte.

Auch dieser Fall, der »IM Heiner«, spielte sich im kirchlichen Umfeld ab. Der Mann war Theologe und hatte sich während der SED-Herrschaft in jenen Kreisen der Kirche einen Namen gemacht, die eine Annäherung an die kommunistischen Machthaber befürworteten. Fink war also für Gauck auch eine Rückkehr in die Welt, die er mit seiner Entlassung aus dem Kirchendienst gerade hinter sich zu lassen geglaubt hatte. Man kannte sich: Zu dem HU-Rektor jedenfalls konnte Onkel Gerhard einiges berichten, und auch Angela Merkel vermochte etwas beizusteuern. Ihr Vater hatte einige Zeit mit Fink zusammengearbeitet. Für viele Kirchenmänner war Fink, der angeblich SED-Hörige, so etwas wie ein rotes Tuch. Sicher ebenso für Gauck.

An der traditionsreichen Humboldt-Universität machte sich Heiner Fink gerade auf, mit einem Mix aus Bewahrung des SED-Erbes und Reformen die Voraussetzungen für seinen Wiederaufstieg zu schaffen.[72] Das Unternehmen war umstritten, es zielte auf die Verteidigung bestimmter Besonderheiten des DDR-Wissenschaftsbetriebs ab. In der Studentenschaft, die aus einer Mischung von bereits zu DDR-Zeiten Studierenden und jüngeren Studienanfängern bestand, hatte er hinreichend Rückhalt. Mittels tatkräftiger Unterstützung der SED-Nachfolgepartei PDS entwickelte sich eine Solidaritätsbewegung für den angegriffenen Rektor. »Unseren Heiner nimmt uns keiner«, war ihr Motto. Zahlreiche Persönlichkeiten wie beispielsweise die Schriftstellerin Christa Wolf oder ihr Kollege Günter Grass ergriffen für Fink Partei.

Gauck musste diese Kombination aus Theologie, Intellektuellen, PDS, Stasi und Kritik an seiner Tätigkeit besonders provozieren. Und so begab er sich dann auch in die Höhle des Löwen und stellte sich am 29. November 1991 im überfüllten Audimax der Universität seinen Kritikern. Er tat das nicht etwa mit der Hoffnung, durch Argumente zu überzeugen. Von Anfang an suchte er den Eklat. Der Auftritt ist vielfach als die eigentliche Geburtsstunde der Gauck-Behörde beschrieben worden. Es begann mit einer Art Publikumsbeschimpfung durch den Bundesbeauftragten: »Gelassen und voller Freude erwarte ich die Proteste einer von der PDS gesteuerten Hochschulöffentlichkeit.«[73] Wer dabei war, spürte, dass Gauck es genoss, im Kreuzfeuer der Kritik zu stehen. Nach monatelangen persönlichen Angriffen unterhalb der Gürtellinie und Herummäkeln selbst aus den Reihen der CDU[74] zeigte er jetzt, worin er seine Mission sah – im Kampf gegen die insbesondere von der PDS betriebene Verharmlosung der kommunistischen Diktatur.

Das Pfeifkonzert störte ihn überhaupt nicht, im Gegenteil, es war, genau wie eine Demonstration vor seinem Behördensitz an der Ecke Behrenstraße, eine Genugtuung. Sein Verdikt war klar, und der Berliner Senat folgte ihm und entfernte Fink vom Dienst. Fink – das war ein Sieg der von Gauck definierten Wahrheiten, selbst wenn die Angelegenheit dann doch noch langjährige gerichtliche Auseinandersetzungen zur Folge hatte. Die richteten sich zwar in erster Linie gegen den einstigen Arbeitgeber Finks, die Landesregierung, die ihn aufgrund der Gauck-Auskunft entlassen hatte, aber letztlich ging es dabei um die rechtliche Bedeutung, die eine Stellungnahme aus der Behörde gewinnen konnte. Als der Fall Fink dann vor dem Bundesverfassungsgericht landete, entschieden die höchsten Richter, dass der Gesetzgeber auf das Stasi-Erbe mit besonderen Zugangsregelungen für den öffentlichen Dienst reagieren könne. Das Urteil segnete die Arbeit der Behörde ab – wenn auch verbunden mit einigen warnenden Hinweisen.[75]

Gauck war in jenen Fink-Tagen ein anderer geworden. Nicht nur seine rechtliche Stellung und seine Amtsbezeichnung hatten sich geändert. Er machte klar, dass er die jetzt errungene Unabhängigkeit zu nutzen gedachte. Die Zeit der Zurückhaltung war vorbei – nun, als Bundesbeauftragter, wurde er integraler Bestandteil des Institutionengeflechts der Bundesrepublik. Er war endlich, so schien es, im Land seiner Sehnsucht angekommen. Er konnte eingreifen in die Debatten der Nation – der Fall Fink legte die Vermutung nahe, dass sein Amt politisches Gewicht entwickeln würde. Dass er darin einem Irrtum unterlag, zeichnete sich schon nach wenigen Monaten ab und wurde zwei Jahre später durch einen Urnengang im Land Brandenburg offenkundig.

Denn auf die Auseinandersetzung um den »IM Heiner« folgte der Fall »Sekretär«. Unter diesem IM-Decknamen hatte die Stasi den inzwischen zum Brandenburger Ministerpräsidenten aufgestiegenen SPD-Politiker Manfred Stolpe geführt, als er noch einer der wichtigsten Kirchenmänner in der DDR war. Stolpe, das war eine andere Ebene als de Maizière oder Fink. Mit den beiden Herren, bei denen ein jeder sofort den DDR-Stallgeruch wahrnahm, war Manfred Stolpe, der gewiefte Grenzgänger und geborene Staatsschauspieler, nicht zu vergleichen. Die Auseinandersetzung mit ihm endete, das vorneweg, damit, dass Gauck deutlich Grenzen aufgezeigt wurden. Auch dazu sprach das Verfassungsgericht im Nachhinein das letzte Wort – und stellte sich im Wesentlichen auf die Seite Stolpes.[76] Mit der Affäre um den Ministerpräsidenten wurden zudem die Beziehungen Gaucks zur deutschen Sozialdemokratie wie zu großen Teilen des alten Establishments der Bundesrepublik auf Jahre hinaus gestört.

Stolpe, in der DDR als hochrangiger Kirchenjurist eine der zentralen Figuren in dem schwierigen Zusammenspiel zwischen protestantischer Kirche und SED-Regime, war Gauck vertraut. Die Kontroverse um seine Stasi-Kontakte war insofern erneut eine Art Familienstreit um das richtige Verhalten der Kirche in der DDR. Aber Stolpe hatte inzwischen eine steile politische Karriere in der Bundesrepublik gemacht. Er war in den Jahren nach 1990 der einzige Sozialdemokrat, der als Regierungschef in den Ost-Bundesländern amtierte. In Potsdam führte er eine Koalition aus SPD, FDP und einstigen Bürgerrechtlern, die sich unter dem Namen »Bündnis 90« zusammengeschlossen hatten – unter ihnen einige der früheren Fraktionskollegen von Gauck wie Matthias Platzeck und Marianne Birthler, die beide als Minister in seinem Kabinett arbeiteten.

Der Potsdamer Ministerpräsident hatte sich im Januar 1992 mit einem Vorabdruck seines Buchs *Schwieriger Aufbruch* im *Spiegel*[77] als ständiger Kontaktmann mehrerer Stasi-Offiziere enttarnt. Seine sich über Jahrzehnte hinziehenden heimlichen Treffen mit den Offizieren waren seinen Vorgesetzten in der Kirche nicht bekannt gewesen. Sie waren ohne jeden Zweifel ein nur schwer erklärlicher Vorgang und eine klare Verletzung seiner dienstlichen Pflichten. Er hätte die Bischöfe über die Begegnungen und die Absprachen mit der Staatssicherheit informieren müssen. Die danach einsetzende Stolpe-Kontroverse führte wegen der zahlreichen West-Kontakte des Kirchenjuristen zu einer Debatte, an der die ganze Bundesrepublik beteiligt war. Stolpe war eine zentrale Figur im deutsch-deutschen Geschäft gewesen – ein einflussreicher Gesprächspartner vieler Politiker in Bonn.

Sofort eilten dem brandenburgischen Ministerpräsidenten eine Reihe von prominenten Politikern zu Hilfe, allen voran die früheren Bundeskanzler Willy Brandt und Helmut Schmidt, ebenso der damalige Außenminister Hans-Dietrich Genscher. Auch der amtierende Bundespräsident Richard von Weizsäcker machte aus seinen Sympathien für den früheren Kirchenjuristen keinen Hehl. Das Staatsoberhaupt bat Gauck zu einem Gespräch, bei dem es darum ging, den Bundesbeauftragten auf eine vorsichtige Linie einzuschwören.[78] Als Verteidiger von Stolpe tat sich weiterhin der einstige Justizminister und Sozialdemokrat Jürgen Schmude hervor, inzwischen Präses der Synode der Evangelischen Kirche in Deutschland.

Die publizistische Landschaft der Bundesrepublik war in dieser Frage gespalten. Stolpe war in seiner Zeit als Führungspersönlichkeit der DDR-Kirche Liebling so mancher einflussreicher Pressevertreter gewesen. Und seine Rechtfertigungsstrategie baute darauf auf, dass die IM-Akten, die über ihn angelegt worden waren, vernichtet worden seien. Dennoch waren in verschiedensten Akten Spuren seiner Stasi-Kontakte zu finden, und Stolpe hatte deswegen wohl auch die Flucht nach vorn gesucht. Neben Kopien von Berichten über seine Kontakte fand man auch noch Aufzeichnungen über die Nutzung konspirativer Wohnungen, über Maßnahmenpläne und über Auszeichnungen.

Die unbestritten zahlreichen und über viele Jahre hinweg stattfindenden Treffen Stolpes mit führenden Offizieren der Stasi-Kirchenabteilung waren offenbar überaus ergiebig für die Geheimpolizei. Der »Sekretär« lieferte Informationen, an die ansonsten nur schwer zu kommen war. Seine Berichte zur Entwicklung in der Kirche waren einzigartig für die Offiziere. Aber für eine ganz sichere Einschätzung dieser Kontakte wiederum fehlten dann doch wieder zu viele Details. So blieb beispielsweise undurchsichtig, inwieweit Manfred Stolpe dabei auch nach eigenem Verständnis SED-Gegner verraten hatte. War er wirklich ein ordinärer Spitzel? Oder hatte er mit all den Geheimgesprächen immer nur und in weiten Teilen erfolgreich versucht, die Interessen der Kirche zu vertreten? Waren seine fast schon denunziatorischen Bemerkungen über Oppositionelle der Stasi eine Hilfe oder sollten sie ausschließlich dazu dienen, Dampf aus dem Kessel zu lassen? Und wie passten die Unterredungen mit der Geheimpolizei zur Gesamtstrategie des Mannes, dem seine Vorgesetzten, die Bischöfe in Berlin-Brandenburg, die heikelsten Fälle anvertrauten? Stolpe pflegte ja nicht nur zur Stasi besondere Kontakte, er war auch ununterbrochen im Gespräch mit hohen SED-Funktionären.

Für viele frühere DDR-Oppositionelle war die Angelegenheit klar. Hatte der einstige Kirchenmann sich mit Stasi-Offizieren in konspirativen Wohnungen darüber unterhalten, wie die sich zuspitzende Situation wieder unter Kontrolle zu bringen sei, so müsse er ein Spitzel gewesen sein, der sie verraten hatte. Ob er von der Kirche ein Mandat dafür hatte oder nicht, interessierte sie dabei wenig. Denn Stolpe hatte über sie, die Oppositionellen, mit der Stasi gesprochen, ohne dass sie auch nur die geringste Ahnung davon hatten. Er habe sie mit seinen Gesprächen entmündigt, hieß es. Die Gegenrede Stolpes, er habe einzig versucht, bei solchen Treffen die Interessen der von der SED Drangsalierten zu vertreten, griff für sie deswegen nicht. Sie verlangten den Rückzug von Manfred Stolpe aus dem politischen Leben. Und sie forderten von der Kirche eine klare Stellungnahme. Andere prominente Vertreter des Ostens, allen voran der Sozialdemokrat Richard Schröder, verteidigten das Verhalten des Ministerpräsidenten.

In der aufgeheizten Atmosphäre unmittelbar nach der Selbstenttarnung von Stolpe schien der Bundesbeauftragte mit seiner Stellungnahme entscheidend zu sein. Wie würde Joachim Gauck den Fall einordnen? War aus seiner Sicht der frühere Kirchenjurist selbst Opfer einer Stasi-Operation geworden, bei der man seine Dialogbereitschaft ausgenutzt hatte? Oder hatte der einstige Weggefährte es gar geschafft, der Staatssicherheit und damit der SED-Führung eine Politik unterzujubeln, die letztlich ein schärferes Vorgehen gegen die Opposition verhinderte? War der Mann also Verräter, Opfer, Dummkopf oder Held?

Gauck war zunächst hin- und hergerissen in seinem Urteil über den Mann, denn »Bruder Manfred« hatte beispielsweise bei der Vorbereitung des Rostocker Kirchentags 1988 mitgeholfen. Aber Gauck war durch den IM-Fall Schnur verunsichert. Schnur hatte er rückhaltlos vertraut – und war vollständig betrogen worden. Gauck wusste um seine Unfähigkeit, die Unaufrichtigkeit eines Menschen zu erkennen. Das spielte bei seiner Annäherung an den Fall Stolpe eine Rolle. Hatte er sich bei Stolpe ebenfalls so gravierend vertan wie bei Schnur? Als Verdachtsmomente gegen den Ministerpräsidenten auftauchten, hat Gauck sich, gemäß eigenen Angaben, bemüht, entlastende Momente zu finden.[79] Er war zunächst auch nicht misstrauisch gegenüber einer von Anfang an von Sozialdemokraten aus dem Westen lancierten Strategie einer rücksichtslosen Verteidigung des populären brandenburgischen Ministerpräsidenten. Und Stolpe hatte die bestmöglichen Helfer an seiner Seite. Die Öffentlichkeitsarbeit überließ er dem früheren WDR-Reporter Erhard Thomas, einem gut vernetzten Journalisten, und als sein Ratgeber und Justizminister fungierte Hans Otto Bräutigam, ein erfahrener Verwaltungsbeamter, der einst als Ständiger Vertreter der Bundesrepublik in Ost-Berlin residiert hatte. In der Staatskanzlei Brandenburgs wurden ohne jede Zurückhaltung alle nur verfügbaren Ressourcen eingesetzt, um Stolpes Kontakte mit Offizieren der Staatssicherheit zu rechtfertigen.

Das wenige, was über Stolpe in den Papierbergen gefunden worden war, musste jeden Kenner von Stasi-Machenschaften hellhörig machen. Die Staatssicherheit hatte Stolpe genauso geführt wie Tausende anderer Spitzel. Da gab es keine Hinweise auf eine Sonderrolle, die der Kirchenmann gespielt haben könnte. Bei seinen regelmäßigen Begegnungen mit den Offizieren hatte er Regeln der Konspiration beachtet. Es gab Belege über Geschenke der Stasi, auch über einen Orden, der Stolpe verliehen worden war. Nur eines ließ sich aus den Papieren nicht ablesen: die Bereitschaft Stolpes, mit seinen Informationen Menschen ans Messer zu liefern. Im Gegensatz zu anderen Spitzelberichten enthielten sie keine Informationen über Fluchtabsichten oder sonstige Pläne, die nach DDR-Recht strafbar gewesen wären. Unter den vielen Interna aus Kirchenkreisen, die bei diesen Treffen besprochen wurden, war nichts zu finden, die Kirchenführer direkt kompromittiert hätten. Es gab keine Hinweise auf ein peinliches Sexualverhalten oder einen ausschweifenden Lebensstil ihrerseits.

Entweder hatte er gegenüber der Stasi über Belastungen dieser Art geschwiegen, oder entsprechende Beweise für solche Denunziationen waren nicht auffindbar. Mit einigem Wohlwollen konnte man deswegen dem Brandenburger Ministerpräsidenten unterstellen, er habe nach seiner subjektiven Einschätzung tatsächlich in guter Absicht gehandelt. Die naheliegende Deutung war allerdings, dass er seinen Gesprächspartnern von der Geheimpolizei objektiv geholfen hatte. Und dazu kam noch ein anderer, schwerwiegender und nicht von der Hand zu weisender Verdacht. Stolpe war mit seiner Politik einer flexiblen Anpassung an die SED-Herrschaft in der Kirche umstritten gewesen. Hatte er versucht, die eigene Machtposition durch einen entsprechenden Informationsfluss zu stärken? Hatte er die Stasi-Kontakte gesucht, um seine ganz persönlichen Interessen zu verfolgen, Interessen, die teilweise identisch mit denen der Kirche waren, zuweilen aber auch nicht?

Ob ein Mann, der so sehr im Zwielicht operiert hatte und dem selbst Wohlmeinende gravierende Pflichtverletzungen bescheinigten, von der einen Führungs- und damit Vertrauensposition nahtlos in die nächste wechseln konnte, war die entscheidende politische Frage jenseits des detaillierten Studiums einer bruchstückhaften Stasi-Hinterlassenschaft. Damit verbunden war jedoch die für viele, ebenso für Gauck schmerzliche Frage, ob und inwieweit alle einem Mann auf den Leim gegangen waren, der kein Vertrauen verdient hatte. Die Akten sagten darüber zu wenig aus – das blieb letztlich eine Frage, die mit einem selbstkritischen Blick zurück auf das eigene Verhalten in der Diktatur verknüpft war. Konnte und wollte man so weitermachen, als wäre nichts gewesen bei all den scheinbar notwendigen Arrangements mit den Mächtigen der SED? War nicht ein jeder, der sich zuweilen durchgemogelt hatte, mehr oder weniger ein kleiner Bruder Manfred?

Gauck hätte von dem Moment an, in dem Stolpe zum ersten Mal in seinem Büro auftauchte, gewarnt sein müssen. Es war klar, dass der frühere Kirchenjurist notfalls einen gnadenlosen Machtkampf riskieren würde, wenn es um sein politisches Überleben ging.[80] Da war nicht eine Spur von den Gemeinsamkeiten übrig, die sie angesichts der zusammen erlebten Jahre in der DDR hätten haben müssen. Und da war auch nicht im Geringsten zu erkennen, dass sich zwei Menschen begegneten, die als Christen den Geboten der Nächstenliebe und Wahrhaftigkeit verpflichtet sein sollten. Stolpe wollte offenkundig nur eines: weitermachen.

Gauck wiederum sah sich nicht in der Lage, mit solcher Machtbesessenheit umzugehen und die Debatte auf Stolpes Gesamtverhalten in der Diktatur zu konzentrieren. Er agierte wie ein Behördenchef, der einen »Bescheid« zu verantworten hat. Dabei verfügte er in diesem Fall wie bei kaum einem anderen über einen eigenen Sachverstand. Dennoch ging er vor, wie auch Geiger es für sinnvoll hielt, der bayerische Jurist, der in seinem Leben noch niemals mit einem Stasi-Offizier konfrontiert gewesen war und keinerlei Ahnung hatte von den Klippen eines Lebens unter der SED-Herrschaft. Geiger und Gauck reduzierten also die Stellungnahme auf rechtlich unangreifbare Formeln, die jedoch wenig dazu beitrugen, den Sachverhalt verständlich zu machen. »Nach den Maßstäben des MfS« (des Ministeriums für Staatssicherheit) war

Stolpe ein wichtiger Spitzel, heißt es da. Aber waren die Maßstäbe des MfS maßgeblich für ein Urteil in der Demokratie?[81] Bevor der Fall Stolpe diskutiert wurde, hatte Gauck bereits erkannt, dass die Sicht der Stasi-Offiziere nie alleiniger Maßstab sein konnte. »Anhand einiger weniger Fälle können wir nachweisen, wie die Stasi Gesprächskontakte zu engagierten Personen, manchmal sogar zu IM-Kontakten, ummünzte – auch ohne eine mündliche oder schriftliche Bereitschaftserklärung oder gar eigene schriftliche Berichte«, hatte Gauck in seinem Buch *Die Stasi-Akten* geschrieben.[82] Passte das vielleicht auch auf Stolpe? Waren die Akten überhaupt der Schlüssel zur Wahrheit?

Die hitzige Debatte in der Öffentlichkeit fand in einem institutionellen Rahmen, der Stolpe zugutekam, ihre Fortsetzung. Der Brandenburgische Landtag hatte einen Untersuchungsausschuss eingerichtet, der die Vorwürfe klären sollte. Sein Vorsitzender war der PDS-Politiker Lothar Bisky, ein früheres SED-Mitglied. Als Gauck vor dem Untersuchungsausschuss erschien, präsentierte er seine behördlichen Erkenntnisse in rechtlich abgesicherter Weise. In Potsdam aber gab man sich damit nicht zufrieden. Weite Teile der SPD verlangten zusammen mit der PDS eine Rehabilitierung ihres Ministerpräsidenten. Die brandenburgische CDU war in dieser Angelegenheit tief gespalten. Im Landtag war Peter-Michael Diestel ihr Fraktionsvorsitzender, der scharfe Gegner Gaucks brachte eine Mehrheit seiner Abgeordneten dazu, gemeinsam mit der SPD-geführten Koalition einer Lösung zuzustimmen, die Stolpe das Vertrauen aussprach. Die selbst von Spitzelaffären geplagte FDP zog mit, die kleine Bündnis-90-Fraktion zerbrach ob der Frage. Ihr Vorsitzender, Günter Nooke, schloss sich später in Berlin der CDU an, ihr damaliger Minister und Abgeordneter Matthias Platzeck wechselte nach einer Schamfrist zur SPD, wo er einige Jahre später als Bundesvorsitzender scheiterte. Marianne Birthler trat wegen Stolpe von ihrem Ministeramt zurück und wurde Bundesvorsitzende der Grünen.

Aufgrund dieser politischen Kräfteverhältnisse in Potsdam

kam es dort zu dem erwünschten Persilschein für Stolpe. Das war auch nicht weiter verwunderlich bei einem Parlament, in dem ausgerechnet Heinz Vietze, der einstige SED-Bezirkssekretär, eine herausragende Rolle spielte. Vietze, in jungen Jahren selbst Stasi-Spitzel, hatte seine eigenen Erfahrungen im Umgang mit unliebsamen Auskünften der Gauck-Behörde gemacht. Sie konnten auch verschwinden. Ein Schreiben der Gauck-Behörde, das ihn schwer belastete, war über viele Jahre hinweg nicht auffindbar, versteckt in den Kellern der Landtagsverwaltung.

Der Schlusspunkt in der Stolpe-Kontroverse war dann eine spitzfindige Auseinandersetzung um eine Lappalie. Wer hatte wann und wo dem Konsistorialpräsidenten den DDR-Orden samt Geldprämie überreicht? Im Gesamtzusammenhang der vielfältigen Kontakte war das völlig nebensächlich. Da der Brandenburger Landtag aber festgelegt hatte, dass eine Empfehlung zum Mandatsverzicht zu erfolgen hatte, war solch ein Orden von einem Stasi-Offizier übergeben worden. Also wurden Terminkalender gewälzt und Zeugen befragt. Stolpe sagte, der Staatssekretär für Kirchenfragen habe ihm das Ding in die Hand gedrückt. Dagegen sprach einiges, und ein Stasi-Offizier gab eine eidesstaatliche Versicherung ab, dass er selbst dem SPD-Mann die Medaille in einer konspirativen Wohnung übergeben habe. Ein anderer Stasi-Offizier der Kirchenabteilung wiederum bestritt das, ebenfalls unter Eid. Die Staatssicherheit hatte also in jedem Fall wieder einmal gelogen. Für die Öffentlichkeit waren solche Kontroversen schon lange nicht mehr nachvollziehbar. Und sie hatte sowieso völlig andere Kriterien für die Glaubwürdigkeit von Politikern. Dass die zuweilen nicht die ganze Wahrheit sagen, war für viele Wähler ein Gemeinplatz. Warum also hackten sie jetzt wegen einer Stasi-Medaille auf Stolpe herum, selbst wenn der schwindelte?

Stolpe gelang es, sich nicht nur als Opfer einer Rufmordkampagne darzustellen. Mit den Angriffen auf ihn sei eine Entmündigung all derer verbunden, die in der DDR versucht hätten, ein anständiges Leben zu leben. Deswegen führe er seinen Kampf auch stellvertretend für all die anderen Ostdeutschen, denen in der jetzt größeren Bundesrepublik die Befähigung zur Mitwirkung abgesprochen werde. Für die einstigen Oppositionellen der SED-Herrschaft ebenso wie für Joachim Gauck gab es bei dieser Argumentation keinen Platz. Stolpe hatte Gauck seit Beginn des Konflikts wie einen Dorfpastor behandelt, der sich zu viel anmaße.

Politische Bilanz der Affäre Stolpe wurde im September 1994 gezogen, als in Brandenburg gewählt wurde. Stolpes SPD erreichte über 54 Prozent, was einem Zuwachs von fast 16 Prozent entsprach, und konnte fortan allein regieren. Aber auch die PDS machte in Brandenburg einen gewaltigen Sprung nach oben und landete bei 18,7 Prozent – jetzt nahezu gleich mit der CDU. Die Strategie des brandenburgischen Ministerpräsidenten war aufgegangen. Die Wähler hatten sich hinter ihm als Verteidiger ostdeutscher Biografien gesammelt. Diese trotzige Reaktion auf die Stasi-Verdächtigungen hatte Gauck nicht erwartet. Sie erschütterte nachhaltig seine Rolle und schädigte sein Amt. Es taugte weder zur Durchsetzung einheitlicher Maßstäbe bei der Beurteilung der Stasi-Kontakte noch als Plattform für eine angemessene Auseinandersetzung um die Vergangenheit.

Gauck selbst hat das nicht anders empfunden. Über den Fall Stolpe schreibt er in seinen *Erinnerungen*: »Neue Interessen überlagerten die Besorgnisse. Selbstkritik, innere Einkehr sowie die juristische Bearbeitung gerieten auf ein Nebengleis und die einstigen Oppositionellen nicht völlig, aber zunehmend in die Defensive.«[83] Er führt das auch auf die Entspannungspolitik der SPD-/FDP-Koalition unter den Kanzlern Brandt und Schmidt zurück. Den Fall Stolpe erklärt er mit einer Art Schlussstrichmentalität linksliberaler Kreise im Westen. Die wollten nicht länger an ihre Fehler bei den Beziehungen zu den kommunistischen Machthabern Osteuropas erinnert werden. Er erwähnt insbesondere die *Zeit*-Journalistin Marion Gräfin Dönhoff und den SPD-Politiker und Brandt-Vertrauten Egon Bahr. Seine Lebensgefährtin Helga Hirsch geht noch weiter. In einem Zeitungsartikel wirft sie im

Februar 1992, also gleich zu Beginn der Stolpe-Kontroverse, dem politischen Establishment des Westens mit seinem Festhalten an Stolpe eine »einseitige Geschichtsinterpretation« vor. Denn nur »der Druck der Straße« habe in Osteuropa den schnellen Zusammenbruch der kommunistischen Systeme bewirkt, nicht aber die Zusammenarbeit des Westens mit den kommunistischen Parteien.[84]

Das Verhältnis zwischen Gauck und Stolpe blieb in den Folgejahren äußerst kühl. Trafen sie sich beispielsweise auf dem Flughafen Tegel oder mussten sie sich bei Veranstaltungen im selben Raum aufhalten, ignorierten sie einander geflissentlich. Die Auseinandersetzung um die Vergangenheit des einstigen Kirchenmanns und neuen Frontmanns der Sozialdemokratie im Osten bestimmte über einige Zeit auch das Verhältnis von Gauck zur SPD insgesamt. Erst der Besuch von Bundeskanzler Gerhard Schröder im Stasi-Archiv 1999 führte zu einer vorsichtigen Entspannung. Schröder signalisierte mehrfach, dass er Gauck für einen bedeutenden Zeitgenossen halte, er sei bereit, ihn mit neuen Aufgaben zu betrauen. Als dann Schröder 2004 ausgerechnet Manfred Stolpe als Verkehrsminister in sein zweites Kabinett berief, hielt Gauck still.

Die Affäre Stolpe war der Wendepunkt in der Amtszeit des Bundesbeauftragten. Der Fall zeigte in vielerlei Hinsicht Gaucks Grenzen auf. Gauck selbst sagte, er habe dem Kirchenjuristen lange Zeit vertraut, mit all seinem Verhandlungsgeschick und seiner Fähigkeit zum Kompromiss habe er ihn zudem bewundert. Das aber waren genau jene Eigenschaften, die Manfred Stolpe angeblich bei seinen heimlichen Kontakten zur Staatssicherheit zum Nutzen der Kirche anwendete.

Bei diesen Diskussionen gerieten viele Ebenen durcheinander. Wäre Manfred Stolpe ein Kombinatsdirektor gewesen, der seine Erkenntnisse mit der Stasi geteilt hätte, so wäre von Gauck sicher die Frage nach der Eignung für eine herausragende Position anders beantwortet worden. Aber Gauck versuchte bei Stolpe die

Kriterien anzuwenden, die aus Sicht der Behörde für den öffentlichen Dienst Bedeutung hatten. Wenn ein Beamter mit solch einer Stasi-Vergangenheit nicht tragbar wäre, wie sollte es dann ein Ministerpräsident sein? Er übersah dabei, dass für einen Spitzenpolitiker andere Gesetze gelten. So weit hatte Gauck die Entwicklung in der Bundesrepublik sehr wohl mitverfolgt, dass er von Spendenskandalen und ähnlichen Verirrungen der westdeutschen Demokraten wusste. Was aber auch heißen konnte: Warum sollte dann im Osten nicht ein Sozialdemokrat regieren dürfen, der sich bei seinen fragwürdigen Geschäften mit der SED noch nicht einmal nennenswert bereichert hatte? Und waren nicht eine ganze Reihe von hohen SED-Funktionären, allen voran der frühere Dresdner SED-Bezirkschef Hans Modrow, längst wieder in Parlamente gewählt? Das falsche Leben in der DDR taugte in vielen Fällen nicht für einen Sperrvermerk in der neuen Zeit.

Bei aller Kritik an Stolpes Aktivitäten und trotz der scharfen Kontroverse um seine Stasi-Kontakte herrscht in Kirchenkreisen heute weitgehend Konsens darüber, dass Stolpe kein Verräter war. Selbst der frühere Superintendent Reinhard Steinlein, einer seiner herausragenden Kritiker, bescheinigt ihm, »dass er die Interessen seiner Kirche stets im Auge hatte«.[85] Steinlein hatte schon zu DDR-Zeiten daran gedacht, dass Stolpe seine Schritte mit der Stasi abstimmen würde. 1987 ging es um die Öffnung von Kirchen für die Gruppen, die für eine »Kirche von unten« eintraten. Stolpe fragte diesbezüglich bei Steinlein in der von ihm betreuten Berliner Gemeinde nach: »Es entsprach der bekannten Taktik von Konsistorialpräsident Stolpe, eine Konfrontation unbedingt zu vermeiden, und so bat er die Pfingstgemeinde dringend, ihr Gebäude für den Kirchentag von unten zu öffnen. Ich hatte den Eindruck, dass dieses Vorgehen mit der Staatssicherheit abgesprochen war.«[86]

Sah eine große Mehrheit der Zeitzeugen aus der Kirche in Stolpes Aktivitäten zwar einen Vertrauensbruch, aber keinen Verrat, keinen wirklichen Seitenwechsel, so wird die von der Gauck-

Behörde gegebene Auskunft, Stolpe sei aus der Sicht des Ministeriums ein inoffizieller Mitarbeiter gewesen, in ihrer inhaltlichen Bedeutung fragwürdig. Wer letztlich seine Loyalität eher auf die Kirche und nicht auf die Staatssicherheit konzentrierte, war im strengen Sinn kein IM.

In der Rückschau drängt sich fast zwangsläufig die Frage auf, ob Gauck bei Stolpe in eine selbst gestellte Falle gelaufen ist. Die Kriterien, die in den Fällen de Maizière und Stolpe seine Stellungnahmen bestimmten, waren beeinflusst von den Recherchen der Stasi-Offiziere der ZAIG, die in der Behörde verblieben und einst die Schnüffelhunde Mielkes bei Verfehlungen von Diensteinheiten gewesen waren. In ihrer neuen Funktion als Angestellte des öffentlichen Diensts der Bundesrepublik waren sie nicht unbedingt daran interessiert, die Fragwürdigkeit so mancher Klassifizierung ihres früheren Arbeitgebers aufzudecken. Denn ein Blick auf die Stasi, der Irrtümer und Fehlentwicklungen in diesem Organ mit einschloss, hätte auch ihre eigene Rolle in der neuen Zeit infrage gestellt. Bäcker und Hopfer waren vor allem wichtig, weil man davon ausgehen konnte, dass die Stasi ihr eigenes Regelwerk beachtete. Hatte Gauck also, als er sich auf die einstigen Stasi-Offiziere stützte, auch einen Teil von deren Logik, ihres Beharrens auf der korrekten Arbeit des Organs, dem sie so viele Jahre verpflichtet waren, übernommen? Vieles spricht dafür, dass er im Fall Stolpe tatsächlich diesem denkbaren Irrtum zu wenig Aufmerksamkeit schenkte.

Nach Stolpe wird Gauck vorsichtiger agieren. Aber allen Konflikten kann er nicht aus dem Weg gehen. Da liegt als Nächstes die Überprüfung des PDS-Politikers Gregor Gysi an, der Streit mit den Resten der alten SED. Nun war PDS-Fraktionschef Gysi nicht irgendeiner unter den prominenten Vertretern der SED-Nachfolgepartei. Gysi war in der PDS der Star schlechthin. Er konnte reden, und er hatte eine einzigartige Biografie vorzuweisen. Kind von emigrierten und zurückgekehrten Kommunisten, war er polyglott und witzig wie kaum ein Zweiter. Sein Vater war einige Jahre Botschafter in Rom gewesen. Eine nahe Verwandte war die weltbekannte Schriftstellerin Doris Lessing.

Trotz der Erfahrungen, die er mit dem Stolpe-Verfahren gemacht hatte, lieferte Gauck 1996 bei Gysi noch einmal und vorhersehbar vergeblich einen Behördenbescheid ab, der wiederum letzte Zweifel nicht beseitigen konnte.[87] Adressat war diesmal der Immunitätsausschuss des Bundestags, der jedoch im Gegensatz zum Potsdamer Landtag eine Empfehlung zur Mandatsniederlegung aussprach. Gysi ist der aber nicht gefolgt – und blieb dennoch einer der populärsten Politiker. Wozu überhaupt solche Überprüfungen stattfanden, wurde zunehmend weniger klar. Dass auch hier, wie in allen prominenten Fällen, die Recherchen in der Gauck-Behörde im Wesentlichen auf den Kenntnissen der früheren ZAIG-Offiziere Bäcker und Hopfer beruhten, war pikant. Dass mit dem Gauck-Vertrauten Klaus Richter noch ein einstiger Aspirant der Stasi-Spionageabteilung als deren Vorgesetzter in der Behörde fungierte, machte die Sache keinesfalls besser. Und dass Hopfer im Fall Gysi darüber hinaus auch innerhalb der Behörde verdächtigt wurde, der PDS Informationen geliefert zu haben, ließ die Geschichte zusätzlich unappetitlich erscheinen. Wenn Bäcker am Ende von internen Besprechungen zu dem einstigen Parteigenossen Gysi aufstand und mit einem bei ihm seltenen Anflug von Gefühlsregung sagte: »Und dann machen wir den Sack zu!«, so spürten alle im Raum, wie hier der frühere Stasi-Offizier und nicht der Angestellte einer Bundesbehörde sprach.

Ohne die alten Stasi-Mitarbeiter wäre es kaum zu den Stellungnahmen gekommen, die der Behörde am Ende nur schadeten. Ihnen lag eine Logik des Apparats zugrunde. Wer in einem bestimmten Kontext in den Stasi-Akten auftauchte, in Berichten, Maßnahmenplänen etc., der musste demnach ein willfähriger Spitzel sein, selbst wenn dafür der allerletzte Beweis fehlte. Tatsächlich aber gab es gegen de Maizière, Stolpe und Gysi immer nur den gut untermauerten, den fast sicheren Verdacht. In der DDR hätte er allemal zu einem vernichtenden Urteil ausgereicht, aber in der Bundesrepublik gab es den Grundsatz, dass im Zweifel der Beschuldigte als unschuldig zu gelten habe. Im Fall Gregor Gysi führte diese Unkultur des begründeten Verdachts wie schon bei Stolpe zum genauen Gegenteil eines politischen Rückzugs. Stolpe wie Gysi haben davon zumindest eine gewisse Zeit lang profitiert – Gysi noch nachhaltiger als Stolpe. Denn der gelernte Jurist agierte als Frontmann einer Partei, die von Restsympathien für die frühere DDR geprägt war. Insofern haben die Stasi-Verdächtigungen ihm sogar geholfen. Stolpe, der sicher auch ein denkbarer Ost-Kandidat für das Amt des Bundespräsidenten gewesen wäre, wurde den Verdacht jedoch nie mehr los.

Das Bundesverfassungsgericht stellte gut ein Dutzend Jahre später fest, es gebe keine hinreichende Gewissheit über eine bewusste Zusammenarbeit von Stolpe mit dem MfS. Aus Sicht der Verfassungsrichter war »der Sachverhalt nicht wirklich aufgeklärt«. Damit war klar, dass die Behördenauskunft von 1992 keine Bedeutung für die Einschätzung der einstigen Tätigkeit des Kirchenjuristen Stolpe haben konnte. Der wiederum ist bis heute mit seinen Erklärungsversuchen im Vagen geblieben. 2010 schreibt er selbstkritisch: »Besonders belastet hat mich im Nachhinein, dass ich meinen ehemaligen Bischof Gottfried Forck nicht in alle meine Tätigkeiten eingeweiht habe.«[88] Aber das waren sehr vorsichtig formulierte Aussagen, in denen erkennbar wurde, dass er sich der Tragweite seines heimlichen Vorgehens wenigstens ansatzweise bewusst geworden war. Auf diejenigen, die ihm nicht glaubten, ihm nicht mehr glauben konnten, ging er nicht ein.

Zu Stolpes fünfundsiebzigstem Geburtstag im Mai 2011 wurde der SPD-Politiker Egon Bahr als Festredner ausgesucht. Und obwohl in der Zwischenzeit Gauck als Kandidat der SPD für das Amt des Bundespräsidenten nominiert worden war, nutzte Bahr den Auftritt zu einem umfassenden Angriff auf die Tätigkeit des Bundesbeauftragten Gauck und seiner Nachfolgerin Marianne Birthler. Er sagte, die von ihnen geleitete Behörde »trägt ein gerüttelt Maß an Schuld daran, dass der Stolz der Ostdeutschen verletzt oder geduckt wurde«.[89] Da wurde es still im Saal – der scheinbar schon vergessene Streit war wieder aufgebrochen.

Gauck hat sich all die Jahre einer Auseinandersetzung mit Gysi und Stolpe zu entziehen versucht. Es gab seinerseits keinen Versuch, in einem öffentlichen Gespräch die unterschiedlichen Positionen erkennbar werden zu lassen. Der Verdacht gegen die beiden war gleichzeitig ein Tabu im Umgang mit ihnen. Gregor Gysi hatte er dann aber 2010 doch zu ertragen gehabt – als er im Zuge seiner Präsidentschaftskampagne bei der Linken-Fraktion des Bundestags Rede und Antwort stehen sollte. Gysi war deren Vorsitzender. Und jetzt, als Bundespräsident, muss er mit ihm als Oppositionsführer im Bundestag wohl oder übel leben.

Manfred Stolpe bleibt dagegen eine völlig andere Herausforderung für das Staatsoberhaupt. Altkanzler Helmut Schmidt beispielsweise nennt ihn einen Freund. Und die Stasi-Verdächtigungen »ein ekelerregendes Ärgernis«.[90] Gauck wiederum tritt als Bundespräsident zusammen mit Schmidt im Fernsehen auf, und man plaudert freundlich über Europas Zukunft. Über ihre widersprüchliche, nicht zu vereinbarende Einschätzung Stolpes reden sie nicht. Aber eine einstige Sekretärin Gaucks kann ohne öffentlichen Widerspruch behaupten, der heutige Bundespräsident sei davon überzeugt, der frühere Ministerpräsident von Brandenburg sei ein Spitzel der Stasi gewesen.[91] Was der Bundespräsident tatsächlich über Stolpe und Gysi denkt, wird die Öffentlichkeit wohl nie in Gänze erfahren.

# 15

# Tragik und Macht – Fuchs und Kohl

Gauck gehört nicht zu denen, die jedem Konflikt aus dem Weg gehen. Bei aller Vorsicht und Kompromissbereitschaft – so wie er gestrickt ist, braucht er Gegner zur Profilierung. Und Widersacher hat er beileibe nicht nur bei denen, die im Verdacht stehen, für die Stasi tätig gewesen zu sein. Gegner finden sich ebenso bei jenen Zeitgenossen, die ihrerseits Objekt der Stasi-Operationen geworden waren – bei denen, die das Unterlagen-Gesetz »Betroffene« nennt. Auch da gibt es prominente Fälle. Spät, in seinem achten Jahr als Bundesbeauftragter und als völliges Kontrastprogramm zum Stolpe-Streit, folgt die Fehde mit dem Schriftsteller und SED-Gegner Jürgen Fuchs – für Gauck sicher die schmerzlichste Auseinandersetzung, endete sie doch mit dem frühen Tod des Autors. Fuchs hatte schon einiges vorausgesehen: »Und der assoziierte Eichmeister wird Bundespräsident. Gauck: Ich denke, dass ich meine Grenzen kenne. Denkste.«[92] Diese Sätze hat Fuchs 1998 veröffentlicht, da war er achtundvierzig Jahre alt und hatte noch ein gutes Jahr zu leben.

Wolf Biermann, Ralph Giordano und andere haben es in sehr gleichlautenden Sätzen berichtet: Traf man Jürgen Fuchs, schien man selbst der junge, unerfahrene Spund zu sein, obwohl Fuchs viel jünger war. Jener Jenaer Psychologiestudent, der schrieb und 1977 für viele Monate von der Staatssicherheit inhaftiert worden war, hatte eine besondere Aura. Er war sanft, verständnisvoll und unerbittlich zugleich. Jürgen Fuchs gehörte zu dem kleinen Kreis von Menschen in der DDR, die bis zur letzten Konsequenz widerstanden haben – und dafür einen hohen Preis bezahlten. Mit vielen Gegnern der SED-Herrschaft befreundet, war er auch nach 1989 eine zentrale Figur beim wirklichkeitsnahen Blick zurück in die Zeit der Diktatur. Vor allem aber war er mit seinen Büchern über die Hafterfahrung für so manchen ehemaligen DDR-Gefangenen eine Art Überlebenstrainer.[93]

Roland Jahn, der 2011 Bundesbeauftragter wird und in Jena der vollen Wucht der Stasi-Haft ausgesetzt war, erzählt beispielsweise sehr anschaulich, wie er von Fuchs gelernt hat, ein halbes Jahr an Vernehmungen zu überstehen, ohne nur einmal eine Aussage zu machen.[94] Und Fuchs hat, nachdem er 1980 in die Bundesrepublik ausgewiesen wurde, ein internationales Netzwerk aufgebaut, von dem die DDR-Opposition stark profitierte. Neben Wolf Biermann und Roland Jahn war er einer der wichtigsten Unterstützer für die in der DDR agierenden Menschenrechtsaktivisten. Darüber hinaus hatte er Freunde und Bewunderer mit großen Namen – Herta Müller, die den Nobelpreis für Literatur erhalten sollte, zählt dazu. Müller, die Rumäniendeutsche aus dem Banat, steht wie keine andere für die deutschsprachige literarische Aufarbeitung des Kommunismus. Sie sagt: »Jürgen Fuchs hat die genauesten Bücher über die DDR geschrieben – über die Leute und die Menschen, eindringlich und zutreffend wie kein anderer.«[95]

Ausgerechnet dieser Jürgen Fuchs, diese Ikone, kommt 1998 mit einem Buch auf den Markt, das *Magdalena* heißt und im Untertitel *MfS – Memfisblues – Stasi – Die Firma – VEB Horch & Gauck – ein Roman*.[96] Der Text basiert auf den Erfahrungen, die Fuchs als Behördenmitarbeiter des Bundesbeauftragten 1991 und 1992 und als Mitglied des Beirats der Behörde bis 1998 gesammelt hat. Es ist also ein Insiderbericht. Seine Bilanz dieser Jahre nennt er *Magdalena*, nach dem früheren Stasi-Gefängnis in der Berliner Magdalenenstraße, in dem Fuchs viele Monate verhört worden war. Fuchs trifft bei Gauck auf die ZAIG-Offiziere Bäcker und Hopfer. Er kennt solche Männer aus seinem früheren Leben – aus der Haftzeit. Er trifft auf Klaus Richter, den Gauck-Vertrauten, auf Westbeamte und auf die einstigen Mitarbeiter des

DDR-Staatsapparats. Die können sich in den Anfangsjahren der Behörde eine Festanstellung und gar nicht so still und heimlich vielleicht sogar eine Verbeamtung erhoffen. Fuchs erkennt sehr schnell die einstigen Genossen von der SED, die jetzt mit den Stasi-Akten hantieren.

Die Summe seiner Beobachtungen ist vernichtende Kritik. *Magdalena* ist ein eindringliches Plädoyer gegen einen bürokratisch geordneten Umgang mit der Hinterlassenschaft einer Diktatur. Es wird von der eigenen Erfahrung gespeist, der Konfrontation mit seinen Vernehmungsoffizieren und der Begegnung mit den Stasi-Offizieren bei Gauck. Es ist ein überaus genaues, ein zuweilen fast schon unheimlich präzises Buch. Es ist das insbesondere dort, wo es die Reaktionen von Behördenmitarbeitern auf Jürgen Fuchs beschreibt. Tatsächlich haben sie alle mehr oder weniger so reagiert, wie Fuchs sich das vorstellte – die Wissenschaftler aus dem Westen, die Juristen, Gauck selbst. Es ist ein spätes Buch. Fast sechs Jahre hat Fuchs dafür gebraucht. Jahre, in denen er im Beirat der Behörde saß, sich weiter informieren ließ über den Fortgang der Dinge. Jahre, in denen sich aus seiner Sicht nichts wirklich veränderte.

*Magdalena* ist auch eine gnadenlos verletzende Studie über den Bundesbeauftragten. »Gauck trägt gerne Seidenhemden, na und? Feine Anzüge, na und? War nicht im Knast, will gewinnen und vorne dran, na und? Es gibt schlechtere. Er wiederholt sich. Er verblasst. Er verbeamtet. Er ist nicht ganz ehrlich in Kleinigkeiten … ist er Gott? Er spielt sich auf. Nicht von Anfang an, erst nach einer Weile. Erst nach einer Weile, leise, nach innen, nah. Er kommt zu nah? Ja.«[97] So hat sonst keiner über Gauck gesprochen – so nah, so zu nah.

Ebenso ist es ein schwieriges, ein für viele schwer lesbares und doch ein zielgerichtetes Buch. Es ist überaus indiskret – kein Name wird ausgelassen. Das erschreckt. Muss das sein, dass einer so über die Sachbearbeiter einer Bundesbehörde herfällt? Dass er so entblößend schreibt, so gnadenlos genau? Gauck als Person, als

Bundesbeauftragter, als möglicher zukünftiger Bundespräsident sowie die Behörde selbst sind für Fuchs aber im Grunde eher Nebenthemen. Tatsächlich geht es ihm um die Verfolgung von Oppositionellen durch die Staatssicherheit. Und um die Erinnerung derer, die sie erlebten. Diese Erinnerung soll aus seiner Sicht Grundlage der Arbeit in der Behörde sein, deswegen arbeitet er überhaupt bei Gauck. Er sucht in den Unterlagen nach Beweisen für den von ihm erlebten Vernichtungswillen der Stasi. In ihm erkennt er die geschichtliche Kontinuität in Deutschland.

Die staatliche Bereitschaft, Menschenleben zu zerstören – oder im Stasi-Jargon: zu »zersetzen« –, wirft für Fuchs zwangsläufig die Frage nach dem Nationalsozialismus auf. »Darf man Orte der Qual, der Folter miteinander vergleichen?«, fragt Fuchs.[98] Was ist die Untersuchungshaftanstalt der Staatssicherheit im Vergleich zu den Konzentrationslagern beispielsweise? Er nennt die DDR ein »Auschwitz der Seelen«[99] – einen Staat, der Menschen nicht physisch, aber in ihrem Bewusstsein zu liquidieren versuchte. Fuchs denkt dabei konsequent zu Ende, was Gauck viel vorsichtiger und aus der Sicht des Schriftstellers zu zaghaft formuliert. Fuchs sieht auf den Stasi-Terror, wie nur einer sehen kann, der ihn selbst erlebt hat. Eine Erfahrung, die er Gauck abspricht. Er besteht auf der größeren Kompetenz derer, die diesem Terror ausgesetzt waren.

In *Magdalena* beschreibt er auch eine Kontroverse mit dem Literaturkritiker Marcel Reich-Ranicki, dem vorgeworfen worden war, seine Nachkriegstätigkeit in der polnischen Geheimpolizei verschwiegen zu haben. Und am Ende der Passage steht dann, alles wieder relativierend: »Ich war nicht im Warschauer Ghetto.«[100] Er signalisiert, dass er sich letztlich kein Urteil über das Leben des polnischen Juden Reich-Ranicki anmaßen kann und will. Das ist seine Botschaft. Wer das Leid nicht zu ertragen hatte, hat im Zweifelsfall zu schweigen. Wie weh es tat, weiß nur derjenige, dem wehgetan wurde.

Solch ein Blick auf die Geschichte der DDR muss quälend sein für alle, die wegschauten, die kaum etwas oder zu wenig taten. Er ist quälend für diejenigen, die aus welchen Gründen auch immer dem nicht ausgesetzt waren, was Fuchs zu ertragen hatte. Tatsächlich sind seine vielen Monate im Stasi-Knast, sind seine unzähligen Vernehmungen, sind später die Versuche, ihn nach seiner Ausreise im Westteil Berlins einzuschüchtern, zu ängstigen, zu verletzen, nach 1990 so etwas wie ein eher seltenes Privileg, das er in dieser Härte mit nur sehr wenigen der bekannten SED-Gegner teilt. Fuchs' monatelange Konfrontation mit dem Gefängnisalltag im zentralen Stasi-Knast Hohenschönhausen blieb beispielsweise Wolf Biermann erspart. Wer ihm allerdings ausgesetzt war, spricht mit dem gleichen Schrecken und Entsetzen darüber. Der Schriftsteller Thomas Brasch, der 1968 wegen seines Protests gegen den Einmarsch der Sowjets in der Tschechoslowakei dort eingekerkert wurde, sagt: »Es war unvorstellbar grausam.«[101] Unvorstellbar!

Es ist kein Zufall, wenn sich Fuchs über viele Seiten hinweg mit dem Schicksal von Matthias Domaschk, dem jungen Jenaer, der unter bis heute ungeklärten Umständen 1981 in einer Stasi-Zelle in Gera starb, beschäftigt. Sein Tod hat in Thüringen Dutzende von SED-Gegnern zunächst geschockt und dann radikalisiert. Sein Tod ist für Roland Jahn der Inbegriff dessen, was »Zersetzen« durch die Staatssicherheit in letzter Konsequenz bedeuten konnte – ein Mord. Fuchs weist auch auf Dokumente des Ministeriums hin, in denen über den Umgang mit radioaktivem Material nachgedacht wird. Und dass die angeblich nur im Ausland agierende Hauptverwaltung Aufklärung von Markus Wolf bei der Verfolgung der DDR-Opposition dabei war – als einer der Ersten kratzt er am Mythos der »Kundschafter«. Er hat das ja selbst erlebt, wie sie ihm im Westteil Berlins nachstellten.

Als Vorabexemplare von *Magdalena* Journalisten zur Verfügung gestellt werden, landet der Text sehr schnell in der Behörde. Sofort wird von eifrigen Beamten das Buch nach Möglichkeiten durchforstet, eventuell gerichtlich dagegen vorzugehen. Akribisch wird vom Rechtsreferat eine Liste erstellt, in der alle mit Namen genannten Mitarbeiter verzeichnet sind – die entsprechenden Fundstellen bei Fuchs werden danach ermittelt. Diejenigen, die bei dem Schriftsteller ganz gut wegkommen, sehen sich fragenden Blicken ausgesetzt. Wer gar nicht erwähnt wird, ist ebenfalls suspekt. Als Auszeichnung gilt es, wenn man – wie der Chef selbst – von Fuchs in ein nicht so günstiges Licht gesetzt wird. Die Fundstellen-Liste findet ihren Weg dann in die Presse und wird dort kritisiert. Jetzt legt die Gauck-Behörde ihrerseits schon Akten über Schriftsteller an, heißt es. Damit erledigt sich die Diskussion um ein rechtliches Vorgehen gegen den Autor.

Gauck selbst sucht und findet eine andere Plattform für die Auseinandersetzung. Er lässt sich für die *Zeit* von Richard Herzinger interviewen. Das ist an und für sich ein Signal, wenn der Stasi-Aktenverwalter ausgerechnet im Leib-und-Magen-Blatt des westdeutschen Oberstudienrats im Zwiegespräch mit einem geläuterten Trotzkisten die Anwürfe von Jürgen Fuchs zurückweist. Herzinger hatte sich allerdings zwei Wochen zuvor mit einem Verriss des Fuchs-Buchs empfohlen. Und Gauck macht dann in der Hamburger Wochenzeitung klar, dass er nicht mit sich spaßen lässt. Er greift den Kritiker Fuchs seinerseits frontal an: »Das ist ja das demokratiefremde Element des alternativen und anarchistischen Politikansatzes, daß er außerstande ist, den Zugewinn an Humanität durch Ordnungen und Strukturen zu erkennen.«[102] Es gibt in dem langen Interview nicht einen Halbsatz, der Verständnis für den Autor erkennen lässt. Im Gegenteil. Er macht ihm einen äußerst verletzenden Vorwurf. Auf die von Fuchs aufgeworfene Frage nach Gaucks Rolle vor 1989 antwortet er, dass »viele aus der Fundamentalopposition« zu diesem Zeitpunkt »gar nicht mehr da« gewesen seien. Diese Replik auf all die, die ausgebürgert oder mit Gewalt aus dem Land gedrängt wurden, entbehrt nicht einer gewissen Schamlosigkeit.

Der Bundesbeauftragte gewinnt mit solch einer Strategie der Vorwärtsverteidigung schnell die öffentliche Meinungshoheit wieder. Der *Spiegel* lässt *Magdalena* von Joachim Walther besprechen und verdammen, einem Schriftsteller, der mit einem exklusiven Zugang zu den Akten eng an die Behörde gebunden war.[103] Fuchs stößt in weiten Teilen der Presse auf Ablehnung und Kopfschütteln. Und auch viele seiner Freude sind eher entsetzt. Zu viele Namen, zu viele Indiskretionen, zu viel Angriffsfläche für diejenigen, die sowieso die Akten verbrennen wollten. Das Buch fällt durch.

Ein Jahr später stirbt Fuchs an einer seltenen Krebsart. Der Verdacht, er sei wie einige andere Oppositionelle von der Staatssicherheit radioaktiv verseucht worden, findet neue Nahrung. Das Begräbnis des Autors wird zu einer letzten Demonstration bedeutender SED-Gegner. Wolf Biermann redet, Roland Jahn ist da, Bärbel Bohley, Gerd Poppe und aus dem Kanzleramt der Minister für den Aufbau im Osten, der Thüringer Rolf Schwanitz. Der erkrankte Václav Havel schickt Blumen, und natürlich fehlen auch die Schriftstellerfreunde Herta Müller und Ralph Giordano nicht. Bundespräsident Roman Herzog, auf Auslandsreise, erinnert in seiner Erklärung an das »eindringliche Engagement und die Unbeirrbarkeit« von Jürgen Fuchs. Das habe ihn tief beeindruckt. Und so wird mit dem toten Jürgen Fuchs auch eine Kontroverse zu Grabe getragen. Gauck hatte gezögert, ob er auf den Berliner Heidefriedhof gehen sollte – und kam dann doch. »Sichtlich aufgewühlt«, hat ihn ein Journalist der *Welt* auf dem Friedhof erlebt, eine Randfigur, die nicht wusste, ob sie wirklich dazugehört.[104]

Im *Spiegel* schreibt Biermann den Nachruf auf einen deutschen Helden: »Fuchs war für mich so etwas wie der deutsche Václav Havel. Allerdings leben wir nun mal in Deutschland, und da könnte so einer wie er niemals so etwas wie Havel werden: Präsident einer Demokratie.«[105] In der Behörde des Bundesbeauftragten wird die Abteilung »Bildung und Forschung« beauftragt, dem Verdacht der radioaktiven Verseuchung von Oppositionellen nachzugehen. Nach ein paar Monaten stellt sie fest, dass es dafür in den Akten keine Beweise gibt.

Fuchs bleibt das dunkle Kapitel in der Gauck-Erfolgsgeschichte – und das *Zeit*-Interview der Tiefpunkt eines Streits zwischen dem Pastor aus Rostock und den Männern und Frauen, die in der Auseinandersetzung mit der SED-Herrschaft große persönliche Risiken eingegangen sind. Keiner weiß, ob Fuchs, hätte er weitergelebt, der unerbittliche Kritiker geblieben wäre. Nach der Veröffentlichung von *Magdalena* und der Reaktion darauf war er zu Kompromissen mit Gauck nicht bereit, aber er suchte weiterhin das Gespräch mit einigen Mitarbeitern der Behörde. Er ahnte, dass seine Zeit bemessen war. »Der Tod ist groß«, sagte er seinem Freund Biermann.[106] Der Tod hat den radikalsten der Gauck-Kritiker sehr früh zum Verstummen gebracht.

Heute haben selbst die engen Freunde von Fuchs ihren Frieden mit Gauck gemacht. Fast ausnahmslos befürworteten sie seine Wahl zum Bundespräsidenten – zumindest in ihren öffentlichen Stellungnahmen. Unter vier Augen erzählen sie auch andere Geschichten, und die alte Bitterkeit schimmert wieder ein wenig durch. Aber sie haben in den dunklen Jahren der DDR, in denen sie sich aufeinander verlassen mussten, eine ganz eigene Art der Solidarität gelernt. Zusammen haben sie Gauck in ihren Reihen adoptiert, und tanzt dann einer aus der Reihe, wird er zurechtgewiesen. Das Band hat sich bei vielen von ihnen durch die Einsicht in die eigenen Stasi-Akten noch verstärkt. Dort konnten sie nachlesen, wie die Geheimpolizei mit Streit und persönlichen Aversionen umging. In kaum einer dieser Akten fehlen die Versatzstücke der wechselseitigen Verletzungen, des Schlechtredens übereinander, die Anflüge von Neid und Missgunst. Wer durch diese Ansammlung von Beweisen menschlicher Schwäche geht, wird vorsichtiger und selbstkritischer. So wurde aus der Scham über das persönliche Verhalten ein Gefühl der Zusammengehörigkeit.

Gauck hat wie kein anderer von dieser Solidarität profitiert, ohne die wäre sein Aufstieg nicht möglich gewesen. Er weiß das sehr gut – und sieht darin auch eine Verpflichtung. Seine Auftritte als Bundespräsident beispielsweise in der von Hubertus

Knabe geleiteten Gedenkstätte Berlin-Hohenschönhausen sind auch Versuche des Dankes für diese Unterstützung. Knabe, der Fuchs-Freund und Historiker, war in den späten Neunzigerjahren ebenfalls zum Problem für Gauck geworden. 1991 hatte er das erste Gauck-Buch, *Die Stasi-Akten*, herausgegeben. Später war er als Wissenschaftler in der Behörde tätig und hatte eine umfangreiche Studie zum Einfluss der Stasi in der Bundesrepublik erarbeitet. Es entspann sich ein längerer Streit, weil Knabe neben der Veröffentlichung des Bundesbeauftragten noch ein weiteres, ein eigenverantwortetes Werk veröffentlichen wollte.

Mit der Knabe-Kontroverse wurde ein schwerwiegendes Problem der Behördenstruktur sichtbar: Unter Berufung auf das Stasi-Unterlagen-Gesetz hatten Gauck und Geiger die Errichtung eines behördeninternen Forschungsbereichs vorangetrieben. Angesichts der Beschränkungen, die das Gesetz für behördenfremde Wissenschaftler bei der Akteneinsicht vorsah, war das zunächst ein naheliegender Gedanke. Der Zugriff auf die Akten sollte nicht zu sehr begrenzt werden durch Regeln, die die Privatsphäre der Stasi-Opfer schützten. Und doch war dieser behördlich organisierte freie Blick in die Unterlagen in vielerlei Hinsicht problematisch. Wissenschaft soll, zumal in einem politisch kontroversen Feld, nicht von Menschen betrieben werden, die bei der Verwertung der Ergebnisse einer Behördenleitung unterworfen sind. Und der als »Bildung und Forschung« titulierte Bereich der Behörde war in seinen Veröffentlichungen tatsächlich eher geprägt von dem Versuch, ein möglichst einheitliches Bild zu zeichnen, als eines von der Auseinandersetzung um unterschiedliche Ansätze und Forschungsstränge.

Vor allem waren die in der Abteilung Beschäftigten in einem nicht hinnehmbaren Ausmaß gegenüber fremden Forschern privilegiert. Einiges von dem Material, in das die bei Gauck angestellten Wissenschaftler Einblicke hatten, war schon deswegen für Externe tabu, weil es noch nicht wirklich archiviert war. Und während also die Behörden-Wissenschaftler in Aktenbündeln stöbern konnten, mussten Externe mühsam, unter nicht unerheblichen

Kosten und mit viel Zeitaufwand Anträge stellen und hoffen, dass diese mit hinreichender Sorgfalt und Sachkenntnis bearbeitet wurden. An die Inhalte der noch nicht erschlossenen Aktenbündel kamen sie erst gar nicht heran.

Die Wissenschaftsgemeinschaft hat darüber in all den Jahren nur gegrummelt, zuweilen auch auf Kongressen kritische Kommentare verlauten lassen. Weitergehende Schritte, gar Forderungen an den Gesetzgeber wurden nicht gestellt. Der sanfte Umgang mit der Behörde und vor allem ihrem Leiter war generell ein Privileg, das Gauck in seiner Amtszeit hatte. Natürlich wurden unter Journalisten die Vorteile besprochen, die öffentlich-rechtliche Rundfunkanstalten bei der Aktenherausgabe genossen. Sie zahlten bedeutend weniger für das Material, das ihnen zur Verfügung gestellt wurde. Aber selbst hier blieb es bei gelegentlichen säuerlichen Anmerkungen.

Der Umgang der Presse wie der Wissenschaft mit der Behörde war stets von anderen, vorrangigen Überlegungen geprägt. Jeder Journalist, jeder Wissenschaftler wusste, dass in den Aktenbergen noch viele Schätze schlummerten. Wer den richtigen Tipp bekam, konnte zielgerichtete Anträge stellen. Die wiederum versprachen exklusive Erkenntnisse und damit die Chance zu schlagzeilenträchtigen Veröffentlichungen. Versierte Ansprechpartner zu haben und mit Gauck auf gutem Fuße zu stehen, war somit ein Vorteil. Sich allzu sehr mit den kritischen Aspekten des Behördenalltags zu beschäftigen, war dagegen äußerst riskant.

Und lieferte die Behörde selbst nicht auch immer wieder kleine Sensationen? Einem ihrer Mitarbeiter gelang es, die Melde-Dateien der Auslandsspionage zu entschlüsseln. Diese SIRA (System zur Informationsrecherche der Hauptverwaltung Aufklärung) genannten Datensätze erlaubten beispielsweise eine bessere Einschätzung der Tätigkeit der DDR-Spione in Bonn. So konnte rekonstruiert werden, welche Informationen, die Kanzlerspion Günter Guillaume weitergab, die SED-Spitze erreichten. Aus SIRA wurde eine *Spiegel*-Titelgeschichte.[107] Der damalige Chefredakteur

Stefan Aust kümmerte sich persönlich um jedes Detail. Wo sonst im deutschen Behördendschungel gab es derartiges Material für Spitzenstorys frei Haus?

Gauck war aus Sicht der Journalisten deswegen auch zu keiner Zeit ein normaler Behördenleiter. Er war der Hüter zeitgeschichtlicher Schätze. Und er war der Wächter unendlich vieler kleiner Geheimnisse, die keinesfalls nur die DDR betrafen. Die Hauptverwaltung Aufklärung, die Spionagetruppe des Markus Wolf, hatte zwar vieles vernichtet, ihm aber ihre Trophäen, die Beweise ihrer größten Erfolge, überlassen. Die Hauptabteilung II, die Spionageabwehr, lieferte der Behörde praktisch ihr gesamtes Wissen über die westlichen Nachrichtendienste. Darunter Hunderte von Personalakten des Bundesnachrichtendienstes, zahllose Unterlagen über erkannte oder vermutete Mitarbeiter des US-Geheimdienstes CIA und natürlich auch Erkenntnisse über die Tätigkeit der elektronischen Spione von der NSA, dem größten Geheimdienst der USA. Aus der Hauptabteilung III wiederum waren die Abhörprotokolle und einige Personendossiers übrig geblieben. Sie betrafen fast ausschließlich westdeutsche Politiker, vom damaligen Bundeskanzler Helmut Kohl angefangen bis hin zu so ziemlich jedem Prominenten, der sich in jenen Jahren in der *Tagesschau* tummelte.

Anfangs, bei der Erschließung der Unterlagen, spielte die Hinterlassenschaft der Stasi-Abhörspezialisten keine Rolle. Erst nach Jahren begannen Mitarbeiter damit, diese Bündel aufzuschnüren. Was sie dabei entdeckten, war eine Sensation. Über Antennen auf den Vertretungen in Bonn und Düsseldorf, aber auch durch ein geschicktes Eindringen in die Richtfunknetze der Bundespost war es der Staatssicherheit gelungen, unzählige Telefonate abzuhören und auszuwerten, in manchen Fällen die Unterhaltungen Wort für Wort zu protokollieren. Das, was 1990 durch Überläufer zunächst beim Bayerischen Landesamt für Verfassungsschutz, später bei der Zeitschrift *Quick*[108] gelandet war, stellte nur einen kleinen Ausschnitt dar.

Journalisten hatten sich, wie gesagt, allerdings angewöhnt, Stasi-Unterlagen als eine Fundgrube für Enthüllungsgeschichten zu nutzen. Ob und wie beispielsweise die östlichen Geheimdienste den Vatikan ausgespäht hatten und wer von diesen Spitzeln weiterhin in der Umgebung des Papstes arbeitete, war eines der vielen Themen, das auf öffentliches Interesse stoßen könnte. Und einige Redaktionen, insbesondere der Nachrichtenmagazine *Spiegel* und *Focus*, der *Süddeutschen Zeitung* und des Hauses Springer, hatten in der Behörde eigene Quellen, die sie mit Tipps versorgten. Auch die Ermittler der Bundesanwaltschaft in Karlsruhe hatten einen tiefen Einblick in Geheimnisse, die sich in dem Archiv verbargen.

Als dann 1998 der CDU-Parteispendenskandal losbrach, reagierten die Journalisten in bewährter Manier. Da die Stasi die CDU bis 1989 intensiv überwacht hatte, müsste sich doch in der Behörde der eine oder andere Hinweis auf die Finanzierung der Partei finden lassen. Tatsächlich schien aber zunächst nicht allzu Bedeutsames vorhanden zu sein, zumal die Unterlagen der Auslandsspionage weitgehend vernichtet waren. Bis dann die Behördenmitarbeiter erstmals überhaupt auf die inzwischen archivierten Telefonmitschnitte zugriffen. Der Berliner *Tagespiegel* hatte einen Tipp bekommen und einen zielgerichteten Antrag dazu gestellt. Gegen Ende des Jahres 1999 wurde in einem der Medienreferate der Behörde eine erste Herausgabe von Unterlagen vorbereitet, und schließlich wurde dem *Tagesspiegel* ein mehrere hundert Seiten umfassendes Paket übergeben.

Entgegen so mancher späteren Legendenbildung waren diese Akten nicht vom damaligen Direktor der Behörde, Peter Busse, Nachfolger von Geiger, durchgewinkt worden. Busse war im Urlaub. Gauck selbst, ansonsten über Herausgaben an die Presse nur selten informiert, war dieses Mal vertretungsweise in der Pflicht und hatte den Vorgang genehmigt. Helmut Kohl tauchte in diesem Paket nur als Randfigur auf. Im Wesentlichen handelte es sich bei den Papieren um Observationen, die den CDU-Schatzmeister Walther Leisler Kiep betrafen. Weiterhin waren darunter Protokolle einer akustischen Raumüberwachung seines Hotelzimmers anlässlich eines DDR-Besuchs des Politikers.[109]

Die Aktenherausgabe war in Teilen jenseits der gesetzlichen Vorschriften, die damals in Kraft waren, und das führte auch dazu, dass zum ersten Mal überhaupt eine Redaktion um Rückgabe der Papiere gebeten wurde.[110] Die Redaktion des *Tagesspiegels*, allen voran ihr damaliger Chefredakteur Giovanni di Lorenzo und der mit der Story betraute Reporter Jürgen Schreiber, hatten jedoch ziemlich genaue Vorstellungen von dem, was sich möglicherweise sonst noch in den Unterlagen befinden könnte. Und so konnte im April 2000 ein jeder, den es interessierte, unter der Überschrift »Der gläserne Riese – ein Bericht über das Lauschen bei Kohl« einen langen Artikel über die Kronjuwelen der Hauptabteilung III lesen, die Mitschriften Tausender von Telefongesprächen westdeutscher Politiker.[111] Der Beitrag war gespickt mit Insiderwissen, und die Spur führte eindeutig zu einem früheren Mitarbeiter der Hauptabteilung III, der inzwischen als Journalist arbeitete. Aufgrund von Vorinformationen, die von dem einstigen Stasi-Major stammten, hatte der *Tagesspiegel* also gezielt seine Anträge stellen können.

Zunächst einmal waren das Prozesse, die sich weitgehend der Einflussnahme von Joachim Gauck entzogen. Über Medienanträge wurde er in aller Regel nicht informiert, und er war, wie erwähnt, nur in den seltensten Fällen eingeschaltet, kam es zu einer Aktenherausgabe. Und manche Informationen liefen an ihm wie an der Leitungsebene überhaupt vorbei. Dennoch wurden Gauck und die Behördenleitung für diese publizistischen Aktivitäten politisch verantwortlich gemacht. Dass wenige Monate nach der Regierungsübernahme durch die rot-grüne Koalition und mitten in der Diskussion um die illegale Finanzierung von CDU-Kassen plötzlich Stasi-Abhörprotokolle auftauchten, verärgerte viele der bisherigen Behördenunterstützer bei der Union. Im Raum stand der Verdacht, dass Gauck entweder seinen Laden nicht im Griff hatte oder mit den Abhörprotokollen selbst ein politisches Spiel zulasten der CDU betrieb.

Auch schon zuvor waren umfangreiche Unterlagen über Prominente herausgegeben worden, die von der Stasi ausspioniert worden waren. Dabei hatte es sich in der Regel allerdings um frühere DDR-Bürger gehandelt. Wortprotokolle von Telefonaten zählten jedoch sehr selten dazu, weil im Rahmen der Inlandüberwachung detaillierte Aufzeichnungen eine absolute Ausnahme waren. In den Zusammenfassungen von Gesprächen war es schlichtweg einfacher, bei der Aktenherausgabe Privatsphäre von geschichtlich Relevantem zu trennen. Nur bei der sogenannten Funkaufklärung außerhalb der DDR wurde häufig jedes Wort mitgeschrieben.

Helmut Kohl reagierte jedenfalls auf die ersten Veröffentlichungen mit Empörung. Sofort schaltete er Rechtsanwälte ein. Darüber hinaus meldete sich die CDU-Spitze in Gestalt von Angela Merkel, der damaligen Generalsekretärin und designierten neuen Vorsitzenden.[112] Gauck war erst zögerlich, verließ sich dann aber wie fast immer bei kritischen Themen auf den juristischen Sachverstand seines Direktors. Und Dr. Peter Busse wollte auf keinen Fall eine Veränderung der bisherigen Linie in Bezug auf Personen der Zeitgeschichte. Dabei mögen persönliche Ansichten des Karrierebeamten Busse eine gewisse Rolle gespielt haben. Zur CDU und zu Kohl hatte er kein gutes Verhältnis, er war Büroleiter des FDP-Bundesinnenministers Gerhart Baum gewesen, eines erklärten Kritikers der CDU-Politik. Aber entscheidend für Busse und Gauck war der Umstand, dass nicht wegen der Betroffenheit eines westdeutschen Politikers plötzlich ein radikaler Kurswechsel erfolgen sollte.

So geriet Gauck zum Ende seiner Amtszeit – ähnlich wie am Anfang in Sachen Manfred Stolpe – in eine Situation, in der sein politisches Gespür versagte. Aufgrund der Einwände von ihm wohlgesonnener CDU-Politiker hätte ihm klar sein müssen, dass nachhaltiger Schaden entstehen könnte, wenn mitten in einer tiefen Krise der Union Stasi-Akten herausgegeben werden, die ausgerechnet Kohl bloßstellen könnten.

Prominente SED-Gegner aus der DDR hatten schon seit Jahren nur mit Widerwillen hingenommen, dass ihr Handeln als Personen der Zeitgeschichte nur in beschränktem Umfang geschützt war. Das galt vor allem für ausgebürgerte DDR-Bürger wie beispielsweise Roland Jahn. Zwar waren deren Telefonprotokolle bisher noch nicht Teil der Aktenherausgabe gewesen, würden es aber ohne Zweifel werden, wenn die Behörde sich gegen Helmut Kohl durchsetzte. Presseberichte über den Umfang der Abhörprotokolle verschärften die Auseinandersetzung. Kohl und die CDU mussten davon ausgehen, dass mithilfe der Stasi so manches Geheimnis ans Tageslicht gelangen könnte. Das waren für die Partei, die sich nach der Wahlniederlage neu orientieren musste, erschreckende Aussichten. Und zu der Ungewissheit über das bei der Behörde angehäufte Insiderwissen gesellte sich der Spott des politischen Gegners. Die SPD, allen voran Bundestagspräsident Wolfgang Thierse, wartete mit hämischen Bemerkungen über die späte Sensibilität der CDU-Spitze auf und erinnerte daran, dass bei Stolpe solche Bedenken nicht hochgekommen waren.

Kohl bekam von Gauck nicht die verlangten Zusicherungen. Der Altkanzler klagte – und obsiegte in dem bis zum Bundesverwaltungsgericht gehenden Verfahren. Die Gerichte waren in ihren Urteilen einhellig der Meinung, die Gesetze erlaubten nicht die Bereitstellung solcher Unterlagen. Da war Joachim Gauck aber schon einige Zeit aus dem Amt ausgeschieden. Das Stasi-Unterlagen-Gesetz wurde dann aber insofern angepasst, als dass in bescheidenem Umfang und mit dem Einverständnis der betroffenen Personen der Zeitgeschichte letztlich doch noch Aktenherausgaben möglich wurden.

Die politische Bilanz der Affäre Kohl war für Gauck verheerend. Er hatte nicht nur mit dem einstigen Kanzler, sondern auch mit der neuen CDU-Führung unter Angela Merkel einen Konflikt herbeigeführt – und dabei vernachlässigt, dass die heikle Arbeit des Bundesbeauftragten allein im allgemeinen Konsens mit den Volksparteien durchgeführt werden kann.

Gauck wurde als Behördenchef vorgeführt. Es war allzu offensichtlich, dass das politische Dynamit, das sich in den Archiven befindet, nicht hinreichend von ihm eingeschätzt werden konnte. Gaucks Wissen um die bei der Erschließung der Papiere gewachsenen Erkenntnisse war dem äußeren Eindruck nach bruchstückhaft. Erst die Presseberichte konfrontierten die deutsche Öffentlichkeit damit, dass das Stasi-Erbe einen völlig eigenen, höchst fragwürdigen Beitrag zum innenpolitischen Streit in der Bundesrepublik leisten könnte. Darauf hatte Gauck jedoch nicht rechtzeitig hingewiesen.

In absehbarer Zeit werden Abhörprotokolle verfügbar sein, weil die belauschten Gesprächspartner nicht mehr unter den Lebenden weilen. Wer aber will und wird dann nach welchen Kriterien den Zugang zu den Äußerungen verstorbener Prominenter ermöglichen? Es gibt Mitschriften von Telefonaten von dem 1992 verstorbenen Willy Brandt. Dürfen die eines Tages komplett genutzt werden? Die Suche nach einer Antwort hätte unter Gauck begonnen werden müssen. In diesem Fall aber hätte der Bundesbeauftragte über den Horizont seiner Amtszeit hinaus denken müssen. Das betrifft auch die Frage, ob wirklich alles, was die Stasi einst erfuhr, der Nachwelt überliefert werden sollte. Eine eventuelle Verschlankung des Archivs auf seine verwertbaren Bestandteile war in der Agenda von Gauck allerdings nicht vorgesehen. Es gab bei ihm überhaupt kein Konzept, was die Zukunft des Archivmaterials betraf – das hatte er vollständig seinen Nachfolgern überlassen.

## 16

# Prediger im Kirchenschiff der Nation

Die Diskussionen um die Stasi-Akten von de Maizière, Stolpe, Gysi, Fuchs und Kohl waren allesamt keine Ruhmesblätter für Gauck – und sie hatten Einfluss darauf, dass seine Arbeit starker Kritik ausgesetzt war. Entscheidend für das zunehmend schwierigere Umfeld, in dem er sich zu bewähren hatte, waren aber letztlich nicht die Debatten um prominente Personen. So wie sich die Zustände in Ostdeutschland rapide veränderten, so schlug auch die Stimmung um. Die wirtschaftliche Umstrukturierung führte zu hoher Arbeitslosigkeit, und selbst diejenigen, die Beschäftigung fanden, mussten sich häufig einer völlig neuen Tätigkeitswelt anpassen. Nach vier Jahren Einheit und den damit verbundenen Belastungen war bei vielen die Erinnerung an die Stasi-Machenschaften zweitrangig geworden.

Die Wahlen 1994 stellten nicht nur in Brandenburg, sondern in ganz Deutschland den politischen Auftrag von Joachim Gauck infrage. In allen ostdeutschen Landtagen konnte die PDS große Zuwächse verzeichnen, und die Zahl der Mitglieder in ihrer Bundestagsfraktion verdoppelte sich beinahe. Vor allem die ostdeutschen Sozialdemokraten konnten nun, abgesehen von Brandenburg, wo sie die absolute Mehrheit im Landtag hatten, nur im Bündnis mit der SED-Nachfolgepartei einen Regierungschef stellen. 1994 war eine direkte Regierungsbeteiligung der PDS zwar noch undenkbar – aber eine Minderheitsregierung von Sozialdemokraten und Grünen wurde in Sachsen-Anhalt von der Fraktion der Exkommunisten im Landtag geduldet. Das sogenannte »Magdeburger Modell« war geboren.

Für Gauck war es ein Schock, mitzuerleben, dass der Sozialdemokrat Reinhard Höppner und der Grüne Hans-Jochen Tschiche eine derartige Politik durchsetzten. Höppner, Ehemann einer Pastorin, Synodaler und ehemals Vizepräsident der frei gewählten Volkskammer war Gauck bestens vertraut. Beispielsweise hatte er die letzte Sitzung des DDR-Parlaments geleitet, in der es so dramatisch um die Stasi-Belastung von Bernhard Opitz, dem Thüringer Arzt, gegangen war. Und Tschiche, Pastor und einst Fraktionskollege von Gauck in der Volkskammer, war eine ausgewiesene Figur der kirchlichen DDR-Opposition.

Gauck reagierte auf das Magdeburger Modell zunächst mit zurückhaltender Kritik. Schließlich hatte die Bundes-SPD deutlich gemacht, dass sie wenig von Höppners Alleingang hielt. Aber es wurde immer offensichtlicher, dass seine bisherigen Erklärungsversuche der DDR-Wirklichkeit und damit die Rechtfertigung der Arbeit seiner Behörde an Grenzen stießen. In den Wahlergebnissen der PDS spiegelte sich eine Tendenz zur Verharmlosung der SED-Herrschaft wider. Es passte auch nicht zur Revolutionsbotschaft von Gauck, wenn bis zu einem Viertel der Wähler im Osten ihre Stimme den alten Genossen gaben. Und die votierten ja nicht nur zu überraschend großen Teilen für die PDS, sondern ab 1998 auch noch für rechtsextremistische Parteien wie die DVU (Deutsche Volksunion) oder die NPD, die in Fraktionsstärke in die Landtage einzuziehen begannen.[113]

Jetzt wurde auch deutlich, dass Gauck – unabhängig von den Sprüchen um die besondere Wichtigkeit seiner Aufgabe – zunächst nichts anderes war als ein Behördenleiter. Das drückte sich auch in seiner Bezahlung nach der Besoldungsgruppe B 9 aus. Das war zwar eine behördliche Spitzenposition, aber doch mit einigem Abstand nach oben zu den Beamten wie etwa in der Generalität und vor allem zu Staatssekretären und Ministern. Trotz seiner besonderen Stellung blieben ihm in seinem Handeln letztlich keine großen Entscheidungsvariablen. Seine Aufgaben waren vielmehr durch das Stasi-Unterlagen-Gesetz klar eingegrenzt.

Gauck stand vor einer Alternative. Entweder würde er sich mit der Beamtenposition abfinden, ein erträgliches Gehalt kassieren und ein angenehmes Leben pflegen oder aber er würde versuchen, jenseits der eigentlichen Aufgabenstellung Gewicht zu erlangen – beispielsweise durch die Mitarbeit in einer Partei. Dies wäre nach seiner Wiederwahl als Bundesbeauftragter im Jahr 1995 auch jederzeit möglich gewesen, und insbesondere vonseiten der FDP gab es Versuche, ihn zum Eintritt zu bewegen. Aber der frühere Pastor scheute eine solche Festlegung. Er scheute überhaupt jede Begehrlichkeit auf ein wirklich politisches Amt.

»Ich kenne meine Grenzen«, diesen Ausspruch bekam so mancher zu hören. Dabei war offenkundig, dass er sich sehr wohl mit einer Berufung hätte anfreunden können – der in das Amt des Bundespräsidenten. Der Satz mit den Grenzen galt viel eher für Positionen in Landesregierungen oder für die Bundesregierung. Gauck war für eine solche politische Laufbahn tatsächlich in keiner Weise qualifiziert. Politische Seiteneinsteiger haben sich in aller Regel durch vorherige Führungspositionen in der Wirtschaft oder in anderen gesellschaftlichen Bereichen profiliert. Er aber brachte, im Gegensatz beispielsweise zu Manfred Stolpe, wenig mit an nützlichen Erfahrungen. Und er konnte beobachten, wie frühere DDR-Bürger mit einem ähnlichen Hintergrund wie dem seinen sehr schnell zerschlissen wurden – mit Ausnahme von Angela Merkel und einigen wenigen anderen wie Wolfgang Thierse, der aber auch kein Regierungsamt übernahm.

1995 war die Zahl der einstigen DDR-Bürger, die im vereinigten Deutschland an Schaltstellen saßen, sehr übersichtlich. Selbst in Sachsen und Thüringen regierten Männer wie Kurt Biedenkopf oder Bernhard Vogel, alte Hasen im Politgeschäft des Westens. Als Helmut Kohl im selben Jahr bei der Frage nach der Wiederwahl Gaucks meinte, der »Pastor« habe seine Arbeit gut erledigt und solle weitermachen[114], hätte dieser das auch als Strafexpedition deuten können. Geiger, sein früherer Direktor, war weitergezogen und verfügte als Präsident des Bundesnachrichtendiensts inzwischen sogar über ein Dienstflugzeug.

Gauck resignierte aber nicht, sondern besann sich der Eigenschaften, die ihn zuerst in die Öffentlichkeit und dann in das Behördenamt gebracht hatten. Er wurde der Prediger, der der Nation ins Gewissen redete. Diese Verwandlung vollzog sich langsam, aber stetig und war verbunden mit einem zunehmenden Desinteresse an Fragen, die den Behördenalltag bestimmten. Dabei hätte es dort einiges zu tun und zu entscheiden gegeben. Denn die beiden Direktoren – Peter Busse folgte ja auf Geiger 1995 – waren ihrerseits auch nur Beamte und neigten dazu, Risikoentscheidungen möglichst zu vermeiden. Sie konnten und sollten nicht alle Fragen allein klären. Da gab es beispielsweise die fast schon absurde Anonymisierungspraxis der Behörde. Da wurden mal Johann Wolfgang von Goethe, dann wieder Albert Einstein als sogenannte unbekannte Dritte geschwärzt. In einer Akte fühlte sich eine SED-Gegnerin bei ihrem Engagement von »Gott« berufen. Der Mitarbeiter, der das Schriftstück bearbeitete, schwärzte die vier Buchstaben »Gott«. Einen mit solch einem Namen kannte er wohl nicht als Person der Zeitgeschichte. So wurde der anonymisierte Gott in der Behörde des Pastors zum Gegenstand einer Zeitungsglosse.[115] Die thematisierte nur die Spitze eines Eisbergs. Zu viele Entscheidungen in der Behörde folgten einer bürokratischen Logik, die von Antragstellern als Zumutung empfunden werden musste. Es hätte manches zu verbessern gegeben an der Arbeit des Bundesbeauftragten, aber es blieb unter Gauck vieles an Beschwerden wie auch guten Veränderungsvorstellungen liegen.

Was nicht liegen blieb, waren die Antworten auf eine zunehmende Anzahl von Einladungen als Redner oder Verfasser von Beiträgen für Publikationen unterschiedlichster Art. Und Gauck glänzte darin. In einzigartiger Weise hob er sich vom üblichen, parteipolitisch allzu leicht zuzuordnenden Diskurs ab. So blieb Joachim Gauck trotz der politischen Niederlagen eine viel beachtete öffentliche Figur. Er war ein Meister des wohlgesetzten Wortes geworden. Er konnte wie kein anderer die Schrecken der kommunistischen Gewaltherrschaft und ihre lang wirkenden Folgen beschreiben. Er konnte damit um Geduld und Anerkennung für seine ostdeutschen Landsleute werben. Er konnte die Wahlerfolge der PDS genauso erklären wie die Versäumnisse der Bundesrepublik bei der Aufarbeitung der Nazi-Zeit. Er war gleichermaßen in der Lage, die aus seiner Sicht revolutionären Errungenschaften des Herbstes '89 zu preisen sowie die deutsche Tradition der Unterwerfung unter einen Obrigkeitsstaat zu geißeln.

Manches von dem, was er sagte und schrieb, hätte einer Prüfung durch Kenner der Geschichte nie und nimmer standgehalten. Als er in Tutzing 1998 eine Tagung eröffnete, in der es um den Vergleich seiner, der deutschen, Öffnungspraxis mit der in Polen und Ungarn ging, redete er unter anderem von Spanien und dem Diktator Francisco Franco, der »die Macht abgab«[116] und angeblich der demokratischen Opposition ein Angebot machte – eine von völliger Unkenntnis bestimmte Beschreibung des Transformationsprozesses auf der Iberischen Halbinsel. Aber wer unter den Zuhörern wird sich schon genau daran erinnert haben, dass Franco bis kurz vor seinem Tod Regimegegner mit dem Würgeeisen umbringen ließ?[117] Solche mit einer verblüffenden Selbstsicherheit vorgebrachten historischen Irrtümer führten jedenfalls nie zu empörten Reaktionen.

Es war sowieso von Anfang an ein schwieriges Unterfangen, zu erklären, was in Ostdeutschland an Widersprüchen und Verwerfungen auftrat. Dabei musste Gauck den Menschen im Westen nahebringen, dass seine Ostdeutschen zugleich Revolutionäre und Reaktionäre waren. Dass sie einerseits mit ganz untypischem Mut ihre Diktatoren entmachtet hätten, andererseits aber empfänglich wären für deren politische Konzepte. Gauck versucht in der Zeit zwischen 1991 und 2000 diesen gedanklichen Drahtseilakt.

Er verbindet diesen Drahtseilakt immer stärker mit der Erzählung aus dem eigenen Leben. Die inzwischen Jahrzehnte zurückliegenden Erfahrungen mit der Verschleppung des Vaters tauchen da wieder auf: »Mein Vater wurde damals zunächst in einen Keller der Staatssicherheit gebracht, später zu den Russen verlegt, ebenfalls in einen Keller. Dort wurde er nackt ausgezogen, geschlagen, man ließ ihn hungern und setzte mitunter sogar den Keller unter Wasser.«[118] Mit dieser drastischen, anrührenden und Mitleid erregenden Geschichte erklärt Gauck seine Politisierung und seinen Antikommunismus.

Für Gauck ist das Schicksal des Vaters, die »Erziehungskeule«[119], das herausragende Ereignis, das er für den Beginn seiner politischen Karriere in der Bundesrepublik verwendet. Es ist zwar ein vergleichsweise unbedeutendes Vorkommnis für den Angehörigen einer Generation, in der fast ein jeder unter den Folgen des Zweiten Weltkriegs zu leiden hatte. In vielen Familien fehlten ein Ehemann, ein Vater oder Bruder, und das nicht nur für Jahre, sondern für immer. Und doch greift dieser Bezug auf das besondere, weil späte Schicksal bei Gauck. Zu weit weg sind bei seinen Zuhörern die Schmerzen über den Tod von Angehörigen und den erzwungenen Verlust der Heimat zwischen 1933 und 1947. Diese millionenfachen Kriegs- und Nachkriegsschicksale, die beispielsweise Helga Hirsch in ihren Büchern vorstellt, sind 1991, als Gauck seine Geschichte zu erzählen beginnt, im kollektiven Gedächtnis der Deutschen nicht mehr prägend. Und da überrascht einer, der seine Familienagenda im Jahr 1951 mit dem Unrecht der sowjetischen Besatzer beginnen lässt.

Zur Geschichte des verschleppten Vaters gesellen sich bei der Bestimmung des eigenen Standorts Berichte über Gemeindemitglieder oder sonstige Bekannte in den späteren DDR-Jahren, die Drangsal erlebt hatten. Sie sind den meisten Zuhörern im Westen noch fremder und naturgemäß schon gar nicht erinnerlich. Sie nähern sich zuweilen den Erzählungen über das Innenleben jener Repression an, die die Bücher von Jürgen Fuchs auszeichneten, und konzentrieren sich weitgehend auf die Aktivitäten der Staatssicherheit. Aber es gibt auch Schilderungen über die Menschen, die als Lehrer oder staatliche Funktionäre mitverantwortlich sind für das System der Entmündigung und Bestrafung, mit dem die SED auf abweichende Meinungen und nicht erwünschtes Verhalten reagierte. Es sind Geschichten vom Alltag einer Diktatur, die Gauck so erzählt, dass sie im Osten nachempfunden und im Westen mit einem gewissen Schauer zur Kenntnis genommen werden. Wer dann allerdings das Gesagte noch einmal nachliest, was da zu hören war, wird oft selbst überrascht davon, was er überhörte.

Viele Dutzend Mal hat Gauck beispielsweise über eine Erklärung der Freiwilligen Feuerwehr von Plauen gesprochen.[120] In ihr wird am 8. Oktober 1989 verkündet, dass es zukünftig keinen Einsatz von Löschgerät gegen die Bevölkerung mehr geben werde.[121] Er hat dann diese Erklärung verlesen, und sie liest sich gut. Ein erster überzeugender Akt zivilen Ungehorsams – könnte man denken. Wer allerdings nach zwei-, dreimal Zuhören nachfragt, was denn am Vortag des 8. Oktober in Plauen passiert sein könnte, findet die Erklärung merkwürdig. Denn vorangegangen war der Erkenntnis ein rücksichtsloser, gefährlicher Einsatz von Feuerwehrfahrzeugen gegen die protestierende Bevölkerung. Die scheinbar so wunderbare Erklärung der Feuerwehr taugt allerhöchstens als spätes Schuldeingeständnis.

Vieles von dem, was Gauck in jenen Jahren sagt, lebt vor allem von der Art und Weise, wie er es sagt. Die Bestimmtheit, das Pathos verleiten die Zuhörer dazu, sich nicht zu genau mit dem Gehörten auseinanderzusetzen. Dazu gehören Sätze wie einer aus Rostock im Jahr 1993: »Wenn in einem Volk seit 1933 gelernt wird, dass man vorankommt, wenn man Angst hat und sich anpasst, was soll dann für ein Volk entstehen?«[122] Aber hat die Machtergreifung der Nationalsozialisten tatsächlich vor allem Ängste ausgelöst? Waren nicht Millionen viel eher begeistert und haben jubelnd mitgemacht? Waren nicht seine eigenen Eltern selbst 1933 überzeugte und keineswegs verängstigte NSDAP-Mitglieder?

Und oft genug passen die Lehren, die Gauck vorträgt, auch gar nicht zueinander. Sie sind vielmehr Teile seines mühsamen Versuchs, Wirklichkeit und Wünsche nicht allzu sehr auseinanderklaffen zu lassen. Es ist offenkundig, dass er sich in dieser Zeit auf Entdeckungsreise befindet. 1994 fällt ihm eines der Schlüsselbücher zur Debatte um die Verbrechen im Dritten Reich in die Hände. Der amerikanische Historiker Christopher R. Browning hatte es zwei Jahre zuvor veröffentlicht: *Ganz normale Männer. Das Reserve-Polizeibataillon 101 und die »Endlösung« in Polen.*[123] Gauck ist fasziniert von dem Werk, das ausführlich beschreibt, wie in einer Polizeieinheit gewöhnliche Hamburger Handwerker und Arbeiter zu Massenmördern an Juden werden. Browning schildert, dass diesen Männern sehr wohl eine Wahl gelassen wurde und dass eine Minderheit völlig ungestraft die Mordbefehle verweigerte.

Nachdem er das Buch gelesen hatte, verfasst der Bundesbeauftragte eine Zeitungsrezension und verwendet Brownings Erkenntnisse häufiger in seinen Reden.[124] Das Werk des Amerikaners löst allerdings einen heftigen Streit aus. Andere Historiker verneinen seine Schlussfolgerung, dass normale Menschen zu jeder Zeit und in jedem Land zu Mördern werden können, wenn sie sich per Befehl dazu verpflichtet fühlen. Sie sehen die Verbrechen viel stärker im Zusammenhang mit der geschichtlichen Besonderheit Deutschlands. Diesen Teil der Debatte um die Vergangenheit seines Vaterlands ignoriert Gauck jedoch.[125]

In dieser Zeit zieht Gauck auch die jüdische Philosophin Hannah Arendt für seine Erklärungsversuche heran. Mit ihren Gedanken reagiert er auf die aus seiner Sicht beklagenswerten politischen Verirrungen seiner ostdeutschen Mitbürger. Arendt, geboren 1906, war eine nicht unumstrittene, aber doch hoch geachtete Intellektuelle, die 1933 von den Nationalsozialisten in die Flucht getrieben worden war. Aus ihren Werken hatte sich Gauck vor allem einen Bericht über ihre erste Nachkriegsreise nach Deutschland ausgewählt. *Besuch in Deutschland* sucht eine Antwort auf die Frage, was ihre einstigen Landsleute an Lehren aus der Herrschaft Adolf Hitlers gezogen hatten.[126] Arendt ist gnadenlos in ihrer Beurteilung der Deutschen, die sich aus ihrer Sicht in Gefühllosigkeit und wilde Aufbauaktivität retten. Sie wirft ihnen vor, sich in Selbstmitleid zu flüchten und das Grauen, für das sie Mitverantwortung tragen, zu verdrängen. Gauck greift die Gedanken von Arendt mit eigenen Worten auf: »Wir alle haben damals uns selber und denen, die uns noch besuchen mochten, gezeigt, wie schlecht es uns geht. Wir waren uns ganz sicher, daß wir mit unseren Fingern in die richtige Richtung zeigen: Schaut her, die schönen Städte, dieses Würzburg, dieses Dresden, dieses Hamburg, dieses Berlin, alles wurde zerstört. Bomber-Harris, ein Kriegsverbrecher, wie hat er uns bestraft. Wie schlecht sind die Völker doch! Wie ist das Leben doch im Allgemeinen so schlecht!«[127]

Gauck versucht mit einigem Erfolg, die besondere Geschichte der ehemaligen DDR-Bürger einzubetten in gesamtdeutsche Erfahrungen. Die politischen Verwerfungen in den neuen Bundesländern, die insbesondere am Erfolg der SED-Nachfolgepartei PDS sichtbar werden, sind in solch einer Beschreibung nichts anderes als die Reaktionen in Westdeutschland auf die Niederlage im Zweiten Weltkrieg. Und die Unfähigkeit zum Ungehorsam gegenüber der SED-Herrschaft spiegelt sich auch wider in der Unfähigkeit von Männern aus Hamburg, die Teilnahme an Massenerschießungen zu verweigern.

Konsequent zu Ende gedacht und frei von Widersprüchen sind seine Reden und schriftlichen Beiträge in dieser Zeit keinesfalls. So beruft er sich einerseits auf die Feststellungen von Arendt zur Flucht in das Selbstmitleid, engagiert sich andererseits aber zusammen mit Helga Hirsch für einen Erinnerungsort zur Vertreibung der Deutschen, in dem Kritiker mit einiger Berechtigung die Gefahr eines erneuten Selbstbetrugs sehen.

Die Öffentlichkeit reagiert auf seine Auftritte dennoch mit begeisterter Zustimmung. Da redet einer so eloquent, so sicher und sprachgewaltig, dass er keinen Vergleich zu scheuen braucht. Da redet auch einer abstrakt genug, um jedem Zuhörer seine Interpretation des Gesagten zu überlassen. Wer ihn bei solchen Anlässen häufiger beobachten konnte, merkte rasch, wie er im Grunde stets gleich bleibende Aussagen variierte. Seine Reden waren vielfach eine Art Dialog mit der Zuhörerschaft. Er wartete auf Reaktionen – und reagierte seinerseits entsprechend. Dass er an Menschen vorbeiredete, war eine Einzelerscheinung. Seine Fähigkeit, ein Publikum an sich zu binden, sprach sich bald herum. Entsprechend stiegen die Anfragen, und zuweilen waren sie mit Honorarangeboten verbunden, die im Prinzip mit seinem Amt nicht vereinbar waren. In der Behörde wurde darüber nachgedacht, ob ihm die einzig für seine Stellung mögliche Ausnahme der bezahlten Redetätigkeit – der wissenschaftliche Vortrag – genehmigt werden könnte. Kurz bevor sich seine Amtszeit dem Ende entgegenneigte, nahm er dann einen Lehrauftrag der Universität Lübeck wahr.

1 S 014 – hinter der unscheinbaren Nummer- und Buchstabenkombination verbirgt sich im Südostturm des Berliner Reichstags ein großer hoher Raum für Empfänge. Aufgrund seiner Nähe zum Plenarsaal eignet er sich auch ideal als Wartesaal für besondere Auftritte. Vom östlichen, heute als Haupteingang genutzten Eingang des eindrucksvollen Parlamentsgebäudes geht links eine lange, breite Treppe hoch, vorbei an Wänden, die Zeugnis ablegen von der Vergangenheit dieses Gebäudes. Der Besucher kann die Brandspuren vom 27. Februar 1933[128] sowie die Kritzeleien in kyrillischen Schriftzeichen von sowjetischen Soldaten aus dem Frühjahr 1945 erkennen. Der Weg zu 1 S 014 ist aber auch ein Pfad zur jüngeren deutschen Geschichte. In jenem Raum findet am 9. November 1999, dem zehnten Jahrestag des Mauerfalls, die Rednerkarriere des Joachim Gauck ihre unbestrittene Krönung. Weil er es kann wie kein anderer und weil ein früherer DDR-Bürger reden muss, redet er.

Er ist einer der Ersten, der an diesem Tag den Saal betritt. Mit ihm trifft der frühere US-Präsident George Bush ein, dann erscheint der einstige Bundeskanzler Helmut Kohl, es folgt sein Amtsnachfolger Gerhard Schröder, anschließend Bundestagspräsident Wolfgang Thierse, zum Schluss noch Michail Gorbatschow. Einige Minuten bleiben die Herrschaften weitgehend unter sich, ein jeder hat gerade mal einen Begleiter dabei, der auch als Dolmetscher aktiv werden könnte. Bush hat John Kornblum mitgebracht, seinen Botschafter in Berlin. Mitten unter diesen Männern, die Weltgeschichte geschrieben haben, steht der kleine Bundesbeauftragte ein wenig verloren herum. Er redet mit Thierse, dem Hausherrn. Der stellt ihn dann irgendwann auch Gorbatschow vor. Gorbatschow ist der Mittelpunkt des illustren Kreises, auf den Mann aus Moskau beziehen sich alle. Aber anschließend wird der Tag dann der des Joachim Gauck. Zur prominenten Schar war er als Verlegenheitslösung gekommen. Irgendwann war aufgefallen, dass kein ehemaliger DDR-Bürger als Redner vorgesehen war für einen Festakt, bei dem es doch nicht zuletzt um deren Schicksal ging. Also sollte Gauck ran, der Parteilose, auf den man sich noch am ehesten einigen konnte.

Und während Gorbatschow, Bush, Thierse, Schröder und Kohl das sagen, was von ihnen zu erwarten war, wird Joachim Gauck die Überraschung des Tages. Seine ironische Bemerkung vom Träumen vom Paradies und Aufwachen in Nordrhein-Westfalen wird anschließend zum geflügelten Wort. Er »kommt als Kompromisskandidat und erweist sich als erste Wahl«, schreibt der *Spiegel*.[129] Jens Bisky nennt den Vortrag in der *Berliner Zeitung* eine »ebenso intelligente wie rhetorisch meisterhafte Rede«.[130]

Jetzt hatte er einmal allen gezeigt, was in ihm steckt. Der neue Amtsinhaber im Schloss Bellevue, der Sozialdemokrat Johannes Rau, hatte am Vorabend ebenfalls eine Rede zum 9. November gehalten, die aber niemand so richtig wahrgenommen hatte. Der Mann aus Nordrhein-Westfalen war über vorhersehbare Sprüche nicht hinausgekommen. Gauck aber verkörperte an diesem Tag den neuen Stolz der Deutschen auf eine endlich gelungene geschichtliche Wende zum Besseren. Dass er viele Jahre später erneut in diesem Raum 1 S 014 Gast sein und dabei wie einst Gorbatschow im Mittelpunkt stehen würde, verdankt er nicht zuletzt dieser Rede am 9. 11. 1999. Es war eine der ganz seltenen Datumsmarken mit nur zwei Ziffern – dass es seine Glückszahlen sein würden, hat er damals allerdings noch nicht ahnen können.

# 17

# Bilanz einer Dienstreise

Werden bedeutende Menschen so verabschiedet? Mit wie immer ein bisschen zu langen Reden zur Mittagszeit, mit Häppchen und Orangensaft? Es war eine überaus bescheidene Zeremonie, mit der Joachim Gauck im Oktober 2000 aus seinem Amt entlassen wurde. Es geschah in der Oberwallstraße, dort, wo einst in der Reichshauptstadt die pneumatische Zustellung von Briefen ein Zentrum hatte, Botschaften also mit Hochdruck verschickt wurden. Das immerhin passte zu dem Mann, der zehn Jahre lang für zielgerichtete Kommunikation stand. Gekommen waren der Bundestagspräsident und auch der Innenminister. Das waren Wolfgang Thierse und Otto Schily – herausragende Beispiele dafür, dass man es trotz mancher Verirrung sehr weit bringen konnte im vereinigten Deutschland. Beide waren allerdings auch alles andere als die Lieblingspolitiker von Gauck. Ausgerechnet von ihnen in das politische Niemandsland entlassen zu werden, war bitter. Schily hatte bei der Auseinandersetzung um die Kohl-Akten Sympathie für die Position des früheren Kanzlers erkennen lassen. Und Thierse verband mit Gauck seit vielen Jahren eine zwar sehr zivilisierte, aber dennoch knallhart ausgetragene Auseinandersetzung darum, wer wohl eher für die Befindlichkeit der Ostdeutschen sprechen konnte.

Der Abschied war aber zugleich der Anfang für seine Nachfolgerin Marianne Birthler. Birthler, in der DDR als SED-Gegnerin aktiv, war gegen Ende der Neunzigerjahre in einer Sackgasse gelandet und so etwas wie ein Versorgungsproblem der Grünen. Sie arbeitete als Angestellte in der Parteizentrale, nachdem sie zuvor

Parteivorsitzende gewesen war – eine unglückliche Konstellation. Immerhin hatte sie sich einen Namen gemacht, als sie in Potsdam wegen Stolpe als Ministerin zurückgetreten war.[131] Aber ein naheliegender Vorschlag[132] für die Nachfolge Gaucks war sie nicht. Es gab einige profilierte Personen, die sich durch eine weitaus größere Sachkenntnis auszeichneten – allen voran Ulrike Poppe, die in den Achtzigerjahren zu den bekanntesten SED-Gegnern zählte und seit Jahren im Beirat der Behörde mitgearbeitet hatte.[133] Poppe hatte sich aber zuweilen als Gauck-Kritikerin profiliert. Einen Vorteil hatte Marianne Birthler allerdings für den einstigen Bundesbeauftragten. Da die Nachfolgerin so wenig von dem wusste, was auf sie zukam, würde ihr zunächst nichts anderes übrig bleiben, als die bisherige politische Linie der Behörde weiterzuverfolgen. Nach Angaben von Marianne Birthler hatte Gauck sehr früh darauf hingearbeitet, dass sie den Job übernahm. Als diese zögerte, wurde Helga Hirsch als Überredungskünstlerin mobilisiert.[134] Bei ihrer Wahl im Bundestag erhielt Marianne Birthler dann letztlich 419 Stimmen, siebenundsiebzig Abgeordnete hatten gegen sie votiert – ein nicht besonders beeindruckendes Ergebnis.

Gauck habe seine Sache ganz gut gemacht, hieß es im Jahr 2000 allenthalben, als er seiner Nachfolgerin das Amt übergab. Der Sprengstoff, der in den Stasi-Akten steckt, war nicht hochgegangen. Das wurde ihm als wichtigstes Verdienst angerechnet. Weit über eine Million von Überprüfungsanträgen öffentlicher Arbeitgeber waren abgearbeitet worden.[135] Wer als Polizist, Lehrer oder Richter in den neuen Bundesländern tätig war, war zumeist auch »gegauckt«. Dass danach in vielen Fällen frühere Spitzel, zuweilen sogar frühere hauptamtliche Mitarbeiter der Staatssicherheit als Angestellte oder später als Beamte weiterarbeiten durften, spielte in dieser Erfolgsbilanz keine Rolle.[136] Wichtig war der Check bei Gauck als eine Art Gütesiegel für den neu aufgestellten öffentlichen Dienst im Osten. Wer nicht als inoffizieller Mitarbeiter, als IM registriert war, hatte in aller Regel keine besonderen Hindernisse bei einer Übernahme zu befürchten.

An der Spitzel-Front war also durch Gauck weitgehend Ruhe eingekehrt. Hunderttausende von »gegauckten« Verwaltungsangestellten, Polizisten und Lehrern konnten sich bei dem Bundesbeauftragten bedanken. Ohne den Bescheid seiner Behörde wären sie in Konfliktsituationen leicht mit dem Vorwurf zu konfrontieren gewesen, womöglich ein unbekanntes Vorleben als Spitzel und Verräter geführt zu haben. Aber gleichzeitig war diese Art der Aufarbeitung mit großen Fragezeichen verbunden. Überprüft wurden zwar Küchengehilfen in Rathauskantinen, nicht aber Journalisten der einstigen Parteizeitungen, die inzwischen Angestellte großer westdeutscher Verlage geworden waren. Gecheckt wurden Postboten, nicht aber die alten wie die neuen Chefs großer Betriebe, die über Wohl und Wehe von Tausenden von Mitarbeitern zu entscheiden hatten. Ein erheblicher Teil von Stasi-Spitzeln war nicht im öffentlichen Dienst beschäftigt – und blieb damit bei den Überprüfungen außen vor.

Aber nicht nur die Überprüfungen, auch die persönlichen Akteneinsichten führten zu Überraschungen. Die erwartete und beabsichtigte politische Wirkung durch den Blick in die eigene Betroffenenakte blieb nämlich aus.[137] Viele schauten rein oder ließen sich Kopien machen – und zumeist war es das dann. Die Betroffenen behielten ihre Erkenntnisse über das, was sie in ihren Unterlagen gefunden hatten, meist für sich. Sicher gab es in ihnen zahlreiche Geschichten von Verrat und staatlicher Verfolgung, Beweise für zerstörte Biografien und vernichtete Chancen. Viele entdeckten in ihren Akten aber ihr Mitmachen, ihre Anpassung und ihre Kooperation mit dem Regime. Die Akteneinsicht war demnach nicht nur ein Heilmittel gegen die Diktatur – es war immer auch eine Mischung aus Leichenschauhaus und Krankenlager. Durch sie konnte nicht nur die Erkenntnis reifen, sondern ebenso das Entsetzen über den eigenen Beitrag zum Innenleben einer Diktatur, die nur wenige Helden und viele Feiglinge kennt.

Damit war aber eine Grundannahme, die Gaucks Tätigkeit und das wesentlich von ihm mitgestaltete Gesetz über die Stasi-Unterlagen prägte, infrage gestellt. Denn für den Bundesbeauftragten gab es neben den Tätern (den Mitarbeitern der Stasi) und den gewissermaßen am Geschehen unbeteiligten Dritten vor allem die Betroffenen der Stasi-Aktivitäten. Gauck und die Medien haben diese Gruppe oft mit Opfern gleichgesetzt. Tatsächlich aber waren darunter sehr viele DDR-Bürger, die ihrerseits als Mitglieder der Partei oder in anderen Funktionen zu den Stützen des Regimes zählten, zumindest jedoch als Mitläufer dazu beitrugen, dass die SED-Herrschaft fortgesetzt wurde. Das Stasi-Unterlagen-Gesetz spiegelte eben nicht die DDR-Wirklichkeit wider. In ihr konnte ein Mensch nämlich zugleich Betroffener von Überwachungsmaßnahmen der Stasi und Denunziant eines Mitbürgers sein. Das Anschwärzen zum Beispiel eines Genossen in der Partei hatte dann zuweilen weit gravierendere Folgen für den beruflichen Aufstieg als eine Information der Staatssicherheit. Schuld und Unschuld, Schande und Ehre ließen sich nicht ausschließlich über die Stasi-Akten definieren.

Gauck selbst hat die Probleme, die mit der Fixierung auf die Stasi-Tätigkeit entstanden, vielfach benannt. Doch er hat wenig getan, um ihnen gegenzusteuern. Begründet hat er sein relativ geringes Interesse an einer Art »Entkommunisierung« (also eines Zurückdrängens früherer SED-Funktionäre) damit, dass große Teile der DDR-Bevölkerung die Herrschaft der SED sowieso abgelehnt hätten. Das mache auch den Unterschied zur Entnazifizierung aus. In der Zeit der Hitler-Diktatur hätten viel mehr Menschen dem Regime aus Überzeugung gedient. Dabei hatte es auch in der DDR systemtreue Mitläufer zuhauf gegeben. Über die SED-Mitglieder hatte er zu Beginn der Neunzigerjahre gesagt: »Von denen nimmt nie wieder jemand ein Stück Brot.«[138]

Darin hatte er sich verschätzt. Die PDS als Nachfolgeorganisation der SED hatte sich fest etabliert und wurde zum Machtfaktor.[139] In seinem Heimatland Mecklenburg-Vorpommern regierte sie seit 1998 mit. Spät, zu spät hatte Gauck sich 1998 einmal aus der Deckung gewagt und war nach Schwerin gefahren, in die

Landeshauptstadt, um ausdrücklich vor dem Bündnis der Sozialdemokraten und der SED-Nachfolger zu warnen. Aber es hörte dort niemand mehr auf ihn. Der große Aufwand, die vielen Millionen, die die Behörde des Bundesbeauftragten verschlungen hatte, zeigten auf dem Gebiet der ehemaligen DDR nur sehr beschränkte Wirkung. Dort, wo die Sozialdemokraten im Bündnis mit der PDS eine Regierung stellen konnten, taten sie das auch – nach Schwerin in Berlin und in Potsdam.

Das allgemeine Lob nach zehn Jahren Arbeit als Bundesbeauftragter war dennoch gut begründet. Gauck hatte den Politikern eine Menge Arbeit abgenommen – Schmutzarbeit zumeist, die keiner von ihnen gern erledigt hätte. Jenseits aller Fehler, Widersprüchlichkeiten und Verwerfungen in der politischen Landschaft hatte er einen wesentlichen Beitrag zur Integration der neuen Bundesländer geleistet. Ohne seine Behörde wäre es zu vielen unhaltbaren Verdächtigungen, zu manch unerklärlicher Karriere und vor allem zu einem Mehr an Misstrauen gekommen. Ohne die Akteneinsicht hätten sich Zehntausende, die einst drangsaliert und verfolgt wurden, keinen Reim darauf machen können, wem genau sie ihr Schicksal zuzuschreiben hatten. Die Mitläufer, die Duckmäuser, die ebenfalls in ihre Akten geschaut hatten, wussten jetzt, dass sie sich besser zurückhielten mit falschen Geschichten von ihrem angeblichen Heldentum. Und ohne dieses Mehr an Erkenntnis, ohne die Aktenöffnung wäre der Westen des Landes noch viel weniger bereit gewesen, seinen Anteil an den Lasten der Vereinigung zu schultern. Unterm Strich war trotz des Streits um Stolpe und Gysi und trotz der vielen größeren und kleineren Ungerechtigkeiten die Gauck-Behörde ein vorzeigbares Modell. Und kaum jemand anderer als der Rostocker Pastor hätte das zustande gebracht. Dafür brauchte es einen Ostdeutschen, der mit hinreichendem Selbstbewusstsein und durchschlagender Wortgewalt argumentierte. Gauck wurde deswegen auch in Bayern oder Schleswig-Holstein akzeptiert – und in Sachsen oder Mecklenburg wenigstens mehrheitlich respektiert. Allein das war eine Leistung. Angriffe auf ihn festigten seine Glaubwürdigkeit sogar nur noch. Beschimpften die einstigen Kommunisten ihn als Großinquisitor, musste ein überzeugter CSU-Anhänger ihn natürlich in Schutz nehmen.

Die insgesamt positive Bilanz wurde durch die vorangegangenen Konflikte nicht getrübt. Die alten Widersacher waren weg oder lange nicht mehr so bedeutungsvoll. Stolpe beispielsweise musste 1999 in Brandenburg erleben, wie auf seinen fulminanten Wahlsieg vier Jahre zuvor ein beispielloser Absturz erfolgte. Kohl hatte schon 1998 sein Wahldebakel erfahren. Jetzt machte Gerhard Schröder, der neue Bundeskanzler, aus seiner Wertschätzung für den Bundesbeauftragten kein Hehl.

Die größten Erfolge der zehnjährigen Mission zeigten sich jedoch auf internationaler Ebene. Es war dem Bundesbeauftragten gelungen, seinen Umgang mit der kommunistischen Vergangenheit als »Made in Germany« genauso gut zu verkaufen wie deutschen Autoherstellern ihre Nobelkarossen. Gauck genoss es, im Ausland deutschen Perfektionismus vorzuführen. Diesmal, so die Botschaft, haben wir es von Anfang an richtig gemacht. Wir haben daraus gelernt, dass wir beim letzten Mal, beim Umgang mit den Nazi-Schergen, viel zu lange für die Aufarbeitung brauchten. Zuweilen klang all das zu rechthaberisch, zu selbstbewusst, fast schon protzig. Aber im Kern hatte er ja auch recht – das deutsche Vorgehen war tatsächlich etwas Besonderes.

Der Joachim Gauck, der im Jahr 2000 die ersten zehn Jahre eines politischen Lebens hinter sich gebracht hatte, schien auf den ersten Blick ein anderer zu sein als jener, der sich im März 1990 auf den Weg nach Berlin gemacht hatte. Die Anzüge waren jetzt noch besser ausgewählt, das effektvolle öffentliche Reden geübte Routine, das Private die große Freiheit, weit weg von störenden Sorgen um Kinder und Familie. Gauck zählte zum Vortrags-Jetset – mal hier, mal dort war er in Europa eingeladen, sogar in Übersee. Im Jahr 2000 begegnet uns ein Mann, der selbstsicher und mit unverhüllten Anflügen von Eitelkeit einen ihm angemessenen Platz beansprucht. Er, der zu DDR-Zeiten zuweilen selbst unter den wahrlich nicht mehrheitsfähigen SED-Gegnern ein einsamer Außenseiter zu sein schien, kam jetzt daher wie einer, der angekommen und mittendrin war. Und doch war er in vielem immer noch derselbe, was wiederum auch keine Überraschung sein konnte. Wer im fünfzigsten Lebensjahr vor einer völlig neuen Herausforderung in einer völlig veränderten Umgebung steht, tut gut daran, sich treu zu bleiben. Und Gauck blieb sich im Wesentlichen treu.

Zehn Jahre im Bundesdienst mit Behörden-Mercedes samt Fahrer, mit Sekretärin, Terminkalender und Einladungen zu fast jedem bedeutsamen Event des Hauptstadtzirkus hatten ihn keineswegs tiefgreifend verändert. Das, was er an Neuem erfuhr, hat sein Leben jedenfalls weit weniger nachhaltig bestimmt als mitgebrachte Prägungen. Dass er den Rechtsstaat lernte und dafür Lehrmeister hatte, wurde immer wieder mit Inbrunst von ihm betont. Aber die Grundzüge eines rechtsstaatlich verfassten Staates sind kein besonderes Geheimnis, und die Details überließ er dann sowieso den Juristen. Mehr noch: Für durchaus spannende Einzelfragen des Verwaltungs- und Staatsrechts, die seine Tätigkeit berührten, interessierte er sich nicht.

Dazugelernt hatte er vor allem im Umgang mit der komplizierten Geschichte seines Landes. Das musste er zwangsläufig, wenn er nicht nur mitreden, sondern auch den Ton vorgeben wollte. Seine Lebensgefährtin Helga Hirsch war dazu die Schlüsselperson. Allerdings blieb das ein Lernprozess, der sich öffentlicher Anteilnahme weitgehend ent- und in Zweisamkeit vollzog. Helga Hirsch hatte aber nur sehr geringen Einfluss darauf, wie er das Amt ausgestaltete, in das er gelangt war. Dafür war sie zu selten präsent. Gauck stützte sich ansonsten auf einen kleinen, überschaubaren Stab von Mitarbeitern auf der Leitungsebene und auf einige ausgewählte Personen in der sonstigen Behördenstruktur.

Wen er als Gegner begriff oder wer sein Vertrauen tatsächlich oder vermeintlich missbrauchte, den strafte er jedoch mit Feindschaft. Diese Feindschaft verbat ihm beispielsweise jegliche intensive Auseinandersetzung mit früheren Stasi-Offizieren. Obwohl er ansonsten äußerst geübt darin war, Menschen zum Reden zu bringen, hat er sich Gesprächen mit ihnen weitgehend verweigert. Ein einstiger, ihm unterstellter Mitarbeiter war der einstige Archivleiter einer Bezirksverwaltung. Dieser einstige höhere Offizier hatte in der dortigen Außenstelle des Bundesbeauftragten überwintert. Der Mann war geradezu idealtypisch für einen folgsamen deutschen Geheimpolizisten, der zu Schandtaten fähig war, ohne zu erkennen, dass er welche begangen hatte. Er war der Prototyp eines Schreibtischtäters, eine klassische Miniatur dessen, was Hannah Arendt einmal die »Banalität des Bösen« genannt hatte.[140]

Männer wie er hätten Gauck einen eigenen, einen anderen Blick auf die Stasi-Welt erlaubt, nicht vergleichbar mit dem, den die ZAIG-Offiziere Bäcker und Hopfer hatten, die immer noch als Fährtenhunde in schwierigen Fällen eingesetzt wurden. Bäcker und Hopfner waren in einem eng abgegrenzten Kontext für Gauck nützlich und notwendig. Man war in gewisser Weise aufeinander angewiesen. Mit dem einstigen Archivleiter gab es dieses Geben und Nehmen nicht. Ein weiteres Erbe seiner DDR-Zeit, das er auch in der Bundesrepublik nicht ablegen wollte oder konnte, war ein grundsätzliches Misstrauen gegen zu große Nähe. Gauck lässt sich zwar ausführlich beraten, aber keiner darf so dicht an ihn herankommen, dass er am Ende mitentscheidet.

Dass er trotz dieser Erblasten bis 2000 in einem öffentlichen Amt überlebte, war tatsächlich ein kleines Wunder. Nur wenige der Aktivisten von 1990 hatten das vollbracht. Sein Überleben war aus dem gewachsen, was er in der Diktatur lernen musste, es waren das die Fähigkeiten eines Grenzgängers. Sie lassen ihn Wege finden, wo er zunächst versagt und scheitert. Der Grenzgänger neigt außerdem zu einem Verhalten, das fast schon konspirative Züge hat. Da zieht er dann einen Gesprächspartner in eine Ecke, es wird mit gesenkter Stimme gesprochen, als ob es sich um Staatsgeheimnisse handle. Wer ihn dabei beobachten konnte, landete fast zwangsläufig bei der Frage, ob die Stasi in seiner Welt immer noch existent ist. Nicht nur Gauck, viele andere in der DDR Aufgewachsene haben es nicht völlig ablegen können, Information immer auch als ein Mittel zur Denunziation zu fürchten. Dass man nicht mehr zu wissen brauche, als unbedingt notwendig, dieser eiserne Grundsatz aller Nachrichtendienste weltweit wurde und wird ebenso von deren Gegnern als überlebensnotwendig nachempfunden. Wer ihn viele Jahre verinnerlicht hat, wird zwangsläufig Schwierigkeiten mit einem größeren Maß an Offenheit haben. Dass dort, wo viele mitdenken, weil sie ebenfalls im Bilde sind, zuweilen auch die besseren Vorschläge auf den Tisch kommen, hat Gauck nur sehr unvollständig verstanden.

Ein anderes kompliziertes Erbe der DDR-Zeit besteht in der Schwierigkeit, privates und öffentliches Leben für die Außenwelt in einem erkennbaren Zusammenhang zu halten. Als Helga Hirsch Gaucks Lebensgefährtin wird, kommt ihr zwar eine zentrale Rolle zu, dennoch bleibt sie weitgehend im Verborgenen. Der Mann, der später so überzeugend verkündet, dass Verantwortung die Freiheit der Erwachsenen sei, kämpft nach dem Abschied von seinem Ehealltag mit dem selbstverantworteten Leben. Helga Hirsch hilft zuweilen, aber eher nicht. Gaucks freundlicherweise als Schusseligkeit bezeichneter Unwille, die Dinge einigermaßen in Ordnung zu halten, führt zu einer Abhängigkeit von Frauen, die als »Vorzimmerkräfte« bezeichnet werden.

Die vielfach berichtete Unfähigkeit, beispielsweise Schlüssel oder Terminkalender so aufzubewahren, dass er sie hinterher auch findet, ist nur Ausdruck einer weitergehenden Schwäche. Den Unbilden des Lebens ausgesetzt, wird dieser Mann zu einer Art Kind, wirkt abgelenkt und zerstreut und hat Schwierigkeiten, seine Zeit einzuteilen und Prioritäten zu setzen. Er scheint ständig Unterstützung zu brauchen, um seiner Aufgabe gerecht zu werden. Damit ist er ein Dauerappell an die Hilfsbereitschaft seiner Umgebung.

Die aber hilft nicht nur, sie übernimmt dann gezwungenermaßen auch in hohem Maße Verantwortung.

Überhaupt: Kaum ein anderer deutscher Verwaltungschef hat seinen Untergebenen solche Freiräume zugemutet. Von Verhandlungen mit ausländischen Strafverfolgungsbehörden oder mit Nachrichtendiensten oder von weiten Teilen der Pressearbeit erfuhr der Behördenchef oft erst im Nachhinein. Zuweilen hatte das zu problematischen Beschlüssen geführt, ohne dass er überhaupt im Bilde war. Es kam aber auch zu kuriosen Situationen, die in anderen Behörden undenkbar gewesen wären. Als beispielsweise der zweifache Oscar-Preisträger Robert De Niro einen Tag in der Behörde arbeitete, um einen Film vorzubereiten, hat Gauck nur im Nachhinein von diesem prominenten Besuch erfahren. In diesem wie in ähnlichen Fällen waren Mitarbeiter nur dem Beispiel gefolgt, das er selbst immer vorlebte. Die hatte er wieder und wieder mit einsam gepflegten Kontakten, mit überraschenden Zusagen, mit monatelang zurückgehaltenen Informationen, vor allem mit seiner Vergesslichkeit überrascht. Was also konnte er letztlich schon sagen, wenn ein Weltstar an ihm vorbei in sein Archiv geschleust wurde?

Eine Lehrzeit für das Amt des Bundespräsidenten waren die Jahre als Bundesbeauftragter jedenfalls nicht. Die in aller Hektik hochgezogene Behörde erlaubte ihrem Chef eine Führungsrolle mit ganz eigenen Entscheidungsprozessen. Er blieb als Vorgesetzter in den zehn Jahren ein Sonderfall der deutschen Bürokratie, eine anderswo kaum vorstellbare, kaum denkbare Ausnahme. Er war ständig auf Reisen, die meisten Abteilungsleitersitzungen fanden ohne ihn statt.

Am Ende seiner Dienstzeit unterlag Gauck zuweilen der Täuschung, dass er in der Bundesrepublik ohne seine Erblasten angekommen sei. Er hatte sich ja nie als »Ossi« gefühlt, er war stets der Außenseiter gewesen. Aber aufmerksame Beobachter, die bestimmend waren für seinen weiteren Fortgang, übersahen sie nicht. Sein Verhalten war erkennbar eigen, und damit blieb er für Westdeutsche sowieso, aber auch für viele seiner Mecklenburger unberechenbar. Dass aus ihm unter diesen Umständen nach seinem Amt als Bundesbeauftragter nichts mehr werden würde, war somit naheliegend. Und tatsächlich wurde dann auch zunächst und zu seiner eigenen Verwunderung nichts aus ihm. Er hatte völlig unterschätzt, was sich trotz aller Heimlichkeit über ihn herumgesprochen hatte. Das politische Berlin dachte sehr wohl, dass der Gauck eine Art Paradiesvogel ist. Und ein Träumer noch dazu.

Dass aus großer Wertschätzung und Anerkennung für seine Tätigkeit als Bundesbeauftragter das werden könnte, was der Politikbetrieb eine Anschlussverwendung nennt, war in den letzten Monaten der Amtszeit von Gauck genau aus diesem Grund nirgendwo erkennbar. Für sein bisheriges Amt war es ein gewisser Vorteil gewesen, dass er sich an keine Partei gebunden hatte. Aber dass er sich in ein Parteileben nicht einordnen wollte und er mit solch einer Haltung sein Scheitern heraufbeschwor, hat er lange nicht verstanden. Gegenüber Vertrauten redete er sich zuweilen seine Enttäuschung vom Leib. »Es kommt nichts«, sagte er, und dann, eines Tages: »Es kam ja nichts.« Wer allerdings nachfragte, erkannte, dass es im Grunde sowieso nur ein Amt gab, das zu ihm passte – das des Bundespräsidenten. Aber im Schloss Bellevue saß zu dieser Zeit Johannes Rau. Chef der Bundeszentrale für politische Bildung hätte er werden können – aus seiner Sicht ein Abstieg nicht nur in der Besoldungsklasse.[141] Er hat abgelehnt. Zwangsweise wurde er zu einer Art Freiberufler.

Etwas an Verbitterung und Unverständnis musste da zurückbleiben. Im Transformationsprozess, den das vereinte Deutschland zu bewältigen hatte, war das Thema Staatssicherheit zwar überbewertet worden, dennoch hatte es eine unverzichtbare Funktion bei der Bloßstellung der einstigen SED-Herrschaft. Oft wurde das erst Jahre nach seinem Ausscheiden als Bundesbeauftragter deutlich. Romane, Filme und tausendfach produzierte Wort- sowie Bilddokumentationen stützen sich auf den Zugang zum Material der Geheimpolizei. Das Archiv war zum kreativen Impuls für den Umgang mit der DDR-Geschichte geworden. Gleichzeitig war und ist es das Nadelöhr, durch das alle Stoffe bei der Prüfung auf mögliche Wahrhaftigkeit müssen. Wer an den Fakten scheitert, wird selbst bei der bestens aufgezogenen Fiktion mit erheblichem Gegenwind rechnen müssen.[142] Dass mit dem Film *Das Leben der Anderen* das Stasi-Thema 2007 sogar Oscar-wert wurde, sagt einiges aus über die Durchschlagskraft der Materie.

Unbestritten ist heute, dass der graue Archivklotz in Berlin und seine über die Bundesländer verteilten Ableger so etwas wie ein Weltkulturerbe geworden sind – auch wenn sich bislang keine Bundesregierung gefunden hat, entsprechend offensiv damit umzugehen. In diesem Bewahren und Öffnen eines einst streng Geheimen ist ein weltgeschichtlich einmaliges Beispiel für die Auseinandersetzung um die Vergangenheit geschaffen worden. Keine andere Geheimpolizei ist je so bloßgestellt worden. Das war für Gauck zwar nicht vorhersehbar und schon gar nicht planbar, aber doch auch Folge seiner Arbeit. Ohne ihn wäre der Prozess der Öffnung und Nutzung des Materials sicher anders verlaufen. Aber erst mit seiner Nominierung als Kandidat für das Amt des Bundespräsidenten standen diese bemerkenswerten Errungenschaften plötzlich wieder im Fokus.

# Teil III

# SCHLOSS BELLEVUE

## 18

# Auf der Suche nach dem späten Glück

Gut zehn Jahre vergehen, bis Joachim Gauck am 31. Mai 2010 in jenen Raum 1 S 014 im Reichstag zurückkehrt, in dem er am 9. 11. 1999 auf Gorbatschow, Bush und Kohl traf. »Ich will einen Moment allein sein«, sagt er um die Mittagszeit. Gleich muss er in den Plenarsaal, in dem die Bundesversammlung tagt. Sie ist das Gremium, das den nächsten Bundespräsidenten wählt, es wird das Ergebnis des ersten Wahlgangs verkünden. In dem Saal ist für ihn ein Sitz reserviert, direkt zwischen den Fraktionsvorsitzenden von SPD und Grünen, die ihn nominiert haben Gauck weiß seit einigen Minuten vom miserablen Abschneiden Christian Wulffs, seines Mitbewerbers. Der niedersächsische Ministerpräsident ist der Kandidat der CDU-/FDP-Koalition. Gauck sieht die freudig erregten Gesichter jener Politiker, die seine Kandidatur unterstützen. Thomas Oppermann, parlamentarischer Geschäftsführer der SPD, hatte sich bei seinen Vertrauten in der Zählkommission schon im Vorfeld über das Ergebnis informiert – und es dann stolz an Gauck weitergegeben. Wulff war mit 600 Stimmen von der notwendigen Mehrheit – die erforderte 623 Stimmen – deutlich entfernt. Sozialdemokraten und Grüne konnten angesichts dieses Resultats ihre Schadenfreude nicht verbergen – wenigstens vierundvierzig Mitglieder aus der Regierungskoalition von Union und Liberalen mussten ihrem Kandidaten die Stimme verweigert haben. Die Rechnung der Opposition war aufgegangen, Bundeskanzlerin Angela Merkel gedemütigt.

Gauck hatte diese Nachricht mit einem freundlichen, aber doch unsicheren Lächeln aufgenommen. Jetzt, allein, wo er einen

Moment der Sammlung sucht, weicht das Lächeln einem Ausdruck von Traurigkeit und Enttäuschung. Wulff hat es zwar noch nicht im ersten Durchgang geschafft. Aber Gauck weiß, dass es für ihn selbst auch nicht reichen wird. Die Zahl der Abweichler von Union und FDP ist zu gering. Die ganze Wucht der Niederlage, die er in diesem Moment erlebt, kann er bislang nicht in klare Gedanken fassen. Eines aber ist sicher: Alles Weitere, was an diesem Tag noch passieren wird, ist für ihn bedeutungslos. Er wird den Reichstag nicht als Überraschungspräsident verlassen. Er will jetzt nicht nur allein sein, er ist in diesem Moment allein.

»Ich kann rechnen.« Wieder und wieder hat er sich in den letzten Wochen mit diesem Satz panzern wollen gegen diese bittere Wahrheit. Zwar schwächelt die Koalition, aber nicht hinreichend genug, um ihn gegen den Willen der Bundeskanzlerin Bundespräsident werden zu lassen. Angela Merkels Mehrheit wird ohne Zweifel am Ende doch stehen. Einige Male hatte sich Gauck in den vorangegangenen Tagen gesagt, dass er in seinem Leben schon manch unvorstellbare Überraschung erlebt hat. Aber in der Politik der Bundesrepublik scheinen solche Überraschungen nicht vorgesehen zu sein – jedenfalls nicht an diesem Tag und jedenfalls nicht zu seinen Gunsten.

Stunden später, nach zwei weiteren Wahlgängen und auf dem Weg zum Abgesang vor die Mikrofone der wartenden Presse, trifft er in den Gängen des Reichstags den frisch gewählten Bundespräsidenten Christian Wulff und dessen Frau Bettina. Das neue Staatsoberhaupt unterbreitet ihm nach einem kurzen Austausch von Höflichkeiten eine Bitte. Gauck müsse unbedingt zu seiner Vereidigung zwei Tage später kommen. »Ich habe aber gar keine Einladung«, sagt der. Wulff blickt leicht hilflos um sich, doch Frau Bettina greift ein und meint, das müsse wohl zu organisieren sein. »Wir werden das in die Wege leiten«, meint einer der Begleiter. Das Ehepaar Wulff entschwindet danach zur Siegesfeier. Gauck verbringt den Rest des Abends im Reichstag, wo es für alle, die ausgeharrt hatten, Getränke und etwas zu essen gibt. Einige seiner

Kinder sind da, die Zusammenkunft endet für ihn unspektakulär. Zwei Tage später begibt er sich erneut in den Reichstag, zur Vereidigung von Christian Wulff. Die Einladung dazu hat ihn doch noch erreicht.

Dann am Abend, jetzt im Garten des Schlosses Bellevue, beim Sommerfest des inzwischen als Bundespräsidenten amtierenden Christian Wulff, sagt Gauck in einer kleinen Runde von Vertrauten und ganz hinten auf einer Bank in einer fast schon dunklen Ecke des Parks einen Satz, in dem sich seine Empfindungen über den Wahltag ausdrücken: »Ich dachte, es gibt in Deutschland mehr Patrioten.« Nie und nimmer hätte er in aller Öffentlichkeit bekundet, dass aus seiner Sicht die Wahl zwischen ihm und Christian Wulff für einen Patrioten eine ziemlich einfache Entscheidung gewesen sein müsste. Nie und nimmer hätte er laut gesagt, dass es gerade für seine Wegbegleiter aus der CDU und bei den Liberalen das einzig Richtige gewesen wäre, ihm des Vaterlands wegen den Vorzug zu geben. Aber dieses eine Mal, zu später Stunde, sagt er den Satz: »Ich dachte, es gibt in Deutschland mehr Patrioten.«

Leise dahingesprochen, offenbart er das Selbstverständnis des Mannes, der nicht Staatsoberhaupt ist und es doch noch wird. Er hadert in dem schönen Garten, in dem er zwei Jahre später als Bundespräsident sitzen darf, mit der Geschichte. Es ist keinesfalls seine persönliche Eitelkeit, die aus solchen Worten spricht. Er hätte sie auch sagen können, wäre es um eine Wahl gegangen, bei der er selbst nicht Kandidat gewesen wäre. Es spricht aus ihnen die Gewissheit, dass mit der Wahl Wulffs eine Chance versäumt wurde. Er weiß, dass er vergleichsweise der bessere Mann gewesen wäre bei dem langen, noch andauernden Prozess seiner Nation, einen angemessenen Platz in der Geschichte Europas zu finden. Drei Wochen zuvor hatte er sich, völlig abgeschirmt von der Öffentlichkeit, mit Wulff in einer Villa im Grunewald getroffen. Viel wird er darüber nicht sagen, und auch Wulff hat bislang über die Begegnung geschwiegen. Aber seit diesem Termin, bei dem er den niedersächsischen Ministerpräsidenten und Konkurrenten etwas näher kennenlernte, war ihm anzumerken, dass er mit sich mehr im Reinen war als vor dem Treffen. Aus seiner Sicht war es richtig, gegen den Kandidaten der Kanzlerin anzutreten. Das war seine patriotische Pflicht.

Und an diesem Abend, auf dem Sommerfest, wird er dem auf seine Weise auch öffentlich und sehr demonstrativ Ausdruck verleihen. Ganz gegen das Protokoll stiehlt er dem Gastgeber die Schau. Er schildert es später so: »Als der Abend aufs Ende zuging, hörte ich, wie Peter Maffay und die Band das Lied ›Über sieben Brücken …‹ intonierte. Da musste ich hin, setzte mich vorne auf die Stufen und hörte zu. Plötzlich dachte ich an all die Sehnsucht, die das Lied bei uns früher in der DDR ausgelöst hatte, als Karat es immer wieder gesungen hatte. Ich musste einfach aufspringen und stellte mich neben Peter Maffay, um den Refrain mitzusingen.« Die Episode hatte selbst Maffay völlig überrascht. Wulff blieb gar nichts anderes übrig, als dann ebenfalls die Bühne zu erklimmen. Und der frisch gewählte Bundespräsident hielt sich dann für den Rest des Abends vorsichtshalber in unmittelbarer Nähe von Gauck auf. Der berichtet weiter: »Dann dachte ich plötzlich: Oh – das ist ja nun nicht korrekt, was du da machst.« Er habe seinen seltsamen Auftritt dem Hausherrn Wulff zu erklären versucht. »Sorry, aber das war einfach dieses Lied, das mich so mitgerissen hat.« Wulff habe daraufhin auf seine Frau Bettina verwiesen, die das Lied ebenfalls sehr möge – und sich mitreißen lassen.[1]

In einem Zeitungsbeitrag formuliert Gauck den Abschied von seinen Hoffnungen auf das Amt so: »Dann war bald Schluss. Die heiße Sonne über Berlin war gegangen. Jetzt war Feuerwerk über Schloss Bellevue. Wie schön, dass unser neuer Bundespräsident sein Amt mit so viel Bürgernähe beginnen kann. Möge sie ihm erhalten bleiben, auch wenn die schweren Tage der Arbeit beginnen.« Als ob er geahnt hätte, dass da wohl noch etwas kommen könnte – die Stunde der Patrioten. Vorerst aber ist »Schluss«.

Ein paar Tage noch fährt ihn der Fahrer des von der SPD gestellten Mercedes durch die Lande, ein paar Tage noch passt der Begleitschutz des Landeskriminalamts Berlin auf ihn auf. Aber aus dem Kandidaten Gauck wird schnell wieder der Bürger Gauck, der sich selbst ans Steuer setzt. Die Welt der Dienstwagen hat er nach seinem Abschied als Bundesbeauftragter für die Stasi-Unterlagen zum zweiten Mal hinter sich gelassen.

Zehn Jahre waren seit seinem Ausscheiden aus dem Bundesdienst vergangen. Zehn zum Teil schmerzvolle, zum Teil auch sehr erfolgreiche Jahre. Gauck war zu einer Art Kleinunternehmer in Sachen politischer Bildung geworden – ein viel gefragter Vortragsreisender und Buchautor. Auch war sein Leben ein zuweilen erfolgreicher, zuweilen eher bemitleidenswerter Versuch geworden, Verantwortung zu übernehmen, nicht in erster Linie für sich selbst, sondern für die allzu lange vernachlässigten Lieben – die Kinder, die Enkel, die verlassene Ehefrau. Schon kurz vor dem Ausscheiden aus dem Amt des Bundesbeauftragten lernte er Daniela Schadt kennen – und lieben. Das war eine ganz andere Art von Beziehung als das Berliner Zusammenleben, das er mit Helga Hirsch geführt hatte. Daniela Schadt und er sahen sich oft über viele Tage nicht. Gauck lebte ein Leben auf Wanderschaft. Die Mietwohnung im Berliner Stadtteil Schöneberg, nahe am Rathaus, dort, wo man jeden Tag die Freiheitsglocke schlagen hören konnte, war gewissermaßen sein Basislager. Außer seiner Familie und Daniela empfing er selten Gäste. Das Chaos war ihm peinlich. Da gab es gleich hinter dem Eingangsflur einen Tisch, der vielschichtig mit Papier und Gegenständen bedeckt war. Und wenn etwas gebraucht wurde, ging dort auch die Sucherei los. Ob dies zu einem Fund führte, war eine ganz andere Sache. Aber dann wusste man immerhin, wo das Gesuchte nicht war.

Nach der Verabschiedung vom Amt des Bundesbeauftragten hatte Gauck sich 2001 zunächst als Talkshow-Master versucht. Dabei hatten seine guten Kontakte zum Westdeutschen Rundfunk sehr geholfen. Der Fernsehjournalist und Buchautor Heribert Schwan hatte ihn seit vielen Jahren begleitet. Schwan war einer von denen, die in besonderem Maße von den privilegierten Bedingungen profitierten, die die öffentlich-rechtlichen Rundfunkanstalten beim Zugang zu den Stasi-Akten hatten – selbst dann, wenn sie anschließend nicht für den Sender, sondern als Buchautoren ihre Recherchen publizierten. Der Journalist aus Köln zählte zu den eifrigsten Antragstellern und ließ sich viele hunderttausend Seiten kopieren. Schwan war in der Behörde seiner ungewöhnlich umfangreichen Anträge und seines bestimmenden Auftretens wegen nur mäßig gelitten. Aber zu diesem Mann hatte Gauck immer einen besonderen Draht gehabt, was auch zu einer umfangreichen Fernsehdokumentation über die Behörde führte, in der er prominent auftreten konnte.

Noch im Sommer 2000 hatten die beiden das Talkshow-Projekt durchgesprochen – streng vertraulich. Im Oktober, unmittelbar nach dem Ausscheiden von Gauck aus dem Amt, befassten sich die ARD-Gremien damit, und die Sache wurde öffentlich. Nach heftigen internen Querelen wurde schließlich festgelegt, dass Gauck zwanzig Sendungen bestreiten sollte, jeweils am späten Mittwochabend im Wechsel mit Michel Friedman. *Gauck im Gespräch mit…* war als Titel für ein Zwiegespräch mit wichtigen Personen des politischen Lebens vorgesehen. Heribert Schwan verkaufte das Vorhaben auch damit, dass es gelte, im Osten neue Zuschauer zu gewinnen.

Bereitwillig kamen die prominenten Gäste, angeführt von Bundespräsident Johannes Rau, Außenminister Joschka Fischer sowie Jutta Limbach, der Präsidentin des Bundesverfassungsgerichts. Angela Merkel war da, die Grünen-Chefin Renate Künast, der CSU-Vorsitzende Edmund Stoiber und Bundestagspräsident Wolfgang Thierse. Die Probesendung bestritt Gauck mit Oskar Lafontaine. Verweigert hatten sich Bundeskanzler Gerhard Schröder und sein Vorgänger Helmut Kohl. Manfred Stolpe und Gregor Gysi waren als Gäste nicht erwünscht.[2] Nie zuvor hatte ein Gastgeber einer Talkshow eine derartige Liste für das erste Dutzend Sendungen vorweisen können. Bei solchen Zusagen schien die Rechnung des WDR aufzugehen.

Bald aber stellte sich heraus, dass das Fernsehpublikum weniger begeistert war. Die Einschaltquoten blieben im Keller, durchschnittlich bei etwa sechs Prozent, stets lagen sie hinter denen von Michel Friedman. Der ging seine Gäste in unverwechselbarer Art an, fragte zuweilen aggressiv und überraschend. Gauck plauderte eher unverbindlich und redete viel zu viel selbst. Die Kritik war vernichtend. Gauck, der »als Talkmaster völlig untaugliche Beamte«, wirke »zahnlos und mecklenburgisch langsam«. Nur deswegen kämen die Politiker, sie hätten da nichts zu befürchten, so der *Spiegel* zu der Fernsehkarriere des Ex-Bundesbeauftragten.[3] Gauck resignierte und gab vorzeitig auf. »Die Fernsehmenschen haben mich die Quote gelehrt«, sagte er gegenüber der *FAZ*.[4] Die Sendung wurde dann von der Journalistin Gabi Bauer übernommen. Auch ihre Quoten blieben mäßig, waren allerdings deutlich besser als die von Gauck. Gaucks Kommentare zum Abschied von dem Sender entsprachen dann jenem Verlautbarungsnebel, den er selbst immer kritisiert hatte. Er habe »wichtige und neue Erfahrungen gesammelt«. Und dass ihm die Quälerei »viel Freude gemacht hat«.[5] Er klang wie ein Politiker, der eine Wahl verloren hatte.

Der Ausflug in die Kölner Anstalt jedenfalls wurde für ihn zu einem Desaster. Er offenbarte Schwächen, die vorher nicht bekannt gewesen waren. Zum ersten Mal stieß er beim öffentlichen Auftritt auf Grenzen. Vor aller Augen hatte er ein seit Jahren aufgebautes Image mit den Sendungen ramponiert. Erwartungen, Hoffnungen auf Anrufe, die ihm eine neue herausragende Stellung im öffentlichen Leben ermöglichen sollten, waren damit zerstoben.

Gauck war nach dem Ende der Arbeit für den WDR gerade einundsechzig Jahre alt und auf Einkünfte angewiesen. Seine kirchliche Altersversorgung hatte er mit dem Ausscheiden als Pastor verloren. Die Pensionsbezüge aus seiner Zeit als Bundesbeauftragter waren vergleichsweise bescheiden. Es lag nahe, dass er wieder an seine Rednertätigkeit anknüpfte. Das immerhin war ein erprobtes Erfolgsmodell.

Und so versuchte er sich nach dem Fernsehflop im Alleingang als Vortragsreisender. Aber ohne das Amt, ohne eine andere Anbindung war das schwierig. Da kam plötzlich und auch für ihn unerwartet ein Anruf und die Bitte um Übernahme einer neuen Aufgabe. Gauck sollte Nachfolger von Hans Koschnick[6] werden, dem Vorsitzenden des Vereins »Gegen Vergessen – Für Demokratie«. Der Verein war eine bedeutsame, offiziell überparteiliche, tatsächlich durch und durch sozialdemokratische Institution. Gegründet hatte ihn der ehemalige SPD-Parteivorsitzende Hans-Jochen Vogel[7] 1993 als Reaktion auf politisch motivierte Mordanschläge, deren Opfer zumeist Zuwanderer waren.[8] Vogel hatte allerdings von Anfang an Wert darauf gelegt, Politiker aus anderen Parteien zur Mitarbeit zu bewegen. So war Hanna-Renate Laurien, die einstige CDU-Senatorin von Berlin, mit dabei. Und Vogel hatte bereits 1994 die Auseinandersetzung mit der kommunistischen Diktatur in der DDR zu einem der Felder der Vereinsaktivitäten erklärt.[9] Mit der ihm eigenen Art, eine für wichtig erkannte Sache voranzubringen, hatte er, der eine der zentralen und allseits respektierten Personen der Nachkriegsgeschichte der Bundesrepublik war, seine vielfältigen Kontakte und vor allem seine untadelige Reputation genutzt, um den Verein zu fördern. Ihm anzugehören, war eine Referenz angesichts eines von allen Zeitgenossen als exemplarisch empfundenen politischen Lebenswerk.

Die Motive für Vogels Aktivität lagen nicht zuletzt in seinem Lebensweg. Als junger Mensch war der 1926 geborene Jurist begeisterter Anhänger der Nationalsozialisten, hatte sich in der Hitlerjugend engagiert und freiwillig zur Wehrmacht gemeldet. Sein Vater Hermann Vogel, Professor für Tierzucht an der Universität Gießen, war im Frühjahr 1932, nur wenige Wochen nach Joachim Gaucks Mutter, der NSDAP beigetreten, hatte sich dann aber allmählich von den Nazis gelöst. Nach der Kapitulation Deutschlands war er wegen seiner Nazi-Vergangenheit fast zwei Jahre interniert und konnte nicht wieder an die Universität zurückkehren. Hans-Jochen Vogel hat sich später nicht gescheut, die Nazi-Vergangenheit der eigenen Familie öffentlich aufzudecken.[10] Sie war ein Thema im Wahlkampf 1983 gewesen, in dem Vogel als Spitzenkandidat der SPD gegen Helmut Kohl aufgestellt war.[11] Ein Eintreten gegen rechtsextremistische Tendenzen war bei ihm nicht zuletzt ein Versuch, die Jugendsünden seiner Generation zu sühnen.

Im Jahr 2000 gab er den Vorsitz des Vereins »Gegen Vergessen – Für Demokratie« an den ehemaligen Bremer Bürgermeister Koschnick ab. Koschnick kam aus einer vollkommen anderen Tradition, seine Eltern waren von den Nationalsozialisten verfolgt worden. Der Vater saß lange in Gefängnissen und im Konzentrationslager Sachsenhausen, seine Mutter verbrachte ein Jahr in Untersuchungshaft. Koschnick konnte dann aber wegen gesundheitlicher Probleme nicht weiter als Vereinsvorsitzender tätig sein. Er und Vogel suchten dringend einen Nachfolger. Sie schlugen Joachim Gauck vor.

Der war kein selbstverständlicher, im Vorstand des Vereins sogar ein äußerst umstrittener Vorschlag. Dort fürchtete man eine zu starke Verlagerung der Vereinsaktivitäten auf die Auseinandersetzung mit der SED-Herrschaft. Die war bislang zweitrangig gewesen, und vor allem in den süddeutschen Bundesländern hatte sie auch kaum Bezugspunkte und schon gar keine Erinnerungsorte. Koschnick und Vogel aber sahen keinen besseren Kandidaten als Gauck – und setzten ihn mit aller ihnen eigenen Überzeugungsmacht durch. Als erfahrene Taktiker luden sie den ehemaligen Bundesbeauftragten zunächst als einen der beiden Hauptredner zum zehnjährigen Vereinsjubiläum im April 2003 nach Bonn, bevor er ein halbes Jahr später in Nürnberg neuer Vorsitzender wurde. Sicherheitshalber wurde Gauck die Liberale Cornelia Schmalz-Jacobsen als Stellvertreterin zur Seite gestellt.

Als Kind von ausgewiesenen NS-Gegnern war sie eine Garantie dafür, dass die bisherigen Schwerpunkte beibehalten würden. Und sie hatte mit Gauck zusammen in Bonn geredet.

Wie schon 1990 in der Volkskammer war der Außenseiter Joachim Gauck ideale Lösung für eine schwierige, aber zugleich interessante Aufgabe geworden. Der Verein konnte sich mit Gauck von dem Verdacht befreien, nur eine sozialdemokratische Vorfeldorganisation zu sein. Und es gelang noch dazu, einen der besten politischen Redner zu aktivieren. Dass Gauck mit seinen Überlegungen zur nationalsozialistischen Diktatur auf Widerspruch stoßen könnte, nahmen sie in Kauf. Mit Schmalz-Jacobsen war ja eine Frau in den geschäftsführenden Vorstand gerückt, die wie zuvor Koschnick für absolute Glaubwürdigkeit stand. Und der Verein hatte, was Mitglieder und Aktionen betraf, in Ostdeutschland ein klares Defizit. Noch nicht einmal ein Zehntel der Mitstreiter kamen aus den neuen Bundesländern. Auch deswegen war der Rostocker ein Zugewinn.

Für Gauck wiederum war der Verein eine ideale Plattform, um endlich den DDR-Stallgeruch komplett loszuwerden. Für ihn waren die verbindenden und die vergleichbaren Elemente der beiden deutschen Diktaturen – die gesamtdeutsche der Nationalsozialisten und die der ostdeutschen Kommunisten – seit Jahren ein Thema. Jetzt würde er eine Organisation leiten, die es erreicht hatte, jenseits der staatlichen Institutionen Respekt und Anerkennung zu gewinnen. »Gegen Vergessen – Für Demokratie« hatte inzwischen über zweitausend Mitglieder, darunter viele Politiker, Wissenschaftler und Wirtschaftsvertreter. Die Aufgabe war zwar ein Ehrenamt und löste damit nicht die materiellen Sorgen von Gauck, aber sie war ein idealer Ausgangspunkt, um sich als Redner weiter bekannt zu machen.[12]

Gauck nutzte diese Zeit als Vereinsvorsitzender, sorgte dafür, dass er auch ohne vergütetes Amt nicht in Vergessenheit geriet. Es gab zwar keinen Dienstwagen mehr, aber er hatte wieder ein Büro und Mitarbeiter, die sich um alles Mögliche kümmerten. In seinem kleinen Zimmer, das vollgestopft war mit Büchern, die ihm seine Vorgänger hinterlassen hatten, war er nicht allzu häufig. Er wurde zum Vortragsnomaden. Zuweilen konnte man den Eindruck gewinnen, dass er mit seiner Bereitschaft, Termine anzunehmen, auf der Flucht war vor der Frage, warum ihm keine andere Aufgabe zufiel als das Reden vor mehr oder weniger zahlreich Versammelten.

Das bescheidene Büro, das er als Vereinsvorsitzender bezog, war dennoch etwas Einmaliges im geschichtsträchtigen Berlin. Sein Fenster ging direkt zum Ehrenhof des Bendlerblocks hinaus, des riesigen Militärkomplexes am Landwehrkanal, in dem am 20. Juli 1944 vier der Widerstandskämpfer erschossen wurden – unter ihnen als bekanntester der Hitler-Attentäter Oberst Claus Schenk Graf von Stauffenberg. Wenn Gauck da war, konnte er beobachten, wie sich ein kleines, aber nie versiegendes Rinnsal von Besuchern dem dortigen Denkmal näherte. Zuweilen tauchten Schulklassen auf, es lärmte dann ein wenig. Aber auch bei ihnen war unverkennbar, dass sie in Ehrfurcht verharrten, wenn ihre Lehrer vom Mythos des militärischen Widerstands erzählten.

Das Büro passte zu den Versuchen von Gauck, sich in der nationalen Debatte um Erinnerung, Schuld und Scham neu zu orientieren. Ging er die Treppen zu dem kleinen Raum hinauf, hingen an den Wänden Fotos herausragender Vertreter des Widerstands gegen Hitler – unter ihnen auch Kommunisten. Der Gebäudekomplex beherbergt die Gedenkstätte Deutscher Widerstand, und der Zugang zu seinem Büro führte auch zur Dauerausstellung der Bildungs- und Erinnerungsstätte. Gauck war in der Stauffenbergstraße buchstäblich mitten in der Geschichte der ganzen Nation angekommen. Im Bendlerblock relativierte sich zwangsläufig die Auseinandersetzung mit dem Gewaltregime, das der östliche Teil seines Vaterlands zunächst unter der Herrschaft der sowjetischen Besatzer und dann der deutschen Kommunisten zu erdulden hatte.

Mit der neuen Adresse und der neuen Aufgabe wandelt sich

allmählich auch das Selbstverständnis des Vereinsvorsitzenden. Er muss lernen, mit Meinungen, mit Stellungnahmen umzugehen, die ihm eher fremd sind. Im geschäftsführenden Vorstand des Vereins sitzt nicht nur die Liberale Cornelia Schmalz-Jacobsen, sondern ebenso der SPD-Wissenschaftler Bernd Faulenbach.[13] Und in der alltäglichen Arbeit des Vereins ist er auf ein gutes Auskommen mit den Geschäftsführern angewiesen, erst mit Andreas Eberhardt, später mit Michael Parak. Allen gemeinsam ist der kritische Blick auf den Vorsitzenden, der jetzt seinen eigenen Ehrgeiz mit den Vorstellungen von willensstarken und unabhängigen Persönlichkeiten in Einklang zu bringen hat. Für Gauck ist das eine neue Erfahrung. Bei Kontroversen, die auftauchen, ist er in aller Regel zurückhaltend, um Konsens bemüht. Er lernt, im öffentlichen Auftreten zwischen eigenen Positionen und denen des Vereins stärker zu trennen. Das gelingt ihm zumeist auch ganz gut und mutet im Nachhinein schon wie eine Übung an für ein Amt, das sich nicht eignet für ein Zuviel an Persönlichem, weil es das Repräsentative des Gemeinsamen als vornehmste Aufgabe hat. Zuweilen scheitert er jedoch mit dieser Trennung, sorgt durch Stellungnahmen für Kontroversen im Verein, für Nachfragen und Protest.

Am deutlichsten wird das, als er zusammen mit Václav Havel und anderen Persönlichkeiten im Juni 2008 die »Prager Erklärung zum Gewissen Europas und zum Kommunismus« unterschreibt. Der Aufruf fordert ein europaweites Gedenken an das Bündnis von Hitler und Stalin vom August 1939, das den Weg zur Zerschlagung und Aufteilung Polens frei machte. Im Gedächtnis der Völker des Kontinents sollten mit der Deklaration die Verbrechen der Kommunisten denen der Nationalsozialisten gleichgestellt werden. Die Erklärung führte zu heftigen Debatten, nicht nur unter Historikern. Sie bestritt zwar nicht die Besonderheiten des von Deutschen betriebenen Völkermords an den Juden, aber sie relativierte diesen zumindest dadurch, dass sie die schrecklichen Folgen des Stalinismus gleichermaßen zur Menschheitskatastrophe erklärte und sie in engem Zusammenhang mit dem NS-Regime sah. Das waren Positionen, die viele im Verein nicht teilen konnten. Gauck spürte, dass er auf solch einem kontroversen Terrain mit erheblichem Widerstand zu rechnen hatte. Zunächst noch vorsichtig, dann aber immer deutlicher wurde er in jenen Jahren ein Redner, der sich aus dem Bann der Vergangenheitsbewältigung und damit der zurückliegenden Gräuel zu lösen versuchte. Er bemühte sich, eine gute, eine zukunftsorientierte Botschaft zu finden. Das verband er zunehmend mit einem Wort, das 2010 zu seinem Markenzeichen wurde: Freiheit.

Eine klare Definition liegt dem allerdings nicht zugrunde. Es ist dann doch wieder hauptsächlich die Negation des Erlebten. Freiheit ist bei Gauck vor allem das Gegenteil von Unfreiheit. Würde er ihren Wert ohne den Verweis auf die Diktaturerfahrungen zu bestimmen haben, so wäre er mit einer allgemein verbindlichen Antwort überfordert. Er könnte als Theologe argumentieren – und das tat er zuweilen auch. Er könnte von den Erfolgen freiheitlich verfasster Gesellschaften reden – und das tat er ebenfalls. Aber es steckte in seinen Ausführungen stets ein Rest von Misstrauen gegenüber dem, was einen freien Menschen ausmacht. Wie in seinem realen Leben verweigert er sich der Ungebundenheit derer, die weggehen wollen, die das Neue suchen. Und so verbindet er die Freiheit stets mit der Forderung nach Verantwortung. Die ergebe sich aus der sozialen Bezogenheit. Weil der Mensch andere Menschen brauche, begreife er Freiheit immer auch als die Pflicht zur Mitmenschlichkeit.

Die Neubestimmung war ein langer, ein nicht widerspruchsfreier Prozess. In den Reden und Aufsätzen jener Zeit schwankt er beispielsweise in seiner Sicht auf die jüngste ostdeutsche Vergangenheit weiterhin zwischen euphorischen und resignativen Erklärungsversuchen. Wir haben uns 1989 selbst befreit – war die schöne Nachricht. Wir sind im Grunde unfähig zur Freiheit und bestimmt von den Prägungen der Diktatur, sind weiterhin ohnmächtig und ängstlich – war die traurige Feststellung. Er schreibt zwar gern mit vielen Ausrufezeichen, aber er überlässt einem nachdenklichen und kundigen Leser auch viele Fragezeichen. Nur selten enden seine Reden mit der Möglichkeit, Fragen zu stellen. Öfter ist der letzte seiner Sätze auch das Ende der Veranstaltung.

Schwierig wird es, wenn er seine Auftritte als eine Art Prüfung versteht und wenn ihnen so etwas wie ein Premierencharakter zukommen soll. Ein Beispiel dafür war eine Rede vor der nahezu geschlossen versammelten FDP-Spitze in Berlin.[14] Gauck konnte 2009 nicht wissen, dass die vor ihm sitzenden Politiker wenige Monate später vor der Entscheidung zwischen ihm und Wulff stehen würden.[15] Er war an diesem Tag ungewöhnlich unsicher, wohl auch enttäuscht darüber, dass der damalige Parteichef Guido Westerwelle nicht erschienen war. Seine Rede blieb dann deutlich hinter anderen Auftritten zurück. Sie enthielt zu viele Allgemeinplätze und zu wenig an provokativen Einwänden und Überraschungen.[16] Sie war gewissermaßen vorhersehbar und – wie zumeist bei den nicht so gelungenen Reden Gaucks – zu lang. Solche Abende verstand er als Alarmsignal, es beim nächsten Mal besser zu machen.

## 19

# Erinnerung – und Angela lässt grüßen

Nicht weniger bedeutsam, vielleicht sogar letztlich entscheidend für Gaucks weiteres Schicksal war in diesen zehn Jahren nach der Jahrtausendwende ein Buch, sein Buch, seine *Erinnerungen.* Sie hätten ihn dann im Juni 2010 beinahe ins Straucheln gebracht. Denn davon träumt ein jeder Journalist: ein ordentlicher Familienstreit, in den ein gerade im Scheinwerferlicht stehender Zeitgenosse verwickelt ist. Und so stürzen sich zwei Redakteure des *Focus* im Juni 2010, im Endspurt beim Wettlauf um das Amt des Bundespräsidenten, auf den lang angestauten Zorn von Jörn-Michael Schmitt. Der Cousin von Gauck, Sohn von Onkel Gerhard, agiert in Rostock als der selbst berufene Familienarchivar. »Das Geheimnis um Gaucks Onkel« ist der Artikel in dem Magazin überschrieben, der schon bei seiner Ankündigung am Samstag vor der Bundesversammlung für Aufregung sorgt.[17] Hatte der Kandidat der Rot-Grünen etwa doch etwas zu verbergen in seinem Lebenslauf? Einen Nazi-Onkel, der ihn einst förderte? Der Cousin und das Blatt aus München brachten dann für einen kurzen Moment etwas durcheinander, was bis dahin perfekt gelaufen zu sein schien.

Es gehört zu den Besonderheiten jener heißen Sommertage 2010, dass die Episode mit wenigen dürren Sätzen aus der Welt geschafft wurde. Die Konkurrenz von *Focus* wollte die Geschichte nicht einfach übernehmen, und zu einer fundierten Eigenrecherche blieb keine Zeit mehr. Also vergaßen die Medien die Sache einfach. Das Timing war von dem Münchner Nachrichtenmagazin schlecht gewählt. Dabei trug die Geschichte einigen Zündstoff in sich. »*Focus* recherchierte die bislang unbekannte Leitfigur von Joachim Gauck. Gerhard Schmitt, erst Nazi-Funktionär und später erbitterter Gegner der SED-Diktatur, prägte den Präsidentschaftskandidaten …« – so fing der Artikel an.

Dabei hatte Gauck seinen Onkel beileibe nicht völlig unerwähnt gelassen, er tauchte ja in seinen *Erinnerungen* auf, die Ende 2009 unter dem Haupttitel *Winter im Sommer – Frühling im Herbst* erschienen. Obwohl Gauck längst mit Daniela Schadt eine neue Lebenspartnerin gefunden hatte, wurde Helga Hirsch die bestimmende Frau für dieses Projekt. Zuweilen unternimmt sie zusammen mit Gauck, zumeist aber allein vielfältige Recherchen. Verwandte, alte Bekannte, einstige Mitarbeiter und Weggefährten werden befragt. Manchmal suchen dann Gauck und Hirsch Menschen auf, die einigermaßen überrascht sind über die Aufmerksamkeit, die ihnen gewidmet wird.

Gaucks Buch ist keinesfalls nur eine Autobiografie, sie ist zugleich eine Art Bekenntnisschrift, die in einem sehr langen Anlauf zu einer politischen Stellungnahme führt. Und sie liest sich wie ein Bewerbungsschreiben, obwohl 2009, nach der Wiederwahl von Horst Köhler zum Bundespräsidenten, keiner auch nur ahnen konnte, dass es nur wenige Wochen nach Erscheinen des Buchs von allen genau so gelesen werden wird – und deshalb in den Bestsellerlisten nach oben schießt. Mit dieser frühen Lebensbilanz zieht dann Gauck schließlich doch noch ins Schloss Bellevue ein. Insofern ist es erstaunlich, wie wenig das Werk tatsächlich rezipiert wurde, denn es gibt Einblicke, die zu kritischen Fragen herausfordern.

Zuweilen ist es von fast schon erschreckender Anmaßung. Über das Verhältnis zu seinem Vater, seinem »Opfer-Vater«, schreibt Gauck beispielsweise: »Ich kenne das aus Zeugnissen der Kinder von NS-Opfern und Widerständlern, die hingerichtet worden sind. Ich weiß, wie die Heranwachsenden oft zur Anbetung angeleitet und wie Altäre in den Familien errichtet wurden. Ähnlich war es auch bei uns.«[18] An anderer Stelle beschreibt er die Folgen der vier Jahre dauernden Verschleppung seines Vaters mit einer »Existenz als Halbwaise« und vergleicht dann: »Meine Schwester Marianne und ich gingen mit vielen Kindern zur Schule, die Waisen oder Halbwaisen waren, Kindern von Gefallenen, Vermissten, Kriegsgefangenen. Aber weder in meiner noch in Mariannes Klasse gab es einen Fall wie den meines Vaters.«[19]

Unabhängig davon ist die Autobiografie in weiten Teilen zunächst ein gelungener Versuch, vor allem seiner westdeutschen Leserschaft ein Gefühl vom Leben in einer Diktatur zu vermitteln. Er befriedigt mit seinen Erzählungen die Neugier am Naheliegenden und doch Unbekannten. Deswegen auch hat das Buch eine insgesamt eher zustimmende Aufnahme gefunden. Und es ist so etwas wie eine sehr eigene politische Standortbestimmung. Der parteilose, ungebundene Bürger Joachim Gauck stellt darin Elemente eines ganz persönlichen Grundsatzprogramms vor. Es enthält eine radikale Absage an jeden Gedanken eines Systemwechsels. Somit ist es eine Liebeserklärung an die Zustände, die Gauck in der Bundesrepublik vorgefunden hat, ein wortgewaltiges Bekenntnis zur Geschichte des Westens. Man könnte, ohne allzu sehr polemisieren zu wollen, auch sagen, dass da einer seine Ankunft in politischen Landschaften beschreibt, die er fast schon paradiesisch nennt. Und man kann zu Recht fragen, wovon der Mann noch zu träumen wagt, wenn er jetzt da ist, wo er immer hinwollte.

Das Buch endet mit einer biografischen Andeutung, die kaum ein Leser in seiner Bedeutung ganz verstehen wird. Den Fahrplan seines Lebens lässt Gauck tatsächlich in dem Flecken Siehdichum[20] beginnen, in das er einst mit dem Vater fuhr, um die Landschaften kennenzulernen, in denen die Großmutter Antonie und der Großonkel Wilhelm aufgewachsen sind. Dieses Siehdichum, diese wirklich existierende, keinem Leser aber vertraute Anhöhe in den Feldern rund um das Städtchen Penzlin, erscheint in dem Buch wie eine Metapher. Die paar Häuser mit einem weiten Blick in die Norddeutsche Tiefebene sind jetzt Ausgangspunkt der Rückschau eines Siebzigjährigen.

So steht Siehdichum für »Siehzurück«, dafür, woher die eigenen Vorfahren gekommen sind. Und in diesem, seinem teilweise verschlüsselten Fahrplan geht es weiter mit den kryptischen Andeutungen. Die Heimat ist für ihn heute Berlin – das »fünfzig Jahre lang die Hauptstadt« derjenigen war, die er »Unterdrücker« nennt. Da zieht er sein ganzes Leben als eine Gleichung zusammen, die nie und nimmer aufgeht, wo er doch selbst einmal als Kind begeistert sein Hakenkreuzfähnchen schwenkte und Eltern und Großeltern gar nichts dagegen hatten. Und dann scheint die Sonne über Berlin, und unter ihr ist gerade an diesem Tage ein Bundespräsident gewählt worden. Konkret gesagt: Horst Köhler ist wiedergewählt worden. Die – alle Abergläubischen mögen sich bestätigt fühlen – dreizehnte Wahl ist das übrigens, und ihr Ergebnis wird gerade mal ein paar Monate Bedeutung haben. Schließlich steht Gauck vor der großen Einheitsfahne in lockerer Pose und lässt sich dort mit ihr fotografieren. »Es ist Sonne in mir.«[21]

Einige Monate nach dem Erscheinen der Autobiografie – den siebzigsten Geburtstag hat Gauck inzwischen überstanden – wird das Werk in einem großen Rahmen in Berlin vorgestellt. Die Adresse ist die allerbeste: Unter den Linden 1 – dort, wo einst der Stadtkommandant auf das Schloss aufpasste und das Medienhaus Bertelsmann jetzt seine Hauptstadtrepräsentanz unterhält. Viele sind eingeladen, und viele sind gekommen. Man kennt sich zumeist. Aber dann geht ein kleines Raunen durch die Menge. Da taucht eine Frau auf, die üblicherweise bei solchen Anlässen nicht zu sehen ist. Die Bundeskanzlerin. Und sie ist nicht allein. Ihr Mann, der Professor, ist dabei. Er geht sogar ein paar Schritte vor ihr. Das erlebt Berlin wahrlich nicht oft, auch wenn die beiden gleich um die Ecke wohnen, gerade mal fünf Minuten zu Fuß entfernt. Das ist fast so etwas wie ein demonstrativer Akt, wenn der in der Lausitz aufgewachsene Joachim Sauer sich bei einem politischen Ereignis sehen lässt. Bei den Ehefrauen von US-Präsidenten macht er hin und wieder eine Ausnahme, aber ansonsten kann man ihn in der Öffentlichkeit an der Seite seiner mächtigen Frau nur bei privaten Anlässen beobachten, etwa dem Besuch der Bayreuther Festspiele. Eine stärkere Wertschätzung und Verbundenheit hätte Gauck sich an diesem Abend nicht wünschen können.

Angela Merkel wird neben Cornelia Schmalz-Jacobsen zu diesem Anlass reden. Es wird eine vieldeutige Laudatio zum siebzigsten Geburtstag und zum Erscheinen der *Erinnerungen*. »Eigentlich könnte Joachim Gauck die Laudatio auf sich selbst am allerbesten halten«, fängt sie an. »Am allerbesten.« Ein jeder im prall gefüllten Raum kommt nicht umhin, bei diesem kleinen Seitenhieb an die Eitelkeiten des Jubilars zu denken. Sie fährt fort: »Denn da er ein herausragender Redner und prägnant in der Aussprache ist, und das, was er ausgeführt hätte, vielleicht noch höheren Neuigkeitswert hätte als das, was ich zu sagen habe, wäre das ein interessantes Experiment gewesen.« So spricht eine Physikerin mit genau bemessener Ironie über den Demokratielehrer. Dann kommt sie kurz auf das Verbindende »trotz aller Verschiedenartigkeit« zu sprechen, um gleich darauf eine distanzierende Feststellung in den Raum zu stellen: »Nun wurde er hier schon als linker, liberaler Konservativer charakterisiert. Nun muss ich in meiner Funktion sagen: Das geht eigentlich gar nicht.« Merkel lässt dann noch ein paar Sätze lang nicht locker. Der Mann passe »kaum in eine Schublade«, und »manchmal macht das eben auch Schwierigkeiten«.

Wenn jemand eine Begründung dafür sucht, warum Angela Merkel wenige Monate später gute Gründe fand, nicht für Gauck als Kandidat einzutreten, so findet er alle ihre Zweifel und Bedenken in diesen Sätzen bei einer schönen Feier. Die weitere Rede ist ebenfalls nicht im Rahmen des Üblichen, und wer immer der Kanzlerin den Entwurf dazu geschrieben haben mag, wird wissen, dass sie ungewöhnlich viel selbst hineinpackte.[22] Neben Lob enthält sie wieder und wieder so manche kleine Stichelei. Er sei ja für das Neue Forum der einzige Abgeordnete aus Mecklenburg gewesen. »Ich vermute, Sie haben das gut vertreten«, sagt sie, als ob sie nicht dabei gewesen wäre. Und dann fällt wieder so ein eigenwilliger Satz: »Man predigt ja immer in den falschen Kirchen.« Die Zuhörer machen eine ungewöhnliche Merkel-Erfahrung, denn die Kanzlerin gestattet sich ein kleines Kunstwerk des Vieldeutigen.

Bei dieser Rede ist zu spüren: Die Kanzlerin mag den Gauck sehr wohl. Ihr »Danke, dass es Sie gibt! Danke, dass Sie weiter da sind!«[23], mit dem sie endet, kommt aus ganzem Herzen. Aber sie weiß auch nur zu gut, mit wem sie es da zu tun hat.

Merkel überrascht an diesem Abend nicht nur mit ihrem Erscheinen und dieser bemerkenswerten Rede. Sie überrascht ebenso mit ihrem Gehen. Nach den Reden und einer langatmigen Podiumsdiskussion streift sie plaudernd durch die Menge und verlässt den Ort erst nach vielen Stunden. So präsent, so ausdauernd gesellig hat man Merkel und Sauer selten in Berlin erlebt. Ihre Botschaft war klar: Ich gehöre zu euch, ich lasse mich nicht trennen von denen, die sich 1989 auf den Weg gemacht haben. Es war aber auch ein Abend des Abschieds von weiteren Ambitionen. Gauck schien diese Botschaft verstanden zu haben.[24] Seine Freude über den Besuch der Kanzlerin hielt sich sichtbar in Grenzen. Er war stolz, aber ihre kleinen Garstigkeiten wurden sehr wohl von ihm registriert.

Seit vielen Jahren konnte die Beziehung zwischen Angela Merkel und Joachim Gauck nur als kompliziert und vielschichtig bezeichnet werden. Beide wussten nur zu genau um die Konflikte zwischen Gaucks kirchlichen Ziehvätern wie Gerhard Schmitt und Heinrich Rathke einerseits und Merkels Vater Horst Kasner andererseits. Und überhaupt waren die ostdeutschen Pfarrhäuser eine Welt mit ganz eigenen Gesetzen und Befindlichkeiten. Als am Abend des 18. März 2012 die engsten Freunde Gaucks im West-Berliner Café Einstein die Wahl zum Bundespräsidenten feiern konnten und viele Reden geschwungen wurden, sagte Ehrhart Neubert, einst selbst Pastor in der DDR und ein Altersgenosse von Gauck, einen Satz, der einen guten Hinweis liefert auf die Erfahrung, die das Verhältnis zwischen Merkel und dem heutigen Bundespräsidenten geprägt haben dürfte: »Das war früher schon immer so in den Pfarrershäusern – die Töchter waren eben so ein Problem.« Merkel hat in Gauck sicher auch Züge wiedererkennen können, die ihr nicht einfaches Verhältnis zum eigenen Vater bestimmten. Die ehrgeizigen Töchter waren nicht nur ein Problem. Sie waren in solchen Pastorenhaushalten diejenigen, die mit ihrem am Vater orientierten Ehrgeiz keinen Bezugspunkt fanden.

Merkel und Gauck wussten, dass sie mit ihrer Herkunft aus nordostdeutschen Pfarrhäusern Vertraute wie Rivalen gleichermaßen waren. Beide hatten sich beschnuppert, und in der Zeit, als Merkel Kohls Liebling wurde, haben sie immer wieder Meinungen ausgetauscht. Das Refugium, ein Restaurant am Gendarmenmarkt, war des Öfteren der Ort für solche zwanglosen Treffen. Merkel aber hatte sich dann bei Gauck die Zähne ausgebissen, als dieser in Streit mit Kohl geriet. Völlig unabhängig von ihrer persönlichen Meinung konnte sie als zukünftige CDU-Vorsitzende nicht zulassen, dass der einstige Übervater der Partei durch Stasi-Papiere beschädigt werden könnte. In dieser Sache musste sie aufseiten des Altkanzlers stehen. Dabei hat sie einen Joachim Gauck erlebt, an dem man selbst mit guten Argumenten scheitern kann. Was der eine Gaucks Geradlinigkeit, der andere seine Sturheit nannte – die Konsequenz, mit der er seine Sache betrieb, hat ihr mit Sicherheit zu denken gegeben.

Ob andere, noch persönlichere Angelegenheiten bei ihrer Einschätzung von Gauck eine Rolle gespielt haben, mag dahingestellt sein – Merkel jedenfalls war spätestens nach einem unzutreffenden Zeitungsbericht über eine angebliche IM-Tätigkeit ihres Vaters darüber unterrichtet, dass Gauck die Familienakten kannte – in diesem Fall angesichts der öffentlichen Debatte auch kennen musste. Sie selbst hatte ja nur ihre eigene Akte eingesehen. In ihr war nachzulesen, was die Stasi in der Sprache einer Geheimpolizei an Einzelheiten aus schwierigen Lebensepisoden verwertete. Somit kannte sie besser als so ziemlich jeder andere

Spitzenpolitiker jene Beschädigungen und Verletzungen, die ein Mensch mitbringt, der unter der DDR-Herrschaft zu überwintern hatte. Sie wusste sehr genau, was Gauck meinte, wenn er davon sprach, auch er sei geprägt von der Enge dieser Zeit. Sollte ein Mann mit solch einer Vergangenheit, mit solchen Verletzungen wirklich das höchste Staatsamt besetzen? Aber selbst wenn man all das vergisst, so war Angela Merkels Ablehnung einer Nominierung von Gauck wenige Monate nach dem Auftritt im Bertelsmann-Palais wohlbegründet. Ihr Experiment mit Horst Köhler, einem Außenseiter des Parteibetriebs, würde sich bald als gründliche Fehlkalkulation entpuppen. Wollte sie tatsächlich noch einmal solch ein Wagnis eingehen?

Gauck wie Merkel konnten an jenem Januartag des Jahres 2010 im Bertelsmann-Palais noch nicht wissen, was auf sie beide einstürzen würde. Aber der Siebzigjährige merkte sehr wohl, dass ihm ein ehrenvoller Abschied zugedacht war. Nur fühlte er sich dafür noch etwas jung.

## 20

# Götterdämmerung im heißen Sommer 2010

»Schmeiß bloß dein Handy weg« – das habe sie Gauck gesagt, als sie die Nachricht vom überraschenden Rücktritt Horst Köhlers am 31. Mai 2010 gehört habe, erzählt Daniela Schadt zuweilen. An wen als Anrufer sie dabei gedacht hatte, berichtet sie nicht. Aber dass es wohl kaum Angela Merkel sein würde, hätte Gauck wissen können. Und so wartete er ab, bis der Anruf des SPD-Vorsitzenden Sigmar Gabriel kam, der ihm ganz offiziell die Kandidatur antrug. In einem war die spontane Reaktion der Lebensgefährtin von Gauck jedoch sicher eine nachvollziehbare Empfehlung. Unter Merkels Kanzlerschaft Staatsoberhaupt zu werden, war eine erkennbar schwierige Aufgabe.

Horst Köhler trat wenige Monate nach seiner Wiederwahl zwar ohne jede weitere Begründung zurück, aber er ließ sehr wohl erkennen, dass er sich allein gelassen fühlte. Vor gut einem Jahr war er im Mai 2009 wiedergewählt worden, allerdings äußerst knapp und gegen die Stimmen der SPD, die damals noch in einer Koalition mit der CDU regierte. Allein das war schon ein denkwürdiger und einmaliger Vorgang. Die drei Amtsinhaber, die sich zuvor zur Wiederwahl gestellt hatten, waren allesamt von breiten überparteilichen Bündnissen getragen worden.[25] Einen amtierenden Bundespräsidenten abwählen zu wollen, das hatte es bisher zumindest vonseiten der großen Parteien nicht gegeben. Aber die mitregierende SPD schickte Gesine Schwan wie schon fünf Jahre zuvor ins Rennen – eine in der Bevölkerung laut Umfragen[26] durchaus beliebte und denkbare Alternative. Nach der Bundestagswahl und dem Wechsel der Regierungsmehrheiten war Köhler wegen seiner

Äußerungen zu möglichen Auslandseinsätzen der Bundeswehr dann vor allem von dem damaligen Fraktionsvorsitzenden der Grünen, Jürgen Trittin, scharf angegriffen worden. Diese Form der massiven Kritik an einem Bundespräsidenten war ein Affront. Und Angela Merkel schwieg dazu.[27]

Über die Gründe für den Rücktritt hat Köhler sich nur allgemein geäußert[28], und deswegen kursiert darüber eine Vielzahl von Spekulationen. Unter den veröffentlichten ist die des Journalisten Sascha Adamek eine der interessantesten. Er verweist auf ein Interview, das Köhler einige Wochen vor seinem Rücktritt gab und das tatsächlich erstaunlich deutliche Kritik an der Bundesregierung und damit an der Bundeskanzlerin enthielt. »Enttäuschend«, nennt Köhler dabei die ersten Monate des neuen schwarz-gelben Kabinetts.[29] Und er deutet in diesem Gespräch an, dass er die Euro-Stabilitätspolitik der Bundesregierung überaus kritisch beurteilt. Nach Adamek ist Köhler einer Art Komplott zum Opfer gefallen, bei dem die Unzufriedenheit innerhalb der Regierungskoalition über seine Interventionen von der Opposition zu einem Generalangriff auf den Bundespräsidenten ausgenutzt wurde.[30] Merkel reagierte dann mit einem Wort auf den Rücktritt, das ihrerseits einiges enthüllt. Sie bedaure den Schritt des Staatschefs »aufs Allerhärteste«.[31] Was die erste Frau in der Regierung damit dem ersten Mann im Staate auf dem Rückzug hinterhersagte, lässt sich relativ einfach deuten. Köhler hatte den Härtetest der Kanzlerin nicht bestanden. Das aber war ein Test, bei dem sie selbst mit an der Belastungsschraube gedreht und diese offenbar auch überdreht hatte.

Gauck wurde ein echter Überraschungscoup der Opposition. Wer zuerst seinen Namen genannt hat, ist umstritten. Sich dafür rühmen ließen sich Jürgen Trittin und der Vertraute von der grünen Fraktions-Kochefin Renate Künast, der einstige Birthler-Pressesprecher Andreas Schulze, der dann auch eine Stelle im Bundespräsidialamt erhielt.[32] Es wird noch kolportiert, dass der damalige Chefredakteur der *Welt*, des Zeitungs-Flaggschiffs von

Friede Springer, Thomas Schmid, nicht nur zu den entschiedenen Gauck-Fürsprechern gehört habe, was sich am 4. Juni in dem Blatt nachlesen ließ, sondern auch der tatsächliche Erfinder der Gauck-Kandidatur gewesen sei. Tatsächlich hat Schmid später regen Anteil am weiteren Gang der Dinge genommen. Aber Gauck lag damals einfach in der Luft – wen auch sonst hätten die rot-grünen Wahlverlierer als Überraschung herbeizaubern können?

Der Auserwählte jedenfalls hat sich sehr schnell und nach eigenen Aussagen ganz allein entschieden, mitzumachen. Warum für ihn in diesem Moment der Satz von seinen Grenzen, die er kenne, nicht mehr galt, hat er damit begründet, dass er reifer geworden, vor allem weniger eitel sei. Dass es der Anruf war, auf den er seit vielen Jahren gewartet hatte, sagte er natürlich nicht. Aber wer ihm in diesen Tagen begegnete, erlebte einen Mann, der sich von Herzen freuen kann. Von Anfang an machte er allen klar, dass er sich keinesfalls nur als Zählkandidat verstand. Er wollte vielleicht doch gewinnen. Als er sich gemeinsam mit SPD-Chef Gabriel und Trittin der Presse präsentierte, klang das wie eine fast schon vergessene Botschaft, wie das Motto des Anarcho-Flügels der Achtundsechziger: »Wir haben keine Chance, also nutzen wir sie.« So hatte einst der Straßenkämpfer Thomas Schmid die Revolution gepredigt. Und damit hatte die Sache mit Gauck auch Züge eines schelmischen, fast schon spitzbübischen Abenteuers.

Allzu viel hatten Sozialdemokraten und Grüne in den letzten Jahren nicht mit Gauck zu tun gehabt. Der war viel eher im konservativen Milieu unterwegs gewesen – etwa bei den Parteistiftungen von CDU, CSU und FDP. Bezeichnenderweise stand für den Juni 2010 solch ein Auftritt bei der Konrad-Adenauer-Stiftung in Bonn an.[33] Und Gauck wiederum wusste, dass die Sozialdemokraten nach ihrer katastrophalen Wahlniederlage bei der Bundestagswahl im vorangegangenen Herbst[34] mit einer stark geschwächten Truppe in die Bundesversammlung gehen würden, die sich je zur Hälfte aus den Bundestagsabgeordneten und den Delegierten der Landesparlamente zusammensetzt. Gerade 333 Wahlfrauen und -männer konnten sie nach den so mageren 23 Prozent bei der Bundestagswahl mobilisieren – trotz der zum Teil noch großen Fraktionen in einigen Landtagen kaum mehr als ein Viertel der insgesamt 1244 Stimmen. Die schwarz-gelbe Koalition wiederum verfügte in dem Gremium über eine solide Mehrheit von 644 Wahlberechtigten. Grüne und Linke brachten 129 beziehungsweise 124 Mitglieder auf die Waagschale. »Ich kann rechnen«, sagte Gauck wieder und wieder.

Einige Monate später – nach der Wahl von Wulff und vor dem Rücktritt desselben – erschien das Ansinnen fast schon größenwahnsinnig. Aber das war es nicht, wenn man versucht, die Stimmungslage jener Tage zu rekonstruieren. Köhler, der nette Präsident, mit dem man sich allmählich anfreunden konnte, hatte wohl nicht ganz ohne Grund hingeschmissen – so jedenfalls sah es ein Großteil der Bevölkerung. Diese billigte den Rücktritt zwar nicht, aber Verantwortung dafür trug doch wohl auch die Kanzlerin, die den zunächst völlig Unbekannten zum Staatschef gemacht hatte. Merkel schien sehr angegriffen in jenen Tagen. Ihr letztes Bundestagswahlergebnis war für CDU-Verhältnisse miserabel, mit 33,8 Prozent das schlechteste seit 1953. Das war gerade noch hinnehmbar, weil die Union in der Koalition mit der erstarkten FDP erneut die Regierungschefin stellen konnte. Aber Merkel wusste, dass sie der Partei einiges schuldig war. Und die FDP kam wenige Wochen nach ihrem historischen Triumph daher wie ein Bodybuilder, dem wegen der plötzlich zugewachsenen Muskelmasse kein Kleidungsstück mehr passte.

Es wurde immer offenkundiger, dass die Liberalen in jeder Hinsicht überfordert waren mit ihrem Machtzuwachs. Sie hatten keine Vorstellung davon, wie sie mit ihrem verunsicherten christdemokratischen Partner umzugehen hatten. Parteichef Guido Westerwelle war geprägt von dem Schock von 2005, als es wieder einmal nicht gereicht hatte für Schwarz-Gelb und Merkel ohne Zögern mit der SPD koalierte. Die Option mit der SPD hatte sie ja auch jetzt weiterhin für den Ernstfall. Die Liberalen waren nicht unabkömmlich, und sie wussten das nur zu genau. Köhlers Rücktritt wirkte da wie ein weiteres Zeichen für eine orientierungslos dahintorkelnde Regierungsmehrheit. Da konnte die Opposition sich sehr wohl der Hoffnung hingeben, dass es Spielräume geben könnte für Überraschungen. Gauck thematisierte diese Hoffnung, wenn er mit dem Blick auf das Ende der DDR darauf verwies, dass er in seinem Leben schon einmal etwas erlebt hatte, was keiner zuvor für möglich gehalten hatte.

Wie dieses Wunder aussehen könnte, hat er in jenen ersten Junitagen nach der Nominierung für sich behalten. Er hatte keinen wirklichen Plan, er wusste auch von keinem, der einen haben könnte. Die Spitzen von SPD und Grünen, die ihn der Öffentlichkeit vorstellten, verbanden ihre Überlegungen vor allem damit, den Konkurrenten Wulff schlechtzureden. Da wurde erkennbar, dass es ihnen gar nicht in erster Linie darum ging, Gauck zum Präsidenten zu machen. Man habe schließlich abgewartet mit dem eigenen Kandidaten, ob Merkel ihrerseits doch noch jemanden vorstelle, der wirklich gut sei. Dann hätte man auf Gauck verzichten können, so Gabriel. Aber Wulff, das sei ja nur eine Karriere, und Gauck habe ein Leben.

Solche Sprüche halfen Gauck nicht im Allergeringsten. Er sei weder rot noch grün, sagte er. Er hätte ebenso für Merkel kandidiert. Er freute sich ersichtlich und vernehmbar über die ungewohnte Aufmerksamkeit, die ihm plötzlich zuteilwurde. Er ließ sich – zunächst frei von fundierter Beratung und im Überschwang der Gefühle – auf Geschichten ein, die normalerweise die Seiten von bunten Blättern füllen: Gauck auf dem heimischen Winterfeldtmarkt in Berlin-Schöneberg beim Einkauf an der Seite einer sympathischen jungen Frau, die er zuweilen auch bekocht. Wäre das nicht ein Traumpaar für das Schloss? Nur – die Wahl des Bundespräsidenten würde keine Abstimmung der Leser über den netten Herrn mit der supernetten Begleiterin sein. Entscheiden würden Abgeordnete und Delegierte der Fraktionen des Landtags – eine Wählerschaft, die sich nicht von solchen Wochenmarkt-Storys beeindruckt zeigte. Im Gegenteil, sie waren eher kontraproduktiv. Die nun nicht gerade auf hypermoderne Toleranz gestrickten Wahlfrauen und -männer der Christdemokraten würden sich sehr wohl Gedanken darüber machen, wie sich das mit dieser netten Daniela Schadt und der verlassenen Ehefrau, die aber offiziell noch mit Gauck verheiratet war, vereinbaren lasse. Gauck agierte in seinem Gefühlshoch dennoch wie ein leicht Angeheiterter. »Aus der Fernbeziehung würde dann eine Nahbeziehung werden. Schnelle Heirat ist ausgeschlossen, spätere nicht unbedingt«, sagte Gauck der *Bild am Sonntag* zum weiteren Schicksal seiner Beziehung zu Daniela Schadt. Was für eine absurde Botschaft in der größten deutschen Tageszeitung zum Tag des Herrn, verbunden mit dem Hinweis, dass ja zuvor noch die Scheidung von seiner Ehefrau überdacht werden müsste!

Aber er hatte Glück mit seinen ersten Fehlern. An diesem ersten Juniwochenende 2010 befanden sich die Medien der Bundesrepublik im Ausnahmezustand. Bis auf wenige Ausnahmen wurde plötzlich von paradiesischen Zuständen geträumt. Fast einhellig waren die Redaktionsstuben der Meinung, sie hätten den besseren Kandidaten entdeckt und könnten jetzt dabei mitreden, wer Köhlers Nachfolger zu werden habe. »Der bessere Präsident« titelte der *Spiegel*, »Yes we Gauck« der Springer-Konzern. Diese Einmütigkeit war ansatzweise erklärlich. In ihr steckte viel von der Ermüdung, die die Berichterstatter im fünften Jahr Merkel'scher Einschläferungsstrategie hatten erdulden müssen. Von der Kanzlerin jetzt auch noch einen zwar aus machtstrategischen Gründen gut erklärlichen, ansonsten aber vorhersehbar langweiligen Präsidenten vorgesetzt zu bekommen, war eine schreckliche Vorstellung.

In diesem einstimmigen Pressechor steckte allerdings eine Anmaßung. Die politische Klasse sollte dieses Mal nicht das alleinige Sagen haben. Wenn es um den höchsten Repräsentanten des Landes geht, sollte der angebliche Webfehler des Grundgesetzes, der eine Direktwahl aus einer Reihe gut durchdachter Gründe ausschloss, korrigiert werden. Das jedenfalls suggerierte das »we« bei Springer. Wir sollten mitentscheiden – und allen voran natürlich der Alt-Sponti Thomas Schmid, der es endlich in eine Position geschafft hatte, in der Ansätze von revolutionärer Veränderung nicht etwa über Demonstrationen, sondern über Leitartikel in der *Welt* bewerkstelligt werden konnten.

Und dieser Pressechor hatte tatsächlich etwas Wagemutiges. Der damalige *Spiegel*-Chefredakteur Georg Mascolo kannte Gauck besser als fast jeder andere deutsche Journalist. Vor seinem Aufstieg an die Spitze hatte Mascolo sich über eine intensive und gründliche Berichterstattung zur Stasi-Vergangenheit profiliert. Zusammen mit dem investigativen Journalisten Hans Leyendecker, der später bei der *Süddeutschen Zeitung* gelandet war, hatte er immer wieder für Schlagzeilen gesorgt. Und er war oft genug Gauck begegnet. Er schätzte den einstigen Bundesbeauftragten, wusste aber auch sehr gut um seine Schwächen. Und so verfolgte er mit einigem Bangen das Agieren des Kandidaten. »Passt bitte auf!«, ließ er seine Bekannten im Gauck-Team wissen.

So wurde aus der Sache Gauck ein Machtkampf um die Republik. Sollte dem Kandidaten der rot-grünen Opposition ein tiefer Einbruch in die schwarz-gelbe Mehrheit gelingen und sollte er dann auch gewählt werden, so wäre sofort das Schicksal der Kanzlerin auf der Tagesordnung. Es war nur schwer vorstellbar, dass sie eine Bundesversammlung überleben würde, bei der ihr ein erheblicher Teil der Mitglieder der Union nicht gefolgt wäre. Würde Gauck Bundespräsident, so bestünde vielleicht eine seiner ersten Amtshandlungen darin, dem Bundestag, wie im Grundgesetz vorgesehen, einen Wahlvorschlag für einen neuen Kanzler zu unterbreiten. Und so ganz nebenher wäre noch der CDU-Politiker Wulff nachhaltig beschädigt, der als denkbarer Merkel-Ersatz galt. Wer bei den Christdemokraten wollte solch ein Desaster riskieren?

Gauck steckte in einer Zwickmühle. Merkel zu stürzen, hätte zwar seinem neuen Weggefährten Trittin ganz gut gefallen. Er selbst aber wollte das nicht. Vorsichtig versuchte er zurückzurudern. Betonte allenthalben, dass er politisch so verortet sei, dass genügend Platz für Liberale und Christdemokraten in seinem Herzen sei. Mit einer realistischen Lageeinschätzung hatte das alles aber nichts zu tun. Seine Kandidatur war von Anfang an mit der Aufforderung an fast ein Viertel der Wahlleute von Union und FDP verbunden, Merkel unheilbar zu beschädigen. Die andere Option, das Hoffen auf eine rot-rot-grüne Zählgemeinschaft und einige wenige Abweichler aus dem schwarz-gelben Lager, war nicht nur noch unrealistischer, sie wäre für Gauck auch ein politischer Albtraum gewesen. Er wäre in diesem Fall der Steigbügelhalter einer anderen, auch von den SED-Erben maßgeblich beeinflussten Republik geworden. Die Vorstellung, Präsident von Gregor Gysis und Sahra Wagenknechts Gnaden zu werden, war schlicht unerträglich. Gauck spürte das Dilemma, in dem er sich befand, obwohl er es zu keinem Zeitpunkt thematisiert hat. Fragen danach wich er aus, Gedanken dazu behielt er für sich. Er konnte ja schlecht sagen, dass er gar nicht gewählt werden wollte.

Mit einigem guten Willen kann man ihm bestenfalls noch unterstellen, dass es nach seiner Einschätzung dem Land wohlgetan hätte, wenn mit ihm die Dinge zum Tanzen gebracht worden wären. Vielleicht könnte er als Bundespräsident die Kanzlerin dazu bewegen, zu bleiben und besser zu regieren. Schließlich hatte sich selbst im konservativen Lager die Kritik an ihrer Politik verstärkt.[35] Aber hätte mitten in der schweren Wirtschaftskrise, in die die Bundesrepublik gerade geriet, hätte auf dem Hintergrund der damals auch schon schemenhaft erkennbaren besonderen Schwierigkeiten innerhalb der Eurozone der sowieso nur mit schwacher Legitimation regierenden Koalition ein starker Präsident von Nutzen sein können? Doch solche Überlegungen hat Gauck sich nur im Stillen erlauben können. Sie waren mit der politischen Konstruktion der Bundesrepublik nur schwer vereinbar. In ihr war die Kanzlerin die alles dominierende Figur. Wer das auf das Kanzleramt zugeschnittene System beschädigte, griff nicht nur eine Person an. Gauck verstand sich als Verteidiger dieses Systems. Konsequent blieb er bei seiner Ablehnung, was eine Direktwahl des Bundespräsidenten betraf; wusste er doch, dass ein besser legitimiertes Staatsoberhaupt die Berliner Machtstatik verändern würde. Und eine Machtverschiebung beispielsweise von Merkel zu Wulff wäre aus seiner Sicht eine überaus unbefriedigende Variante gewesen. Da konnte er wiederum als Patriot nur schaudern.

Gauck hatte, dies wurde in den Stunden nach seiner Nominierung erkennbar, die Kandidatur nicht zu Ende gedacht. Äußerungen aus diesen Tagen offenbaren eine Flucht vor den Fakten, vor allem vor der Stimmenverteilung in der Bundesversammlung. Sie spiegelt die Ergebnisse der letzten siebzehn Wahlen zu den gesetzgebenden Vertretungen der Republik wider – den Bundestag und die sechzehn Landtage. Gauck war von Anfang an und ungeachtet der ausgestrahlten Zufriedenheit der Getriebene einer vorhersehbaren Niederlage. Musste er dann ausgerechnet mit Trittin vor die Presse treten und damit offenkundig werden lassen, dass er sich von einem Mann unterstützen ließ, dem er selbst nicht über den Weg traute? Es hätte andere Grüne gegeben, die viel eher zu ihm passten – Katrin Göring-Eckardt beispielsweise. Hätte er nicht gleich beim ersten Auftritt klarstellen müssen, dass er keinesfalls nur der Kandidat einer rot-grünen Schicksalsgemeinschaft sein will – und beispielsweise Jens Reich oder die Schriftstellerin Monika Maron mitbringen sollen?

Gauck, ansonsten immer auf Distanz zu den Parteien bedacht, war unter die parteipolitischen Räuber gefallen. Das Signal war eindeutig, und entgegen der publizistischen Heiligsprechung verkündete es nichts Gutes. Er hatte sich von Sozialdemokraten und Grünen für einen Coup instrumentalisieren lassen. Im Grunde war die Sache damit gelaufen – solch ein Vorgehen würde ihm nie und nimmer die Chance eröffnen, ins Amt zu kommen. Er war dann auch zu erfahren und zu klug, um das nicht selbst zu merken. Es brauchte einige Zeit, bis er das auf seine Art äußerte. »Ich habe heute Nacht nicht schlafen können, und das ist mir schon lange nicht mehr passiert«, sagte er gut eine Woche nach dem überraschenden Anruf von Rot-Grün in der Morgenrunde seines frisch aufgestellten Wahlkampfteams. Es war ein sehr verhaltenes, für die meisten Zuhörer ein unbegreifliches Signal. Aber für die, die ihn kannten, wurde deutlich, dass er tatsächlich das Rechnen nicht verlernt hatte.

Es war ein Wechselbad der Gefühle, in das er gestürzt wurde. Unerwartet hatte er plötzlich viele wichtige Menschen um sich, die freundschaftliche Empfindungen für ihn ausdrückten. Ständig wurde ihm bescheinigt, dass er etwas mitzuteilen hatte. Vor allem hatte man kapiert, was er selbst schon immer wusste: Er, Joachim Gauck, hatte das Zeug zum Bundespräsidenten. Selbst diejenigen, die ihm deutlich zu verstehen gaben, dass sie ihn nicht wählen würden, bekundeten ja Respekt. Und doch war absehbar: Aller Wahrscheinlichkeit nach sollte die Kandidatur eine kurze Episode in seinem Leben bleiben. Bei so viel Zuspruch und Zuwendung war doch wieder etwas falsch gelaufen. Gauck, der inzwischen Siebzigjährige, stand vor einem Lebenstraum, den er zu träumen kaum noch gewagt hatte, der sich jetzt aber mit aller Macht wieder aufdrängte und doch nur ein Traum bleiben würde.

Im Rückblick wird er das Ganze als Teil eines nützlichen persönlichen Reifeprozesses beschreiben. Was die Kandidatur 2010 für ihn darüber hinaus bedeutete, hat er nicht erkennen lassen. Die ausschließlich parteipolitisch motivierten Überlegungen der Kanzlerin, die Profillosigkeit der Liberalen, die Neigung von Rot-Grün zur Provokation – all diese für ihn so fragwürdigen Verengungen sagen einiges über den Zustand der Republik aus. Dazu schwieg er, obwohl ihm unter anderen Umständen sicher so mancher kluge Satz eingefallen wäre. Da hätte er dann vielleicht gesagt, dass jetzt nicht die Zeit für Taktiker sei, sondern die Stunde der Patrioten.

## 21

# Eine Kampagne

Nach den ersten euphorischen Tagen, die auf seine Nominierung folgten, wurde Gauck bewusst, dass es so nicht weitergehen konnte. Seine fast schon jugendliche Freude über solch eine späte Überraschung passte weder zu seinem Alter noch zu den Machtverhältnissen in der Bundesversammlung. Sie passte auch nicht zu Helga Hirsch, die jetzt erneut die Dinge in die Hand nahm. Hirsch war nicht die Frohnatur, die das Ganze mit einem gewissen Spaßfaktor versehen hätte. Sie sorgte dafür, dass alles mit der scheinbar notwendigen Ernsthaftigkeit betrieben wurde. So waren die nächsten drei Wochen bis zur Wahl ein Versuch, genau genommen der erste Versuch, Joachim Gauck als Politiker agieren zu lassen – abgesehen von dem kurzen und sehr atypischen Wahlkampf zur Volkskammer 1990. Die Entscheidung, Angela Merkels Kandidat Christian Wulff in einer öffentlichen Kampagne anzugreifen, schien die zwingende Konsequenz aus seiner Nominierung zu sein. Denn wenn der Kandidat so etwas wie eine Herausforderung jenseits der üblichen Parteiarithmetik darstellen sollte, dann bedurfte es solch eines Wahlkampfs in aller Öffentlichkeit, um hinreichend Druck auf das Wahlgremium aufzubauen.

Das hieß: Jetzt musste drei Wochen lang für Nachrichten mit Wert gesorgt werden. Notwendig dafür waren Meldungen, in denen Gauck wenigstens eine Ahnung davon vermittelte, dass er tatsächlich der ideale Präsident sein würde. Gauck fühlte sich mit dieser Aufgabe aber von Anfang an zu stark gefordert. Er war nun mal kein Wahlkämpfer – und in eigener Sache schon gleich gar nicht. Einer, der den Menschen mit einer zuweilen an Arroganz grenzenden Selbstsicherheit und als Lehrer gegenübertrat, kann nicht einfach umschalten und plötzlich um Zustimmung und Vertrauen bitten. Er hatte bei seinen Auftritten nicht den Diskurs, sondern Einsicht in seine Erkenntnisse verlangt. Seit Jahren hatte er es nicht nötig gehabt, um seine Person zu werben. Sich neu erfinden, solch einen Kraftakt konnte er keinesfalls allein bewältigen. Ihm blieb gar nichts anderes übrig, als sich dabei der Routine zu unterwerfen, die in der Parteizentrale der SPD für solche Fälle vorgesehen war. Dort hatte man mit der Kandidatin Gesine Schwan[36], die zweimal gegen Köhler ins Feld geschickt worden war, hinreichend Erfahrungen gesammelt, die jetzt mehr oder weniger kopiert wurden.

In der Folgezeit ließ sich Gauck weitgehend bestimmen von dem Apparat der Sozialdemokraten. In der SPD-Zentrale, dem Willy-Brandt-Haus im Stadtteil Kreuzberg, waren einige Zimmer leer geräumt worden, und die Partei sorgte auch für einen Mercedes samt Fahrer. Darüber hinaus bezahlte sie die Arbeit von Helga Hirsch und stellte zwei Mitarbeiter der Parteizentrale ab, darunter Johannes Sturm. Sturm war ein erfahrener Organisator, er hatte zum Beispiel den Parteivorsitzenden Kurt Beck betreut. Die Grünen hatten Andreas Schulze geschickt, den früheren Pressesprecher von Renate Künast. Es war dann kurioserweise jedoch vor allem das SPD-Mitglied David Gill, der sich auf Wunsch von Gauck dem Team hinzugesellt hatte, das darauf drängte, zumindest nach außen hin größere Distanz zur SPD zu demonstrieren. Gill sagte, man müsse raus aus dem Willy-Brandt-Haus. Die Motive lagen nicht zuletzt in der engen Verzahnung von Gill und Mitarbeitern der SPD um den gerade gescheiterten Kanzlerkandidaten Frank-Walter Steinmeier. Das sollte nicht zu offenkundig werden. Gill, der als stellvertretender Leiter des Berliner Verbindungsbüros der Evangelischen Kirche Deutschlands arbeitete, baute für den Fall des Scheiterns auch in eigener Sache vor. Er besorgte dann eine Büroflucht im Martin-Niemöller-Haus in Berlin-Mitte.

Am Nachmittag des 6. Juni, eines Sonntags, fand die erste Zusammenkunft des gesamten Wahlkampfteams mit den Verantwortlichen der Grünen und der SPD, den Bundesgeschäftsführerinnen Steffi Lemke und Astrid Klug, im Brandt-Haus statt. Gauck stellte die Anwesenden wechselseitig vor und beschrieb ihre Rollen. Es war ein etwas vage formulierter Versuch, wieder die Kontrolle über die ganze Sache zu erlangen. Helga Hirsch sollte die zentrale Schaltstelle werden. »Stimmen Sie bitte alles mit Frau Hirsch ab«, das war die wesentliche Botschaft dieses Nachmittags. Und Helga Hirsch agierte von diesem Moment an als eine Art oberste Wahlkampfmanagerin. Weder bei diesem Treffen noch zu einem späteren Zeitpunkt gab es im Team eine intensive Diskussion über die Strategie, die dazu führen könnte, die Unions- oder FDP-Mitglieder der Bundesversammlung zu einer Stimmabgabe für Gauck zu bewegen. Die Debatte um das, was zu tun und zu lassen sei, fand in anderen, in kleinen Zirkeln statt – zumeist, aber auch nicht immer zusammen mit Helga Hirsch und den Partei- und Fraktionsvorsitzenden der beiden Parteien, die ihn nominiert hatten. Sie konzentrierte sich zunächst darauf, die Vertreter von Grünen und SPD in der Bundesversammlung zu einer möglichst geschlossenen Stimmabgabe für Gauck zu gewinnen.

Zumindest bei den Sozialdemokraten war das keineswegs eine Selbstverständlichkeit. Die Partei war zutiefst verunsichert, und nichts drückte das besser aus als die gespenstischen Lücken im Otto-Wels-Saal, dem Versammlungsort der Bundestagsfraktion im Reichstag. Was einst eine stolze Schar gewesen sein mag, bei Gaucks Vorstellung dort wirkte sie wie ein arg dezimierter Rest. Es waren nur noch hundertsechsundvierzig Abgeordnete, nicht einmal halb so viele wie einige Jahre zuvor beim Umzug aus Bonn. Gauck erhielt einen überaus freundlichen Empfang, aber die Distanz war trotzdem unverkennbar. Der Kandidat redete über Freiheit und erinnerte an die großen Traditionen der SPD, an den Namensgeber des Saals, der einst in einer mutigen Rede Adolf Hitler entgegengetreten war. Und Sigmar Gabriel sprach über Willy Brandt, den Mann, der Freiheit über alles gestellt habe. Gabriel, seit wenigen Monaten Parteivorsitzender, verband die Vorstellung von Gauck mit seinen Überlegungen zu einer Neuorientierung der Partei nach der Wahlniederlage. Die Sozialdemokratie brauche eine Öffnung hin zu den Menschen, die ihr skeptisch gegenüberstehen, erklärte er.

Dann gab es einen Beitrag von Wolfgang Thierse, dem Berliner, der bei Gaucks Rede 1999 als Bundestagspräsident amtiert hatte. Thierse klang distanziert und belehrend. Freiheit sei immer auch eine Verpflichtung zum Sozialen, sagte er. Und er war nicht der Einzige, der seine Zweifel in Fragen nach den wirtschafts- und sozialpolitischen Standpunkten des Kandidaten kleidete. Klar wurde jedenfalls, dass viele Sozialdemokraten sich erst noch mit dem Gedanken anfreunden mussten, jetzt für diesen so fremden Mann zu werben.

Ein paar Schritte weiter, bei den Grünen, war es völlig anders. Der Fraktionssaal war restlos überfüllt, neben den Abgeordneten hatten sich fast alle Mitarbeiter eingefunden. So viel Nähe, so viel Distanzlosigkeit war fast schon unheimlich. Bei den ostdeutschen Grünen sowieso, aber selbst bei denen aus dem Süden oder Westen der Republik hieß es unisono, mit Gauck sei man gewissermaßen zurückgekehrt zu den eigenen Wurzeln. Renate Künasts Schwärmereien gingen ebenfalls in diese Richtung, und sogar Hans-Christian Ströbele, der Linksaußen-Parteipatriarch und Altersgenosse von Gauck, gab dem Unternehmen seinen Segen. Es war einfach rührselig. Es war offenkundig zu rührselig, denn plötzlich sagte die stellvertretende Fraktionsvorsitzende Ekin Deligöz ein paar Sätze, die wie Sprengsätze in den Raum einschlugen: Sie, in der Türkei geboren, in der Bundesrepublik groß geworden, habe sich das Lob von Gauck über die späte revolutionäre Erweckung der Deutschen im Herbst 1989 angehört und könne nur sagen, bei alledem gebe es keinen Platz für Menschen wie ihresgleichen. Sie wisse nicht, ob der Kandidat mit seinen Deutschen auch sie gemeint habe. Gehöre sie da überhaupt noch dazu? Es wurde totenstill im Saal. Künast schluckte hörbar. Der Kandidat kämpfte mit den Tränen – und mit ihm nicht wenige der Anwesenden. Ja, da müsse man aufpassen, da habe sie recht, sagte schließlich nach einer langen Pause Gauck. Natürlich sei Deligöz dabei in seinem Deutschland. Aber es gebe da wohl Probleme in der Gesellschaft, wenn eine stellvertretende Fraktionsvorsitzende des Bundestags sich genötigt sehe, solch eine Frage zu stellen. Dafür gab es befreienden Beifall.

Bei Journalisten hatte sich später herumgesprochen, dass das bei den Grünen »ein rührseliger Auftritt« gewesen sei. Tatsächlich war bei diesen Antrittsbesuchen von Gauck bei den Grünen wie auch bei den Sozialdemokraten die politische Brisanz der Nominierung geschickt umgangen worden. Was den Kandidaten und die beiden Parteien trennte oder verband, wurde nebensächlich. Die strapaziöse Tour durch die Fraktionen wie durch die Landeshauptstädte wurde zum rot-grünen Selbstfindungsprozess. Die in ihrem Selbstwertgefühl zutiefst erschütterten Sozialdemokraten und die machtpolitisch im Abseits gelandeten Grünen brauchten Zuspruch und Ermutigung. Dafür war Gauck als ein Mann jenseits der üblichen politischen Lager geradezu ideal. Und der Kandidat bekam dabei das Gefühl, sein Husarenritt habe auch nützliche Aspekte. Als er unmittelbar vor der Bundesversammlung noch einmal seine zusammengerufenen voraussichtlichen Wähler besuchte, herrschte demonstrative Harmonie. Der Otto-Wels-Saal war jetzt wegen der Wahlleute aus den Bundesländern bis auf den letzten Platz gefüllt, und Gauck wurde ein begeisterter Empfang zuteil.

Die Grünen waren in die alte Berliner Kongresshalle an der Spree ausgewichen. Dort wurde es dann ganz heimelig. In der ersten Reihe saß die Altliberale Hildegard Hamm-Brücher, vor vielen Jahren selbst gescheiterte Kandidatin der FDP. Sie redete davon, dass mit Gauck das Erbe des Liberalismus neu verteilt werde. Gauck machte mit festem Blick auf Katrin Göring-Eckhardt die

Bibelpassage über den Menschen als Abbild Gottes zum Ausgangspunkt seiner Gedanken – er hielt eine Predigt. Da protestierte dann auch niemand mehr, da konnte sich auch niemand ausgeschlossen fühlen. Hans-Christian Ströbele, ja, er hörte zufrieden zu. Der Kandidat hatte gelernt, die richtigen Stichworte zu finden – er war angekommen bei denen, die ihn vier Wochen zuvor als Überraschungsei präsentiert hatten.

Einfach war dieser Prozess allerdings nicht gewesen. Vor allem am Anfang wurde jede Wortmeldung Gaucks noch sehr genau auf ihre Verträglichkeit untersucht. Und nach dem Willen der Parteifunktionäre sollte er auf keinen Fall durch nicht abgestimmte und aus rot-grüner Sicht unangemessene Stellungnahmen in den eigenen Reihen Verwirrung stiften. Das führte zu fast schon absurden Auseinandersetzungen. Helga Hirsch, mit dem politischen Tagesgeschäft nicht sonderlich vertraut, aber entscheidende Ansprechstelle für die Sorgen der Parteizentralen, wurde zuweilen mit Fragen konfrontiert, die jeden einigermaßen normal denkenden Menschen überfordern mussten. Als Gauck beispielsweise in einem der zahlreichen Interviews zu verstehen gab, dass er Sympathien für die föderale Neuordnung der Bundesrepublik hege und sich einen neuen Zuschnitt der Bundesländer vorstellen könne, hagelte es in der SPD-Zentrale sofort Protest der Genossen aus dem Saarland und Bremen. In solchen Situationen war allerdings auf Sigmar Gabriel Verlass. Er wurde nicht müde, den Genossen zu erklären, dass sie Gauck nicht an die Parteidisziplin binden könnten. Es schien fast, als passten ihm diese Irritationen geradezu ideal in sein Konzept zur Neuausrichtung der Partei.

Die knapp vier Wochen bis zum Zusammentritt der Bundesversammlung waren geprägt von einem ungeheuren Kraftakt, den Joachim Gauck mit Bravour absolvierte. Zuweilen war er vierzehn, sechzehn Stunden am Tag unterwegs, nie schien er müde, und nur selten beanspruchte er Ruhepausen. Es war offenkundig, dass er kämpfte. Er opferte viel Zeit und Energie für Besuche bei den Landtagsfraktionen der Grünen und der SPD. Auch die

Gespräche mit seinen sozialdemokratischen Politik-Trainern wie beispielsweise mit Olaf Scholz, dem damaligen Sozialexperten der Bundestagsfraktion, oder mit Frank-Walter Steinmeier beanspruchten erhebliche Zeit.

Ausgerechnet der 17. Juni, der Jahrestag des Volksaufstands in der DDR, wurde dann so etwas wie ein Wendepunkt dieser Kampagne. Der Tag war vollgepackt mit Terminen, und die fanden – auch das kein Zufall – alle in Sachsen statt. Jetzt sollte noch einer dazukommen. Auf dem Weg nach Dresden erreichte Gauck die Botschaft, dass der FDP-Vorsitzende von Sachsen, Holger Zastrow, gern dort mit ihm reden wolle. Die Sachsen-Liberalen hatten signalisiert, dass sie für Gauck stimmen könnten. Die Gauck-Freunde bei der FDP – allen voran der einstige Parteivorsitzende Wolfgang Gerhardt – waren ansonsten auf Tauchstation gegangen. Gauck hatte viele Tage vergeblich wenigstens auf einen Anruf gewartet. Aus der Bundestagsfraktion der Liberalen würde es keine offene Unterstützung für Gauck geben, hieß es nur. Die vielen Schmeicheleien und Einladungen der letzten Jahre schienen vergessen. Bedeutete jetzt der Anruf aus Dresden vielleicht doch eine Wende?

Aber in der sächsischen Landeshauptstadt wurde der Weg zu den Liberalen zu einem fast schon grotesken Hindernislauf. Wegen der NPD-Abgeordneten herrschten an diesem Tag im Landtag strenge Sicherheitsvorkehrungen. Das Begleitschutzkommando von Gauck hatte dafür gesorgt, dass er ohne Besucherausweis das Parlament betreten konnte. Aber ohne einen solchen Ausweis war ein Passieren der automatischen Sperreinrichtungen in dem Gebäude unmöglich. Gauck stand endlos lange vor verschlossenen Türen, wollte schon umkehren. Als er endlich Zastrow traf, wurde dann klar, dass der noch nicht einmal ein halbes Dutzend FDP-Stimmen mobilisieren konnte.

Dann ging es in rasender Fahrt nach Leipzig. In der Messestadt war für Gauck ein Auftritt auf der Straße geplant – die demonstrative Enthüllung einer Gedenktafel. Aber gerade ein paar Dutzend Menschen hatten sich eingefunden, nur wenige hundert Meter entfernt von den geschichtsträchtigen Orten, die während der friedlichen Revolution eine wichtige Rolle gespielt hatten. So steht Gauck etwas verloren mit einigen wenigen Aktivisten und vielen angereisten Fotografen und Journalisten vor einer Bronzeinschrift, die die »Bürger von Leipzig« den »Opfern der Gewaltherrschaft 1933 – 1945 und 1945 – 1989« gewidmet haben. Drei Posaunisten spielen eine getragene Melodie, danach spricht der Kandidat. »Diktatur ist körperlich und seelisch erlebte Ohnmacht«, sagt er, und es musste in diesem Moment die Frage aufkommen, ob solch ein Auftritt nicht auch Züge einer Zwangsveranstaltung trug.[37] Dieser 17. Juni jedenfalls war ausgerechnet in Sachsen nicht etwa der Höhe-, viel eher ein Tiefpunkt der Gauck-Kampagne. Der frühere sächsische Ministerpräsident und einstige CDU-Generalsekretär Kurt Biedenkopf hatte am selben Tag im Feuilleton der *Frankfurter Allgemeinen Zeitung*[38] die Kanzlerin aufgefordert, die Wahl freizugeben. Aber trotz der Intervention von Biedenkopf schien Leipzig, überhaupt das rebellische Sachsen seltsam desinteressiert am weiteren Schicksal des Rostocker Pastors.

Irgendwann wurden mit jeweils einigen Dutzend Teilnehmern in einer Vielzahl von deutschen Städten Flashmobs für Gauck veranstaltet, die jüngste Variante von Straßenaktionen. Da finden sich, kurzfristig mobilisiert durch die sozialen Netzwerke des Internets, an öffentlichen Plätzen Gleichgesinnte ein. Das war neu und sogar eine kleine Meldung wert. Aber insgesamt verlief die Mobilisierung auch bei neuen, bislang im politischen Alltag nur selten genutzten Wegen eher schleppend. Der Hamburger Liberale Christoph Giesa hatte auf *Facebook* Unterstützer gesammelt. 50 000 klickten die Seite mit ihrem »*like*« an, der erhoffte Massenzuspruch war das auch nicht.[39]

Gauck selbst konnte mit den modernen Kommunikationsformen nur wenig anfangen. »Meine Kinder und Enkel beobachten das ja genauer und verstehen auch mehr davon«, sagte er.[40] Aber die Zeit, sich einmal gründlicher darüber zu informieren, was sich da tat im Internet und welche Formen dort die Debatte um seine Kandidatur annahm, ergab sich nicht. Gaucks Werbefeldzug fand vor allem in traditionellen Medien statt, auf den Politik- und Feuilletonseiten der Zeitungen. Er war von seinen Befürwortern gespickt mit Kritik an der angeblichen Allmacht politischer Parteien und einem Liebäugeln für Formen direkter demokratischer Entscheidungsmodelle. Das wiederum widersprach den Vorstellungen des Kandidaten, der von Volksentscheiden und Referenden wenig hielt.

Die breite Unterstützung, die der Kandidat benötigt hätte, um die Mitglieder der Bundesversammlung nachhaltig zu irritieren, blieb so im Wesentlichen aus. Aus der Überraschung war keine breite Volksbewegung geworden. Die rastlosen, mit Terminen vollgestopften Tage hatten nicht die erhofften Früchte gebracht. Dazu war – und das unterschied die heißen Tage des Juni 2010 eben von jenem Unerwarteten des Herbst 1989 – alles viel zu sehr im üblichen Rahmen geblieben, hatte allerhöchstens Spurenelemente des Revolutionären. Dazu war der Kandidat selbst viel zu wenig revolutionär. Seine Kritik an den Zuständen hielt sich in viel engeren Grenzen als die eines großen Teils seiner parteiunabhängigen Unterstützer.

Angela Merkel hatte in der Zwischenzeit die Reihen der Koalition fest geschlossen. Wo es möglich war, wurden Abweichler beiseitegeschoben. Das betraf auch die thüringische Politikerin Dagmar Schipanski, die einst als Präsidentschaftskandidatin der CDU gegen Johannes Rau ins Feld geschickt worden war. Als sie erkennen ließ, dass ihre Stimme Gauck gehören könnte, wurde sie von der Liste der Wahlfrauen gestrichen, die Erfurt nach Berlin schicken wollte. Aus der Union und von der FDP meldeten sich nur die als Unterstützer für Gauck, die schon immer auf einem eigenen Weg bestanden hatten. Neben Kurt Biedenkopf gehörte Jörg Schönbohm dazu, der in Brandenburg seine Partei in die Regierung geführt hatte. Das war der grau gewordene Teil der CDU, der unter Helmut Kohl zuweilen den Gehorsam verweigert und jetzt nichts mehr zu verlieren hatte. Bei der FDP trat offen neben den Sachsen und Bremern nur die frühere Generalsekretärin Cornelia Schmalz-Jacobsen für ihren Vorstandskollegen vom Verein »Gegen Vergessen – Für Demokratie« ein. Ansonsten aber wagte kaum jemand, sich gegen Merkel zu stellen. Richard von Weizsäcker, der Alt-Bundespräsident, sagte dann auch noch, Merkel solle die Wahl freigeben. Die aber betrieb genau das Gegenteil – sie legte die Union und die FDP eindeutig auf Wulff fest.

So wurde aus einem Kampf um das Amt allmählich ein Ringen um den Mythos Gauck. Dabei ging es nicht um die Frage, wer ein akzeptabler Präsident sein könnte. Es ging um das Bild von Gauck. Der einstige Pastor und Bundesbeauftragte war unbestritten der »Kandidat der Herzen«. Diese Gefühlswelle, die ihn trug, war das tatsächliche Schreckgespenst der Kanzlerin und ihres Kandidaten Wulff. Der von einer machtlosen Opposition ins Rennen geschickte Bürger Gauck wurde für die Koalition zu einer Mischung aus irrlichterndem Klabautermann und beschämendem Robin Hood. Alles, was schief war am Politikbetrieb, hieß »der Wulff«, und alles, was Umkehr und Heilung versprach, nannte sich »unser Jochen«. Merkel, die Gauck hatte links liegen lassen, schien plötzlich eine herzlose Herrscherin zu sein. Und sie reagierte ihrerseits pikiert. Sie habe Gauck beim Gottesdienst unmittelbar vor der Bundesversammlung fast schon demonstrativ ignoriert, gaben Beobachter kund. Der Gottesdienst wäre unter Glaubensgenossen der beste Ort gewesen, bei dem ein versöhnlicher Handschlag angebracht gewesen wäre – aber der kam nicht.

Umfrageergebnissen zufolge war Wulff als Favorit gestartet, Anfang Juni kannte man Gauck vor allem in der alten Bundesrepublik kaum. Aber beim ZDF-Politbarometer Mitte des Monats hatte er den niedersächsischen Ministerpräsidenten bereits überholt, und kurz vor der Bundesversammlung wurde offenkundig, dass er bei einer Direktwahl allergrößte Chancen gehabt hätte.

Damals konnte noch keiner aus der Opposition ahnen, dass

mit dieser Mystifizierung des aus eigener Schwäche ins Rennen geschickten Kandidaten bereits Weichen gestellt wurden für künftige Zeiten. Dass Gauck gewinnen würde, hat keiner aus der SPD-Spitze auch nur zu beschwören gewagt. Aber wie gut es wäre, wenn er gewinnen würde, wurde zum rot-grünen Glaubenssatz. Dass aber dieses Zweckbündnis zwischen Gauck und den Sozialdemokraten eine nur eingeschränkt belastbare Grundlage hatte, wurde noch einmal im Verlauf der Bundesversammlung deutlich. Nach dem zweiten Wahlgang, bei dem Wulff erneut an der notwendigen absoluten Mehrheit der Stimmen gescheitert war, kam es zu der in solchen Situationen zur Tradition gewordenen Nachdenkpause. Gauck saß unten bei seinen Angehörigen und Vertrauten und wartete ab. Oben, auf der Fraktionsebene des Reichstags, tagten die Parteigruppierungen. Bei der Union beschwor der frühere hessische Ministerpräsident und einstige Merkel-Rivale Roland Koch die Christdemokraten. Die Spielereien müssten aufhören, Wulff brauche im dritten Wahlgang ein klares, ein eindeutiges Ergebnis.

Auf der Südseite kam es im Büro des SPD-Fraktionsvorsitzenden zu einer Aussprache zwischen den Spitzen von Rot-Grün und den Linken mit Gregor Gysi als Verhandlungsführer. Gauck müsse zurückgezogen werden, Matthias Platzeck solle als gemeinsamer Oppositionskandidat antreten, und dann werde man sehen, wie weit man damit gelange, war die Botschaft von Gysi. Darüber wurde dann auch einige Zeit im Beisein von Platzeck debattiert. Dass der, selbst Regierungschef einer rot-roten Landesregierung, keinerlei Chancen auf Stimmen aus der Merkel-Koalition haben würde, war allen klar. Es ging nicht mehr um den Bundespräsidenten. Es ging darum, ob Rot-Rot-Grün die verfahrene Situation überwinden und wieder gemeinsam handlungsfähig werden konnte. Die Nominierung Gaucks hatte die mühsamen Annäherungsversuche zwischen Sozialdemokraten, Grünen und Linken nachhaltig gestört. Wenn man den Störenfried jetzt aus dem Weg und einen Mann wie Platzeck als kleinsten gemeinsamen Nenner hätte, wäre zumindest ein Teil des entstandenen Schadens wiedergutgemacht, so die Rechnung von Gysi.

Aber all das waren sowieso nur fruchtlose Gedankenspiele. Unklar blieb, warum sich Gabriel und der SPD-Fraktionsvorsitzende Frank-Walter Steinmeier überhaupt auf die Zusammenkunft eingelassen hatten. Als sie zu Ende war, wurden die wartenden Journalisten erst einmal ausführlich ins Bild gesetzt. Keiner dachte daran, dass unten ja noch Joachim Gauck saß und wartete. Endlich machte jemand den SPD-Fraktionsgeschäftsführer Thomas Oppermann darauf aufmerksam, dass es vielleicht an der Zeit sei, mal wieder Kontakt aufzunehmen mit dem Mann, der sich in zwei Wahlgängen als echter Überraschungscoup erwiesen hatte. »Ach ja«, sagte Oppermann und stieg in den Fahrstuhl. Gauck war ja auch noch da. Was am Ende und nach der dann doch überzeugenden Wahl Christian Wulffs blieb, war das Bild von einem Mann, der es nicht nur der Kanzlerin gezeigt hatte, sondern der auch das Zeug besaß, zum Liebling politikmüder Bundesbürger zu werden. Genau genommen hatte Gauck das nicht zuletzt erreicht, weil er verloren hatte. Diese Niederlage wurde für ihn nicht etwa zur Schmach, sondern zur Auszeichnung.

Es war eine mühsame, aber auch ertragreiche Zeit gewesen. Alle hatten zugeschaut, ihm zugeschaut. Drei Tage zuvor hatte die Nationalelf bei der Weltmeisterschaft in Südafrika England aus dem Turnier geworfen und würde demnächst auf Argentinien treffen. In der Pause dazwischen hatte Gauck die Nation unterhalten. Er beschrieb das dann so: »Dann hatten Abertausende plötzlich Interesse an Politik, ich konnte es nicht fassen. Ich hatte schnell begriffen, dass die Bewegung, die das Land erfasst hatte, nur zum Teil mit mir zu tun hatte. Viele Erwartungen wurden auf meine Person projiziert: Vor allem wünschen sich die Menschen: Glaubwürdigkeit. Sie suchen einfach nach dem so wichtigen Bindemittel, das die Verschiedenen zusammenhält; sie suchen Vertrauen und wünschen sich vertrauenswürdige Politik. Viele sehnen sich danach, sie wollen tiefer verbunden sein mit ihrem Land …

Meine Erwartungen waren an diesem Tage weit übertroffen worden – ich war glücklich. Ich mochte in diesem Moment meine Emotionen nicht deutlich zeigen, war ganz bei mir – und mancher dachte wohl, ich sei traurig gewesen. Das stimmte nun gar nicht. Ich war einfach nur dankbar.«[41]

# 22

## Zwischenzeit und wieder Neubeginn

Einige Tage nach dem ganzen Trubel im Reichstag und nach dem Fest des Bundespräsidenten sitzt Gauck in einem Eiscafé gleich um die Ecke vom Schloss Bellevue. Kaum hat er Platz genommen, eilen die beiden Kellnerinnen herbei und weichen ihm nicht mehr von der Seite, setzen sich bald dazu und reden und reden. Eine von ihnen hat ein ganzes Leben zu erzählen – die Flucht aus der DDR, die Schwierigkeiten im Westen. Es sind keine dramatischen Geschichten. Sie sind auch nicht mit Bitten um Verständnis verbunden. Da redet vielmehr jemand zu jemandem, den das Leben ebenfalls nicht stets fair behandelt hat. Wenn Joachim Gauck schon einmal da ist, kann man ihm doch das Herz ausschütten. Und weil er zuhört, richtig zuhört, spricht jene eine Kellnerin am Ende ein paar Sätze, die wie eine ungeschickte Liebeserklärung klingen und mit »… dass ich das erleben darf mit Ihnen« enden.

Gauck war in das Eiscafé nach einem Termin im Tiergarten gekommen. Eine Fotosession auf jener Wiese, die einen schönen Blick auf das Schloss Bellevue erlaubt. »Dahinter steckt immer ein kluger Kopf« – mit dieser Kampagne hat die *Frankfurter Allgemeine Zeitung* Werbegeschichte geschrieben, und nun wollte man Gauck auf einem Garten-Klappstuhl neben einem Grill platzieren. Die Zeitung zahlt gut für solche Auftritte, und Gauck wird das Geld dem Verein »Gegen Vergessen – Für Demokratie« spenden. Sebastian Turner, Chef der Werbeagentur und verantwortlich für die Kampagne, hatte dann plötzlich gegen alle Absprachen einen Versuchsballon gestartet. Wie wäre es mit einem Bild von Gauck ohne die zahlreich engagierten Komparsen, die eine normale Tiergarten-Atmosphäre vermitteln sollten? Der Bürger Gauck allein vor dem Schloss – das käme doch irgendwie besser, meinte Turner. Gauck wurde unleidlich. So war das nicht ausgemacht gewesen. Das passe auch nicht zu einem Bürger, dass der sich ganz allein vor das Schloss setzt. Er wollte zurück in die Normalität, und vor allem wollte er keine Botschaft, die als Provokation gewertet werden könnte. Aber der Wunsch von der Rückkehr in die sogenannte Normalität bricht sich an der Wirklichkeit. Schon die Kellerinnen um die Ecke spielen da nicht mehr mit.

Mit der Normalität, der Rückkehr zu einem Leben, wie er es vor der Kandidatur geführt hatte, war es tatsächlich vorbei. Anfang Juli stapelte sich die Post im Geschäftszimmer des Vereins »Gegen Vergessen – Für Demokratie« in der Stauffenbergstraße, und Conny Baeyer, die dort alles organisierte, hätte es allein nie geschafft, daraus jene Schreiben auszusortieren, in denen man Gauck um Redezusagen für besondere Termin bat. Ein solches Gesuch schickte etwa der Regierende Bürgermeister von Berlin, Klaus Wowereit, der sich wünschte, Gauck würde zur zwanzigjährigen Vereinigung der beiden Stadthälften sprechen. Und der Börsenverein des Deutschen Buchhandels fragte an, ob er eine Laudatio zum Friedenspreis für den israelischen Schriftsteller David Grossman halten könne. Die neue Welt des Joachim Gauck ist voller Anfragen allererster Qualität. Jetzt kann er sich aussuchen, wo und wann er auftritt. Und über Honorare muss auch nicht mehr verhandelt werden – es gibt das, was bestenfalls gezahlt werden kann. Bei den Stadtwerken Bochum sind das 25 000 Euro für einen Abend.[42] Aber Gauck wäre nicht Gauck, würde er nicht zur Beruhigung des eigenen Gewissens so viele Termine wie möglich einbauen, bei denen das Geld keine Rolle spielt. Verdienen und ohne Honorar für seine Sache werben – das muss sich die Waage halten. Als ihn die FDP-Politikerin Linda Teuteberg, eine Mitstreiterin im Vorstand seines Vereins, nach Potsdam einlädt, kommt er selbstverständlich ohne Rechnungslegung in einen überfüllten Saal. Ein paar Wochen später dagegen, beim ostdeutschen Sparkassenverband und in derselben Stadt, wird abgerechnet. »So viel Geld hatte ich noch nie!«, sagt er zuweilen etwas schmunzelnd, und wenn er sehr gut gelaunt ist, fügt er hinzu, dass er als Bundespräsident sicher ärmer wäre.[43]

Er führt ein Leben, das vom Terminkalender bestimmt wird – und versucht, den seinen möglichst mit dem von Daniela Schadt zu vereinbaren. Mehr Zeit für seine Kinder, Enkel und inzwischen auch Urenkel will er sich ebenso freihalten. Die hatten ihn ja vorbildlich unterstützt, trotz des Grolls, der sich angesammelt hatte. Aber seine Dankbarkeit zu zeigen – das ist ein schweres, fast schon unmögliches Unterfangen. Dafür ist er viel zu sehr gefragt überall. Und zu viele wissen, dass er nicht Nein sagen kann, wenn man nur zur rechten Zeit mit einer einleuchtenden Begründung nachfragt.

Der Pfarrer der Maria-Magdalenen-Kirche in Templin, ein Bekannter aus den Tagen in Mecklenburg, lockt ihn für den Nachmittag des 27. März 2011 in die Stadt. Zufall, dass das ausgerechnet der Wahlsonntag der Baden-Württemberger ist. Da steht er also in der Hauptkirche Templins, die auch Angela Merkel bestens kennt, schließlich ist sie in der Stadt aufgewachsen. Er hat sein wichtigstes Redeutensil, seine mit Zetteln und Anmerkungen gespickte Buchausgabe, vergessen und improvisiert unter Zuhilfenahme einer Bibel. Die Ansprache erinnert an jene bei den grünen Wahlfrauen und -männern der Bundesversammlung, als er etwas von den Verpflichtungen eines Christen erzählte und das Zitat aus der Heiligen Schrift über das Ebenbild Gottes brachte, nach dem der Mensch geschaffen wurde. Danach, als die letzten Autogramme gegeben sind, geht es noch kurz ins Pfarrhaus. Dort verfolgt er die ersten Hochrechnungen zur Wahl. Stuttgart wird rot-grün – die Gauck-Koalition hat Baden-Württemberg erobert.

Was er in diesen Momenten denkt, deutet Gauck beim Gespräch im Pfarrhaus allenfalls an. Sein Gesichtsausdruck aber, als die verzückte damalige Grünen-Chefin Claudia Roth den Bildschirm füllt, spricht Bände. »Nicht die Angst darf unser Land bestimmen«, ist sein kurzer Kommentar zu einem Wahlergebnis, das er auf die Furcht nach der AKW-Katastrophe in Japan zurückführt. Mehr sagt er unter seinen Templiner Glaubensbrüdern nicht. Auf der Rückfahrt nach Berlin und den Deutschlandfunk im Ohr, führt er ein Zwiegespräch mit sich selbst darüber, wie es wohl so weit kommen konnte. Das eine oder andere wird er dann später in aller Öffentlichkeit wiederholen. Es sind durchweg kritische Anmerkungen zu den Politikern, die ihn wenige Monate zuvor zum Kandidaten ernannt haben. Gauck, so scheint es zumindest, befreit sich nun wieder von der Umarmung der Trittins und Roths. Er hält aber einen soliden Kontakt zum SPD-Vorsitzenden Sigmar Gabriel, als ob es gelte, immer mal wieder zu testen, ob der es wirklich ernst meine mit seinen Parolen von der Öffnung der Partei.

Schlagzeilen macht Joachim Gauck dann aber vor allem mit Äußerungen, die viele als ein Abdriften nach rechts verstehen wollen. Er fordert die Politik auf, ihren Entscheidungen treu zu bleiben – und nennt als Beispiel das umstrittene Stuttgarter Bahnhofsprojekt. Er findet die Proteste der Occupy-Bewegung gegen die Großbanken »unsäglich albern«. Er sagt, dass der scharf kritisierte SPD-Dissident Thilo Sarrazin mit seinen Anmerkungen zur Integrationspolitik eine notwendige Debatte angestoßen habe.[44] So manchem seiner rot-grünen Unterstützer wird allmählich bewusst, dass die politischen Differenzen zwischen ihm und Gauck doch erheblicher sein könnten, als in der Euphorie des heißen Juni 2010 wahrgenommen wurde. Gauck verteidigt nicht nur rigoros das Modell der repräsentativen, also auf Parlamentsentscheide gestützten Demokratie, er weist auch Protestbewegungen und Elementen direkter Demokratie wie Volksentscheiden einen vergleichsweise bescheidenen Platz zu. Er ist mit seinen politischen Auffassungen der Union, vor allem aber der FDP, zuweilen näher als Sozialdemokraten und Grünen.

Natürlich beinhaltet die neue Rolle eine Gefahr für Gauck. Er kann sich jederzeit Aufmerksamkeit sichern, wenn er etwas zum Besten gibt, was eine klare Distanz zu seinen früheren Förderern erkennen lässt. Er weiß das, und manchmal ist die Versuchung wohl auch ziemlich stark, mit einer pointierten Aussage zuzuschlagen. Insbesondere seine Bemerkungen zur Auseinandersetzung um den Stuttgarter Bahnhofsbau führten in seinem Verein zu heftigen Diskussionen. Gauck hatte im Oktober 2011 in Hamburg bei einer Matinee mit dem *Zeit*-Herausgeber Josef Joffe gegen eine »Protestkultur, die aufflammt, wenn es um den eigenen Vorgarten geht« polemisiert. Solche Bemerkungen waren nach Ansicht von Vorstandsmitgliedern des Vereins nicht mit seinem Amt als Vorsitzender vereinbar. Zu einem offenen Konflikt kam es dann aber nicht. Gauck ließ intern erkennen, dass er die Kritik ernst nehme und akzeptiere.

Bei einem weiteren für ihn bedeutsamen Streit agiert er im Hintergrund. Nachdem Marianne Birthler zehn Jahre als seine Nachfolgerin für den Umgang mit den Stasi-Akten verantwortlich war, musste die Bundesregierung im Frühjahr 2011 dem Bundestag einen Wahlvorschlag für die Neubesetzung unterbreiten. Angeblich war die Angelegenheit Chefsache für Angela Merkel.[45] Gauck hatte mit seinem früheren Sprecher David Gill einen klaren Favoriten. Gill hatte die Jahre seit 1992 immer Kontakt zu Gauck gehalten. Vor allem würde er als Bundesbeauftragter garantieren, dass es keine kritische Auseinandersetzung mit den denkbaren Fehlern der Amtszeit des Bundesbeauftragten Gauck geben würde. Aber die enge und frühe Bindung an diesen war zugleich sein Handicap.

Ein anderer Vorschlag war der Journalist Roland Jahn, der bei den Aktivisten von 1989 eine breitere Unterstützung als Gill hatte. Gill und Gauck hatten bei solch einer Konstellation keinerlei Chancen, sich durchzusetzen. Es verwundert im Nachhinein, wie sehr sich Gauck trotzdem in dieser Sache engagierte. Mit Jahn stand ein beeindruckendes Leben im Kampf mit der SED gegen den nächsten Karriereschritt des ehrgeizigen Juristen Gill. Dieses Mal entschied sich Angela Merkel für den Mann mit einer herausragenden Biografie. Roland Jahn war eine, vielleicht sogar die zentrale Figur jenes Ost-West-Netzwerks gewesen, das großen Anteil an der Entwicklung der Opposition in der DDR hatte. Der Mann, den die Staatssicherheit 1984 gewaltsam in den Westen abgeschoben hatte, war zur Schaltstelle aller Unterstützungs- und Hilfsmaßnahmen für die Gruppen geworden, die sich rund um die Kirchen in der DDR organisierten. Er arbeitete nach seinem gewaltsamen Rauswurf aus der DDR zusammen mit dem späteren *Spiegel*-Redakteur Peter Wensierski bei dem Magazin *Kontraste* des Senders Freies Berlin. Er war nicht nur ein thüringischer Landmann von Jürgen Fuchs, sondern auch mit ihm befreundet.[46] Aus der Sicht der Stasi war er ein »Hauptfeind«, und die über ihn angelegten Akten füllten ganze Regale.

Roland Jahn ist es zu verdanken, dass Aufnahmen wie die von den Leipziger Demonstrationen die westlichen Fernsehsender erreichten. Trotz der Erfolge und der Anerkennung ist er ein integrer und bescheidener Mann geblieben. Gauck selbst hatte ihn einst für das Bundesverdienstkreuz vorgeschlagen. Gill, den Bischofssohn aus Herrnhut, gegen Jahn zu stellen, war für viele ehemalige Bürgerrechtler eine Zumutung. Die SPD favorisierte zunächst ihr Mitglied Gill, gab dann aber nach. Jahn erhielt nach einer Vorstellung bei der Fraktion der Linken selbst aus deren Reihen bei der Wahl einige Stimmen.[47]

Die Motive für Gaucks Engagement gegen die Wahl Jahns schienen zu durchsichtig und wurden breit kolportiert. Er wolle nur seine Fehler verbergen, hieß es. Er wolle vor allem eine Debatte um seine Kardinalsünde – die Beschäftigung früherer Stasi-Offiziere in der Behörde – verhindern. Und er wolle nicht, dass die zweifelhafte Rolle, die Gill bei der Auflösung des Archivs gespielt haben soll und die Gauck toleriert habe, ans Tageslicht kommt. Gill sei schließlich mitverantwortlich, dass beispielsweise die elektronischen Datenträger der Stasi vernichtet wurden.

Tatsächlich kam es dann bei der feierlichen Amtsübergabe von Birthler zu Jahn zu der von Gauck befürchteten Stunde der Wahrheit. Der mit einer soliden Mehrheit vom Bundestag gewählte neue Bundesbeauftragte nannte die Weiterbeschäftigung von solchen Männern wie Stasi-Oberst Bäcker einen »Schlag ins Gesicht der Opfer«.[48] Nie zuvor und nie wieder danach musste Gauck sich bei einer offiziellen Veranstaltung solch eine vernichtende Kritik gefallen lassen. Und er musste miterleben, dass es dafür von vielen der Anwesenden Beifall gab. »Wo ein Wille ist, ist auch ein Weg«, sagte Jahn zu den rechtlichen Problemen, die Stasi-Offiziere wieder loszuwerden.

Gauck musste an diesem Tag zur Kenntnis nehmen, dass sein politischer Einfluss in Berlin gering geworden war. Ausgerechnet bei einer Sache, in der er glauben konnte, ein Recht auf Meinungsführerschaft zu haben, war er regelrecht bloßgestellt worden. Er machte gute Miene zum bösen Spiel, lächelte neben Jahn und Birthler in die Kameras. Aber danach verschwand er schnell, sagte, er habe andere terminliche Verpflichtungen. Merkel, so schien es, hatte jetzt selbst seine letzte Bastion geschleift und dafür gesorgt, dass ein Mann ihres Vertrauens auf die Akten, auch auf ihre Akten aufpasste. Dass Gauck noch einmal eine größere Rolle spielen würde, glaubte im Sommer 2011 nach dem Eklat um die Jahn-Wahl keiner.

Der Rostocker war in Berlin politisch abgemeldet. Mit seinen spitzen Bemerkungen zu den angeblich vor allem angstgetriebenen Landsleuten, seiner Distanz zu bürgerlichen Protestformen und dem Liebäugeln mit neoliberalen Wirtschaftsvorstellungen hatte er sich von seinen sozialdemokratischen und grünen Unterstützern entfernt. Bei der CDU aber war er dadurch nicht beliebter geworden. Und die Liberalen, vor allem mit ihrer eigenen Krise beschäftigt, ignorierten den Mann, der zuweilen ihre politischen Zielvorstellungen besser formulieren konnte, als sie selbst.

Und sein Rivale vom letzten Sommer, der neue Bundespräsident, legte zunächst einen überraschend guten Start hin. Angela Merkels Rechnung schien aufzugehen. Die Deutschen hatten ein junges Vorzeigepaar im Schloss Bellevue, das den Glamourblättern reichlich Stoff bot. Aber am 3. Oktober 2010, dem Nationalfeiertag, hatte sich Wulff auch politisch profiliert. Seine Behauptung, der Islam gehöre jetzt zu Deutschland, war wie eine kleine Bombe eingeschlagen und hatte so manchen seiner früheren Kritiker verstummen lassen. Dass ihm der Chefredakteur der *Bild*, Kai Diekmann, die umstrittene Aussage hatte ausreden wollen, erfuhr die Nation erst viele Monate später, als Wulff seine Generalabrechnung mit dem Springer-Konzern in Buchform vorlegte.[49]

Einige Zeit schien es fast, als ob die Wulffs nicht nur fünf, sondern vielleicht sogar zehn Jahre der Nation vorführen könnten, dass auch in einer Demokratie eine Familie an der Spitze des Staates wachsen und gedeihen kann. Das Schloss mit der schönen Bettina und dem heranwachsenden Linus und manchmal einigen klugen, manchmal geradezu überraschenden Einsichten zur Lage der Nation – das schien ein halbwegs erträgliches Programm. Wulff versuchte es dann sogar noch mit kritischen Anmerkungen zur Bankkrise und wandelte dabei auf Köhlers Pfaden, der seinerseits die Finanzmärkte scharf kritisiert hatte. »Wulff watscht Banker ab«, lautete dazu die Schlagzeile in der *Bild* 2011, und sie machte den Präsidenten sicher nicht weniger beliebt. Es ist fast schon eine Ironie der Geschichte, dass der *Spiegel* im April 2014 die Aussagen von Köhler, Wulff und Gauck zu dem Thema verglich und feststellte, dass Letzterer die »Seelen der Banker streichelte« und sich deutlich von Köhler oder Wulff in seinem Verständnis für die Finanzindustrie abhob.[50] Hatte das das Magazin gemeint, als es Gauck vier Jahre zuvor zum »besseren Präsidenten« erklärte? Wulff jedenfalls schien auf dem rechten Weg, wenigstens einige der Vorurteile über ihn beiseiteräumen zu können.

Parallel entwickelte sich ein Drama um das Präsidentenpaar, von der Öffentlichkeit zunächst weitgehend unbemerkt. Einiges von dem, was in Journalistenkreisen gemunkelt wurde, hatte Gauck schon mitbekommen. Dabei ging es vor allem um Bettina Wulff, der ein »Vorleben« nachgesagt wurde. Über Monate waberte eine seltsame Gerüchtewolke durch die Bundeshauptstadt. Mit ihr wurde so ziemlich jeder konfrontiert, der wenigstens gelegentlich einen der Veranstaltungstermine wahrnahm, zu denen Politiker,

Journalisten und Lobbyisten von Verbänden oder Unternehmen eingeladen wurden. Als beispielsweise der Energieriese Vattenfall 2011 einlud, war die Sache mit Bettina eines der scheinbar unvermeidlichen Gesprächsthemen. Die Sache war, wie Bettina Wulff später selbst öffentlich machte, das Gerücht, sie habe einst als Prostituierte gearbeitet.[51] Es hieß, *Spiegel* oder *Bild* hätten einen Beweis, angeblich Sozialversicherungsunterlagen aus einem bestimmten Etablissement, jedenfalls etwas Substanzielles. Tatsächlich aber war das – wie sich später herausstellte: völlig haltlose – Gerede darüber eher die Tarnung für völlig andere Recherchen und der Nährboden, aus dem sich dann im Winter jener Rudeltrieb speiste, dem Wulff zum Opfer fiel. Wenn es hart auf hart komme und der Mann nicht zurücktrete, müsse eben die nackte Wahrheit ans Licht, hieß es. Wer wollte da schon als dummer August dastehen, der nichts gewusst hatte. Wulff war im Grunde erledigt, bevor das Treiben überhaupt richtig begann.

Gauck blieb bei der ganzen Sache stumm. Er ignorierte die Anwürfe gegen Wulff genauso, wie der ihn bislang ignoriert hatte. Aus den Versprechungen Wulffs, Gauck nach seiner Wahl zum Bundespräsidenten als wichtigen Berater zu konsultieren, war nichts geworden. Wulff machte eben auch einige Fehler nach dem Einzug ins Schloss Bellevue – und Gauck nicht unbedingt zu einem Freund. Es ist schwer zu sagen, ob es anders gekommen wäre, hätte der Niedersachse versucht, seinen einstigen Rivalen an sich zu binden. Der Respekt von Gauck vor den Institutionen der Republik und damit mithin vor der Person des Bundespräsidenten kam aus tiefster Überzeugung. Er hätte ein Verteidiger eines Bundespräsidenten werden können, den er persönlich zwar wenig schätzen mochte, dessen Amt er aber schützen wollte. So aber hielt er sich zurück, ließ sich zu keinem Kommentar hinreißen und bat auch alle, die mit ihm in Verbindung gebracht wurden, ihrerseits das Geschehen nicht zu bewerten. Dass bald schon wieder die Suche nach einem neuen Bundespräsidenten beginnen könnte, war ihm zum Jahresende 2011 klar. Dieses Mal wurde er von nichts mehr überrascht.

Die Affäre Wulff endete mit dem Rücktritt am 17. Februar 2012. Für Gauck ist sie allerdings bis heute von Bedeutung. Denn dieser Rücktritt, der zweite in Folge, wird die Institution noch für viele Jahre bestimmen. Das Volk war mit Köhler im Reinen gewesen, als die Presse ihn vorführte, und hatte begonnen, sich mit Wulff zu versöhnen, kurz bevor die Zeitungen dazu übergingen, ihn anzugreifen. Wer hätte gedacht, dass im Sommer 2014 Wulffs *Ganz oben. Ganz unten*, das Buch, in dem er seine Sicht der Dinge schildert, es sofort auf den ersten Platz der Bestsellerbuchliste schafft? Und dass in zahlreichen Leserrezensionen das »seltsame Gefühl« auftaucht, das die Menschen mit diesem medial erzwungenen Abgang ihres Staatsoberhaupts verbinden? Der vollständige Zusammenbruch der staatsanwaltschaftlichen Bemühungen, Wulff eine Straftat nachzuweisen, spielt dabei eine nicht unerhebliche Rolle. Wulff mochte ungeschickt und nicht auf der Höhe des Amtes agiert haben – aber das waren die Menschen von Politikern gewöhnt. Er hatte sich möglicherweise den einen oder anderen Vorteil verschafft – aber darauf reagierte eine deutsche Tageszeitung zu Recht selbstkritisch mit der Aufzählung der wichtigsten Journalistenrabatte. Und waren nicht andere Politiker gar wegen Straftaten verurteilt worden und hatten dennoch weitergemacht? Die Sünden der Vergangenheit hatten einst mit Johannes Rau auch einen Bundespräsidenten ereilt. Bei der sogenannten Düsseldorfer Flugaffäre ging es um von der Landesbank bezahlte Flugreisen. Der damalige Bundespräsident bat um Entschuldigung, und damit war damals für ihn die Angelegenheit erledigt.

Bei Wulff aber galten andere Gesetze. Die Art und Weise, wie in seinem Fall ohne jede Skrupel die wichtigste der identitätstiftenden Institutionen der Demokratie zum Gegenstand schonungsloser Recherchen wurde, hinterließ ein problematisches Erbe. Einerseits führte das zu Erwartungen an den Nachfolger, mit denen noch kein anderer zuvor konfrontiert war. Andererseits war aber auch erkennbar geworden, wie anfällig das politische System für Versuche von mächtigen Medienkonzernen war, Einfluss auf die

Entwicklung zu gewinnen. Daran hatte Wulff mit seinen zunächst engen Beziehungen zu Blättern des Springer-Konzerns seinen Anteil. Umgekehrt aber hatten diese Blätter mit ihrer klaren Stellungnahme für Gauck eine Grenze tangiert. Und dass Springer-Verlagschef Mathias Döpfner nach der Wahl Gaucks höchstpersönlich zur Feder griff und *in Bild* den »richtigen Präsidenten« begrüßte, war ein klares Signal.[52] Nach dieser Lesart hatte die Republik weit über fünfhundert Tage mit einem falschen zu leben gehabt. Döpfner verband seine Feststellung allerdings mit einer wohldosierten Versöhnungsgeste an die Verliererin des Wulff-Dramas, die Bundeskanzlerin. Die habe endlich ein Einsehen gehabt, schrieb der mächtigste Mann im deutschen Blätterwald. Warum sie überhaupt gegen Gauck gewesen sei, wisse niemand. Jetzt aber, wo sie endlich ihren Fehler korrigiert habe, sei alles wieder bestens.

Darf man den Demoskopen glauben, so hatte die ganze Aufregung zumindest einen positiven Effekt für Joachim Gauck. Während am Tag von Wulffs Rücktritt die Befragten noch völlig gespalten mit 43 beziehungsweise 42 Prozent darüber befanden, ob Gauck nun eine gute Wahl wäre oder nicht, waren es über einen Monat später schon zwei Drittel, die in ihm einen annehmbaren Präsidenten sahen.[53] Dazwischen lag allerdings auch das Einlenken von Angela Merkel. Was sie am Ende gewollt oder erzwungen abnickte, akzeptierte offenbar die Volksseele. Was bei dieser Umfrage ebenfalls ermittelt wurde, war die schwierige Herausforderung, vor der Gauck stand. Er solle als Parteiloser den Politikern, denen man nicht so recht trauen kann, deutlich seine Meinung sagen, äußerten fast alle. Gleichzeitig gab es unter den Befragten einige, wenn auch in der Minderheit, die mit einzelnen seiner jüngsten Stellungnahmen nicht einverstanden waren. Sie wollten ihn, aber nicht unbedingt seine Ansichten. Sie wollten Vertrauen – und waren doch misstrauisch. Das Amt, das Gauck antrat, war in den letzten Monaten ein anderes geworden als das, von dem er einst träumte.

## 23

# Endlich ganz in Amt und Würden

Dieses Mal öffnen sich die Türen des Raums 1 S 014 ganz weit, und eine dreiköpfige Delegation betritt den Saal. Jeder Schritt der Männer, die sich auf Joachim Gauck zubewegen, scheint von weltgeschichtlicher Bedeutung zu sein. Von einem Protokollbeamten wird der Botschafter der Russischen Föderation angekündigt. Er trägt eine große rote Mappe, baut sich vor dem frisch gewählten Bundespräsidenten auf, öffnet die Mappe und beginnt mit der Verlesung eines langen Schreibens des in Moskau residierenden Präsidenten Dmitri Medwedew. Von Zusammenarbeit, Freundschaft und Fortschritt ist darin die Rede, und manches klingt so, als stünde der Staatsratsvorsitzende der DDR vor dem Botschafter der UdSSR.[54] Einen Bruderkuss gibt es dann aber doch nicht. Joachim Gauck kann ein leichtes Grinsen nicht verbergen, sammelt sich dann aber schnell und formuliert mit ernster Miene einen staatsmännisch gekonnten Dank. Eine kleine Spitze enthält der nur durch die Bemerkung, dass dieser Gruß aus Moskau an einem Ort geschehe, der einst durch Mauer und Stacheldraht geprägt gewesen sei. Der Botschafter bedankt sich seinerseits und verschwindet genauso formvollendet, wie er erschienen ist. Ausgerechnet ein Russe, der Diplomat Wladimir Michailowitsch Grinin, ist Gaucks erste Begegnung mit dem internationalen Parkett, auf dem er in Zukunft zu agieren hat.

Grinin war mitten in ein gefühlvolles Zusammensein hineingeplatzt. Gauck hatte, nachdem im nahe gelegenen Plenarsaal alle Gratulanten und viele seiner Wähler nicht selten mit Selfies von sich und dem eben erst gewählten Präsidenten befriedigt worden waren, endlich Zeit für die Seinen. Kurt Biedenkopf hatte er unterwegs noch aufgelesen, den treuesten der Unterstützer aus der CDU. Und dann wurde geherzt und geküsst, zunächst Daniela, danach ein jeder aus der Familie und dem Kreis der engsten Vertrauten.

Einige Minuten zuvor war Gauck mit einem respektablen, wenn auch nicht glanzvollen Ergebnis zum elften Bundespräsidenten des Landes gewählt worden.[55] Fast dreizehn Jahre waren vergangen, seit er im November 1999 zum ersten Mal den Saal im Südostturm des Reichstags betreten hatte – damals mit den Ex-Präsidenten, mit Bush und Gorbatschow. Jetzt war er selbst ein Staatschef geworden – wie Havel und Wałęsa. Der Raum hatte sich seitdem nicht verändert, aber auf dem Turm über ihm flatterte seit Neuestem nicht mehr die Deutschland-, sondern die Europafahne. Das Land hatte sich seit 1999 sehr wohl verändert. Das von Bundestagspräsident Norbert Lammert gegen manche Widerstände durchgesetzte Bekenntnis zur europäischen Einigung auf den Zinnen des alten Reichstags signalisierte etwas davon.

Gauck war – auch das war neu in der Geschichte der Republik – gegen den erklärten Willen der scheinbar so mächtigen Kanzlerin Präsident geworden. Und genau genommen war er das nicht erst an jenem 18. März geworden, nachdem man die Stimmen in der Bundesversammlung ausgezählt hatte. Dass er Bundespräsident werden würde, war einen Monat zuvor und nur zwei Tage nach dem Rücktritt von Wulff entschieden worden. Ein kleiner Kreis von FDP-Politikern hatte über sein weiteres Schicksal bestimmt. Am Nachmittag des 20. Februar, eines Sonntags, verabredete das FDP-Präsidium anlässlich einer Telefonkonferenz, dass die Partei die Kandidatur von Joachim Gauck unterstützen werde. Der Druck auf den gerade erst ein paar Monate amtierenden Vorsitzenden Philipp Rösler war enorm gewesen. Mehrere Landesverbände hatten zuvor intern und teilweise sogar öffentlich erklärt, dass sie nur noch Gauck als Wulff-Nachfolger akzeptieren würden.

Mit dem Votum der inzwischen um ihr Überleben kämpfenden Partei war die Sache entschieden. Sozialdemokraten und Grüne konnten von ihrem einstigen Kandidaten schlecht abrücken. Und Angela Merkel blieb nichts anderes übrig, als gute Miene zum bösen Spiel zu machen. Im Übrigen war die Entscheidung der Liberalen von bestechender Logik. Wenn Gauck überhaupt den Positionen einer Partei nahestand, dann am ehesten denen der FDP. Die letzten Monate hatten das deutlich gezeigt. Die Liberalen hatten jetzt den Bundespräsidenten, der schon Jahre zuvor idealerweise zu ihnen gepasst hätte. Alle, die noch als denkbare Kandidaten ins Spiel gebracht worden waren – der frühere Bischof Wolfgang Huber oder der einstige Bundesumweltminister Klaus Töpfer –, konnten für die FDP nur zweite Wahl sein.

Tatsächlich verdankt Gauck sein Amt allerdings ebenso der Beharrlichkeit bestimmter Sozialdemokraten und nicht nur der Rückbesinnung der Liberalen. Die CDU-Kanzlerin war während der langen Wulff-Agonie gehindert, ihrerseits nach einem neuen Kandidaten Ausschau zu halten. Sie musste den angeschlagenen Mann der schwarz-gelben Koalition im Schloss Bellevue verteidigen. Die SPD war frei von solchen Zwängen, und in ihren Reihen begann auch eine Debatte darüber, wer Wulff ersetzen könnte. Viele SPD-Funktionäre waren inzwischen ernüchtert, was Gauck anging. Hatte der doch zu oft zu verstehen gegeben, dass er in wichtigen Fragen mit der Politik der Partei wenig anfangen konnte. Würde man jetzt, beim zweiten Anlauf nicht jemanden finden, der etwas besser passte? So einen wie Wolfgang Huber beispielsweise? Dann aber preschten Parteichef Sigmar Gabriel und Fraktionschef Frank-Walter Steinmeier vor und positionierten sich sehr schnell und sehr eindeutig erneut für Gauck. Dafür gab es gute Gründe. Gauck hatte die von Steinmeier konzipierte Agenda 2010 stets als große Reformtat gelobt. Und Gabriel hatte knapp zwei Jahre zuvor die Neuausrichtung der Partei mit der Kandidatur Gaucks verbunden.

Dass die Sozialdemokraten nicht von ihm abrückten, ermöglichte FDP-Chef Rösler überhaupt erst seinen Koalitionsputsch. Zwar war Rösler der Königsmacher, der Königstross aber bestand vor allem aus Anhängern der SPD. Und das wurde sofort nach Gaucks Einzug ins Schloss Bellevue deutlich. In seiner unmittelbaren Umgebung arbeiteten einige SPD-Mitglieder – allen voran David Gill, aber ebenso sein Bürochef Johannes Sturm, der lange in der SPD-Zentrale tätig gewesen war. Die Liberalen jedoch spielten nach der Wahl dort keine Rolle. Rösler war viel zu unerfahren, weiterhin zu beratungsresistent, um aus seinem Votum politisches Kapital zu schlagen. Als die FDP sich am Sonntagnachmittag für Gauck entschieden hatte, konnte der Parteichef den zukünftigen Präsidenten, der in Wien war, noch nicht einmal darüber informieren. Er hatte Gaucks Telefonnummer nicht zur Hand. Rösler, immerhin Vizekanzler, versuchte auch in den Folgewochen nicht, ein Vertrauensverhältnis aufzubauen. So kam es dann zu der absurden Situation, dass Gauck nach der Bundestagswahl im Herbst 2013 die Männer ins politische Aus verabschieden musste, die ihn ins Amt gehievt hatten. Dabei wurde dann deutlich, dass Gauck die Erfüllung seines Lebenstraums letztlich einer tragischen Facette im Überlebenskampf des deutschen Liberalismus verdankte. Röslers Schritt war ein sehr später, vielleicht zu später Versuch, in wichtigen Fragen die ureigenen Interessen der FDP vorneweg zu stellen. Geholfen hat das den Liberalen nicht.

Wie sehr sich Gauck in jenen Tagen an die SPD gebunden und sich ihr verpflichtet fühlte, wurde bei einer anderen Personalentscheidung deutlich. Als kurz vor seiner Wahl zum Bundespräsidenten die Frage auftauchte, wer seine Nachfolge als Vorsitzender im Verein »Gegen Vergessen – Für Demokratie« antreten sollte, machte er unmissverständlich klar, dass aus seiner Sicht nur ein Mann aus den Reihen der SPD in Betracht komme. Er setzte dann mit all seiner Autorität die Wahl des früheren Leipziger Bürgermeisters Wolfgang Tiefensee durch.

Bei der Feier am 18. März, am Abend der Wahl, fehlten sie allerdings fast alle, die prominenten Unterstützer aus der Politik.

Joachim Gauck hatte nur seine engsten Freunde und Weggefährten eingeladen. Als Ort hatte er sich eine West-Berliner Institution ausgesucht, das Einstein in der Kurfürstenstraße. Die Wahl dieser Lokalität konnte auch als ein Signal verstanden werden. Denn die, die sich dort zusammenfanden, hatten in ihrer Mehrheit das alte Einstein, eine Institution im noch von den Alliierten bestimmten West-Berlin, nie erleben können. Polnische und ungarische Intellektuelle hatten es in den Achtzigerjahren bereits bevölkert, aber aus der DDR kamen damals ja die Wenigsten raus. Da stand die noch unüberwindbare Mauer davor.

Unter den von Gauck geladenen Gästen waren beispielsweise der frühere mecklenburgische Landesbischof Christoph Stier und mit ihm zusammen so mancher Rostocker. Dabei waren auch Ehrhart Neubert, der Pastor und CDU-Politiker, oder sein Parteifreund Günter Nooke, der sich einst in Brandenburg als Stolpe-Kritiker profiliert hatte. Die West-Teilnehmer konnten an zwei Händen abgezählt werden – der einstige Staatsminister für Kultur, Michael Naumann, Cornelia Schmalz-Jacobsen, sein Internet-Unterstützer Christoph Giesa und einige wenige Freunde und frühere Mitarbeiter. Jemand aus dieser West-Ecke sagte dann einen Satz, der die Gefühle der Alt-Bundesrepublikaner ganz gut beschrieb: »Jetzt weiß ich, wie man sich als Türke zuweilen fühlen muss!« Der Neubeginn wurde so etwas wie eine Wiedersehensfeier der Rostocker. Es gab zahlreiche Reden, und es wurde gesungen. Diejenigen von den Gästen, die in der Bundesrepublik groß geworden waren, konnten etwas von der Atmosphäre erleben, die einst Treffen der Regimegegner der DDR bestimmt hatte. »Die Gedanken sind frei« wurde angestimmt, ein Lied, das nicht unbedingt zu dem Anlass passte, aber eben eingeübt aus alten Zeiten. Diese Rückschau war ein letzter befreiender Akt für viele der Gäste, auch eine Art endgültiger Abschied von den Tagen, in denen sie immer am Rande gestanden hatten. Jetzt war einer von ihnen das Staatsoberhaupt auch der Rheinländer und Schwaben und Bayern. Ein kleines Wunder war das. Die Augen leuchteten, und alle waren sie so unendlich stolz auf ihren Pastor Gauck, mit dem sie durch dick und dünn gegangen, den sie zuweilen ein wenig nach vorne geschubst hatten.

Schon Stunden zuvor, noch im Reichstag, war seine kurze Rede nach der Wahl vor der Bundesversammlung geprägt von dem Gedanken, dass jetzt endlich vollendet war, was auf den Tag genau zwölf Jahre zuvor mit der ersten freien Wahl zur Volkskammer begonnen hatte. Es war eine Rede, bei der danach die Kritiker mit einiger Berechtigung darauf verwiesen, dass sie beherrscht wurde von einem »Ich«, vom Verweis auf die eigene Person. Und es war eine Rede, die mit einem prägnanten Satz begonnen hatte. »Was für ein schöner Sonntag!«, hatte er gesagt. Da hatte er allerdings mit einem Zitat von sich reden gemacht, ohne es auszuweisen, wohl sogar, ohne es zu wissen. Bei den Zuhörern im Reichstag, die nach dem Wahlakt noch einige Zeit plaudernd beieinanderstanden, sprach sich herum, woher dieser Satz stammte. »Was für ein schöner Sonntag!« – das war nicht nur Gaucks erster Satz im Amt, sondern auch der Titel eines Buchs von Jorge Semprún, spanischer Schriftsteller und Widerstandskämpfer, der in ihm seine im KZ-Buchenwald gemachten Erfahrungen festhält. In dem Werk legt Semprún die Worte einem französischen Mithäftling in den Mund, der beim schikanösen nächtlichen Appell auf die Suchscheinwerfer der Wachttürme und den Stacheldraht blickt. Gauck ist nie gefragt worden, ob er denn davon gewusst hätte, was er da nachgesprochen hatte. Es wäre ja eine Zumutung gewesen, ihm zu unterstellen, er habe mit seinem schönen Sonntag jenen im KZ aufheben wollen. Aber das womöglich unbewusst benutzte Zitat spielte eine Rolle bei der überaus gemischten Aufnahme seiner ersten Worte als Bundespräsident.[56]

Dieser Anfang war auch ein Offenbarungseid. Gauck startete mit einem biografisch bestimmten Titel der Weltliteratur, aber voller Bezogenheit auf seine eigene Geschichte, in ein Amt, dessen aktuelle Bedeutung und Aufgabe er konkret nicht benennen wollte. Zu den Umständen seiner Wahl, zu den Rücktritten seiner Amtsvorgänger, zu den vielen Fragen, die sich daraus ergeben hatten, war keine Silbe zu hören. Die Schlüsselsätze jener kurzen Ansprache machen deutlich, wie wenig vorbereitet, wie unsicher und voller Widersprüche er sich tatsächlich fühlte. Als Bürger habe er »anderer Menschen« Pflichten beschrieben, sagte er. Die würden jetzt auch für ihn als Bundespräsidenten gelten. Der Bürger Gauck stehe jetzt als Präsident vor einer ihm bisher unbekannten Verantwortung. Er will sich »neu« auseinandersetzen mit »Themen, Problemen und Personen«. Was sich zunächst unverfänglich anhört, wird beim genauen Nachlesen zum Versprechen persönlicher Besserung. Er werde sich einlassen »auf eine Auseinandersetzung auch mit Fragen, die uns heute in Europa und der Welt beschäftigen«.[57]

In der etwas ausführlicheren Rede am Tage seiner Vereidigung beschreibt er – wie schon viele Male zuvor – seine Sicht auf die deutsche Nachkriegsgeschichte. Er lobt die Achtundsechziger, die »friedliche Freiheitsrevolution« von 1989, betont seine Wertschätzung der traditionellen Parteien und gewerkschaftlichen Organisationen, aber auch der »zweiten Stütze unserer Demokratie«, womit er auf die Bürgerinitiativen und die politisch orientierten Netzaktivitäten abhebt. Und er greift die Entfremdung zwischen Bürger und Politik auf, sagt, ihm mache »die Distanz vieler Bürgerinnen und Bürger zu den demokratischen Institutionen Angst«. Er klingt eher hilflos, wie er dann um Abhilfe ersucht: »Meine Bitte an beide, an Regierende wie Regierte, ist: Findet euch nicht ab mit dieser zunehmenden Distanz.« Die Politik solle »offen und klar« reden, um wieder Vertrauen zu gewinnen. Die Bürger sollten sich als Gestalter verstehen. Wo Gauck als Bundespräsident sich selbst sieht, wird dabei nicht deutlich. Sein Vorgänger Horst Köhler hatte sich noch als Teil der politischen Klasse bezeichnet, und bei dem ebenfalls zurückgetretenen Wulff war das evident. Wenn Gauck am Ende seiner Rede um Vertrauen bittet, so spricht er für seine Person, nicht für die noch gar nicht benannten Ziele seiner zukünftigen Präsidentschaft. Wenn er von einem nicht näher definierten »Wir« redet, dann klingt das unbestimmt. »Wir stehen zu diesem Land, nicht weil es so vollkommen ist, sondern weil wir nie zuvor ein besseres gesehen haben.« Solch ein Satz mag für einen früheren DDR-Bewohner sinnvoll sein, aber die große Mehrheit der Bevölkerung hat nie zuvor ein anderes Land kennengelernt und könnte aus eigener Erfahrung die Bundesrepublik bestenfalls mit den Nachbarländern vergleichen.

Die ersten Reden des neuen Bundespräsidenten verdeutlichen das Dilemma, dem er mit seinem Amtsantritt ausgesetzt ist. Wieder verliert er kein Wort ob der ungewöhnlichen Umstände, die ihn ins Amt brachten – die beiden Rücktritte in kurzer Folge werden bei ihm ein Tabu bleiben. So werden, obwohl er Offenheit und Klarheit einfordert, in diesem Schweigen erste Züge seiner zukünftigen Amtsführung erkennbar. Gauck wird amtieren, indem er möglichst schnell all die Fragen und Zweifel vergessen machen will, die inzwischen in der Bürgerschaft mit dem Amt des Bundespräsidenten verbunden sind. Er bleibt sich auch darin treu – der Neuanfang im Schloss Bellevue ist abermals mit einem Schlussstrich unter das Unerklärliche verbunden.

Erstaunlich gut gelingt ihm dieser Neuanfang. Die Kritiken, die Gauck sich zum ersten Jahrestag seiner Wahl von der Presse abholt, sind fast durchweg positiv. Er sei ein »Meister der ersten Begegnung« und habe »seinem Amt im ersten Jahr zu neuen Ansehen verholfen«, heißt es in der *Süddeutschen Zeitung*.[58] Aber ein wenig schwingt bei diesem Lob auch die Hoffnung mit, dass er doch wenigstens zuweilen die Grenzen austesten möge, die ihm scheinbar gesetzt sind. Der »Bürger« Gauck, so heißt es da nämlich weiter, sei ein gutes Stück hinter dem Amtsinhaber verschwunden. Der Journalist Matthias Geis argumentiert in der *Zeit* ähnlich. Gauck sei eine »hochrangig fremdbestimmte Person« geworden, aber er habe das Amt gerettet. »Allein das schon würde als Bilanz seiner Präsidentschaft fast genügen.«[59] Die *Wirtschaftswoche* gibt die Meldung von »soliden 365 Tagen« aus.[60] Kritischer nähert sich die *Frankfurter Allgemeine Zeitung* dem Jahrestag. In ihr versucht Günter Bannas einen Rundumschlag unter der Überschrift »Nicht nur Freiheit und Verantwortung«, in dem nirgendwo erkennbar wird, was denn nun wirklich an Gaucks erstem Jahr gefallen haben könnte.[61] Zuvor hatte die Zeitung einen Gastbeitrag des CSU-Politikers Peter Gauweiler eingeschoben, darin hieß es: »Bundespräsident Gauck hat viele Hoffnungen enttäuscht. Schon ein Jahr nach seiner Wahl ist er zum Berufspolitiker geworden. Der unbequeme Mahner ist dabei auf der Strecke geblieben.«[62] Gauweiler offenbarte sich nebenher als einer der Abweichler aus dem Regierungslager von 2010, der nicht Wulff, sondern Gauck gewählt hatte. Er ist enttäuscht. »Der Gauck von vor einem Jahr hätte nicht mehr Bekenntnisse vom Volk gefordert, sondern mehr Erkenntnisse für das Volk verlangt. Hat er die Seiten gewechselt?« Insgesamt steht jedoch am Ende dieses Jahres in veröffentlichten wie in der demoskopisch ermittelten Meinung ein klares Plus.

Zuweilen wird in der Berichterstattung kritisch auf die Personalentscheidungen der ersten zwölf Monate verwiesen.[63] Vor allem der gnaden- und stillose Rausschmiss der einst von Köhler angestellten Sprecherin Petra Diroll durch David Gill kostete Gauck viel Sympathie bei den Hauptstadtjournalisten.[64] Überhaupt gehörte es zu den Merkmalen der ersten Monate, dass die Kommunikation zwischen dem Amt und der Presse nicht besonders gut funktionierte. Das wurde dann wechselseitig, aber nur hinter vorgehaltener Hand, bejammert. Gauck beklagte die Berichterstattung in bestimmten Medien, und so mancher Journalist fragte sich, warum sich das Präsidialamt abschirme wie eine Festung. Und da kam dann tatsächlich etwas von den ostdeutschen Prägungen ins Spiel, die nicht nur Gauck, sondern ebenso David Gill bestimmen. Auch wenn beide nur relativ kurz zu jener Szenerie gehörten, die dem SED-Staat den Todesstoß versetzte, so hatten sie doch Eigenschaften revolutionärer Verschwörungszirkel angenommen. Und Helga Hirsch, die nicht unwesentlich mitbestimmt im Schloss Bellevue, war das aus ihren maoistischen Tagen gewöhnt. Im Schloss agierte eine Gruppe, die zuweilen Kritik mit Obstruktion verwechselte.

Als kleines Desaster entpuppte sich der Versuch, eine im Suhrkamp-Verlag angekündigte Gauck-Biografie zu beeinflussen. Der Präsident und Personen seiner unmittelbaren Umgebung nahmen sich viel Zeit für das Projekt und stellten sich in stundenlangen Sitzungen den Fragen des Autors Mario Frank.[65] Heraus kam ein Werk, das viel erzählen kann über reale oder vermeintliche charakterliche Schwächen und Stärken eines erfolgreichen Mannes. Dass Gauck als Bundespräsident aber eine gewichtige politische Rolle übernommen hat, geriet in den Hintergrund. Auf der Strecke blieb, was dieses Leben und damit die Präsidentschaft für die inzwischen in Europa, aber ebenso weltweit wieder wirkungsmächtige Bundesrepublik bedeutet. Gauck war enttäuscht, die öffentliche Aufnahme der Biografie schwankte zwischen Schadenfreude und Hohn.[66]

Das erste Jahr seiner Präsidentschaft war vor allem durch das weitgehende Fehlen von Höhepunkten bestimmt. Es gab keine große Rede, keine Bemerkung, die die Republik hätte aufhorchen lassen.[67] Gauck hatte nichts wirklich falsch gemacht, aber so richtig hatte er auch nichts gemacht. Ein paarmal hatte er sich ziemlich unelegant mit der Kanzlerin angelegt. Deren Europapolitik müsse plausibler werden, gab er ihr zu verstehen.[68] Gegenüber dem Bundesverfassungsgericht bewies er zu wenig Gefühl für die Grenzen seines Amtes.[69] Öffentlich, noch dazu im Ausland, die Hoffnung zu äußern, das oberste deutsche Gericht werde wohl den Euro-Rettungsvertrag passieren lassen, war ein schwerer Fehltritt. Dieser Fauxpas, ebenso wie seine indirekte Kritik der Israel-Politik Angela Merkels, waren weniger Absicht als vielmehr dem Umstand geschuldet, dass er noch nicht ganz angekommen war im Amt. Die Kanzlerin hatte 2008 in der Knesset, dem israelischen Parlament, gesagt, die Sicherheit ihres Gastlands sei deutsche »Staatsräson«. Gauck fing nun bei seinem Israel-Besuch an, an dieser Äußerung herumzudeuteln. Dabei hatte er auf dem Flug nach Tel Aviv den mitreisenden Journalisten beteuert, er werde Merkels Aussagen dort keinesfalls kommentieren.[70] Dann tat er es aber doch.

Die Reaktion der Presse auf solche Fehltritte war verhalten und wohlwollend. Keinesfalls war sie zu vergleichen mit den bissigen Kommentaren, denen sich Christian Wulff ausgesetzt sah – und ebenso wenig mit den Anmerkungen zu möglicherweise missverständlichen Bemerkungen von Horst Köhler. Die Presse war milde gestimmt. So schrieb Bernd Ulrich in der *Zeit* über Gaucks Ausrutscher: »Das ist blöd, aber wenn solche Fehler der Preis sind für seine Denkfreiheit, dann soll er ruhig noch ein paar mehr Fehler machen.«[71]

Ansonsten hatte sich Gauck jedoch glänzend bei allen seinen Auftritten im Land bewährt. Da standen selbst die Altmeister des Populären, wie beispielsweise Brandenburgs Ministerpräsident Matthias Platzeck, staunend daneben. Gauck ging auf die Menschen zu und nahm sie für sich ein, als hätte er ein Leben lang nichts anderes gemacht als Staatsoberhaupt. Und dabei hatte auch Daniela Schadt ihren erkennbaren Anteil. Die Menschen mit ihrer Anwesenheit zu beglücken, das konnten die beiden wunderbar.

Jenseits der direkten Begegnung mit den Bürgern war die Bilanz der Wahrnehmung durch die Bundesbürger aber dürftig. Seine Weihnachtsansprache, klassisches Instrument der Kommunikation, war nach allgemeiner Einschätzung eher missraten und hatte sogar erheblichen Widerspruch ausgelöst.[72] Das Millionenpublikum nahm ihn alles in allem als einen Amtsinhaber wahr, über den nichts Schlechtes zu hören oder zu sehen war. Und angesichts der beiden Vorgänger genügte das. Mit diesem ersten Jahr war der Grundstein für eine erfolgreiche Präsidentschaft trotz mancher Pannen und einiger gravierender Fehler immerhin gelegt.

# 24

# Leben im Schloss

Dass es eine komplizierte, vielleicht sogar widersprüchliche Angelegenheit werden könnte, dem Bürger Gauck das protokollarisch erste und ansonsten auch politisch nicht unbedeutende Amt anzuvertrauen, haben viele Unterstützer von Gauck dann doch sehr schnell verstanden. Die hohen Erwartungen jedenfalls, mit denen er ins Schloss Bellevue eingezogen war und die man an ihn hatte, wurden reihenweise enttäuscht. Ihnen stand in den ersten Monaten nicht nur die Strategie von Gauck und von David Gill entgegen, den Bundespräsidenten zunächst vor allem aus negativen Schlagzeilen herauszuhalten. Dazu gesellte sich das lang andauernde Personalgeschiebe in seiner unmittelbaren Umgebung. Gauck fehlte ein Team, das in der Lage war, ihm sofort zuzuarbeiten. Bald bemerkten selbst wohlwollende Journalisten, dass es erhebliche Reibereien zwischen dem aus ihrer Sicht offenbar nicht hinreichend qualifizierten Amtschef Gill und Mitarbeitern gab.[73] Gill sah es als vornehmste Aufgabe an, nichts an Überraschungen zuzulassen. Dass aber Journalisten solche Ruhephasen als Zumutung empfinden mussten, war dem Kirchenjuristen dabei entgangen. Es dauerte viele Monate, bis Gauck mit der Berufung eines alten Bekannten, des früheren Journalisten und Mitarbeiters des German Marshall Fund in Washington, Thomas Kleine-Brockhoff[74], einen Mann gefunden hatte, der seine Zielvorstellungen nicht nur teilte, sondern auch darin geübt war, sie öffentlich werden zu lassen.[75] Erst nach dessen von Gauck selbst betriebener Einstellung gewann die Präsidentschaft wirklich an Profil.

Erstmals erkennbar wurde das mit einer Rede, die Gauck auf

der Münchener Sicherheitskonferenz im Januar 2014 hielt und deren Inhalt sich Kleine-Brockhoff gern zuschreiben ließ.[76] Die Rede löste augenblicklich eine Kontroverse aus, obwohl sie offensichtlich auf der Linie der Bundesregierung lag. Denn Außenminister Frank-Walter Steinmeier und Verteidigungsministerin Ursula von der Leyen argumentierten auf der Konferenz im Gleichklang mit Gauck. Für einen Moment schien es, als hätten die neue, gerade installierte rot-schwarze Koalition und ihr Bundespräsident einen gemeinsamen Weg gefunden. Die Bundesrepublik sollte – so die Münchener Botschaft – notfalls zu einem stärkeren Einsatz ihrer Streitkräfte bei Krisensituationen bereit sein. Gauck hatte mit seiner Rede deutlich werden lassen, dass er in der Berufung auf die sogenannte Schutzverantwortung – also im Einsatz deutscher Soldaten gegen ein Regime, das die Menschenrechte verletzt – eine elementare Verpflichtung der Bundesrepublik sieht. Allerdings fiel schon bald auf, dass sich die Bundeskanzlerin aus der heftigen Debatte, die daraufhin einsetzte, weitgehend heraushielt.

Dann änderte sich sowieso schlagartig alles. Die Bundesregierung stand aufgrund der Krise in der Ukraine und der Annexion der Krim durch Russland vor Herausforderungen, denen mit militärischen Mitteln nicht begegnet werden konnte. Stattdessen reagierte Angela Merkel mit einer Mischung aus Sanktionen und Gesprächen, den klassischen, erprobten Mitteln der Außenpolitik der Bundesrepublik. Von Schutzverantwortung, von Gaucks Münchener Anmerkungen zum militärischen Eingreifen, war keine Rede mehr – der Präsident war mit seinem Vorstoß ins Leere gelaufen. Er hatte immerhin und zu seinem Glück wenige Wochen bevor die russischen Panzer rollten, seine Abneigung gegen Wladimir Putin erkennen lassen. Gauck hatte dessen Einladung zu den Olympischen Winterspielen in Sotschi nicht angenommen.

Angesichts der dramatischen Geschehnisse in der Ukraine beschäftigte sich die deutsche Öffentlichkeit nicht länger mit Krisen in Afrika oder dem Blutvergießen in Syrien. Stattdessen schienen sich wieder die alten Fronten des Kalten Krieges abzuzeichnen. Klar wurde, dass die Bundeskanzlerin in solch einer Situation diejenige war, die die Gesetze des Handelns bestimmte. Sie telefonierte ununterbrochen mit Putin und Obama. Gauck war zumeist außen vor. Dass Gauck im Sommer 2014 anlässlich eines Staatsbesuchs in Norwegen noch einmal nachlegte und sich in einem Radiointerview dafür aussprach »auch zu den Waffen zu greifen«[77], machte ihn dann noch mehr zum Buhmann all derer, die ihn bewusst nicht verstehen wollten. »Widerlicher Kriegshetzer«, lautete der zugespitzte Vorwurf aus den Reihen der Linkspartei.[78]

Man kann Gauck nicht vorwerfen, dass seine außenpolitischen Initiativen zunächst ohne erkennbare Wirkung auf die Politik geblieben sind. Denn selbst unter anderen Umständen, ohne die Krise in der Ukraine, wäre es nur schwer denkbar, dass Angela Merkel ein substanzielles militärisches Engagement beispielsweise in der Zentralafrikanischen Republik zulassen würde. Dass ein solches nicht zu ihrem vorsichtigen Agieren passt, weiß der Bundespräsident. Er kann im besten Falle hoffen, ihr zuweilen zu helfen, über ihren Schatten zu springen. Und ihm sind die Umfragen bekannt, in denen eine deutliche Mehrheit der Bevölkerung immer wieder dafür plädiert, eher weniger als mehr Auslandseinsätze in Erwägung zu ziehen. Aber sie schrecken ihn nicht ab. In seiner auf den ersten Blick sturen Beharrlichkeit wird deutlich, dass Gauck sich nicht von Erwägungen zur Opportunität seiner Ansichten oder zu ihren Auswirkungen in der politischen Praxis beeinflussen lässt. Er geht seinen eigenen Weg, und der Bürger Gauck bleibt sich darin auch als Staatschef treu.

Nicht immer führt dieser eigene Weg zu zugespitzten Kontroversen. Zuweilen kann er sich des breiten Beifalls sicher sein. Beispielsweise zeigte sich das im Zusammenhang mit seiner Türkei-Reise im Frühjahr 2014. Für seine Attacken auf die Politik des Ministerpräsidenten in Ankara, Recep Erdoğan, gab es medial fast nur Lob.[79] In Ankara war die Konfrontation mit der türkischen

Politik beabsichtigt und auch vorher angekündigt. Sie entsprach der Vorstellung von Gauck, dass sich die Türkei und auch die in Deutschland lebenden Bürger türkischer Herkunft um eine Integration in den europäischen Wertekanon zu bemühen hätten. Sie war allerdings angesichts der aus demokratischen Wahlen stammenden Legitimation Erdoğans zumindest insofern fragwürdig, als Gauck bei anderen Besuchen im Ausland, etwa in Ungarn, derartige Kritik unterließ. Der Rahmen sei bei seiner Reise nach Budapest ein anderer gewesen, sagte Gauck auf kritisches Nachfragen von Journalisten. Das klang jedoch nicht sehr überzeugend. Mit Blick auf die Entwicklung in der Türkei hatte er nicht nur seine Vorbehalte, er hatte auch gängige Vorurteile mobilisiert.

Seine umstrittenen Äußerungen anlässlich eines Besuchs in der Schweiz, die dort heftige Reaktionen auslösten, wurden in der Bundesrepublik weitgehend ignoriert.[80] Das Nachbarland mit seinen plebiszitären Elementen beobachtete Gauck seit Langem mit einem gewissen Misstrauen. Durch den Ausgang eines Referendums zur Beschränkung des weiteren Zuzugs von EU-Bürgern fühlte er sich bestätigt. Die Schweizer Parteien hatten diesen Einwanderungsstopp fast ausnahmslos abgelehnt, dennoch wurde er von einer knappen Mehrheit der Bevölkerung befürwortet. Gauck machte bei seinem Staatsbesuch in Bern letztlich keinen Hehl daraus, dass er Formen der direkten Demokratie in der Bundespolitik entschieden ablehnt und damit das Schweizer Vorgehen ganz und gar nicht für ein Modell hält. Warum sich in seiner Rede aber nicht nur diese Vorbehalte wiederfanden, sondern noch ein kritischer Satz zum Verhalten der Alpenrepublik gegenüber Flüchtlingen aus dem nationalsozialistischen Deutschland gesagt werden musste, bleibt zunächst ein Rätsel. Erklärlich ist er nur als eine Art an den Haaren herbeigezogene Ergänzung, die die Distanz des Bundespräsidenten zum politischen Alltag in der Schweiz untermauern sollte. Der Nachbar, so Gauck, habe eben auch manches aufzuarbeiten. Der Nachbar aber reagierte verschnupft.

Vieles, fast alles an diesen diplomatischen Aktivitäten des Bundespräsidenten hat vorwiegend mit seiner Person, mit seinen persönlichen Einstellungen zu tun. Auftritte wie die in der Schweiz oder in der Türkei vollziehen sich losgelöst von den außenpolitischen Zielen der Bundesrepublik. Sie widersprechen diesen zwar nicht, sind aber eher spontan als wohlüberlegte Ergänzung. Die grobe Antwort von Erdoğan auf Gaucks Kritik, da habe wohl ein »Pastor« gesprochen, deutet den möglichen, wenn auch zuvor nicht kalkulierten Schaden an. Objektiv hat er dem türkischen Ministerpräsident mit seinen Anmerkungen geholfen, das Image des wahren Verteidigers türkischer Interessen gegen als Kreuzritter diffamierte westliche Politiker zu pflegen.

Überhaupt sieht es bei seinen Auftritten im Ausland oft so aus, als arbeitete da ein Spätberufener seine eigene, seine ostdeutsche Lebensgeschichte ab. Die Beschäftigung mit Deutschlands Schande und Schuld jedenfalls überlagerte in den ersten Monaten zunächst alles. Aus seiner Umgebung war zu hören, das sei als Voraussetzung dafür empfunden worden, glaubwürdig von einem neuen Deutschland zu sprechen. Aber die Auseinandersetzung mit den Verbrechen aus der Zeit des Nationalsozialismus in ganz Europa – war und ist das tatsächlich die notwendige Agenda des Jahres 2014 für ein deutsches Staatsoberhaupt? War das etwa seinem Alter geschuldet? Wusste er, dass er sich dabei von den Gastgebern auch instrumentalisieren ließ?

War das zum Beispiel in Frankreich tatsächlich notwendig gewesen? Bei seinem Staatsbesuch in dem großen westlichen Nachbarland Frankreich Anfang September 2013 half er dem schwächelnden Präsidenten François Hollande durch einen Besuch in dem Märtyrerdorf Oradour-sur-Glane. Dort hatte eine SS-Einheit 1944 ein grausiges Massaker verübt. Was allerdings dann nicht thematisiert wurde: Viele der Täter in der Uniform mit dem Totenkopf waren später nicht belangt worden, weil sie Elsässer waren. Die Amnestie der SS-Männer hatte in Frankreich zu erbitterten Auseinandersetzungen geführt, und die Vertreter der Überlebenden hatten über Jahrzehnte französische Politiker, die an der Amnestie beteiligt waren, regelrecht ausgesperrt. Davon betroffen war unter anderen der frühere sozialistische Präsident François Mitterrand. Gauck war für dessen Nachfolger Hollande also auch so etwas wie eine Eintrittskarte zu diesem wichtigen Ort des Gedenkens im eigenen Land. Aber über eine Erinnerung an das Geschehene kam es nicht hinaus. Dabei waren die deutsch-französischen Beziehungen längst tragfähig genug für eine gründlichere Auseinandersetzung – gerade an diesem Ort, an dem in Deutschland wie in Frankreich geborene Täter gleichermaßen Schuld auf sich geladen hatten. Das hätte aber Mut erfordert.

Wenige Monate nach dem Gauck-Besuch wurden die Kandidaten des rechtsextremen, antieuropäischen Front National bei der Wahl zum Europaparlament große Sieger und Frankreichs Sozialisten fast schon marginalisiert. Die aktuelle Entwicklung in Frankreich, diese gefährliche Mischung aus Nationalismus, Rückbesinnung auf einstigen Ruhm und Fremdenfeindlichkeit, hatte bei Gaucks Besuch keine Rolle gespielt – obwohl Oradour auch in Frankreich ein Symbol dafür ist, wie bei der Rückschau auf die eigene Geschichte das Vergessen obsiegen kann.

Gauck nahm nicht nur bei diesem Staatsbesuch in Frankreich, er nahm in Italien, in Griechenland, in der Tschechischen Republik und ebenso bei seinem Besuch in Holland ein Programm auf sich, das sich noch einmal um die Schrecken aus der Zeit der deutschen Besatzung drehte. Es entstand der Eindruck, er hole dabei für sich wie für die Ostdeutschen insgesamt den schmerzhaften Erkenntnisprozess der alten Bundesrepublik nach – und zuweilen benannte er das auch so.

Er kämpfte sich durch die Gedenkstätten an das nationalsozialistische Terrorregime in West- und Südeuropa, durch die dort herausragenden Orte auf der Landkarte der deutschen Schuld. Solche Auftritte lieferten bewegende Bilder und passten sehr gut zu dem Anliegen, die Würde des Amtes wiederherzustellen. Die mitreisenden Journalisten erlebten einen erschrockenen, sogar verunsicherten Gauck, der vor Ort die ganze Last deutscher Vergangenheit auf sich nahm. Und sie erlebten ihn zuweilen den Tränen nahe.

Immerhin gewinnt er mit den Auslandsauftritten sowie mit seinen Anmerkungen zur Außen- und Sicherheitspolitik Deutschlands allmählich ein eigenes und unverwechselbares Profil. Er pflegt dieses mit gelegentlicher und dosierter Distanz vor allem zur Bundeskanzlerin. Im Juli 2014 schien es zunächst sogar so, als ginge er der Regierungschefin voran. »Jetzt reicht's auch einmal«, wurde ein viel zitierter Satz aus dem ZDF-Sommerinterview mit Thomas Walde zu den jüngsten Enthüllungen über die Aktivitäten amerikanischer Nachrichtendienste in Deutschland. Das sei endlich der lang erwartete Klartext, kommentierten etliche Journalisten mit ausdrücklichem Verweis auf Angela Merkel, die noch immer stillzuhalten schien.[81] Gauck, kurz zuvor noch als Militarist beschimpft, hatte sich damit wieder in die Herzen vieler Deutschen geredet. Aber Angela Merkel reagierte dann auf die Affäre nicht nur mit Worten, sondern mit erstaunlicher Entschlossenheit. Sie ließ einen ranghohen US-Diplomaten nach Hause schicken.

Während seine außenpolitischen Aktivitäten allmählich ein gewisses Profil gewinnen, bleiben Gaucks Anmerkungen zur Situation zu Hause zumeist wenig beachtet. Das liegt nicht unbedingt daran, dass sie nicht von inhaltlicher Sprengkraft gewesen wären oder gar schon allzu bekannt. Sie folgen zwar auch dem Prinzip, dass der Präsident Gauck den Ansichten des Bürgers Gauck treu bleibt, aber die kennt ja bislang kaum einer. Und auch sie sind in besonderer Weise geprägt von der Vorstellung, dass wir in der Bundesrepublik in einer Welt leben, die wir uns vielleicht noch besser denken können, die aber die beste ist, die wir je erleben durften.

Genauso redete er auf dem Bankentag im April 2014 – als zweiter Bundespräsident nach Wulff im Jahr 2011. Der *Spiegel* erlaubte sich eine Gegenüberstellung der Äußerungen von Wulff und Gauck unter der Überschrift »Gauck, der Banken-Versteher«.[82]

Tatsächlich hatte sich seit Langem kein namhafter deutscher Politiker so verständnisvoll gegenüber den Mächtigen der Finanzwirtschaft geäußert. Sein Vorvorgänger Horst Köhler hatte 2008 die Finanzmärkte als »Monster« bezeichnet.[83] Noch unmittelbar vor seinem Rücktritt hatte er sehr nachdrücklich das Primat der Politik gegenüber der Wirtschaft verlangt. Und Wulff war ihm, wie gesagt, in dieser Sichtweise gefolgt. Nicht nur dem *Spiegel*, ebenso dem *Berliner Tagesspiegel* war die Nähe von Gauck zu den Vertretern der Großbanken aufgefallen. »Ein Herz für Banker«, hieß es da vorwurfsvoll.[84] Aber nicht alle Medien lasen diese Botschaft aus seiner Rede. Die Nachrichtenagentur dpa sah den Bundespräsidenten als Warner vor Exzessen, und diese Analyse fand dann ihren Weg in die meisten deutschen Tageszeitungen. Die *Frankfurter Allgemeine Zeitung* konzentrierte sich auf die Forderungen von Gauck, nach denen Bankkunden genügend Sachverstand mitbringen sollten.[85] Dass eine wichtige Rede des Bundespräsidenten so unterschiedlich gedeutet wurde, ist ein verstörendes Signal. Dass sie dann kaum Wirkung entfaltete, verwundert vor diesem Hintergrund wenig.

Eine andere als Grundsatzrede gedachte Einlassung Gaucks zum Spannungsverhältnis zwischen Politik und Wirtschaft erlebte ein ähnliches Schicksal. In Freiburg hatte er im Januar 2014 mit Walter Eucken einen der Väter der sozialen Marktwirtschaft geehrt. Diese Rede, eine Verteidigung neoliberaler Wirtschaftspolitik, entfachte zwar in den Stunden danach eine wilde Debatte, geriet aber schnell wieder in Vergessenheit.[86]

Breitere Aufmerksamkeit gewannen die Stellungnahmen Gaucks zur Integration von Zuwanderern. Das ist ein Thema, bei dem sich Gaucks Überzeugungen leicht mit Forderungen an die Politik verbinden lassen. Als er am Vorabend des Verfassungstages, am 22. Mai 2014, eine Gruppe von Neubürgern im Schloss Bellevue empfing, sprach er von Deutschland als »Sehnsuchtsort«.[87] Die lang dauernde Ansprache knüpfte in vielerlei Hinsicht an persönliche Erfahrungen Gaucks an – wieder einmal stand in ihr im Mittelpunkt die Erzählung vom Außenseiter, der dabei sein will und soll, dem aber das Dazugehören nicht leichtfällt und nicht leicht gemacht wird. Und sie war – natürlich – geprägt vom Mythos der besten denkbaren Heimat. Pointiert äußerte sich Gauck weiterhin zur Flüchtlingspolitik. Hier vertrat und vertritt der Bundespräsident Positionen, die denen der oppositionellen Grünen und Linken im Bundestag am nächsten stehen.[88]

Der Bundespräsident operiert ansonsten mit seinen zahlreichen Reden, so scheint es jedenfalls, häufig im parteipolitischen Niemandsland. Er erhält zuweilen Beifall von den Grünen, auch von dem neuen FDP-Chef Christian Lindner. Immer wieder fühlt sich die Linkspartei durch den Präsidenten so weit provoziert, dass sie mit Beschimpfungen reagiert. Und das zwingt die Sozialdemokraten dazu, ihre Distanz zu der Partei zu verdeutlichen. Zwar erlaubt sich die SPD in Brandenburg weiterhin ein rot-rotes Bündnis und schließt ein solches für andere Bundesländer nicht aus. Aber auf Bundesebene ist nicht zuletzt Gauck ein unüberwindbares Hindernis. Er steht gewissermaßen als Garant für die weitere Ausgrenzung der Linkspartei. Spätestens seit der Bundestagswahl im Oktober 2013 ist daraus ein zusätzliches Problem geworden. Denn der Wahlausgang und vor allem die folgende Regierungsbildung haben die Position des Bundespräsidenten im Machtkonzert Berlins deutlich verändert. Die Grünen, die 2010 die Initialzündung für seine Präsidentschaftsambitionen verantworteten, bleiben in der Opposition. Die SPD, die wichtigste Säule seiner Präsidentschaftsambitionen, regiert wieder mit. Die Koalition der beiden großen Fraktionen hat zwar kaum mehr als zwei Drittel der Wählerstimmen mobilisieren können, verfügt im Bundestag aber über eine satte Dreiviertelmehrheit.[89] Der Opposition fehlen damit wesentliche Einspruchsrechte – zum ersten Mal seit 1969 können die Regierungsfraktionen wieder ihren Willen völlig ungebremst durchsetzen.

Zugrunde liegt dem nicht zuletzt der Umstand, dass fast 16 Prozent der Wählerstimmen wegen der Fünf-Prozent-Hürde bei der

Mandatsverteilung gar nicht zählten, sondern unter den vier verbleibenden Bundestagsfraktionen aufgeteilt wurden.[90] Zum ersten Mal wurde damit in der Geschichte der Bundesrepublik die Linkspartei die wichtigste Oppositionskraft und Gregor Gysi ihr Führer. Das ist für Gauck in mancherlei Hinsicht eine Herausforderung. Er muss mit den Folgen dieser geballten Machtkonzentration der Regierungsmehrheit umgehen. Die Opposition im Bundestag ist beispielsweise zu schwach, um mithilfe einer Normenkontrollklage das Bundesverfassungsgericht anrufen zu können. Für solch eine Klage, die ein Urteil über die verfassungsrechtliche Unbedenklichkeit einer Mehrheitsentscheidung herbeiführen würde, fehlt ihr das notwendige Quorum von einem Viertel der Stimmen. Da ist der Bundespräsident zusätzlich gefordert. Dann wirkt er nicht ausschließlich durch seine Worte. Im Gesetzgebungsverfahren entscheidet seine Unterschrift, besser gesagt: die fehlende Unterschrift. Denn wenn der Amtsinhaber ein Gesetz nicht unterschreibt, es im Verfassungsdeutsch also nicht »ausfertigt«, tritt es auch nicht in Kraft. Und zuweilen haben Bundespräsidenten in der Vergangenheit nach gründlicher Prüfung tatsächlich die Unterschrift verweigert.

Die Wächterfunktion des Präsidenten wird in einigen Fällen von besonderer Bedeutung sein. Gauck sah sich im Mai 2014 mit einem Gesetz zur Regelung der Abgeordnetendiäten konfrontiert, das als letzte Klippe seinen Schreibtisch passieren musste. Das Gesetz ist exemplarisch für die Art und Weise, in der die Große Koalition unpopuläre Entscheidungen umsetzen will. In aller Hast wenige Wochen nach der Konstituierung des Bundestags durchgezogen, blieb es mit Blick auf die Europawahl monatelang im Parlament liegen, bevor es Gauck Mitte Mai übersandt wurde – wenige Wochen bevor es in Kraft treten sollte. Solch eine Zeitverzögerung musste der Präsident als unnötigen Affront verstehen. Er unterschrieb zunächst nicht. Der Plan von Union und SPD, die unangenehme Sache möglichst geräuschlos zu erledigen, war damit gescheitert.

Gauck saß in der Zwickmühle. Fertigte er das Gesetz aus, so würde ihm das als Einknicken ausgelegt werden. Sollte er es nicht unterschreiben, so riskierte er einen Konflikt mit der Mehrheit des Bundestags. War das die Sache wert? Und dann leistete er zwei Tage vor dem Finale der Fußball-WM seine Unterschrift. Danach flog er zusammen mit Angela Merkel nach Brasilien – trotz der verfassungsrechtlichen Bedenken. Aber die waren letztlich »doch nicht so durchgreifend«, wie eine Sprecherin des Amtes verlauten ließ. In Brasilien wurden dann beide zu Gewinnern. Weltmeisterlich, wie sie die Arme hochrissen – Gauck allerdings deutlich schneller als die Kanzlerin. Die schien selbst beim Siegtor lieber eine Sekunde nachzudenken. Dann lagen sie sich in den Armen – so wie noch nie zuvor.

Wenige Wochen danach tritt der Bundespräsident seinen Urlaub an – wieder einmal im vertrauten Wustrow, im Haus der Oma. Joachim Gauck hat seit dem März 2012 viel gesehen von der großen, weiten Welt, mehr als in all den 72 Jahren zuvor. Aber am liebsten ist er offensichtlich immer noch dort, wo er auch die Sommertage seiner frühen Kindheit verbrachte – wieder mit dem Blick auf die Ostsee, aber nicht länger in der Sehnsucht nach dem unerreichbaren Fernen – jetzt noch nicht einmal getrübt durch das kühle und regnerische Wetter des August 2014. Das ist er ja gewohnt von seiner Heimat, in der es weniger schöne, aber auch wirklich schöne Tage gibt.

# Ausblick

Ende Oktober 2010 veröffentlichte der Philosoph Jürgen Habermas, weltweit anerkannte deutsche Autorität des kritischen Denkens, einen langen Aufsatz, in dem er seine Bedenken zu gewissen Entwicklungen in Deutschland äußerte. Der Text erschien – nicht ganz zufällig – übersetzt ins Englische in der *New York Times*, und auch nur dort.[91] Er beschäftigte sich unter anderem mit einer aus Sicht von Habermas besorgniserregenden Erscheinung, die direkt mit dem Namen Gauck verbunden wurde. Die Deutschen würden, so der Verfasser, zunehmend unpolitische Figuren auf dem politischen Parkett bevorzugen. Ein Beispiel sei der »politisch unerfahrene« Gauck, ein anderes Karl-Theodor zu Guttenberg, der Adlige mit guten Manieren und »ausgesuchter Bekleidung«, der die Kanzlerin in den Schatten zu stellen beginne. Habermas warnte davor, die Aktivitäten der Parteien und Politiker zu diskreditieren. Europa brauche eine politische Klasse, die entschlossen und aus gemeinsamer Verantwortung heraus handle. Charismatische Nichtpolitiker – also Männer wie Gauck – hielt er diesbezüglich für ein Hindernis.

Die Anmerkungen des Philosophen wurden in Deutschland kaum wahr-, geschweige denn ernst genommen. Tatsächlich aber verbirgt sich in ihnen das ganze Dilemma der Präsidentschaft von Joachim Gauck. Er, der Amateur, soll wieder richten, was die Politprofis ins Wanken gebracht haben. Würde ihm das gelingen, wäre das nur ein zusätzlicher Beweis für das Versagen der politischen Klasse. Könnte Charisma die Erfahrungen und Fähigkeiten der Politiker ersetzen, so würde der gesamte politische Prozess infrage gestellt. Dem Land Orientierung geben, das könnte dann jeder, der mit gewissen Talenten ausgestattet ist – so wie

Gauck beispielsweise. Das aber ist laut Habermas ein großer Irrtum. Wulff, den damals frisch gewählten Bundespräsidenten, den Berufspolitiker, lobt er 2010 dagegen ausdrücklich auch wegen seines Statements zum Islam.[92] In diesem sieht er einen gelungenen Beitrag zur Eindämmung der vornehmlich aus dem konservativen Lager kommenden Forderung nach einer deutschen »Leitkultur«. Die Bundesrepublik braucht laut Habermas nicht Amateure an den entscheidenden Stellen, sondern ausgewiesene Profis. Sie braucht keinen Bürgerpräsidenten Gauck, sie sollte sich mit dem Bundespräsidenten Wulff zufriedengeben.

Monate später werden die Befürchtungen von Habermas jedoch Wirklichkeit. Gauck ist als ein Amateur, als Fremdkörper, angekommen im politischen Betrieb. Auch der Amtsvorgänger Horst Köhler hatte eine gewisse Distanz zu den Politikern im Parlament gehabt und war nicht wirklich einer von ihnen gewesen. Aber Köhler war immerhin als Staatssekretär an wesentlichen Entscheidungen der Bundespolitik beteiligt und in seiner Zeit in Washington[93] ein wichtiger politischer Akteur auf internationaler Ebene gewesen. Dennoch hat er als erster Bundespräsident überhaupt nicht zuletzt wegen der Reaktionen der politischen Klasse auf seine Person resigniert.

Sosehr Gauck das spät errungene Amt erstrebenswert erschien, so wird doch deutlich, dass es ihn überfordern könnte. Laut Habermas muss er von seinen Vorerfahrungen her bei dem Versuch, es in Gänze auszufüllen, scheitern. Sein Charisma, seine ungewöhnliche Fähigkeit, Menschen in direkter Ansprache einzunehmen, ist zunächst ein großer Gewinn. Aber diese Stärke, dieses hohe Maß an Zustimmung ist zugleich gefährlich. Das Amt des Bundespräsidenten lädt dazu ein, sich in den Versuch zu flüchten, der populäre Außenseiter zu bleiben. Das allein reicht jedoch nicht.

Das Amt des Bundespräsidenten ist tatsächlich eine überaus komplizierte Mischung aus Restbeständen der Monarchie und den Institutionen demokratischer Staaten. In dieser Form ist es im internationalen Vergleich eher eine Seltenheit. Andere Staaten leisten sich entweder ein waschechtes Königshaus oder einen Staatschef, der die Geschicke des Landes tatsächlich verantwortet. Die eigene Standarte auf dem Dach und am Dienstfahrzeug, die höchste Stufe des Bundesverdienstordens als Beigabe, den ersten Zugriff auf die Flugbereitschaft des Bundes und das ehrerbietige Aufstehen, wenn der Amtsinhaber den Raum betritt – der besondere Respekt, den unser Staatsoberhaupt gemäß dem Protokoll der Republik in Anspruch nehmen darf, erinnert ein wenig an die vorrepublikanischen Zeiten des Landes, als der dynastische Staatschef so seinen Rang unterstreichen wollte. In der Republik verbindet sich all das mit der Fähigkeit, sich beliebt zu machen im Umgang mit der Bevölkerung. Insofern hat sich Gauck hervorragend geschlagen. Als Großherzog von Mecklenburg wäre er sicher ein herausragender Amtsinhaber gewesen. Und in Bezug auf diese feudalen Restbestände mag die Warnung von Habermas vor der unpolitischen charismatischen Erscheinung auch übertrieben sein.

Der Bundespräsident ist aber nicht nur ein über den Parteien stehender Staatsrepräsentant. Schon das Auswahlverfahren und die Wahl durch die Bundesversammlung sind nichts anderes, als ein wohlüberlegter Kunstgriff, um der Popularität des Präsidenten Grenzen zu setzen. Der Präsident ist weder von Geburt her noch durch besondere Fähigkeiten im Umgang mit der Bevölkerung ins Amt gekommen. Selbst wenn er sich als Bürgerpräsident fühlen sollte, so ist er nicht von den Bürgern auserkoren. Er spiegelt vielmehr die jeweiligen politischen Mehrheiten in der Bundesrepublik wider. Der Amtsinhaber ist dadurch wieder ganz Repräsentant der politischen Klasse. Den Bürgern der Bundesrepublik wird seine Wahl nicht zugemutet, auch nicht zugetraut – übrigens auch von Joachim Gauck nicht zugetraut, der sich stets gegen diese Direktwahl ausgesprochen hat. Der Bundespräsident soll nicht dadurch Macht gewinnen, indem er sich auf ein Bürgervotum berufen kann.

Nun ist der Nichtpolitiker Gauck trotz der von Habermas beschriebenen Bedenken nicht nur Bundespräsident geworden – er ist darüber hinaus der Außenseiter, der wie kaum ein anderer zuvor von einer übergroßen Mehrheit der politischen Klasse hingenommen wurde. Es gab 2012 keine überzeugende Alternative zu ihm, sosehr sich Angela Merkel auch abmühte. Wer nun versucht, seine Amtsführung unter diesem Gesichtspunkt zu bewerten, stößt auf erstaunliche, für den Philosophen allerdings naheliegende Defizite. Gauck wirkt viel eher wie ein Bürger, der sich mit seinem Meinungspotpourri in ein Staatsamt verirrt hat, als wie ein Amtsinhaber, der sich dieser besonderen Verantwortung bewusst ist. Was er sagt und tut, hat oft wenig Verbindung zu dem, was die Gesetzesgeber und die Regierenden gerade unternehmen. Er kritisiert die übergroße Allparteienkoalition, die ihn gewählt hat, so gut wie nie. Zuweilen findet er etwas an sozialdemokratischen, dann wieder an christdemokratischen Inhalten bedenkenswert. Auch die Grünen bekommen das eine oder andere ins Stammbuch geschrieben. Er hält aber vor allem den Bürgern einen Spiegel vor – und darin sehen sie dann nicht besonders gut aus. Dann wird ausgerechnet der Bürgerpräsident zu jenem »Leviten-Leser« für den Bürger, den der *Spiegel* gleich nach seiner Wahl angekündigt hat.[94]

Doch das Amt verlangt mehr, verlangt anderes. Das Hamburger Nachrichtenblatt spekulierte damals damit, »wie Gauck das Land verändern will«. Das war eine glatte Fehlkalkulation des Magazins, das sich für ihn geschlagen hatte und ihn als »eine Kampfansage an die Mehrheitsmeinung« definierte – ohne klar zu benennen, welcher Mehrheit da der Kampf angesagt werden würde. Es gab in den zweieinhalb Jahren seiner Amtsführung bisher so gut wie keinen Kampf und schon gar keine wesentliche Veränderung in Deutschland, die mit dem Namen Gauck zu verbinden wäre. Recht behielt der *Spiegel* in einem Punkt aber trotzdem. Es fehlt bei diesem Bundespräsidenten zumeist das, was ihn aufgrund seiner besonderen Stellung und der ohne Zweifel erarbeiteten Popularität zum Bindeglied zwischen Bürgertum und

Politik machen könnte. Mit diesem Mangel kommt er zunächst recht gut über die Runden, weil es genügend Journalisten gibt, die ihm sein Beharren auf vielfältigen eigenständigen Standpunkten als Mut auslegen. Und es gibt bei so manchem Kommentator aus dem Pressebereich hinreichend Sympathie dafür, dass dem Leser mal gründlich die Meinung gesagt werden muss. Chefkommentatoren sind ja auch gern Leviten-Leser. Somit bleiben zum zweiten Jahrestag seiner Amtseinführung die Beurteilungen in den Zeitungen unterm Strich weiterhin positiv.

Tatsächlich aber führt seine Eigenwilligkeit zu einer wachsenden Wirkungslosigkeit. Im Vergleich zu seinen Vorgängern, die fast alle mit wesentlich knapperen Mehrheiten ins Amt gelangten, hat er noch nicht gewuchert mit dem, was er 2012 an breitem Mandat mit auf den Weg bekam.

Die allermeisten Deutschen haben nie etwas anderes als Staatsoberhaupt gekannt als einen Bundespräsidenten. Man muss schon sehr alt sein, um noch persönliche Erinnerungen an den Despoten Hitler oder gar an den Reichspräsidenten Paul von Hindenburg zu haben. Auch im Osten des Landes schwindet die Erinnerung an jene unbeliebten Staatschefs, die – wie zuletzt Erich Honecker – die DDR repräsentierten. Gauck ist der elfte Mann, der mit der Kfz-Nummer 0 – 1 durch die Lande fährt. Fünf seiner Vorgänger amtierten fünf Jahre, nur zwei von ihnen volle zehn, drei traten während ihrer Amtszeit zurück, darunter die beiden Vorgänger Gaucks, Wulff und Köhler. Der erste der bislang elf Staatspräsidenten, Theodor Heuss, ist in jeder Hinsicht eine Ausnahme gewesen. Er war im Übrigen auch der Einzige, der – wie Gauck – nie ein Regierungsamt bekleidete. Alle, die ihm folgten, waren entweder Bundesminister, Staatssekretäre, Ministerpräsidenten oder Landesminister gewesen – Roman Herzog dazu noch Bundesverfassungsrichter.

Gauck ist wiederum der Einzige, der als zweiundsiebzigjähriger Rentner in das Amt wechselte. Lohnt es sich da überhaupt, ihn in Beziehung zu setzen mit seinen Vorgängern? Nun ist der fürwahr in so vielem anders, dass es schwerfallen würde, den Mann beispielsweise neben Karl Carstens oder Roman Herzog zu stellen. Die kennt ja heute kaum noch einer. Und Horst Köhler und vor allem Christian Wulff sind vornehmlich wegen ihrer unrühmlichen Abgänge im Gedächtnis geblieben. Aber es gibt noch eine weitere Messlatte als die der Vergesslichkeit. Das Maß aller Dinge ist bei den nicht mehr ganz jungen Menschen und zuweilen selbst bei ihnen weiterhin jener Richard von Weizsäcker, der zehn Jahre, von 1984 bis 1994, das Amt innehatte. Bis heute liegt er bei Umfragen weit vorn, wenn der beliebteste der einstigen Amtsinhaber genannt werden soll.

Tatsächlich haben Weizsäcker und Gauck einige erstaunliche Gemeinsamkeiten, die sie von den anderen neun Bundespräsidenten unterscheiden. Beide sind mit extrem hohen Erwartungen in das Amt gewählt worden – nachdem sie zunächst gescheitert waren. Beide sind auch mit extrem guten Ergebnissen gewählt worden – sie sind die Einzigen, die im ersten Wahlgang Parteivertreter der Regierung wie der Opposition gleichermaßen mobilisieren konnten. Beide sind zudem gegen den offenkundigen Willen der jeweiligen Bundeskanzler gewählt worden – Helmut Kohl wollte Richard von Weizsäcker genauso wenig, wie Angela Merkel sich Joachim Gauck gewünscht hat. Merkel wird in ihrer Weigerung, Gauck als Kandidaten zu nominieren, sicher an das Verhältnis von Kohl und Weizsäcker gedacht haben, das sie gut verfolgen konnte. Und Gauck hat genau wie von Weizsäcker das Amt mit aller Macht angestrebt. Und noch etwas verbindet den ersten ostdeutschen mit dem Modellbundespräsidenten: Beide haben sie sich ihre ersten, letztlich entscheidenden Meriten, nämlich ihre Erfahrungen im öffentlichen Leben, in den Kirchen, vor allem auf Kirchentagen erarbeitet.

Trotz der Gemeinsamkeiten fällt dann doch das Trennende ins Gewicht. Weizsäcker, fast genau eine Generation älter als Gauck, ist durch und durch Erbe der alten Eliten Deutschlands, die die Katastrophe von 1933, den Machtantritt der Nationalsozialisten, mitzuverantworten hatten. Sechs lange Jahre hatte er als Offizier der Wehrmacht für ein Regime gekämpft, dessen verbrecherischer Charakter ihm immer deutlicher wurde. Er trat mit einer schweren Bürde das Amt an, und er hatte es nicht zuletzt angestrebt, um durch diese Aufgabe ins Reine zu kommen mit einer Vergangenheit voller Belastungen. Und dann konnte auch der Zeitpunkt seiner Wahl nicht günstiger sein für seine Botschaft. Er war gerade ein Jahr im Amt, als des 40. Jahrestags des Kriegsendes zu gedenken war. So wurde die Bilanz Deutschlands im 20. Jahrhundert zu einer persönlichen Abrechnung. Und zu einer Jahrhundertrede – sorgsam, fast quälerisch, aufwendig vorbereitet. Zwei Sätze darin waren entscheidend. Einmal die Äußerung über die Niederlage des Reichs und ihre Deutung: »Der 8. Mai war ein Tag der Befreiung.« Und dann die über die Einmaligkeit des größten der nationalsozialistischen Verbrechen: »Der Völkermord an den Juden jedoch ist beispiellos in der Geschichte!«

Als Weizsäcker diese Sätze sagte, wurde in dem Augenblick allen klar, dass sie ihre Relevanz dadurch erhielten, weil sie hier das Staatsoberhaupt mit dem ganzen Gewicht seines Amtes sprach. Es formulierte sie so, als wären sie Gesetze. Es bestimmte den Kurs der Bundesrepublik, wie es kein anderer seiner Amtsvorgänger und bislang keiner seiner Nachfolger tat.

Sicher war Weizsäcker auch ansonsten ein vorzeigbarer Präsident. Er scheute sich nicht vor Konflikten mit dem Kanzler Kohl, er thematisierte die Unzufriedenheit vieler Bürger mit dem Politikbetrieb. Aber diese besondere Stellung, die er in der Reihe der Staatsoberhäupter bis heute einnimmt, verdankt er vor allem dieser Rede. Sie gehört zu den wenigen unentbehrlichen und konstituierenden Momenten der Bundesrepublik. Sie ist vergleichbar mit den Augenblicken, die ansonsten den Kanzlern vorbehalten waren: mit dem Händedruck zwischen Konrad Adenauer und dem französischen Staatspräsidenten Charles de Gaulle 1962 in der Kathedrale von Reims, dem Warschauer Kniefall von Willy Brandt 1970 am Mahnmal für den Ghettoaufstand und mit jenem

Handschlag zwischen Michail Gorbatschow und Helmut Kohl im Juli 1990 auf der Krim, mit dem die deutsche Einheit besiegelt wurde.

Die Kraft, die die Rede von Weizsäcker entwickelte, liegt darin, dass ein jeder spürte, wie hier eine persönliche Bilanz verwoben wurde mit der Geschichte des Landes. Da sprach einer, der den langen Krieg in Gänze miterlebt hatte. Einer, dessen Bruder gleich am zweiten Tag gefallen war. Einer, dessen Vater unter Hitler als Staatssekretär einer der wichtigsten Männer der deutschen Außenpolitik war und dann von den Alliierten als Kriegsverbrecher angeklagt und verurteilt wurde. Einer, der aber auch denen nahestand, die ihr Leben im Widerstand gegen Hitler in die Waagschale warfen und elendig starben. Und obwohl Weizsäcker sich nicht scheute, in seiner großen Rede die Mitverantwortung der stalinistischen Sowjetunion für den Kriegsausbruch zu erwähnen, waren die russischen Sieger in seinem Verständnis Teil der notwendigen Befreiung. Die Bundesrepublik akzeptierte diese Deutung der Geschichte durch ihr Staatsoberhaupt, weil die große Mehrheit spürte, dass da ein Mann redete, der ganz genau wusste, wovon er sprach.

Die Rede war und ist Maßstab dafür, wie Amt und Person zueinander kommen. Ein erfolgreicher Bundespräsident orientiert die Nation dadurch, dass er seinen eigenen Standpunkt hinreichend mit seinem Leben und den dabei gewonnenen Erfahrungen verbinden kann.

Gauck wirkt zuweilen so, als suchte er noch nach etwas anderem, etwas Gewichtigem, etwas, was er mit allen teilen kann. In seinem Leben gibt es – zumindest im Vergleich zu dem von Richard von Weizsäcker – keine Momente großer Tragik. Und es gibt auch nicht die Erfahrungen, mit denen er bei naheliegenden bedeutsamen Fragen besondere Antworten formulieren könnte. Letzten Endes sind viele seiner Bilder nur Abzüge einer längst von anderen erzählten Geschichte. Adenauer und de Gaulle waren in der Kathedrale von Reims schon ein weites Stück des

Weges gegangen, den Brandt in Warschau im Namen der Nation mit Scham und Trauer fortsetzte – und auf dem Weizsäcker dann die unvermeidliche Schlussfolgerung zog, dass die Deutschen sich nicht befreiten, sondern befreit werden mussten. Kohl hatte seine Lektionen aus der europäischen Geschichte gelernt, als er den Generalsekretär der KPdSU zu einem historischen Schritt bewegen konnte.

Zu Gauck passen solche Momente der Geschichte nicht. Er hat persönlich wenig Bezug zum großen Schicksal der Nation. Seine Familiengeschichte ist eine Randnotiz – ein Glücksfall eher, den er ohne Not zum Unglück stilisiert. Dieses vermeintliche Unglück fügt sich dann zwar gut zu seinen Erzählungen von den fast schon paradiesischen Zuständen heute, aber spiegelt sich nicht wider in der Erinnerung der Nation. Und die sogenannte friedliche Revolution von 1989 ist eben auch nur die halbe Wahrheit zum Ende der DDR. Gleichen, vielleicht nachhaltigeren Mut brachten die auf, die oft unter Gefahren weggingen. Sie waren der Motor der Entwicklung, die zur schnellen deutschen Vereinigung führte. Insofern kann Gauck dem Vergleich mit Weizsäcker nicht standhalten – sein Leben verbindet sich nicht mit einer großen Botschaft.

Eher schemenhaft noch und von ihm auch nur zaghaft skizziert, taucht letztlich doch ein Thema auf, bei dem seine Person und große Politik ineinanderfließen. Wenn er, der einstige Außenseiter, die Integration der Außenseiter fordert, wirkt er plötzlich glaubwürdig. Sein Reden von dem »neuen Wir«, das Deutschland brauche, ist derzeit noch ein vorsichtiger Appell. Als wäre ihm nicht recht wohl dabei, sich einzureihen bei denjenigen, die dabei sein wollen, aber nicht jederzeit willkommen sind. Beim Wettlauf im Jahr 2014 um die Reden zum 65. Jahrestag des Grundgesetzes wurde erstmals deutlich, dass das Dazukommen, das späte Dazugehören sein ureigenes Thema werden könnte. Er sprach am Vorabend des Jubiläums in einer Art Einbürgerungsfeier zu Neu-Bundesbürgern im Schloss Bellevue. Im Bundestag bei der zentralen Feier am 23. Mai war er Zuhörer von Navid Kermani, dem

Orientalisten mit iranischen Wurzeln, der dazu eine bemerkenswerte Rede voller Dankbarkeit für das Land, das ihn dazugehören lässt, hielt. Es war eine Rede, die Gauck überaus gefallen hat, auch wenn in ihr die DDR noch nicht einmal erwähnt wurde.[95] Es wäre das Thema, bei dem sein Leben und die politische Mission eins werden könnten, wenn er uns alle klarer erkennen lässt, was wir denen geben können, die dieses »Wir« noch als Herausforderung begreifen müssen.

Nimmt man den Gedanken Habermas' von der Rückbesinnung auf die Pflichten der Politiker und den Vergleich zwischen Weizsäcker und Gauck zur Grundlage einer Bilanz für die erste Halbzeit des Bundespräsidenten, so ist das eine Präsidentschaft, die noch werden kann. Der Nichtpolitiker Gauck hat bislang nicht den Nachweis erbracht, dass Habermas falschliegt mit seinen Warnungen vor der Flucht ins unpolitische Charisma. Aber er hat Habermas auch nicht recht gegeben – noch nicht jedenfalls. Und die Gegenüberstellung mit Weizsäcker zeigt, dass Gauck noch auf der Suche nach dem Thema ist, das ihn zu einem herausragenden Präsidenten werden lassen könnte. Mit einem Schuss Zynismus würde solch eine Zwischenbilanz in einer Neuformulierung des berühmten Satzes von Gauck aus dem Jahr 1999 enden. Die Deutschen, die ihn so sehr als Präsidenten wollten, träumten vom Paradies – und aufgewacht sind sie im schönen Mecklenburg.

Aber das wäre, wie gesagt, nur eine zynische Halbzeitbilanz. Es könnte sein, dass der eine oder andere Traum von einem Bürgerpräsidenten doch noch Wirklichkeit wird. Gauck hatte stets ein feines Gespür für den Eindruck, den er hinterlässt. So vehement er Kritik von sich weist, so sehr nimmt er sie umgekehrt wahr. Er weiß, dass er sich anstrengen muss, soll er nicht als ein fehlgeschlagenes Experiment in die Geschichte der Bundesrepublik eingehen. Als weit über Siebzigjähriger hat er sich schon in einem Maße verausgabt, mehr als gedacht und sehr zur Verwunderung vieler seiner Weggefährten. Er unterwirft sich einem prall gefüllten Terminkalender. Er ist bei wichtigen Besprechungen im

Präsidialamt zumeist dabei. Er hat seinen Traum vom Paradies noch nicht ausgeträumt. Und Deutschland ist weiterhin geduldig mit diesem Staatsoberhaupt. Bei allen inzwischen erkennbaren Schwächen und Unzulänglichkeiten bleibt er hinreichend beliebt. Wenn hier und da Enttäuschung hochkommt, so ist sie auch mit der Frage verbunden, warum denn alle überhaupt so viel von ihm erwarten. Ein Gedanke, der Gauck gefallen müsste.

Und das wäre dann eine gute Bilanz auch im Sinne von Habermas. Wenn die Menschen erkennen, dass ihr Wunsch nach Veränderung vor allem eine Aufforderung an sie selbst ist – und dass in den seltensten Fällen ein Bundespräsident stellvertretend für alle etwas verändern kann. Dann wäre Joachim Gauck tatsächlich ein Meilenstein in der Geschichte unseres Landes – ein Abschied von der Illusion, dass wir uns um bestimmte Anstrengungen mogeln können. Dafür aber müssten die Deutschen sehen, dass die Träume vom Paradies sich brechen an den Schwierigkeiten der Gegenwart und an den Illusionen über die Vergangenheit. Und was sein Thema sein könnte: Sie brauchen ja jetzt auch einen, der weiß, wie es ist, wenn man an eine Tür klopfen muss, um dabei zu sein. Sie brauchen einen, der weiß, wie es ist, wenn man nicht immer schon dabei war. Damit hätten sich auch die Befürchtungen von Jürgen Habermas erledigt. Denn tatsächlich hat dafür ein Nicht-Politiker allemal das bessere Gespür. Und Joachim Gauck mit seiner Lebensgeschichte sowieso. Einer Geschichte, die geprägt ist von der Suche nach Anerkennung, von dem Wunsch, endlich aufwachen zu dürfen in vergleichsweise paradiesischen Zuständen.

# Dank und ein persönlicher Hinweis

Im Mai 2012 begann ich meine Arbeit als Korrespondent einer Nachrichtenagentur in Washington. Vor meiner Abreise hat Joachim Gauck zusammen mit Daniela Schadt meine Familie im Schloss Bellevue geradezu fürstlich empfangen und sich dafür viel Zeit genommen. Meine Frau und meine Söhne waren beeindruckt, und ich bin ihm dankbar dafür. Über dieses Buch habe ich dabei und bei späteren Zusammentreffen immer nur kurz mit ihm geredet. Ich habe mich auch entschlossen, ohne Zitate aus den zahllosen Gesprächen, die ich mit anderen Menschen über ihn führte, zu arbeiten. Gar nicht erst sollte die Idee aufkommen, es müsse alles noch einmal autorisiert oder berichtigt, auf jeden Fall mit ihm abgestimmt werden. Durch Recherchen und Gespräche wollte ich die bisherigen Lebensbeschreibungen ergänzen können und vor allem meine eigenen Erinnerungen an die gemeinsam durchlebte Zeit verwerten. Der Kern dieses Buches sind diese Erinnerungen und die Schlussfolgerungen, die ich daraus zog.

Dafür ein Beispiel: Einmal sind wir zusammen in einem dieser US-Bummelzüge von Washington nach New York gefahren – mit Zwischenhalt in Princeton Junction. Gauck übte auf Englisch eine Rede, die er am nächsten Tag in New York halten wollte. Ziemlich schnell waren wir von ein paar Kindern umringt, schwarzen oder Afroamerikanern, wie es heute heißt. Das war für die ein lustiges Spektakel, wie zwei Fremde versuchten, ein korrektes Englisch zu sprechen. Gauck reagierte zunächst säuerlich. Er wollte ja die Rede einstudieren. Irgendwann legte er den Text beiseite und fing an, die Kinder auf Deutsch, gelegentlich mit englischen Brocken gemischt, anzusprechen. Er ließ sich die Namen sagen und zog sie alle in seinen Bann. Wir waren dickste Freunde geworden, als wir in Penn Station ausstiegen.

In der amerikanischen Hauptstadt hatten wir das dortige Museum zur US-Geschichte besucht, und mir war dabei ein Bildband aufgefallen. In ihm gab es Fotos von jener Eisenbahnstrecke, die wir am nächsten Tag fahren würden. Aufnahmen aus dem Jahr 1968, von den Millionen Menschen, die am Rande der Gleise auf den Zug mit dem Sarg von Robert Kennedy warteten. Die Gesichter spiegeln ein geschocktes, ein verzweifeltes Land wider. Für mich sind sie die wichtige Botschaft jenes Jahres 1968. Es war keinesfalls nur, es war vielleicht überhaupt kein gutes Jahr, in dem neben Robert Kennedy auch Martin Luther King erschossen wurde und in Prag die Panzer rollten. Als wir im Zug saßen, haben wir – neben dem Einüben der Rede – lange darüber gesprochen und über unsere Sicht auf jenes Jahr.

Erinnerungen wie die an eine Zugfahrt sind, wie gesagt, das Fundament meiner Biografie über Joachim Gauck. Ich habe ihn von 1990 bis 2012 immer wieder und oft sehr privilegiert beobachten dürfen. Zuweilen war ich fast schon ein Vertrauter. Manches von dem, was ich gesehen und gehört habe, liegt jenseits der Schwelle, die ein loyaler Mitarbeiter und Weggefährte nicht überschreiten sollte. In dem Buch jedenfalls findet sich davon hoffentlich nichts. Ich habe das Buch aber nicht für Gauck geschrieben, ich habe es für die Leser geschrieben.

Ich wusste, eine Biografie zu verfassen, ist eine Herausforderung. Schließlich hatte ich schon miterlebt, wie andere sich mit ihrem ersten Buch abquälen. Jetzt ist mir auch klar, wie wichtig es dabei ist, Hilfe zu bekommen. Hilfe waren mir zunächst vor allem die vielen, die Joachim Gauck kennen und mit mir über ihn geredet haben. Danke schön! Darunter einige Kollegen aus dem Journalismus, über deren Anregungen ich besonders froh bin. Geholfen haben auch Menschen, die Gauck ebenso wie mich nicht kennen, aber freundliche Zeitgenossen sind. Stellvertretend für alle möchte ich die Stadtarchivarin von Penzlin nennen, Frau Susan Lambrecht. Sie und Mitarbeiter des Bundesarchivs oder der Berliner Bibliotheken waren so etwas wie unerwartete Haltegriffe im Wirrwarr.

Natürlich wäre solch ein Buch auch nicht denkbar ohne die, die mich auf meinem Weg begleitet und gefördert haben – Hilde und Franz Legner, meine Eltern, einige meiner Lehrer, die Weggefährten im Beruf und vor allem meine Frau Sharona sowie meine beiden Söhne David und Noah. Und undenkbar wäre es auch ohne die kompetente Mithilfe meiner Agentin Hanna Leitgeb und meiner immer frohgemuten Lektorin Regina Carstensen. Zu danken habe ich schließlich dem Verlagsteam um Johannes Jacob, das mich so hervorragend unterstützte.

Gewidmet habe ich dieses Buch drei Menschen, die mit mir den Geburtsort Bopfingen teilen. Bela Marion Berenz wurde am 7. März 1942 geboren und starb wenige Wochen danach entweder noch auf dem Transport in das Konzentrationslager Izbica oder dort. Julius Wassermann ist am 31. Juli 1929 zur Welt gekommen, beendet wurde sein Leben am 13. Juli 1942 in Auschwitz. Bella Weil wurde am 25. Februar 1910 in Bopfingen geboren, gestorben ist sie am 20. Dezember 1944 im KZ Stutthof. In jener kleinen schwäbischen Stadt Bopfingen gab es einmal eine große jüdische Gemeinde. Meine Eltern und ich können relativ wenig dazu sagen, wir zogen als Flüchtlingsfamilie erst nach dem Krieg in diesen Ort. Die katholische Kirche meiner Kindheit war einst eine Synagoge. Manchmal gingen mein Vater und ich auf den nahen jüdischen Friedhof, um dort das Gras zu mähen. Auf ihm sind einige Gräber der Großeltern und Urgroßeltern der drei, denen dieses Buch gewidmet ist. An sie selbst erinnert nur ihr Eintrag im Gedenkbuch des Bundesarchivs zu den deutschen Opfern des Völkermords. Ich will, dass sie nicht vergessen werden.

# Anmerkungen

## Einleitung

1 Der Bundespräsident verfügt über zwei Amtssitze – einen in der Bundeshauptstadt Berlin und einen in der Bundesstadt Bonn. Auch die Kanzlerin hat übrigens mit dem Palais Schaumburg einen Bonner Amtssitz.

2 »Der Leviten-Leser. Wie Joachim Gauck das Land verändern will« war eine Titelgeschichte des *Spiegel*: 12/2012

## Teil I
## ROSTOCK UND MECKLENBURG

1 Timothy Garton Ash: Die Akte »Romeo«. Persönliche Geschichte. München 1997

2 Im September 1990 war Gauck von einer großen Mehrheit der Volkskammer als »Sonderbeauftragter« gewählt worden, 1995 wurde er erstmals vom Bundestag auf Vorschlag der damaligen Bundesregierung gewählt. Streng genommen war also eine zweite Wahl durch das gemeinsame deutsche Parlament nicht ausgeschlossen.

3 Dagmar Schipanski ist 1943 in Thüringen geboren, Physikerin, die 1985 eine Professur an der TH Ilmenau erhält. Nach ihrer Nominierung und der Niederlage in der Bundesversammlung wird sie Landesministerin in Thüringen, dann Landtagspräsidentin. 2010 unterstützt sie Joachim Gauck.

4 Jürgen Fuchs: Magdalena. MfS – Memfisblues – Stasi – Die Firma – VEB Horch & Gauck – ein Roman. Berlin 1998, S. 503

5 Rostock war ein bedeutendes Zentrum der deutschen Rüstungsindustrie und deswegen während des ganzen Zweiten Weltkriegs immer wieder Ziel von Bombenangriffen. Die Briten hatten allerdings die

Stadt im Jahr 1942 ausgesucht, um einen ihrer ersten Angriffe auch auf Wohnviertel von Städten zu fliegen. Ziel war dabei nicht in erster Linie die Zerstörung von Produktionsanlagen oder der Verkehrsinfrastruktur, sondern die Demoralisierung der Bevölkerung.

6 Joachim Gauck: Winter im Sommer – Frühling im Herbst. Erinnerungen. In Zusammenarbeit mit Helga Hirsch. München 2009, S. 9. Im Folgenden erwähnt unter: Erinnerungen.

7 Gauck geht in seinen Erinnerungen ausführlich auf die Geschichte des Hauses ein. Er beschreibt die gescheiterten Versuche seines Vaters, das Gebäude zu verkaufen – unter anderem mithilfe des Rechtsanwalts Wolfgang Schnur, der sich nach 1989 als Stasi-Spitzel entpuppen sollte.

8 Siehe dazu auch Dieter Bub: Begegnungen mit Joachim Gauck. Der Mensch. Sein Leben. Seine Überzeugungen. Halle 2012; die Bilder dazu sind auf S. 108.

9 Joachim Gauck: Reden und Interviews. Bd. 1. Berlin, S. 39

10 Fritz Reuter lebte von 1810 bis 1874. Er ist ein anerkannter Dichter der nieder- oder plattdeutschen Sprache. Aus politischen Gründen war er sieben Jahre in Preußen inhaftiert, bevor er zu einem der erfolgreichsten Schriftsteller der Epoche in Norddeutschland wurde.

11 Björn Engholm im *Merian*-Sonderheft »Mecklenburg Vorpommern«. Hamburg 1990, S. 30

12 Eine gute Zusammenfassung zu den Besonderheiten der mecklenburgischen Geschichte findet sich in der Festschrift »1000 Jahre mecklenburgische Kirche«, die 1995 vom Oberkirchenrat der evangelisch-lutherischen Landeskirche im Thalheimer Verlag herausgegeben wurde.

13 Siehe auch Wolf Karge, Hartmut Schmied und Ernst Münch: Die Geschichte Mecklenburgs. Rostock 2004

14 Joachim Gauck: Erinnerungen, a.a.O., S. 10

15 Matrikelportal Uni Rostock

16 Siehe Festschrift zu »1000 Jahre mecklenburgische Kirche«, a.a.O., S. 46 f.

17 Nachweis in den Rostocker Volkszählungsakten von 1900

18 Joachim Gauck: Erinnerungen, a.a.O., S. 11

19 Ebenda

20 Siehe auch Mario Frank: Gauck. Eine Biographie. Frankfurt am Main 2013, S. 21 f.

21 Norbert Robers: Joachim Gauck. Die Biografie einer Institution. Berlin 2000, S. 16

22 Siehe Klaus Wiegrefe: »Der nahe ferne Krieg«. *Der Spiegel*, Heft 1/2014

23 Nach Familienangaben hatte der Großvater 1940 erhebliche Steuerschulden. Dass er sie nicht bezahlen konnte, begründete er unter anderem damit, die Kosten für das Kapitänsdiplom von Gaucks Vater beglichen zu haben. Sein Baugeschäft war weitgehend zum Erliegen gekommen. Es gab zu wenige Aufträge.

24 Joachim Gauck: Erinnerungen, a. a. O., S. 10

25 Ebenda, S. 18, siehe auch Mario Frank: Gauck, a. a. O., S. 32

26 Ebenda, S. 17, siehe auch Mario Frank: Gauck, a. a. O., S. 30

27 Der Zusammenhang zwischen der wirtschaftlichen Ausplünderung der besetzten Teile Europas und der inneren Stabilisierung des NS-Regimes ist unter Historikern umstritten. Siehe dazu vor allem die Forschungen von Götz Aly und sein Buch: Hitlers Volksstaat. Raub, Rassenkrieg und nationaler Sozialismus. Frankfurt am Main 2005

28 Joachim Gauck: Erinnerungen, a. a. O., S. 22

29 Die NSDAP-Mitgliedskarten der Eltern von Gauck, von Gerhard Schmitt und Großvater Warremann sind im Bestand des Berlin Document Center nachgewiesen und in Berlin wie auch in Washington recherchierbar. Der Autor hat sie eingesehen.

30 Anne Frank ist eine in Frankfurt am Main geborene deutsche Jüdin, die zusammen mit ihren Eltern nach Holland flieht, dort als junge Frau versteckt lebt, verraten wird und schließlich im Konzentrationslager Bergen-Belsen umkommt. Ihr Tagebuch wird später zum festen Bestandteil der Weltliteratur.

31 Joachim Gauck: Erinnerungen, a. a. O., S. 110

32 Ebenda

33 Eine sehr gute, überaus umfassende Schilderung der Zeit der deutschen Besetzung vom Gotenhafen findet sich in einer Dissertation von Małgorzata Stepko-Pape: Die »wartende Stadt« Gdynia-Gotenhafen (1926–1945). Nachlesbar unter: http://tobias-lib.uni-tuebingen.de/volltexte/2011/5558/pdf/Dissertation_Stepko.pdf

34 Näheres dazu unter: www.kinder-vom-bullenhuser-damm.de

35 Norbert Robers: Joachim Gauck, a. a. O., S. 18

36 Joachim Gauck: Erinnerungen, a. a. O., S. 20

37 Ebenda, S. 25 f.

38 Norbert Robers: Joachim Gauck, a. a. O., S. 17

39 Joachim Gauck: Erinnerungen, a. a. O., S. 19

40 Gottfried Forck in: Selbstbewahrung oder Selbstverlust. Bischöfe und

Repräsentanten der evangelischen Kirchen in der DDR über ihr Leben. 17 Interviews. Hrsg. von Hagen Findeis und Detlev Pollack. Berlin 1999, S. 291

41 Joachim Gauck: Erinnerungen, a.a.O., S. 135

42 Cornelia Schmalz-Jacobsen: Zwei Bäume in Jerusalem. Hamburg 2002

43 Joachim Gauck: Erinnerungen, a .a. O., S. 25 ff.

44 Joachim Gauck, nach Erinnerung des Autors

45 Christin Leistner: Gerd Poppe. Ein unangepasstes Leben in der DDR. Stuttgart 2013

46 Im Westen noch am ehesten wahrgenommen wurden dabei die Verfahren in der Tschechoslowakei, die im sogenannten Slansky-Prozess, der 1952 stattfand, gipfelten. Er war die Grundlage für einen französischen Film des Jahres 1970, der in der Bundesrepublik unter dem Titel *Das Geständnis* lief und in dem so bekannte Stars wie Simone Signoret und Yves Montand spielten.

47 *Stern Online* vom 10. Dezember 2013, ein Kommentar von Andreas Petzold

48 Näheres zu dem liberalen Politiker und Studentenführer findet sich unter anderem auf Wikipedia: http://de.wikipedia.org/wiki/Arno_Esch

49 Die »Heimkehr der Zehntausend« ab Oktober 1955 war ein prägender Moment der deutschen Nachkriegsgeschichte. Bis Ende 1946 waren von den Alliierten fast ausnahmslos alle Kriegsgefangenen entlassen worden – bis eben auf jene restlichen rund 10 000 Häftlinge in der UdSSR, denen Kriegsverbrechen als Begründung für ihre weitere Inhaftierung zugeschrieben wurden. Tatsächlich aber hatten die Sowjets bereits vor 1955 Männer entlassen, die an solchen Kriegsverbrechen beteiligt waren. Die verbliebenen Häftlinge galten vor allem als Tauschobjekte im deutsch-sowjetischen Verhältnis. Adenauer hat von ihrer Freilassung sehr profitiert. Sie galt lange Zeit als größte Errungenschaft seiner Kanzlerzeit.

50 Der Begriff »Faschismus« stammt von der italienischen politischen Bewegung der Fasci Italiani di Compattimento, der italienischen Kampfbünde unter Führerschaft von Benito Mussolini, die 1922 die Macht eroberten. Die deutschen Nationalsozialisten begriffen dieses Regime zwar als ein verbündetes, hatten tatsächlich aber wesentlich andere Vorstellungen. So war der italienische Faschismus frei von der Rassenlehre, die im Nazi-Deutschland zum Völkermord an den Juden führte.

Auch teilte Mussolini nicht die Vorstellungen von Hitler zur territorialen Neugliederung Europas.

51 Joachim Gauck: Erinnerungen, a.a.O., S. 44

52 Polen verlor nach dem Zweiten Weltkrieg all jene Gebiete, die die UdSSR 1939 infolge des Hitler-Stalin-Pakts annektiert hatte. Die nach 1945 dann in die Polnische Volksrepublik eingegliederten ehemaligen deutschen Ostprovinzen waren flächenmäßig nur ein unzureichender Ersatz für diese Gebiete, aus denen etwa 1,8 Millionen Polen nach Westen flohen oder umgesiedelt wurden.

53 Das 1945 entstandene Land Mecklenburg-Vorpommern nahm etwa ein Zwölftel oder knapp eine Million der deutschen Flüchtlinge auf. Das entsprach dann einem Anteil von etwa 45 Prozent der Einwohnerschaft des Landes – ein absoluter Spitzenwert unter den deutschen Nachkriegsländern.

54 Vor allem im Vorfeld der Nürnberger Prozesse hatten insbesondere die US-Besatzungstruppen (OMGUS) Materialien aus der NS-Zeit aufbereitet und teilweise auch publiziert. Diese Sammlung von Dokumenten fand allerdings lange Zeit keine Beachtung in der Bundesrepublik. Erst gegen Ende der Achtzigerjahre wurde ein Teil davon unter der Herausgeberschaft von Hans Magnus Enzensberger im Greno-Verlag zu Büchern.

55 So war Mielke unter anderem verantwortlich für den Tod jenes Mannes, der ihm im besetzten Frankreich half, unterzutauchen und zu überleben – Willi Kreikemeyer. Darüber hat Wolfgang Kießling ein lesenswertes Buch geschrieben: »Leistner ist Mielke«. Schatten einer gefälschten Biographie. Berlin 1998

56 Das Saarland war nach dem Ersten Weltkrieg bis 1935 ein Mandatsgebiet des Völkerbunds unter französischer Verwaltung. Bei einer Volksabstimmung votierten 1935 über 90 Prozent der Bevölkerung für die Wiedereingliederung ins Deutsche Reich. Nach dem Zweiten Weltkrieg gelangte das Gebiet erneut unter französische Kontrolle, und wieder entschied sich 1955 eine deutliche Mehrheit von knapp 68 Prozent gegen eine eigenständige Staatlichkeit. Daraufhin wurde das Saarland das erste Gebiet, das gemäß Artikel 23 des Grundgesetzes der Bundesrepublik beitrat.

57 Joachim Gauck: Erinnerungen, a.a.O., S. 58

58 Franz Gerhard Schmitt: Erinnerungen. Wismar 2009

59 Joachim Gauck: Erinnerungen, a.a.O., S. 66 f.

60 Die Kommune I gilt als eine der Keimzellen des jugendlichen Aufbegehrens in den Sechzigerjahren. Ihr wesentliches Ziel war die Zerschlagung der traditionellen Familienstrukturen durch Schaffung neuer, kollektiver Lebensgemeinschaften. Zu ihren Gründungsmitgliedern zählten spätere grüne Aktivisten wie Fritz Teufel und Dieter Kunzelmann.

61 Ebenda, S. 61 ff.

62 Siehe dazu auch den *Focus* vom 28. Juni 2010: Gerhard Schmitt: »Das Geheimnis um Gaucks Onkel«, oder den Wikipedia-Eintrag zu Gerhard Schmitt.

63 Franz Gerhard Schmitt: Erinnerungen, a.a.O.

64 Ebenda, S. 23

65 Ebenda, S. 23 f.

66 Ebenda, S. 17

67 Ebenda, S. 47

68 Ingrid Babendererde. Reifeprüfung 1953 war das Erstlingswerk von Uwe Johnson. Es wurde 1954 geschrieben, aber erst 1985 nach dem Tod des Dichters veröffentlicht.

69 Joachim Gauck hat zusammen mit Helga Hirsch in Vorbereitung seiner *Erinnerungen* das Ehepaar Zeddies besucht und sich über die Vorgänge informiert.

70 Joachim Gauck: Erinnerungen, a.a.O., S. 106 ff.

71 Franz Gerhard Schmitt: Erinnerungen, a.a.O., S. 50

72 Siehe dazu auch Gerhard Besier: Der SED-Staat und die Kirche. 1983–1999. Bd. 1: Der Weg in die Anpassung. München 1993, S. 619. Schönherr wird im Januar 1967 der Verwalter des Bischofsamts für den Ostteil der Kirche in Berlin-Brandenburg. Besier zitiert einen SED-Gesprächsvermerk, in dem Schönherr angeblich Schmitt als »Fehlbesetzung und Problem« bezeichnet.

73 Ebenda, insb. S. 454

74 Wenige Wochen nach seinem Berlin-Aufenthalt wird King den Friedensnobelpreis erhalten, 1968 wird er ermordet.

75 Siehe *Spiegel Online*: www.spiegel.de/einestages/martin-luther-king-in-ost-berlin-a-948492.html

76 Franz Gerhard Schmitt: Erinnerungen, a.a.O., S. 63

77 Mario Frank: Gauck, a.a.O., S. 89

78 Dankesworte von Joachim Gauck anlässlich der Verleihung des Geschwister-Scholl-Preises in München 2010. Siehe: www.weisse-rose-stiftung.de/

79 Rahel Frank: »Realer – exakter – präziser«? Die DDR-Kirchenpolitik gegenüber der Evangelisch-Lutherischen Landeskirche Mecklenburgs von 1971 bis 1989. Hrsg. vom Stasi-Beauftragten des Landes. Schwerin 2008, S. 401

80 Ein gutes Bild von Rathke vermittelt ein Interview in: Hagen Findeis und Detlef Pollack (Hg.), a. a. O., Berlin 1999, S. 356 ff.

81 Ebenda, S. 377

82 »Salz der Erde« ist eine Textstelle des Matthäus-Evangeliums, Teil der Bergpredigt: »Ihr seid das Salz der Erde« (Mt 5,13).

83 Rahel Frank: »Realer – exakter – präziser«, a. a. O., S. 381

84 Ebenda, S. 401

85 Zitat aus der Erinnerung des Autors

86 Zitat aus: Uta Stolle: Der Aufstand der Bürger. Wie 1989 die Nachkriegszeit in Deutschland zu Ende ging. Baden-Baden 2001, S. 41

87 *Neues Deutschland* vom 19. Juni 1988

88 Hansi Gauck im Gespräch mit der *Bunten*: »Mein Mann, der Bundespräsident«, 25/2012

89 Die beiden Söhne Christian und Martin verlassen im Dezember 1987 die DDR, ihre Schwester Gesine geht im Spätsommer 1989.

90 Hagen Findeis und Detlef Pollack (Hg.): Selbstbewahrung oder Selbstverlust, a. a. O., S. 383

91 Jens Reich im Gespräch mit Mathias Greffrath und Konrad Adam. München 1994

92 Martina Schmidt und Rüdiger Schmidt: Mauerbruch – eine Heimatgeschichte. Berlin, S. 107

93 Rahel Frank: »Realer – exakter – präziser«, a. a. O., insb. S. 346 ff.

94 Eine lesenswerte Biografie zu Roland Jahn gibt es von Gerald Praschl: Roland Jahn. Ein Rebell als Behördenchef. Berlin 2011

95 Wolf Biermann war während einer Konzertreise in die Bundesrepublik von der DDR ausgebürgert worden.

96 Siehe dazu auch Gerhard Gnauck: »In Polen spricht Bürger Gauck schon über später«. *Die Welt* vom 1. März 2012

97 Der Schriftsteller Lutz Rathenow, zitiert von der Robert-Havemann-Gesellschaft, Deutschlandradio Kultur vom 26. Februar 2012

98 Robert Leicht: »Wofür er steht«. *Die Zeit* vom 24. Februar 2012

## Teil II
## NACH BERLIN

1 Joachim Gauck: Erinnerungen, a.a.O. »Frühling im Herbst« ist Teil des Buchtitels.
2 Der Kommentar erschien am 2. Oktober im SED-Zentralorgan *Neues Deutschland.*
3 Joachim Gauck: Erinnerungen, a.a.O., S. 199
4 Ebenda, S. 202
5 Leider sind inzwischen die Blogs auf einer entsprechenden Seite der Grünen/Rostock unter dem Titel »Tage im Herbst« nicht länger online.
6 Ebenda
7 Lothar Probst: »Der Norden wacht auf.« Zur Geschichte des politischen Umbruchs in Rostock im Herbst 1989. Bremen 1993, S. 105
8 Siehe Uta Stolle: Der Aufstand der Bürger, a.a.O.
9 Lothar Probst: »Der Norden wacht auf«, a.a.O., S. 106 ff.
10 Ebenda
11 Ebenda
12 Ebenda
13 Ebenda
14 Uta Stolle: Der Aufstand der Bürger, a.a.O., S. 119 ff.
15 Ebenda, S. 182
16 Joachim Gauck: Erinnerungen, a.a.O., S. 211
17 Ebenda, S. 223
18 Willy Brandt: Berliner Ausgabe. Hrsg. von Heinrich August Winkler, Helga Grebing, Gregor Schöllgen und Willy Brandt. Bd. 10. Bonn 2009, S. 398 ff.
19 Joachim Gauck: Erinnerungen, a.a.O., S. 231
20 Interview mit der *Ostsee-Zeitung* am 6. Februar 1990, geführt von Gerd Spilker
21 Ebenda
22 Ebenda
23 Joachim Gauck: Erinnerungen, a.a.O., S. 233
24 Eigene Erinnerung des Autors
25 Siehe dazu auch die ausführliche Darstellung bei Uta Stolle: Der Aufstand der Bürger, a.a.O., ab S. 220
26 Gauck beschreibt ausführlich diesen Bruch mit der bisherigen Welt: Erinnerungen, a.a.O., S. 249 f.

27 Die Runden Tische wurden aus dem Nachbarland Polen übernommen. Sie stellten Beratungsgremien dar, in denen die bisherigen Machthaber und die Oppositionsgruppen das weitere Schicksal des Landes oder einer Region miteinander verhandelten. Es gab in ihnen keine Hierarchie, und das drückte sich durch die Sitzordnung aus, die im Idealfall einen Kreis darstellte.

28 Im Jahr 2000 erlebte die Geschichte eine kuriose Wiederauflage in den Medien. Die Bundesanwaltschaft hatte bei einem früheren *Quick*-Journalisten alte Abhörprotokolle aufgestöbert. Siehe Wolfgang Krach und Georg Mascolo: »Kleines Geschenk machen«. *Der Spiegel* 20/2000

29 Siehe Milt Bearden und James Risen: Der Hauptfeind. München 2004. Milt Bearden war ein CIA-Mitarbeiter, der der Bundesregierung beim Zugang zu einem Restbestand der Unterlagen der Hauptverwaltung Aufklärung (HVA), den sogenannten Rosenholz-Dateien, half. Sie ermöglichten die Strafverfolgung einer Anzahl von Bundesbürgern. Zum Dank erhielt Bearden das Bundesverdienstkreuz.

30 Zur Äußerung Helmut Kohls siehe www.focus.de/magazin/archiv/periskop-stasi-gesamtdeutsch_aid_140855.html

31 Joachim Gauck: Erinnerungen, a.a.O., S. 242

32 Siehe den Mitschnitt auf YouTube: www.youtube.com/watch?v=IsB6Q9K8Vnk

33 Plenarprotokoll der Sitzung der Volkskammer vom 28. September 1990, S. 1806

34 So war insbesondere Wolf Biermann derjenige, der um dieses Vertrauen für Gauck bat.

35 Joachim Gauck: Erinnerungen, a.a.O., S. 245

36 Protokoll der 37. Tagung der Volkskammer am 28. September 1990, S. 1828

37 *Bunte* 25/2012

38 Siehe die Website der Samtgemeinde Mittelweser: www.sg-mittelweser.de/portal/pressespiegel/er-war-ein-fremdkoerper-im-dorf-7001424-21550.html?rubrik=7000002

39 Ebenda

40 Helga Hirsch: Schweres Gepäck. Flucht und Vertreibung als Lebensthema. Hamburg 2004

41 Götz Aly: Unser Kampf. 1968. Ein irritierender Blick zurück. Frankfurt am Main 2008

42 Die NPD erreichte 4,3 Prozent der Zweitstimmen.

43 Eine gute Übersicht über diese Gruppen liefert ein Wikipedia-Eintrag: http://de.wikipedia.org/wiki/K-Gruppe

44 Siehe *Schulkampf. Zentralorgan des Kommunistischen Oberschülerverbandes*. 3. Jahrgang, 25. September 1974

45 Der Trotzkismus war ein Teil der weltkommunistischen Bewegung, der zum Ende der Zwanzigerjahre in eine erbitterte Feindschaft mit der von Moskau gesteuerten Internationale geriet. Benannt ist er nach dem Gründer der Roten Armee, Leo Trotzki, den Stalin 1940 im mexikanischen Exil ermorden ließ.

46 Europe's 1968. Voices of Revolt. Hrsg. von Robert Gildea, James Mark und Anette Warring. Oxford 2013, S. 312. Die Aussagen basieren auf einem Interview, das Helga Hirsch im April 2010 gab. Übersetzt vom Autor

47 Siehe Autorenkollektiv: Wir warn die stärkste der Parteien … Erfahrungsberichte aus der Welt der K-Gruppen. Berlin 1978, sowie: Andreas Kühn: Stalins Enkel, Maos Söhne. Die Lebenswelt der K-Gruppen in der Bundesrepublik der 70er Jahre. Frankfurt am Main 2005

48 Helga Hirsch hat das einmal in einem Artikel für die *taz* beschrieben: »Debatten bis zum Morgengrauen.« *taz* vom 5. September 2005

49 Europe's 1968. Voices of Revolt. Hrsg. von Robert Gildea, James Mark und Anette Warring, a.a.O., S. 156

50 Siehe Helga Hirsch: »Der Neubeginn als Selbstaufgabe? Warum sich die Menschen in der DDR wieder so schnell der Obhut eines Stärkeren anvertrauen wollen.« *Die Zeit* vom 16. März 1990

51 Helga Hirsch: »Gefangen in den Fesseln der Vergangenheit. Aus Angst vor dem Neuen klammern die Polen sich an das Alte und wissen ihre Freiheit noch nicht zu nutzen«. *Die Zeit* vom 17. August 1990

52 Götz Aly: Unser Kampf, a.a.O. S. 147 ff.

53 Helga Hirsch im Gespräch mit dem polnischen Soziologen Zygmunt Baumann: »Der Holocaust ist nicht einmalig«. *Die Zeit* vom 23. April 1993

54 Helga Hirsch: »Der falsche Weg: Politik von oben«. *Die Zeit* vom 21. Februar 1992

55 Helga Hirsch: Entwurzelt. Vom Verlust der Heimat zwischen Oder und Bug. Hamburg 2007

56 Ein interessanter Versuch, beide Sichtweisen zu vereinbaren, ist Gaucks Rede bei der Eröffnung der von Erika Steinbach vorangetriebenen Berliner Ausstellung »Erzwungene Wege. Flucht und Vertreibung im Eu-

ropa des 20. Jahrhunderts«. Siehe: http://erzwungenewege.z-g-v.de/ausstellung/reden/gauck.htm

57 Rede des Bundespräsidenten vom 26. August 2012

58 Der Titel unterscheidet sich um ein wichtiges Detail von dem späteren des Bundesbeauftragten – bei Letzterem fehlt das Attribut »personenbezogene«.

59 Zur Baugeschichte des Archivs gibt es eine informative Diplomarbeit von Nora Kuhlicke und Beate Rost, eingereicht 2005 an der Fachhochschule Potsdam und betreut unter anderem von Dr. Jochen Hecht, einem der leitenden Archivare des Bundesbeauftragten. Der Titel der Arbeit: Zur Entstehung und Entwicklung des Zentralen Dienstkomplexes des Ministeriums für Staatssicherheit in Berlin-Lichtenberg, Normannenstraße 22, zwischen 1950 und 1989/90

60 Wolfram Runkel: »Stasi-Vergangenheit: Deutschstunde bei Gauck«. *Die Zeit* vom 21. Juni 1996

61 Die Vorgänge um die Einstellung von früheren Stasi-Offizieren in der Gauck-Behörde sind erst 2007 in einem für die Bundesregierung erstellten Gutachten nachvollzogen worden. Das Gutachten ist im Internet nachzulesen: stasi-in-bstu.pdf

62 Erinnerung des Autors

63 *Die Welt* vom 23. April 1991

64 Joachim Gauck: Die Stasi-Akten. Das unheimliche Erbe der DDR. Reinbek 1991

65 Ebenda, S. 26

66 Ebenda, S. 51

67 Der fünfte Tätigkeitsbericht des Bundesbeauftragten aus dem Jahr 2001 nennt 343 519 solcher Ersuchen für die Jahre 1990 und 1991. Dabei dürfte es sich aber in einigen tausend Fällen auch um Mehrfachüberprüfung ein und derselben Person handeln.

68 »Menschlich bewegt«. *Der Spiegel* 52/1990

69 »Nicht ehrrührig.« *Der Spiegel* 9/1991

70 Stefan Wolle hat sich insbesondere durch eine dreibändige, nicht unumstrittene Reihe zur DDR-Geschichte hervorgetan. Eine Rezension eines der Bände von Stephan Hilsberg siehe unter: www.deutschlandradiokultur.de/tropfprobe-in-der-kaufhalle.1270.de.html?dram:article_id=191569

71 Jochen Zimmer (Hg.): Das Gauck-Lesebuch. Eine Behörde abseits der Verfassung? Frankfurt am Main 1998, S. 45 ff.

72 Zur Situation an der Humboldt-Universität siehe: www.horch-und-guck.info/hug/archiv/2000-2003/heft-31/03104-eckert/

73 Siehe Christoph Dieckmann: »Die Würde des Ostens«. *Die Zeit* vom 11. Oktober 2010

74 Zu Episoden wie Kritik an seiner Akteneinsicht siehe Rahel Frank: »Realer – exakter – präziser«, a.a.O.

75 Siehe: www.servat.unibe.ch/dfr/bv096189.html

76 Siehe dazu die Pressemitteilung des Gerichts vom 25. Oktober 2005 hinsichtlich der Entscheidung, nach der Manfred Stolpe nicht als Stasi-Spitzel bezeichnet werden darf: www.bundesverfassungsgericht.de/pressemitteilungen/bvg05-115.html

77 Manfred Stolpe: Schwieriger Aufbruch. Berlin 1992. Der Vorabdruck erschien im *Spiegel* vom 18. Januar 1992

78 »Gewaltig eingeheizt«. *Der Spiegel* 45/1992

79 Joachim Gauck: Erinnerungen, a.a.O., S. 299

80 Ebenda, S. 300

81 »Wichtiger IM in der Kirche«. *Der Spiegel* 16/1992

82 Joachim Gauck: Die Stasi-Akten, a.a.O., S. 32

83 Joachim Gauck: Erinnerungen, a.a.O., S. 306

84 Helga Hirsch: »Der falsche Weg: Politik von oben«. *Die Zeit* vom 21. Februar 1992

85 Reinhard Steinlein: Die gottlosen Jahre. Berlin 1993, S. 108

86 Ebenda, S. 135

87 Siehe dazu Jens König: Gregor Gysi. Eine Biographie. Berlin 2005

88 Ingrid und Manfred Stolpe: »Wir haben noch so viel vor.« Berlin 2011, S. 100

89 Siehe: www.spd-brandenburg.de/fileadmin/user_upload/spd-brandenburg_de/11/pdf/20110514-bahr_stolpe.pdf

90 Helmut Schmidt anlässlich der Verleihung des Europäischen Kulturpreises an Stolpe am 7. Februar 2012 in Berlin

91 Mario Frank: Gauck, a.a.O., S. 296

92 Siehe dazu Jürgen Fuchs: Magdalena, a.a.O.

93 Von den Büchern, die Jürgen Fuchs geschrieben hat, ist insbesondere *Gedächtnisprotokolle* (Reinbek 1977) mit einer Schilderung der Stasi-Maßnahmen gegen den Schriftsteller bedeutsam.

94 Roland Jahn: Wir Angepassten. Überleben in der DDR. München 2014

95 Herta Müller anlässlich der Einweihung einer Erinnerungsstelle im Landtag von Thüringen am 9. Mai 2011

96 Jürgen Fuchs: Magdalena, a.a.O.
97 Ebenda, S. 213
98 Ebenda, S. 179
99 Ebenda, S. 200
100 Ebenda, S. 402
101 Äußerungen gegenüber dem Autor
102 »Der ungenaue Blick«. Joachim Gauck im Gespräch mit Richard Herzinger. *Die Zeit* vom 2. April 1998. Am 19. März hatte Herzinger *Magdalena* rezensiert: »Die Gauck-Behörde behindert die Aufdeckung von Stasi-Verbrechen. Behauptet der Schriftsteller Jürgen Fuchs.«
103 Joachim Walther: »Wortkaskaden wie Gottesurteile«. *Der Spiegel* 14/1998
104 »... ein sichtlich aufgewühlter Joachim Gauck«, so beschreibt die *Welt* am 17. Mai 1999 die Szene bei der Beerdigung von Jürgen Fuchs.
105 *Der Spiegel* 20/1999
106 Ebenda
107 »Sensationsfund in der Gauck-Behörde. Markus Wolfs letzte Geheimnisse. Die Datenbänder der DDR-Spione.« *Der Spiegel* 3/1999
108 Die Zeitschrift *Quick* hatte im Sommer mit der Veröffentlichung einer auf sechs Folgen angelegten Serie über die Inhalte abgehörter Politiker-Telefonate begonnen – offensichtlich war sie in Besitz von Protokollen gelangt. Die Serie wurde allerdings schon nach drei Folgen gestoppt.
109 *Tagesspiegel* vom 21. Januar 2000 und 28. März 2000
110 Siehe auch www.focus.de/politik/deutschland/affaere-gaucks-offenbarungseid_aid_182802.html
111 Jürgen Schreiber: »Der gläserne Riese – Ein Bericht über das Lauschen bei Kohl«. *Tagesspiegel* vom 9. April 2000
112 »Stasi-Abhör-Protokolle: Kohl droht Gauck-Behörde mit Klage«. *Der Spiegel* 15/2000
113 Die Landtagswahlergebnisse von 1998 beziehungsweise 1999: Mecklenburg-Vorpommern: PDS 24,4 Prozent, DVU 2,9 Prozent, NPD 1,1 Prozent; Sachsen-Anhalt: PDS 19,6 Prozent, DVU 12,9 Prozent; 1999: Brandenburg: PDS 23,3 Prozent, DVU 5,3 Prozent; Thüringen: PDS 21,3 Prozent, DVU 3,1 Prozent; Sachsen: PDS 22,2 Prozent NPD 1,4 Prozent, Republikaner 1,5 Prozent
114 Helmut Kohl vor der CDU-/CSU-Bundestagsfraktion
115 *Frankfurter Allgemeine Zeitung* vom 20. November 2000; siehe auch: www.horch-und-guck.info/hug/archiv/2000-2003/heft-31/03124-fundstueck/

116 Gaucks völlig aus der Luft gegriffene Beschreibung des Transformationsprozesses in Spanien stammt von einer Tagung der Behörde am 26. Oktober 1998. Dokumentiert ist sie in: Dagmar Unverhau (Hg.): Lustration, Aktenöffnung, demokratischer Umbruch in Polen, Tschechien, der Slowakei und Ungarn. Münster 1999

117 Unter den beiden letzten 1974 grausam mit dem Würgeeisen Umgebrachten war auch ein in Cottbus geborener DDR-Flüchtling, der zusammen mit einem katalonischen Freiheitskämpfer starb. 1975 wurden noch mehrere Gegner Francos durch Erschießungskommandos hingerichtet. Der Diktator starb im November 1975.

118 Joachim Gauck: Die Stasi-Akten, a.a.O., S. 43

119 Joachim Gauck: Erinnerungen, a.a.O., S. 41

120 So beispielsweise bei einem Vortrag an der Universität Leipzig zum 9. Oktober 1996

121 Die Erklärung der Freiwilligen Feuerwehr Plauen ist vielfältig wiedergegeben worden: www.jugendopposition.de/index.php?id=908; auf der Website der Jahn-Behörde: www.bstu.bund.de/DE/Wissen/DDRGeschichte/Revolutionskalender/Oktober-1989/Dokumentenseiten/10-Oktober/10_okt_text.html?nn=1930826

122 Rostocker Philosophische Manuskripte: Plädoyers für Gerechtigkeit. Universität Rostock. Rostock 1994, S. 19

123 Christopher R. Browning: Ganz normale Männer. Das Reserve-Polizeibataillon 101 und die »Endlösung« in Polen. Reinbek 1993. Englische Erstfassung: Ordinary Men. Reserve Police Battalion 101 and the Final Solution in Poland. New York 1993

124 Joachim Gauck: »Als die Menschen morden lernten«. *Berliner Zeitung* vom 3. September 1994

125 Insbesondere der amerikanische Kollege Daniel Goldhagen widerspricht Browning entschieden. Sein viel beachtetes Werk »Hitlers willige Vollstrecker« ist 1996 auch eine Antwort auf »Ganz normale Männer«. Goldhagen sieht einen lang währenden und tief verwurzelten Antisemitismus in Deutschland als wesentlichen Grund für die Bereitschaft zum Völkermord. Das Werk wurde in der Bundesrepublik ein Verkaufsschlager und löste eine breite Debatte über die kulturellen Hintergründe des Holocaust aus.

126 Der Bericht erschien zunächst nur auf Englisch. Gauck konnte auf eine deutsche Übersetzung zurückgreifen, die 1993 im Rotbuch-Verlag erschienen war und eine breite Resonanz fand. Der Publizist Henryk M.

Broder hatte dazu ein Vorwort geschrieben. Siehe auch Fritz J. Raddatz: »Über die Weigerung zu trauern«. *Die Zeit* vom 3. Dezember 1993

127 Bayerischer Landtag: Akademiegespräche im Landtag. Joachim Gauck: »Wem nützt die Auseinandersetzung mit der Diktatur?« Mitschrift einer Veranstaltung vom 27. Februar 1997

128 Die Spuren jenes Brandes am 27. Februar 1933, über dessen Urheber ein jahrzehntelanger, nie ganz beendeter Streit unter Historikern ausbrach und der von Hitler zum Anlass genommen wurde, mit vom Reichspräsidenten Paul von Hindenburg unterzeichneten Notverordnungen die Grundlagen der demokratischen Ordnung außer Kraft setzen zu lassen. Dafür benötigte und bekam er später dann auch die Zustimmung von Parteien, die einst die Weimarer Republik mit verfasst hatten – wie der katholischen Zentrumspartei und den Liberalen, bei denen auch der spätere Bundespräsident Theodor Heuss für den Weg in die Diktatur stimmte.

129 *Spiegel Online* vom 9. November 1999

130 Ausgabe der *Berliner Zeitung* vom 10. November 1999, »Vom Paradies geträumt«

131 Marianne Birthler hatte im Kabinett Stolpe als Bildungsministerin gearbeitet. Als die Widersprüche zwischen Manfred Stolpes Einlassungen und den Stasi-Akten aus ihrer Sicht zu groß wurden, trat sie zurück.

132 Der Kandidat für das Amt des Bundesbeauftragten wird von der jeweiligen Bundesregierung dem Bundestag vorgeschlagen – Marianne Birthler war folglich die Kandidatin des rot-grünen Kabinetts unter Bundeskanzler Gerhard Schröder.

133 Der Beirat war zwar nur ein beratendes Organ der Behörde, nahm seine Aufgaben aber durchaus ernst und war deswegen in aller Regel gut informiert über die Vorgänge.

134 Siehe auch Marianne Birthler: Halbes Land. Ganzes Leben. Berlin 2014, S. 308 f.

135 Bis zum Ausscheiden Gaucks hat es etwa 1,58 Millionen Überprüfungsvorgänge zu Angehörigen des öffentlichen Dienstes gegeben. Eine Statistik über die genaue Zahl der davon betroffenen Personen liegt allerdings nicht vor. In einigen Fällen gab es nicht nur zwei, sondern auch drei oder mehr Ersuchen zu einer einzigen Person, beispielsweise bei einem Wechsel des öffentlichen Arbeitgebers. Die Zahlen sind dem fünften Tätigkeitsbericht des Bundesbeauftragten entnommen.

136 Gauck erwähnte gern die Ost-Berliner Lehrerschaft. Dort musste seinen Angaben nach nur ein Fünftel der als Stasi-Spitzel belasteten Mitarbeiter aus dem Dienst ausscheiden.

137 Gezählt wurden in den ersten zehn Jahren der Behörde etwa 1,8 Millionen Anträge, davon waren allerdings viele Wiederholungs- oder Zusatzanträge einer Person. Tatsächlich dürfte die Zahl der Antragsteller etwa bei 1,3 Millionen Menschen gelegen haben.

138 Erinnerung des Autors

139 Im Jahr 2000 erreichte die PDS als Nachfolgepartei der SED einen Stimmenanteil von wenigstens 20 Prozent, in Mecklenburg-Vorpommern wählte fast ein Viertel die Partei. Und die rechtsextremen Parteien, vor allem die DVU, verzeichneten ebenfalls einen steilen Anstieg ihrer Prozentzahlen. Die DVU war in Magdeburg und Potsdam im Landtag vertreten.

140 Hannah Arendt hat den Begriff als Beobachterin des Prozesses gegen den Organisator des Völkermords an den europäischen Juden, Adolf Eichmann, 1961 geprägt. Aus ihrer Sicht ist bei vielen Tätern nicht die ideologische Zielrichtung, sondern die staatsterroristische Ausprägung der Verbrechen bestimmend.

141 Die Position wird so vergütet wie die des Direktors des Bundesbeauftragten. Eingenommen wurde sie dann von dem Berliner Sozialdemokraten Thomas Krüger, auch einer jener Pastoren, die 1990 in die Politik gingen.

142 Eine gute Zusammenfassung dieser Effekte gibt Frank Lothar Nicht: Die »Stasi« als Erinnerungsort im vereinigten Deutschland 1990 – 2010. Marburg 2011

## Teil III
## SCHLOSS BELLEVUE

1 Joachim Gauck: »Mancher dachte wohl, ich sei traurig gewesen«. *Bild am Sonntag* vom 4. Juli 2010

2 *Tagesspiegel* vom 13. Dezember 2000

3 Harriet Dreier: »Talkduell im Ersten: Pastor gegen Parlando«. *Spiegel Online* vom 27. Februar 2001

4 Michael Hanfeld: »Solo für zwei«. *Frankfurter Allgemeine Zeitung* vom 10. Juli 2013

5 »Talkshows: Gauck gibt auf«. *Spiegel Online* vom 17. Oktober 2001

6 Hans Koschnick, geboren 1929, war von 1967 bis 1985 Regierungschef des Bundeslands Bremen, danach bis 1994 Bundestagsabgeordneter. Ab 1974 war er für zwei Jahre EU-Koordinator für den Wiederaufbau in Bosnien-Herzegowina.

7 Hans-Jochen Vogel, geboren 1926, war von 1960 bis 1972 Oberbürgermeister von München, dann bis 1981 Bundesminister, anschließend für kurze Zeit Regierender Bürgermeister von Berlin. 1983 war er Kanzlerkandidat der SPD und von 1987 bis 1991 ihr Bundesvorsitzender.

8 Insbesondere ein Brandanschlag in Mölln, bei dem drei türkischstämmige Frauen starben, erschütterte damals die Bundesrepublik. Aber das ganze Jahr war darüber hinaus von fremdenfeindlichen Gewalttaten mit rechtsextremen Tätern geprägt.

9 »Verein will Erinnerung wachhalten«. *Berliner Zeitung* vom 1. November 1994

10 Es gibt dazu eine umfangreiche Studie von Bruno W. Reimann: Hermann Vogel. Biebertal 2014.

11 »Aus dem Rohr«. *Der Spiegel* 10/1983

12 Siehe www.deutschlandfunk.de/gewinnbringend-vermittelbar.862.de.html?dram:article_id=226627

13 Bernd Faulenbach war Professor in Bochum, seit 1989 ist er Vorsitzender der Historischen Kommission beim Parteivorstand der SPD.

14 Es war die von der FDP-nahen Friedrich-Naumann-Stiftung organisierte 3. Berliner Rede zur Freiheit im April 2009.

15 Insbesondere der frühere FDP-Vorsitzende Wolfgang Gerhardt hat Gauck an diesem Abend über alle Maßen gelobt.

16 Es ist kein Zufall, dass sie in einer von Gauck herausgegebenen Redensammlung fehlt: www.freiheit.org/files/62/Broschuere_3._Berliner_Rede_korr_22.07.09.pdf

17 Armin Fuhrer und Thomas Tumovec: »Das Geheimnis um Gaucks Onkel«. *Focus* vom 26. und 28. Juni 2010

18 Joachim Gauck: Erinnerungen, a.a.O., S. 55

19 Ebenda, S. 40

20 Siehdichum liegt im Südosten von Penzlin – eine Ansammlung von wenigen Häusern auf einer Anhöhe, die gut zwanzig Meter über die Landschaft ragt.

21 Joachim Gauck: Erinnerungen, a.a.O., S. 344 f.

22 Angela Merkel hat das im Laufe des Abends auch selbst erzählt.

23 Dokumentiert ist die Rede auf: www.stern.de/politik/deutschland/merkels-hymne-auf-joachim-gauck-danke-dass-es-sie-gibt-1571533.html
24 Die Berichte dazu unter anderem auf: www.mz-web.de/politik/portraet--ich-wollte-immer-stark-sein-,20642162,17862222.html und: www.tagesspiegel.de/politik/Focus vomortstermin-das-wort-zur-wende/1669126.html_
25 Theodor Heuss war 1954 mit 85,6 Prozent, Heinrich Lübke 1964 mit 68,1 Prozent und Richard von Weizsäcker 1989 mit 84,9 Prozent der Stimmen wiedergewählt worden.
26 Kurz vor seiner Wiederwahl bescheinigten ihm 85 Prozent der Bundesbürger laut einer Umfrage der ARD eine gute Arbeit. Selbst die SPD-Anhänger hätten sich bei einer Direktwahl zu zwei Dritteln für Köhler entschieden. Eine vom *Spiegel* durchgeführte Umfrage im Mai 2009 ergab ähnliche Werte.
27 Siehe dazu Eckart Lohse und Markus Wehner: »Die Einsamkeit des Präsidenten«. *Frankfurter Allgemeine Sonntagszeitung* vom 6. Juni 2010
28 Mehrfach hat er betont, dass er den »Respekt« vor dem Amt bei seinen Kritikern vermisst habe. Am ausführlichsten sprach er in einem Interview mit der *Zeit* darüber: »Ich dachte, ich könnte helfen«, vom 12. Juni 2011
29 Das Interview vom 22. März 2010 findet sich auf der Website des Bundespräsidialamts: www.bundespraesident.de/DE/Bundespraesident-Joachim-Gauck/Reden-und-Interviews/Reden/reden-node.html
30 Sascha Adamek: Die Machtmaschine. München 2013
31 Siehe: »Köhler überraschte auch Merkel mit dem Rücktritt«. *Die Welt* vom 31. Mai 2010
32 Zu den Vorgängen nach dem Köhler-Rücktritt gibt es eine umfangreiche Darstellung von Gertrud Höhler: Die Patin. Wie Angela Merkel Deutschland umbaut. Zürich 2012
33 Von dieser Veranstaltung gab es dann eine ausführliche Berichterstattung unter anderem in der *Welt* vom 20. Juni 2010: »Wie Joachim Gauck das Bürgertum für sich einnimmt«.
34 Die SPD hatte dabei über elf Prozent verloren und war bei einem Stimmanteil von 23 Prozent gelandet. Es war das mit Abstand schlechteste Ergebnis ihrer Geschichte.
35 Siehe dazu Gertrud Höhler: Die Patin, a. a. O.
36 Gesine Schwan, eine Hochschulprofessorin aus Frankfurt/Oder, war

damals Kandidatin der SPD und führte einen vor allem an die breite Öffentlichkeit gerichteten Wahlkampf.

37 Siehe www.youtube.com/watch?v=HHSXeTW-0_U

38 Siehe www.faz.net/aktuell/feuilleton/debatten/bundespraesidentenwahl-biedenkopf-fordert-freiheit-in-der-bundesversammlung-1994329.html

39 Ein Beispiel dafür auf YouTube: www.youtube.com/watch?v=malsgwR_sFI

40 Erinnerung des Autors

41 »Ausklang einer Kandidatur«. *Bild am Sonntag* vom 4. Juli 2010

42 Siehe dazu auch *Spiegel Online* vom 7. November 2012: »25.000 Euro für ein bisschen Plauderei«. Das Gauck-Honorar war im Zusammenhang mit Vorwürfen gegen den SPD-Kanzlerkanditaten Peer Steinbrück bekannt geworden.

43 Erinnerung des Autors

44 Für eine Zusammenfassung der kritisierten Gauck-Stellungnahmen siehe Kathrin Haimerl: »Was Gauck wirklich gesagt hat«. *Süddeutsche Zeitung* vom 20. Februar 2012

45 Stefan Berg: »Heikle Kaderfrage«. *Der Spiegel* 39/2010

46 Gerald Praschl: Roland Jahn. Ein Rebell als Behördenchef. Berlin 2014

47 Matthias Meisner: »CDU für Jahn als Birthlers Nachfolger«. *Tagesspiegel* vom 9. November 2010

48 Andreas Öhler: »Die Fakten und die Toten«. *Christ und Welt* 13/2011

49 Christian Wulff: Ganz oben. Ganz unten. München 2014

50 Stefan Kaiser. »Rede zur Finanzwelt: Gauck, der Banken-Versteher«. *Spiegel Online* vom 9. April 2014

51 Bettina Wulff hatte nach ihrer Trennung von ihrem Mann ein Buch veröffentlicht: Jenseits des Protokolls. München 2012

52 Mathias Döpfner: »Der richtige Präsident«. *Bild* vom 20. Februar 2012

53 Deutschlandtrend der ARD vom März 2012

54 Ein Teil der Botschaft ist auf Englisch zu finden unter: http://eng.kremlin.ru/news/3556, für den Gesamttext auf Russisch siehe http://kremlin.ru/news/14801

55 Von den 1232 abgegebenen Stimmen entfielen 991 auf Gauck, ungültig waren vier; 108 Wahlberechtigte enthielten sich der Stimme. Die Kandidatin der Linken, Beate Klarsfeld, bekam 126 Stimmen, also vier mehr, als die Partei Wahlfrauen und -männer stellte; der NPD-Kandidat erhielt die drei Stimmen der Rechtsextremisten.

56 Eine überaus freundliche Kritik zu Gaucks Rede war in der *Frankfurter Allgemeinen Zeitung* von Regina Mönch am Folgetag unter »Freiheit als Ermutigung« zu lesen, während Arno Widmann am 24. März die Rede in der *Frankfurter Rundschau* mit der Überschrift »Von wegen Vertrauen!« abkanzelte.

57 Der vollständige Text findet sich auf der Website des Bundespräsidialamts: www.bundespraesident.de/DE/Bundespraesident-Joachim-Gauck/Reden-und-Interviews/Reden/reden-node.html, aber auch unter: www.zeit.de/politik/deutschland/2012-03/gauck-wahl-rede/

58 Stefan Braun am 18. März 2013

59 Matthias Geis: »So lächelt doch, ihr Bürger«. *Die Zeit* vom 21. Februar 2013

60 Dieter Schnass: »Joachim Gauck trifft den Ton«. *Wirtschaftswoche* vom 8. März 2013

61 Günter Bannas: »Nicht nur Freiheit und Verantwortung«. *Frankfurter Allgemeine Zeitung* vom 18. März 2013

62 Peter Gauweiler: »Leider kein Anfänger mehr«. *Frankfurter Allgemeine Zeitung* vom 16. März 2013

63 Siehe Rudi Wais: »Ein Jahr Joachim Gauck«. *Augsburger Allgemeine* vom 17. März 2013

64 Siehe Christian Wiermer: »Der erste große Krach im Schloss. Gauck wirft Mitarbeiter seiner Vorgänger raus«. *Kölner Express* vom 18. Juli 2012

65 Mario Frank: Gauck, a.a.O., S. 404

66 Die im Buch wiedergegebenen Bemerkungen von Helga Hirsch finden ein breites Medienecho, etwa bei Günther Lachmann: »Biograf stellt Gauck als vom Amt überfordert dar«. *Die Welt* vom 30. September 2013

67 Holger Schmale: »Die Last der großen Rede«. *Berliner Zeitung* vom 23. Februar 2013

68 ZDF-Sommerinterview vom 7. Juli 2012

69 Siehe dazu Günther Lachmann: »Woher weiß Gauck, wie Karlsruhe entscheidet?« *Die Welt* vom 18. April 1912

70 Gauck sagte in Israel, Merkels Festlegungen könnten die Kanzlerin »noch in enorme Schwierigkeiten bringen«.

71 Bernd Ulrich: »Gaucks überflüssiger Satz«. *Zeit Online* vom 30. Mai 2012

72 Insbesondere eine Passage in der Rede wurde kritisiert, in ihr hatte Gauck fremdenfeindliche Angriffe in öffentlichen Verkehrsmitteln an-

gesprochen. Viele Menschen aber berichteten ihrerseits vom aggressiven Auftreten jugendlicher Immigranten.

73 Stefan Braun: »Wenn einer eine Reise tut«. *Süddeutsche Zeitung* vom 27. Mai 2013; ähnlich: Holger Schmale: »Betretenes Schweigen im Hause Gauck«. *Frankfurter Rundschau Online* vom 23 Mai 2013

74 Thomas Kleine-Brockhoff hat bis 2007 als Journalist gearbeitet, zuletzt als Bürochef in Washington. Danach wechselte er in der amerikanischen Hauptstadt zum German Marshall Fund, einer US-Stiftung zur Verbesserung transatlantischer Beziehungen. Im August 2013 wurde er Planungschef und oberster Redenschreiber des Bundespräsidenten. Gauck kannte er bereits aus der Zeit der Volkskammer, er berichtete damals für die Wochenzeitung *Die Zeit* auch aus Ost-Berlin.

75 Unmittelbar vor seiner Berufung ins Präsidialamt wurde ein von Kleine-Brockhoff maßgeblich beeinflusstes strategisches Konzept des German Marshall Fund und der Stiftung Wissenschaft und Politik (SWP) unter dem Titel »Neue Macht – Neue Verantwortung. Elemente einer deutschen Außen- und Sicherheitspolitik für eine Welt im Umbruch« veröffentlicht: www.swp-berlin.org/fileadmin/contents/products/projekt_papiere/DeutAussenSicherhpol_SWP_GMF_2013.pdf

76 Siehe Florian Gathmann und Gregor Peter Schmitz: »Sehnsucht nach Amerika«. *Der Spiegel* 7/2014

77 Das Interview für den Deutschlandfunk siehe unter: www.deutschlandfunk.de/aussenpolitik-gauck-auch-zu-waffen-greifen.694.de.html?dram:article_id=289120.

78 Der brandenburgische Landtagsabgeordnete Norbert Müller hatte Gauck so genannt und war damit auf Zustimmung in seiner Partei gestoßen.

79 Eine Ausnahme bleibt ein Kommentar von Volker Zastrow: »Gauck schürt mehr Unmut, als gut ist«. *Frankfurter Allgemeine Zeitung* vom 3. Mai 2014.

80 Siehe dazu den Kommentar von Roger Köppel: »Gaucks Flüchtlinge«. *Weltwoche* 15/2014

81 So beispielsweise Stephan-Andreas Casdorff: »Gauck hat den Nichtangriffspakt gekündigt«. *Tagesspiegel* vom 10. Juli 2012

82 *Spiegel Online* vom 9. April 2014

83 Interview mit dem *Stern* vom 14. Mai 2008

84 *Tagesspiegel* vom 10. April 2014

85 »Gauck fordert mehr Wirtschaft in der Schule«. *Frankfurter Allgemeine Zeitung Online* vom 9. April 2014

86 Siehe Constanze von Bullion: »Freiheit, die er meint«. *Süddeutsche Zeitung* vom 17. Januar 2014

87 Die Rede wurde am 22. Mai 2014 gehalten. Siehe Website des Bundespräsidialamts: www.bundespraesident.de/DE/Bundespraesident-Joachim-Gauck/Reden-und-Interviews/Reden/reden-node.html

88 Beispielhaft dafür ist eine Rede, die Gauck am 30. Juni 2014 beim Berliner Symposium zum Flüchtlingsschutz gehalten hat: www.bundespraesident.de/DE/Bundespraesident-Joachim-Gauck/Reden-und-Interviews/Reden/reden-node.html

89 Laut amtlichem Wahlergebnis hat die CDU-/CSU-/SPD-Koalition 67,2 Prozent der Stimmen erhalten, Linke und Grüne erreichten 8,6 Prozent beziehungsweise 8,4 Prozent.

90 Dies war insbesondere dem Umstand geschuldet, dass sowohl die FDP als auch die AfD (Alternative für Deutschland) nur knapp an der Fünf-Prozent-Hürde scheiterten und auch die Piraten 2,2 Prozent der Stimmen bekamen.

91 Jürgen Habermas: »Leadership and Leitkultur«. *New York Times* vom 28. Oktober 2010

92 Christian Wulff hatte am 3. Oktober 2010 in Bremen gesagt: »Aber der Islam gehört inzwischen auch zu Deutschland« – eine Aussage, die Gauck später explizit zurücknahm.

93 Horst Köhler wird im Jahr 2000 geschäftsführender Direktor des Internationalen Währungsfonds (IWF), einer der wichtigsten Institutionen im globalen Wirtschaftsgefüge.

94 So der *Spiegel*-Titel am Tag nach seiner Wahl am 19. März 2012

95 Die beiden Reden bilden einen bemerkenswerten Kontrast. Sie sind auf der Website des Bundespräsidenten zu finden: www.bundespraesident.de/SharedDocs/Reden/DE/Joachim-Gauck/Reden/2014/05/140522-Einbuergerung-Integration.html oder auf der des Bundestags: www.bundestag.de/dokumente/textarchiv/2014/-/280688.

# Ausgewählte Literatur

Besier, Gerhard: Der SED-Staat und die Kirche. 1969 – 1990. Die Vision vom »Dritten Weg«. Berlin 1995

Besier, Gerhard: Der SED-Staat und die Kirche. 1983 – 1991. Höhenflug und Absturz. Berlin 1995

Beste, Ingeborg (Hg.): 1000 Jahre Mecklenburgische Kirche. Festschrift der Evangelisch-Lutherischen Landeskirche Mecklenburgs zum Jubiläumsjahr 1995. Mössingen-Talheim 1995

Bub, Dieter: Begegnungen mit Joachim Gauck. Der Mensch. Sein Leben. Seine Überzeugungen. Halle 2012

Courtois, Stéphane (Hg.): Das Schwarzbuch des Kommunismus. Geschichte. Ideen. Köpfe. München 1998

Findeis, Hagen, und Detlef Pollack (Hg.): Selbstbewahrung oder Selbstverlust. Bischöfe und Repräsentanten der evangelischen Kirchen in der DDR über ihr Leben. 17 Interviews. Berlin 1999

Frank, Mario: Gauck. Eine Biographie. Frankfurt am Main 2013

Frank, Rahel: »Realer – exakter – präziser«? Die DDR-Kirchenpolitik gegenüber der Evangelisch-Lutherischen Landeskirche Mecklenburgs von 1971 bis 1989. Hg. vom Stasi-Beauftragten des Landes. Schwerin 2008

Frank, Rahel, Martin Klähn und Christoph Wunnicke: Die Auflösung. Das Ende der Staatssicherheit in den drei Nordbezirken. Schwerin 2000

Fuchs, Jürgen: Magdalena. MfS – Memfisblues – Stasi – Die Firma – VEB Horch & Gauck – ein Roman. Reinbek 1998

Garton Ash, Timothy: Die Akte »Romeo«. Persönliche Geschichte. München 1997

Gauck, Joachim: Die Stasi-Akten. Das unheimliche Erbe der DDR. Reinbek 1991

Gauck, Joachim: Winter im Sommer – Frühling im Herbst. Erinnerungen. München 2009

Gauck, Joachim: Freiheit. Ein Plädoyer. München 2012

Gauck, Joachim: Nicht den Ängsten folgen, den Mut wählen. Denkstationen eines Bürgers. München 2013

Giesa, Christoph: Bürger. Macht. Politik. Frankfurt am Main 2011
Götz, Aly: Unser Kampf. 1968. Ein irritierender Blick zurück. Frankfurt am Main 2008
Hofmann, Gunter: Richard von Weizsäcker. Ein deutsches Leben. München 2010
Holze, Heinrich (Hg.): Die Theologische Fakultät Rostock unter zwei Diktaturen. Festschrift für Gert Haendler. Münster 2004
Heni, Clemens, und Thomas Weidauer: Ein Super-GAUck. Politische Kultur im neuen Deutschland. Berlin 2012
Hirsch, Helga: Schweres Gepäck. Flucht und Vertreibung als Lebensthema. Hamburg 2004
Höffer, Volker: »Der Gegner hat Kraft«. MfS und SED im Bezirk Rostock. Berlin 1997
Höhler, Gertrud: Die Patin. Wie Angela Merkel Deutschland umbaut. Zürich 2012
Höser, Susanne, und Richard Scherer: Wir hatten Hoffnung auf eine Demokratie: Rostocker Protestanten im Herbst '89. Mössingen-Talheim 2000
Kiesow, Ernst-Rüdiger: Theologen in der Sozialistischen Universität. Rostock 2000
Kühn, Andreas: Stalins Enkel, Maos Söhne. Die Lebenswelt der K-Gruppen in der Bundesrepublik der 70er Jahre. Frankfurt am Main 2005
Langguth, Gerd: Horst Köhler. Biografie. München 2007
Leistner, Christin: Gerd Poppe. Ein unangepasstes Leben in der DDR. Stuttgart 2013
Mau, Rudolf: Eingebunden in den Realsozialismus? Die Evangelische Kirche als Problem der SED. Göttingen 1994
Müller, Albrecht: Der falsche Präsident. Was Pfarrer Gauck noch lernen muss, damit wir glücklich mit ihm werden. Frankfurt am Main 2012
Pollack, Detlef (Hg.): Die Legitimität der Freiheit. Politisch alternative Gruppen in der DDR unter dem Dach der Kirche. Frankfurt am Main 1990
Praschel, Gerald: Roland Jahn. Ein Rebell als Behördenchef. Berlin 2011
Probst, Lothar: »Der Norden wacht auf.« Zur Geschichte des politischen Umbruchs in Rostock im Herbst 1989. Bremen 1993
Reuth, Ralf Georg: IM »Sekretär«. Die »Gauck-Recherche« und die Dokumente zum »Fall Stolpe«. Berlin 1992
Richter, Ingo, Werner Müller und Wolfgang Grahl: Herbst '89. Die Wende in Rostock. Zeitzeugen erinnern sich. Universität Rostock 1999

Robers, Norbert: Joachim Gauck. Die Biografie einer Institution. Berlin 2000

Rosenberg, Tina: Die Rache der Geschichte. Erkundungen im neuen Europa. München 1997

Schmidt, Christian Y.: Wir sind die Wahnsinnigen. Joschka Fischer und seine Frankfurter Gang. Berlin 2013

Schmidt, Martina, und Rüdiger Schmidt: Mauerbruch – eine Heimatgeschichte. Berlin 2012

Schmidbauer, Bernhard: »Im Prinzip Hoffnung«. Die ostdeutschen Bürgerbewegungen und ihr Beitrag zum Umbruch 1989/90. Das Beispiel Rostock. Frankfurt am Main 1996

Schmitt, Franz Gerhard: Erinnerungen. Hrsg. von Jörn-Michael Schmitt. Schwerin 1999

Schreiber, Jürgen: Die Stasi lebt. Berichte aus einem unterwanderten Land. München 2009

Silomon, Anke: »Schwerter zu Pflugscharen« und die DDR. Die Friedensarbeit der evangelischen Kirchen in der DDR im Rahmen der Friedensdekaden 1980 bis 1982. Göttingen 1999

Steinlein, Reinhard: Die gottlosen Jahre. Reinbek 1993

Stolle, Uta: Der Aufstand der Bürger. Wie 1989 die Nachkriegszeit in Deutschland zu Ende ging. Baden-Baden 2001

Wagner, Matthias: Das Stasi-Syndrom. Berlin 2001

Wensierski, Peter, Wolfgang Büscher und Klaus Wolschner (Hg.): Friedensbewegung in der DDR. Texte 1978 – 1982. Hattingen 1982

Wolle, Stefan: Aufbruch nach Utopia. Alltag und Herrschaft in der DDR 1961–1971. Berlin 2011

Worst, Anne: Das Ende eines Geheimdienstes. Oder: Wie lebendig ist die Stasi? Berlin 1991

Wulff, Christian: Ganz oben. Ganz unten. München 2014

Zimmer, Jochen (Hg.): Das Gauck-Lesebuch. Eine Behörde abseits der Verfassung? Frankfurt am Main 1998

# Personenregister


Ackermann, Eduard 151
Adamek, Sascha 284
Adenauer, Konrad 58, 345 f.
Aly, Götz 172
Arendt, Hannah 175, 242 f., 254
Augstein, Rudolf 192
Aust, Stefan 229

Baader, Andreas 166
Bäcker, Gerd 188 f., 198, 215 f., 220, 254, 312
Baeyer, Conny 307
Bahr, Egon 153, 212, 217
Bannas, Günter 325
Bauer, Gabi 267
Baum, Gerhart 232
Bauman, Zygmunt 173
Beck, Kurt 294
Beste, Niklot 73 f.
Biedenkopf, Kurt 237, 300 f., 318
Biermann, Wolf 154 f., 219 f., 223, 225 f.
Birthler, Marianne 139, 204, 210, 217, 247 f., 310 ff.
Bisky, Jens 245
Bisky, Lothar 210
Bohley, Bärbel 118, 129, 133, 154 f., 225
Böhme, Ibrahim 141
Brandt, Willy 79, 94, 127 f., 164, 172, 205, 212, 234, 296, 345
Brasch, Thomas 223
Bräutigam, Hans Otto 207
Brinksmeier, Dankwart 139 f.
Browning, Christopher R. 242
Bush, George 244, 261, 318
Busse, Peter 230, 232, 237

Carstens, Karl 344

Deligöz, Ekin 296 f.
De Niro, Robert 256
Dibelius, Otto 76, 82
Diekmann, Kai 313
Diestel, Peter-Michael 140 f., 145 f., 150, 210
Diroll, Petra 325
Domaschk, Matthias 223
Dönhoff, Marion Gräfin 212
Döpfner, Mathias 316

Eberhardt, Andreas 272
Einstein, Albert 238
Engholm, Björn 27
Eppelmann, Rainer 89, 134 f.
Eppler, Erhard 87, 91
Erdoğan, Recep Tayyip 330 ff.
Esch, Arno 55
Eucken, Walter 335
Ewert, Harry 146

Faulenbach, Bernd 272
Fink, Heiner 197, 201 ff., 204

Fischer, Joschka 266
Forck, Gottfried 46, 217
Franco, Francisco 239
Frank, Anne 41, 122
Frank, Mario 326
Friedman, Michel 266
Fuchs, Jürgen 22, 219 ff., 223 ff., 226, 235, 240, 311

Gabriel, Sigmar 283, 285, 287, 296, 298, 304, 319
Garstka, Hansjürgen 185
Garton Ash, Timothy 17 ff., 22 f.
Gauck, Antonie (Großmutter väterlicherseits) 29 f., 47, 51 f., 132, 277
Gauck, Christian (Sohn) 86, 90, 97
Gauck, Eckhart (Bruder) 36
Gauck, Gesine (Tochter) 86, 92, 102, 116
Gauck, Joachim sen. (Vater) 31 f., 34, 38, 40, 50, 51 ff., 55 ff., 63, 71, 130, 240
Gauck, Katharina (Tochter) 98, 136, 161
Gauck, Marianne (Schwester) 36, 44 f., 277
Gauck, Martin (Sohn) 86, 90
Gauck, Olga (geb. Warremann; Mutter) 32 ff., 36, 39 f., 44, 67, 71
Gauck, Sabine (Schwester) 36
Gauck, Wilhelm (Großonkel) 29, 31
Gaulle, Charles de 345 f.
Gauweiler, Peter 325
Geiger, Hansjörg 182, 185 ff., 189 ff., 194 f., 209, 227, 230, 237 f.
Geis, Matthias 324
Genscher, Hans-Dietrich 113, 153, 205
Giesa, Christoph 300, 321
Gill, David 142, 149 f., 181, 185, 187, 189, 294, 310 f., 320, 325, 328
Giordano, Ralph 219, 225
Glüer, Dietlind 118 f., 135
Goethe, Johann Wolfgang von 168, 238
Gorbatschow, Michail Sergejewitsch 101, 245, 261, 318, 346
Göring-Eckardt, Katrin 291, 297
Gossen, Luise siehe Warremann, Luise
Grass, Günter 202
Grinin, Wladimir Michailowitsch 317
Grossman, David 307
Guillaume, Günter 228
Guttenberg, Karl-Theodor zu 339
Gutzeit, Martin 89
Gysi, Gregor 215 ff., 218, 235, 251, 266, 290, 303 f.

Haarer, Johanna 37
Habermas, Jürgen 339 f., 348
Hamm-Brücher, Hildegard 87, 297
Harris, Sir Arthur 243
Havel, Václav 18 f., 21 f., 94, 120, 225, 318
Heißmeyer, Kurt 43
Herrmann, Joachim 137
Herzinger, Richard 224
Herzog, Roman 225, 343 f.
Heuss, Theodor 343
Hindenburg, Paul von 40, 343
Hirsch, Helga 94, 161 ff., 165 ff., 169 ff., 173 ff., 212 f., 240, 243,

248, 253, 255, 265, 276, 293 ff., 298, 325
Hitler, Adolf 37 f., 40, 137, 242, 272, 295, 343, 346
Hollande, François 332 f.
Honecker, Erich 75, 91, 113 f., 120, 343
Hopfer, Bernd 188, 198, 215 f., 220, 254
Höppner, Reinhard 236
Huber, Wolfgang 319

Jaeger, Johann-Georg 117, 125
Jahn, Roland 99, 146, 220, 225, 233, 310 ff.
Joffe, Josef 310
Johnson, Elisabeth 66
Johnson, Uwe 66, 75

Kasner, Horst 78, 280
Kermani, Navid 347
Khomeini, Ruhollah 170
Kiep, Walther Leisler 231
Kiesinger, Kurt Georg 164
King, Martin Luther 79, 123
Kleine-Brockhoff, Thomas 328 f.
Klier, Freya 89
Klug, Astrid 295
Knabe, Hubertus 227
Koch, Roland 303
Kohl, Helmut 91, 150 ff., 155, 171, 191, 193, 195, 229, 232 f., 235, 237, 244, 252, 261, 266, 269, 281, 302, 345 ff.
Köhler, Horst 42, 276, 278, 282 ff., 313, 315, 323, 327, 335, 340, 343 f.
Kornblum, John 245
Koschnick, Hans 268 f.
Kreikemeyer, Willi 62
Krenz, Egon 120
Künast, Renate 266, 284, 296 f.
Kurras, Karl-Heinz 180

Ladwig, Christian 142, 149, 185, 189
Lafontaine, Oskar 94, 132, 266
Lammert, Norbert 318
Lange, Änne 117
Laurien, Hanna-Renate 268
Lawall, Erich 73
Leicht, Robert 103
Lemke, Steffi 295
Lessing, Gotthold Ephraim 122, 168
Leyen, Ursula von der 329
Leyendecker, Hans 289
Lietz, Heiko 92
Lindner, Christian 336
Löbau, Fritz 53
Lohmann, Johannes 99
Lohse, Henry 118 f., 135
Lorenzo, Giovanni di 231
Luther, Martin 103
Luxemburg, Rosa 120

Maffay, Peter 264
Mahler, Horst 165
Maizière, Lothar de 139, 146, 154, 156, 197 ff., 204, 215 f., 235
Mao Zedong 165
Maron, Monika 291
Martius, Friedrich 30
Mascolo, Georg 289
Meckel, Markus 89
Medwedew, Dmitri Anatoljewitsch 317
Meinhof, Ulrike 166

Merkel, Angela 20, 78, 134 f., 162, 167, 202, 232 f., 237, 261 f., 278 ff., 281 f., 284, 286 f., 289 ff., 293, 301 ff., 308, 310, 312, 316, 319, 326, 329 f., 334, 328
Mielke, Erich 52, 62, 188
Mittag, Günter 183
Mitter, Armin 199
Mitterrand, François 333
Modrow, Hans 140, 214
Müller, Herta 220, 225
Müller, Walter 31, 67
Neßelmann, Dieter 125
Neubert, Ehrhart 89, 280, 321
Nooke, Günter 210, 321

Obama, Barack 330
Ohnesorg, Benno 180
Opitz, Bernhard 159 f., 236
Oppermann, Thomas 261, 304
Ossietzky, Carl von 164

Parak, Michael 272
Pauly, Max 43
Pflugbeil, Sebastian 129
Platzeck, Matthias 139, 145, 204, 210, 303, 327
Pol Pot 165
Poppe, Gerd 50, 225
Poppe, Ulrike 95, 248
Posener, Alan 165
Putin, Wladimir Wladimirowitsch 329 f.

Radtke-Gauck, Gerlind (»Hansi«; Ehefrau) 65, 67 f., 86, 97, 118, 122, 136, 161
Rathenow, Lutz 102
Rathke, Heinrich 82 ff., 86, 90, 97, 121, 280
Rau, Johannes 21, 91, 245, 257, 266, 301
Reich, Jens 98, 118, 139, 291
Reich-Ranicki, Marcel 222
Reißig, Rolf 127
Reuter, Fritz 27
Richter, Klaus 216, 220
Rommel, Erwin 39
Rösler, Philipp 318, 320
Roth, Claudia 308

Sacharow, Andrei Dmitrijewitsch 118
Sarrazin, Thilo 309
Sauer, Joachim 278, 280
Schadt, Daniela 161, 265, 276, 283, 288, 318, 327
Schalck-Golodkowski, Alexander 145, 148
Scharf, Kurt 76
Schäuble, Wolfgang 151 ff., 184, 193
Schenk von Stauffenberg, Claus Graf 271
Schiller, Friedrich von 168
Schily, Otto 247
Schipanski, Dagmar 21, 301
Schleiff, Henning 124
Schmalz-Jacobsen, Cornelia 47 f., 269 f., 272, 279, 302, 321
Schmid, Thomas 285, 289
Schmidt, Helmut 91 f., 94 f., 172, 205, 212
Schmidt, Jutta 66
Schmidt, Martina 98
Schmidt, Ulla 165

Schmitt, Gerda (geb. Warremann) 32, 40, 50, 70 f.
Schmitt, Gerhard (Onkel) 41, 49 f., 56, 65, 69 ff., 73 ff., 78 ff., 83, 101, 125, 130, 132, 201, 276, 280
Schmitt, Gerhard (Cousin) 64 ff.
Schmitt, Jörn-Michael (Cousin) 275
Schmude, Jürgen 205
Schnur, Wolfgang 127, 129, 134 f., 141, 207
Scholz, Olaf 299
Schönbohm, Jörg 301 f.
Schönherr, Albrecht 76, 78, 82
Schorlemmer, Friedrich 134
Schreiber, Jürgen 231
Schröder, Gerhard 162, 213, 244, 252, 266
Schröder, Richard 206
Schultz, Walther 74
Schulz, Werner 139
Schulze, Andreas 284, 294
Schwan, Gesine 283, 294
Schwan, Heribert 266
Schwanitz, Rolf 225
Semprún, Jorge 322
Solschenizyn, Alexander Issajewitsch 117 f.
Springer, Friede 285
Springsteen, Bruce 112 f.
Stalin, Jossif (Josef) Wissarionowitsch 37 f., 51, 53, 75, 272
Steinbach, Erika 174
Steinlein, Reinhard 214
Steinlein, Stephan 78
Steinmeier, Frank-Walter 78, 294, 299, 304, 319, 329
Stief, Albert 146
Stier, Albrecht 90
Stier, Christoph 90 ff., 97, 100, 121, 321
Stoiber, Edmund 266
Stolle, Uta 124
Stolpe, Manfred 78, 82, 203 ff., 206 ff., 210 ff., 213 ff., 216 ff., 233, 235, 237, 248, 251, 266
Ströbele, Hans-Christian 296, 298
Sturm, Johannes 294, 320

Teuteberg, Linda 307
Thälmann, Ernst 40
Thierse, Wolfgang 20, 233, 245, 247, 266, 296
Thomas, Erhard 207
Tiefensee, Wolfgang 320
Töpfer, Klaus 319
Trittin, Jürgen 169, 284 f., 289
Tschiche, Hans-Jochen 236
Turner, Sebastian 306 f.

Ulrich, Bernd 327

Vietze, Heinz 211
Vogel, Bernhard 237
Vogel, Hans-Jochen 47, 268 f.
Vogel, Hermann 268
Vollmer, Antje 165

Wagenknecht, Sahra 290
Walde, Thomas 334
Wałęsa, Lech 18 f., 21 f., 169, 318
Walther, Joachim 225
Warremann, Franz 32, 35, 40
Warremann, Gerda siehe Schmitt, Gerda

Warremann, Luise (geb. Gossen) 32 f., 35
Warremann, Olga siehe Gauck, Olga
Warremann, Walter 32
Weiß, Konrad 139
Weizsäcker, Richard von 87, 91, 205, 302, 344 ff., 348
Wensierski, Peter 311
Westerwelle, Guido 274, 286
Wojtyła, Karol 94
Wolf, Christa 202
Wolf, Markus 223
Wolle, Stefan 199
Wollenberger, Vera 139
Wowereit, Klaus 307
Wulff, Bettina 262, 264, 313 f.
Wulff, Christian 47, 261 ff., 274, 286 f., 289, 291, 293, 302 ff., 313 ff., 318 f., 323, 325, 327, 334 f., 340, 343 f.
Wulff, Linus 313

Zastrow, Holger 299
Zeddies, Helmut 75
Ziesemer, Bernd 165
Zur, Yaakov (geb. Jakob Zuckermann) 47